贺兰年鉴

HELAN NIANJIAN

2017

贺兰县史志编纂委员会办公室 编

黄河出版传媒集团
宁夏人民出版社

图书在版编目（CIP）数据

贺兰年鉴. 2017 / 贺兰县史志编纂委员会办公室编
. —银川：宁夏人民出版社，2018.11
ISBN 978-7-227-06982-9

Ⅰ. ①贺… Ⅱ. ①贺… Ⅲ. ①贺兰县—2017—年鉴
Ⅳ. ①Z524.34

中国版本图书馆CIP数据核字（2018）第262973号

贺兰年鉴 2017 贺兰县史志编纂委员会办公室 编

责任编辑 周淑芸
责任校对 白 雪
封面设计 马福兰
责任印制 肖 艳

黄河出版传媒集团
宁夏人民出版社 出版发行

地 址 宁夏银川市北京东路139号出版大厦（750001）
网 址 http://www.yrpubm.com
网上书店 http://www.hh-book.com
电子信箱 nxrmcbs@126.com
邮购电话 0951-5052104 5052106
经 销 全国新华书店
印刷装订 宁夏九色鹿商务印刷有限公司
印刷委托书号 （宁）0011638

开本 880mm×1230mm 1/16
印张 20.25 字数 500千字
版次 2018年12月第1版
印次 2018年12月第1次印刷
书号 ISBN978-7-227-06982-9
定价 268.00元

《贺兰年鉴2017》编纂委员会

《贺兰年鉴2017》编辑人员

银川市委常委、贺兰县委书记李郁华（左一）在银川德胜工业园区调研

县人大常委会主任俞学华（前排中）带领部分人大代表视察全县重点项目建设

县长刘甲锋（左二）调研农村淘宝

县政协主席恩建国（左五）带领部分政协委员视察全县重点工程进展情况

2016年1月27日，贺兰县第十七届人民代表大会第四次会议在县城召开

2016年1月26日，政协贺兰县第九届委员会第四次会议在县城召开

2016年4月13日，召开全县“两学一做”学习教育工作动员会

召开脱贫攻坚推进会

2016年9月8日，在贺兰县召开全区大学生村官创新创业现场推进会

2016年2月，召开全县重点项目重点工程督查观摩点评会议

举行贺兰县农村产权交易中心揭牌仪式

上陵汽车4S店党员活动中心

2016年4月20日，县农村淘宝党群服务中心在县阿里巴巴农村淘宝服务中心挂牌成立

京星农牧场农村淘宝服务站开业

贺兰县常信乡“稻渔空间”

铁东村蔬菜基地

蔬菜基地

高标准农田建设沟道清淤

农田水利基本建设

常信乡渔业生产

引进南美白对虾养殖

县城夜景

如意湖公园

县城绿化

常信乡休闲区

居民小区环境整治

金山村

扶贫项目——乳鸽养殖

扶贫项目——肉兔养殖

扶贫项目——香菇种植

扶贫项目——特色养殖

扶贫项目——奶牛养殖

精准扶贫“中式烹饪”技能培训班

宁夏园艺产业园外景

县总工会组织开展行业技能比赛

2016年4月26日，举行科技创新中心开园仪式

2016年8月18日，浙江省大学科技园联盟到科技创新中心指导工作

2016年8月18日，贺兰电视台开展“欢乐贺兰行”活动

2016年2月3日晚，贺兰电视台举行贺兰首届春节联欢晚会

县图书馆开展“少儿悦读”走进图书馆活动

县图书馆举办免费书法国画培训班

县图书馆在"4·23"世界读书日开展"书香贺兰"宣传活动

2016年1月18日，县文联开展迎新春送春联活动

县总工会开展书香进企业进社区活动

在横店电影城举行农民文艺汇演

县总工会举办庆“五一”第五届职工运动会

开展“6·5”环境宣传日活动

贺兰县纳税人学校挂牌

2016年5月10日，开展第二届特困老人家乡游公益活动

县总工会为重点工程重点工地农民工赠送药品

县团委举行2016年“希望工程·圆梦行动”捐资助学暨助学金发放仪式

2016年1月21日，召开春运工作动员大会

2016年9月22日，自治区安委办在贺兰县开展国庆节前安全检查

2016年6月15日，县禁毒办、安委办在立岗镇集市门口开展禁毒、安全宣传活动

消防应急演练

2016年12月27—28日，县委政法委开展第八次集中打击传销专项行动

2016年7月14日，开展防震减灾演练

2016年12月23日，县护路办在铁西小学开展铁路安全法治宣传进校园活动

县司法局开展"法律进校园"知识讲座

市场监督检查

编辑说明

一、《贺兰年鉴》是由中共贺兰县委、贺兰县人民政府主办，县史志办组织实施，各单位共同参与编纂的公开出版的综合性资料。旨在记述贺兰县年度内自然、政治、经济、文化、社会等方面的情况，所载资料全面、系统、翔实、准确，是各界人士了解贺兰的权威性工具书。

二、《贺兰年鉴 2017》所收录的资料上限起自 2016 年 1 月 1 日，下限截至于 2016 年 12 月 31 日。为了较完整地保存和积累地方文献资料，对一些史实做了简要的上溯。所收录的先进集体和个人，是 2016 年度获县级以上表彰的先进集体和个人。由于个别单位未按要求提供资料，以致缺载，请予见谅。

三、《贺兰年鉴 2017》主要收集 2016 年贺兰县各项事业发展的基本情况。主体内容分为类目、分目、条目三个层次，条目标题采用黑体字并加【 】表示。

四、《贺兰年鉴 2017》大部分资料由县直各部门、各乡镇（场）、街道办及区市驻贺兰有关单位提供，《贺兰年鉴》编辑部撰写了部分稿件并统纂全书。所提供的资料均经供稿单位领导审阅，因统计时间、口径不同等原因，个别数据在本书不同位置中可能不尽一致，敬请读者采用时注意，所有数据，均以贺兰县统计局资料为准。

五、本年鉴中未注明出处，所称区为宁夏回族自治区、市为银川市、县为贺兰县，请读者注意。

六、本年鉴的编辑出版得到了全县各级各部门和有关单位领导的大力支持，在此一并致以诚挚的谢意。由于本年鉴篇幅较大，图文虽经多次审核、校对，仍难免有差错和疏漏之处，恳请各级领导和广大读者对书中的错误与疏漏予以指正，并提出宝贵意见。

《贺兰年鉴》编辑部
2017 年 12 月

目 录

Mulu

大事记

综　览

自然环境

区划人口

国民经济

社会发展

中国共产党贺兰县委员会

综述

重要会议

纪检（监察）

组织工作

宣传工作

统战工作

政法工作

党史地方志工作

政策研究

机构编制

党校工作

老干部工作

贺兰县人民代表大会常务委员会

贺兰县人民政府

法制建设

档案工作

政务服务

政协贺兰县委员会

综述

全体委员会议

常务委员会会议

重要活动

专门委员会工作

群众与社会团体

贺兰县总工会

共青团贺兰县委员会

法治建设

社会治安综合治理

检察

司法行政

军　事

人民武装

经济事务管理

综述

市场监督管理

审计工作

国土资源管理

统计工作

安全生产监督管理

林业

水务

金山自然保护区

城乡建设与环境保护

城乡规划与建设

城镇管理

美丽乡村建设

建筑与房地产开发

住房保障与公积金管理

生态建设

环境保护

交通　通信　邮政

交通

公路管理

贺兰县邮政分公司

财政税务

财政

国家税务

金融保险

工商银行贺兰支行

疾病预防控制

卫生监督

文化旅游与广播影视

文化事业

文化馆

图书馆

旅游管理与服务

景区景点建设

广播电视

乡镇（场）与街道概览

习岗镇

金贵镇

立岗镇

洪广镇

常信乡

深入贯彻习近平总书记重要讲话精神 全力补齐发展短板 推进美丽贺兰建设

——在中共贺兰县委员会十三届十次全体（扩大）会议上的报告

银川市委常委、贺兰县委书记 李郁华

（2016年8月3日）

各位委员，同志们：

这次县委全委（扩大）会议，是在全县上下深入学习贯彻习近平总书记来宁视察重要讲话精神和自治区党委十一届八次全会精神，奋力推进“四个贺兰”建设关键时期召开的一次重要会议。这次会议的任务是：深入学习贯彻习近平总书记来宁视察重要讲话精神和自治区党委十一届八次全会精神，总结上半年工作，研究部署补齐发展短板建设美丽贺兰工作，动员全县各级组织和广大党员干部群众进一步振奋精神，凝心聚力，抢抓机遇，乘势而上，推动经济 社会发展迈上新台阶。

下面，我代表县委常委会报告工作，请大家审议。

一、真抓实干、主动作为，着力夯实发展基础

今年以来，在区、市党委的坚强领导下，全县上下按照县委十三届八次全会的部署，围绕“扩大有效投资年”“从严管理落实年”主题，坚持“五大发展”理念，科学推进“四个并重”，着力去能耗、去库存、去债务、降成本、补短板，各项工作取得了一定成效。

从经济报表看，主要指标高速增长，质量效益明显提升。上半年，全县地区生产总值同比增长10.1%，固定资产投资同比增长25.4%，社会消费品零售总额同比增长6.8%，公共财政预算收入同比增长36.1%，城乡居民可支配收入同比分别增长6.2%和7.8%。有效投资不断扩大。实施“扩大有效投资年”活动，开展“百日推进”大会战，上半年开工项目231个，占全年计划开工项目的96.3%，同比提高30个百分点，投资完成率同比提高2个百分点。“双招双引”稳步推进。落实招商引资项目133个，实际到位资金71.4亿元，同比增长125.6%；引进高层次人才26名、科技创新团队3支，实施产业人才创新项目115项。产业转型升级步伐加快。出台加快供给侧结构性改革29条、进一步降低企业成本减轻企业负担25条，开展工业供给侧结构性改革十大专项行动。规上工业总产值、规上工业增加值同比分别增长20.4%和16.4%；完成个转企49家，规改股2家、股上市2家，培育“三名”企业3家。农业强县稳中趋好。全面推进“农业八化”战略，农业增加值同比增长4.4%。服务业亮点纷呈。成功举办沙枣花旅游节、金山西瓜节。阿拉伯马术文化休闲旅游产业园、贺兰山1958等8个旅游项目全面开工建设，着力打响贺兰旅游新品牌。电商产业强势推进。宁浙电商创业园，31个国家进口馆顺利开馆运营，7月19日，习近平总书记视察宁浙电商创业园给予了高度评价。银川电商物流园14万平米仓储物流中心建设基本完工，顺丰、京东、苏宁等12家国内知名快递物流企业签约入园，全区60%的快件货物通过物流园进出。中阿跨境电商产业园，入驻跨境电商企业24家，交易额3200万美元。农村淘宝县级运营中心、21个电商村、42个村级电商服务站点全面投入运营，全区、全市农村电商现场观摩交流推进会在我县召开。荣获全国电子商务进农村示范县称号。上半年，全县电商交易额5.3亿元，同比增长285%。科技创新能力不断提升。科创中心顺利开园，入驻31家高科技企业，带来57项国家实用新型专利和发明专利，建立“三院一站一中心”，与9名高科技人才签订战略合作协议，夯实科技创新基础。“三争”工作取得实效。完成融资12.3亿元，争取项目资金13.6亿元，新增建设用地指标2900亩，出让国有土地使用权818亩。

从生态报表看，环境整治组拳出击，城乡面貌明显改善。深入推进环境综合整治“八个三”专项行动，不断推动“洁净贺兰”向“美丽贺兰”提升。整治林带85条106公里，栽植各类树木180万株（穴），完成绿化面积3.6万亩。清理乱搭乱建5300余处、乱堆乱放1.2万处、乱涂乱画1.7万处。拆除违章建筑493处，整治庄点96个，清淤沟道5.2公里。清理“三场”457处。改水、改房243户。淘汰黄标车352辆。新修农村公路15公里，新建休闲广场7个。严格落实中央第八环境保护督察组督察问题的整改，关停72家排放不达标企业，并限期整治。否决4个高耗能项目落户银川生物科技园。坚持走差异化发展道路，出台加快特色小镇建设实施意见和考核办法，11个美丽乡村示范点全部开工建设，统筹城乡发展。

从民生报表看，社会事业稳步发展，社会总体和谐稳定。教育事业不断得到加强。实施一小、二小、太阳城小学扩建工程，银川二十一小贺兰分校9月将投入使用。高考二本上线率达到39.7%，同比提高了0.6个百分点。民生工程扎实推进。旧城改造全面启动，棚户区工程有序推进。县第一人民医院投入运营。全面开展农民工工资及企业欠薪欠费清理治理工作，切实保障农民工权益。就业压力逐步缓解。全县新增就业人员3900人，城镇失业率控制在4.2%。精准扶贫稳步推进。建立一对一扶贫机制，完成828户4084人建档立卡及核查工作。体制机制改革不断深化。全面推行无限时预约服务，审批效率提高61%。“五证合一”“两权”抵押贷款试点全面推进。平安贺兰建设深入推进。加大社会综合治理建设，化解各类社会矛盾问题372件，化解率为84%。安全事故起数、受伤人数同比下降23%和25%。越级集体上访批次、人次同比下降27%和48%，进京非正常上访首次“归零”。

从党建报表看，“两学一做”学习教育深入开展，党风政风不断好转。扎实开展“从严管理落实年”活动，出台落实全面从严治党要求加强纪律建设的实施意见，严格履行党风廉政建设“两个”责任，建立“六个区分”容错机制，推行巡察制度，规范权力运行。严格落实自治区党委巡视组反馈问题的整改，问题整改率为86.7%。消化超职数配备干部85名，消化率100%。全面从严管理党员干部队伍，推进党员“五个先锋”争创活动。围绕产业抓党建，新建行业党组织5个，创建四星级党组织2个，三星级党组织30个。深入推进“三增三减”行动，开展创小康社会党组织奔小康示范村行动。坚持“以发展论英雄、以实绩定进退”用人导向，出台重点工作重点项目建设奖励办法和领导干部慢作为末位淘汰管理办法，健全奖惩机制。军民共建、工会、共青团、妇联、残疾人及统战工作扎实推进。

各位委员，同志们，上述成绩的取得，是全县广大干部群众积极应对经济下行压力，凝心聚力、顽强拼搏的结果，是社会各界广泛参与、鼎力支持的结果。在此，我代表县委常委会，向各位委员、广大干部群众、各民主党派、人民团体及所有关心支持贺兰建设发展的各界朋友，表示衷心的感谢和崇高的敬意！事实证明，任何艰难险阻都挡不住我县科学发展、跨越发展前行的步伐，只要我们团结一心、满怀信心、科学应对、敢打硬仗，锁定目标不动摇、坚定思路不反复，就会战胜一切，取得成功！

二、科学研判、找准短板，积极应对下行压力

当前，从全国来看，经济进入一个新的L型发展阶段，经济发展模式出现“四降一升”现象，这种现象不是一两年能过去的。但从有关数据统计分析，东部沿海地区经济呈现了企稳回升的强劲势头，东北和中西部地区经济发展依然比较困难。这主要是东部沿海地区补齐发展短板走在了前面，新经济、新业态、新生态领域得到迅猛发展，而东北和中西部地区却长期依靠资源发展，一旦遇到经济下行压力，经济增长优势将不复存在。今年以来，贺兰县坚持以工业供给侧改革作为重中之重，以新常态下的新经济新业态培育作为重中之重，牢牢抓住项目牛鼻子不放松，解决了制约经济发展，影响社会稳定的一大批难点问题。但是与跨越发展的目标任务和群众对新生活的期盼相比，制约发展的短板仍然较多。

一是发展要素短板。实体经济方面，经济发展总量不大；产业链不全，主导产业不明显；农业大而不强，服务业强而不活、结构较为单一；部分传统产业增速趋缓，企业低小散现象较为普遍；中小微企业营利能力较弱；投资有效性不足，缺少大项目、好项目；房地产去库存压力较大。科技创新方面，科技项目聚焦不够，科研资金碎片化突出，尤其是企业研发投入严重不足，自主创新能力不强，产品市场竞争力较弱。金融创新方面，金融功能发挥不足，融资渠道单一，中小微企业融资难、融资贵，农村保险市场乏力。交通设施方面，综合交通运输体系还不健全，组合效率还不高；东西路网不完善，通达能力较弱；城乡公交一体化进展缓慢。生态环境方面，环境保护仍滞后于经济社会发展，区域性、布局性、结构性环境风险突出；流经城镇的沟渠黑臭问题突出，群众反映强烈；农村水污染防治设施建设滞后；土壤污染总体状况不容乐观，生态环境仍然脆弱。发展环境方面，一些服务单位对优化发展环境重要性认识不到位，文明执法意识和服务意识不强，个别单位和部门不能着眼全局，只顾部门利益不顾本地经济发展，服务群众、企业观念淡薄，对办事群众、企业推诿，干部作风没有从根本上转变，党内监督制度落实不严，“为官不为”“为政不为”现象依然存在。

二是民生供给短板。教育教学方面，教师队伍整体建设滞后，县城班额超大，办学规模有待于进一步扩张；农村学校分布不合理，师资力量薄弱，城乡差异明显。卫生医疗方面，卫生监管不力，导致医疗问题严重，医患矛盾突出。看病难、看病贵问题依然存在。文化方面，文化资源研究滞后，基础文化设施利用率不高，缺乏一整套有利于促进文化产业发展的体制机制，文化产品供给不足。就业方面，就业总量压力较大，农村很大规模的剩余劳动力有待转移；城镇失业人口及未就业毕业生逐年积累,并有扩大趋势；职业教育和技能培训工作滞后，劳动力供求不平衡、结构性失业问题突出。医保社保方面，社会保障资金来源渠道单一，资金缺口较大；城镇居民医疗保险“双向转诊”绿色通道不畅，运行与管理不规范；社会保障覆盖面不广，企业不参保、漏保和拖欠医保问题严重。

三是改革落地短板。改革方案设计质量不全面。出台的一些改革方案对改革的关联性、系统性、可行性缺乏认真研究、统筹考虑、全面论证，个别方案过于原则性、理念性，缺乏可操作性，存在着调研不充分、研究不深入、论证不科学、路径不明确等问题。改革落地实施督导不力。在推进改革过程中，存在“形式化”和“任务化”倾向，怕担责任的情绪较浓，出现了“中梗阻”“天花板”“等绕拖”等现象，被动应付改革。改革统筹协调力度不强。牵头部门与协调配合部门之间行动缺乏统筹安排，形成合力有限。

三、抓纲带目、精准施策，全力补齐发展短板

短板是动力、是方向，是动态的、正常的、永远存在的，并不可怕。补短板就是强根基、清障碍，重在持续扩大有效供给，要抓纲带目、精准施策、持续发力，把查找、解决突出问题，发现、治理严重隐患，识别、管控严峻风险贯穿于补短板工作全过程，革弊立新、激浊扬清，检验、体现、提升补短板工作成效，为加快“四个贺兰”建设，率先在全区全面建成小康社会提供强大动力和支撑。

全力补齐实体经济短板。发展实体经济是适应经济发展新常态、提升区域综合竞争力的关键所在。要大力发展实体经济，切实改变以往过度依赖房地产的发展模式，做大总量、盘活存量、优化增量，走出一条质量效益并重的跨越发展新路子。一是培育现代产业体系。坚定不移实施“工业强县”“商贸富县”“农业稳县”战略，实施主导产业和新兴产业“双翻番”发展计划，加快培育“5+X”现代产业新体系，力争形成一批超百亿产业集群，实现三次产业协调发展。到2020年，五大主导产业总产值对GDP的贡献率、新兴产业产值对第三产业的贡献率均达到50%以上。二是扩大产业有效投资。发挥有效投资对经济社会发展的关键拉动作用，持续打好扩大有效投资“攻坚战”。加大实体投资力度，实施产业投资“千亿计划”工程，坚持产业项目主导地位，逐步提高新增重点工业项目和服务业项目的投资强度，注重发挥民间投资的主体作用和重大产业项目的带动作用。“十三五”时期，固定资产投资年均增长20%以上，累计投资达到1300亿元以上；每年产业投资比重保持在70%以上，民间投资比重每年保持在80%以上；投资5亿元以上产业项目10个以上，投资1亿元以上产业项目100个以上。三是创新招商选资机制。坚持“宁缺勿滥”的绿色招商理念，凡是高污染项目、高耗能项目、亩产税收低于3万元的项目一律不进。创新“三包三带”招商模式，编制招商引资目录和招商引资项目库。形成项目“引进—生成—前期—落地”“一条龙”协作服务机制。“十三五”时期，招商引资实际到位资金确保年均增长20%以上。

全力补齐科技创新短板。创新是引领发展的第一动力，是转型升级的“发动机”。要把科技创新作为重要工程来抓，努力打造各要素综合集成、各环节紧密协同的一流创新生态链。一是推进创新平台建设。做大做强科技创新中心，发挥四个研究院的引领作用，打通高校科研成果转化大通道，打造集高端人才集聚、新兴产业孵化和创业创新服务于一体的创新极核，打造国家级科技孵化器。到2020年，高新技术产业及战略性新兴产业增加值占工业增加值的比重达到12%以上。二是增强企业自主创新能力。实施高新技术企业和科技型中小企业“双倍增计划”，强化企业技术创新主体地位，鼓励企业建立研发机构，支持企业推进重大科技成果产业化。加强科技资源整合，加大科研资金投入力度，县财政每年安排财政收入的2%作为科技创新专项资金。整合盘活全县创业创新服务资源，完善项目全程孵化服务，形成完备的创新创业生态链。建立健全创业投资机制，促进天使投资、风险投资机构发展，解决制约中小企业创新资金短缺问题。“十三五”期间，培育高新技术企业12家，科技型中小企业50家，自治区级企业研发、技术中心10个，技术创新平台20个，万人发明专利拥有量3件以上。到2020年，全社会研究与试验发展经费占GDP比重达到3%以上。三是强化创新人才支撑。坚持人才优先发展战略，实施精准招才“双两百”计划。大力推行“人才+资本+项目”模式，推进人才资源资本化、公司化。“十三五”期间，引进200名创新创业人才、200项高新技术产业和科技成果转化项目，科技进步贡献率达到55%以上。实施精心育才“三支队伍”计划，更加注重培育专注实业的企业家、专业化的工程师、精益求精的工匠团队，培养一支门类齐全、技艺精湛的高技能人才队伍。

全力补齐交通设施短板。交通基础设施是进一步提升贺兰区位优势的关键举措。要加大交通基础设施投入，打造外联内畅的综合交通体系。一是融入全市“大交通”格局。进一步完善“六横十纵”路网框架，促进城区、生态纺织园区、滨河新区经济联动发展，打通凤凰北街和天平街向北延伸段，打通与银川同城化节点道路，融入全市“大交通”格局。到2020年，全县公路路网密度达到67.8公里/百平方公里。二是打造城乡公交“半小时交通圈”。完善县域东西向干线公路，大力实施农村交通畅通工程，全力消除城市断头路、卡脖路，加快城乡公交一体化建设。打通以滨河大道、贺兰山路、正源北街、山河路组成的外环线，以习岗街、丰庆路、老109线、创业路组成的内环线，构建县城内外双环交通格局，加快智慧交通建设，形成城乡公交“半小时交通圈”。三是构建现代物流体系。规划建设城北物流枢纽，构建布局合理、技术先进、便捷高效、绿色环保、安全有序的现代物流体系，破解物流配送“最后一公里”难题。

全力补齐生态环境短板。生态就是生产力，生态就是竞争力。要牢固树立“绿水青山就是金山银山”理念，全民动员、捏指成拳、持续发力，打造国家生态保护和生态经济“双示范区”。一是大力发展绿色经济。加强循环经济示范园区建设，强化再生资源回收利用；推动县城片区集中供暖，扩大镇区集中供热范围；大力开展新能源汽车推广应用；关停一批高污染、高耗能企业。到2020年，工业固体废物综合利用率达到100%，二次能源占一次能源消费比重达到40%，化学需氧量、氨氮排放量下降20%以上。加快发展生态绿色农业，严格控制耕地面源污染。二是基本实现无违建。开展违法用地、违章建筑“双违”整治专项行动，加快拆后土地利用；深入开展乱搭乱建、乱涂乱画、乱堆乱放等“三乱”及清垃圾、清污泥、清路障“三清”整治专项行动，到2016年年底，私搭乱建现象基本消除，到2020年，实现各乡镇场基本无违建。三是全面消除污泥浊水。开展“百里清水河道”建设，推进河塘清淤、污泥处置利用和污水截污纳管工作。加快县城、园区污水处理厂扩容及乡镇污水处理等设施建设，推动生活污水、工业废水分类处理。到2020年，全面消灭黑臭河和地表V类水，全县水系水质达到Ⅲ类水。大力开展绿化工程，到2020年，森林覆盖率达到15.8%以上，县城建成区绿化覆盖率稳定在40%以上。四是全面消除脏乱差现象。深入开展“三建”“三改”“三净”专项整治行动。推进城乡垃圾分类处理和资源化利用；继续实施城乡道路亮化、外立面美化工程；完成城区管沟共建工程，同步配套综合管廊系统；规范祭祀烧纸行为。到2020年，全县脏乱差现象得到根本整治，城乡人居环境全面改善。

全力补齐金融创新短板。金融是现代服务业的重要组成部分，在优化资源配置中发挥着不可或缺的作用。要充分发挥财政资金的杠杆效应，提升金融业运行质效，促融资能力不断提高。一是积极引进各类金融机构。加快金融保险商务总部经济一条街建设，实施“金融5035”行动计划。重点引进全国性股份制银行、特色商业银行、外资银行以及有实力的证券、期货机构在我县设立分支机构。积极培育新型农村金融机构，探索发展供应链金融、农村互联网金融。到2020年，引进各类金融机构达到50家以上，年营业收入达到35亿元。二是创新投融资体制机制。加大国有资本整合力度，做大做强国有公司投融资平台。引导社会资本、民间资本投向重大战略、重大项目，形成“政府投资+社会资本”的融资机制，更好发挥政府资金对社会资本的带动作用，放大投资的乘数效应，挖掘社会资本投资潜力，撬动社会资本参与补短板项目建设，提高财政支出使用效率。拓宽政府购买服务范围，大力推进PPP合作模式，统筹推进基础设施和公共事业特许经营项目。三是拓宽融资渠道。推进商标权质押、收费权质押、农村三权抵押等融资创新。重点抓好促进企业直接融资、扩大股权投资、推进融资租赁、探索利用保险资金等工作，扩大对信托、融资租赁、担保、创业投资等融资渠道的运用，逐步推动信贷向非信贷转变，满足实体经济多元化融资需求。抓好企业上市工作。到2020年，实现规改股企业25家、股上市企业15家。

全力补齐公共服务有效供给短板。提升公共服务有效供给能力和水平，是实现共享发展的根本要求。要进一步强化政府公共服务供给能力，集中资源和力量办好一批民生实事。一是深入推进教育、卫生、文化等社会事业发展。实施教育基础设施提升“双亿工程”，全面消除县城“大班额”现象，适龄少年儿童入学巩固率达到100%。实施“名校名师”工程，“十三五”期间，全县高考二本上线率年均提高1个百分点，培养“贺兰名师”100名，区、市级教育专家30名。实施医疗卫生人才“552计划”，到2020年，基本建立分级诊疗服务制度，县域就诊率达90%。实施“文化名人、文艺精品”培育工程，充分挖掘黄河文化、回族文化等旅游资源，主动融入宁夏全域旅游大格局。到2020年，培育文化名人30名、文艺精品30部。2018年全面完成旧城改造。加大城乡公共卫生间、休闲公园等公共基础设施建设，逐步放开学校、机关等公共体育场所。规划建设沿唐徕渠自行车专用道，打通公共交通“毛细血管”。二是健全社会保障制度。加强和改进社会救助机制建设，着力解决因病致贫、因病返贫问题。加强居家养老服务机构专业化建设，建立完善医养结合养老机制。到2020年，实现养老床位每百位老人5张，城乡社区居家养老服务中心全覆盖，实现社会保险法定人群全覆盖，医疗保险参保率达到100%。加快推进住房保障和供应体系建设，提高棚改货币化安置比例，满足群众多层次住房需求。三是持续做好“三减”工作。深化“平安贺兰”建设，构建以信息化为支撑的立体化社会治安防控体系。加强信访工作，有效化解征地拆迁、农民工工资、土地流转等遗留问题。落实重大决策社会稳定风险评估制度，完善社会矛盾排查预警机制，健全农村基层社会治理体系。到2020年，全县刑事案件立案数增幅不高于前三年平均数的6%，信访总量下降10%，安全生产四项指标完成市控指标。四是切实推动低收入群体增收。加快推进特色小镇、美丽乡村建设，全面消除年收入5万元以下集体经济薄弱村，逐步缩小城乡产业发展差距。建立健全精准扶贫、精准脱贫机制，通过电商扶贫、产业扶贫，加快实施产业帮扶行动，开展职业培训行动，促进低收入农户致富增收。“十三五”期间，城乡居民人均可支配收入年均增速10%以上，确保绝对贫困现象不反弹。

全力补齐改革落地制度供给短板。改革是发展的动力之源，改革落地是改革见效的关键所在。要坚持问题导向和成果导向，以破除机制体制障碍为主攻方向，实施“十大专项改革行动”，全力推动重点领域和关键环节改革落地见效。一是优化土地供应配置机制。建立健全土地供应差别化管理机制、工业用地使用权转让机制、科学合理的工业用地使用权收回和出让机制、项目用地市场退出机制，探索实施工业企业亩产效益综合评价办法，分类实施差别化税收、电价、水价等倒逼机制，促进低效用地转型升级或转让退地。二是深化行政审批制度改革。健全企业投资项目准入机制，制定禁止供地和限制供地项目清单、“零土地”技改项目审批目录清单，健全行政审批服务事项动态调整机制。三是推进国有资产资源监管体制改革。推进管资产向管资本转变，稳步将国有资本纳入经营性国有资产集中统一监管体系，具备条件的进入国有公司进行融资。

全力补齐发展环境短板。未来的竞争，是发展环境的竞争。新常态下，谁能在优化发展环境、提高服务效能上先行一步，谁就能夺得破解困局的优势。一方面要加大基础设施硬件配套建设，另一方面要在打造作风过硬、能力过硬、素质过硬的干部队伍上下工夫。一是优化政务服务环境。在服务实体经济方面，进一步完善“九通一平”基础设施配套，在服务虚拟经济方面，全力疏通“五通一平”堵点——“五通”，即通电商、通互联网金融、通现代物流、通大数据处理、通市场情报；“一平”，为企业发展营造公平的发展环境。促进实体经济与虚拟经济双轮驱动、同步发展。二是强化干部队伍建设。坚持“以发展论英雄、以实绩定进退”用人导向，注重培养选拔政治强、懂专业、善治理、敢担当、作风正的领导干部，提高专业化水平。严格落实领导干部能上能下机制，着力解决为官不正、为官不为、为官乱为等问题，打造“四型”“四有”党员干部队伍。三是强化作风建设。坚持全面从严治党。认真履行党风廉政建设主体责任和监督责任，认真贯彻“两个条例”和准则，强化权力运行制约和监督。健全作风建设长效机制，对腐败实行“零容忍”、出重拳。严格落实改革创新“六个区分”容错机制，激发干部干事创业激情。

四、迎难而上、强力攻坚，确保各项任务落实

补短板是事关全县大局和长远发展的一项重大任务，也是对各级党组织凝聚力、战斗力和领导干部能力的一次综合检验。补短板不仅是一个态度活，需要敢碰硬、敢担当的精神与勇气，而且是一个体力活，需要下工夫与花大气力，更是一个技术活，需要攻坚克难和手到病除的智慧与才干。要以正确的态度对待短板，强化措施补短板。

一要凝心聚力补短板。深入学习贯彻习近平总书记来宁视察重要讲话精神，不断增强政治意识、大局意识、核心意识、看齐意识，切实把思想和行动统一到中央和县委补短板的重大决策部署上来。要建立健全县委领导、政府负责、社会协同、公众参与的补短板工作格局，发挥人大、政协职能作用，激发各乡镇场、各部门干事创业激情，发挥群团组织优势，创新工作机制，落实工作责任。要充分调动民营经济、社会力量的积极性、主动性、创造性，汇聚起补短板的强大动能。

二要转变理念补短板。坚持以新发展理念统领、以新经济思维引领，创造性做好补短板工作，在补短板上做出新作为、取得新进展、闯出新天地。要一张蓝图绘到底，咬定目标不放松，保持定力、强化耐力、提升精力，以钉钉子的精神、虎口夺食的气魄、猛虎扑食的干劲，坚定不移打好转型升级系列组合拳，坚决打赢补短板攻坚战、持久战。要增强战略思维，统筹用好战略、战役、战术，努力做到战略上准确把握、战役上攻其要点、战术上执行到位，推动补短板各项工作取得实效。

三要创新方法补短板。要逢水架桥，出新招、实招、高招创新办法补短板。要坚持科技支撑、高端引领、板块率先、多元并举、融合发展，把共性的问题和个性的问题结合起来，在解决主要矛盾和矛盾的主要方面上下工夫。比如，要支持企业技术改造和设备更新，降低企业债务负担，创新金融支持方式，提高企业技术改造投资能力；要培育发展新产业，加快技术、产品、业态等创新；要补齐软硬基础设施短板，提高投资有效性和精准性，推动形成市场化、可持续的投入机制和运营机制，在补齐短板中增强后劲。

四要落实责任补短板。各乡镇场、各部门要以强烈的责任感，在补齐八大短板中勇于担当、尽责尽力，围绕大局主动靠前工作，把一线现场当做考场，把考场当做战场，统分结合，明责任、抓落实。同时找准补好制约本乡镇场、本部门发展的短板，要切实加强法治建设，强化法治保障，善于运用法治思维和法治方式解决问题，结合实际制订具体实施方案或细则，明确量化目标和时间表、路线图责任人，狠抓落实、力求实效，确保补短板各项任务付诸实践、结出硕果。

五要改进作风补短板。大力发扬立说立行、马上就办、迎难而上、真抓实干、持之以恒、一抓到底的作风，大力推行“一线工作法”，真正把短板补紧、补严实、补到位。要打好“上、下、管、育、爱”干部工作组合拳，深入推进好班长、好班子、好梯队建设，锻造“贺兰铁军”。进一步激励督促干部干事创业担当，营造补齐短板、推动发展的浓厚氛围。

各位委员，同志们，习近平总书记说：“社会主义是干出来的！”让我们团结带领全县25万群众，大力弘扬“不到长城非好汉”的宁夏精神，不忘初心、继续前进，以创新驱动来带动、转型升级来撬动、补齐短板来推动，促进全生态文明、全要素发展，把贺兰打造成为“产业的高地、投资的洼地、百姓的福地”，向贺兰人民交出一份优异的答卷！

富民强县　跨越发展
为建成较高水平的全面小康社会而努力奋斗
——在中国共产党贺兰县第十四次代表大会上的报告

银川市委常委、贺兰县委书记　李郁华

（2016年9月27日）

中国共产党贺兰县第十四次代表大会，是在“十三五”开局之年召开的一次承前启后、继往开来、团结奋进的大会。大会的主题是：全面贯彻落实党的十八大，十八届三中、四中、五中全会和习近平总书记系列重要讲话精神，深入贯彻落实区、市党委战略部署，动员全县各级党组织和广大党员干部群众，奋力开启富民强县新征程，实现跨越发展新目标，为建成较高水平的全面小康社会而努力奋斗！

现在，我代表中共贺兰县第十三届委员会向大会作报告。

五年的工作回顾

贺兰县第十三次党代会以来，是我县发展势头好、城乡面貌变化大、人民群众实惠多的五年，也是我县发展历史上极不平凡的五年。五年来，在区、市党委的坚强领导下，县委坚持以十八大精神为指导，以“富民强县、跨越发展”为总目标，紧紧围绕“四个宁夏”“四个银川”建设走在前列的要求，深化县情再认识，解放思想理思路，适应发展新常态，抢抓发展新机遇，全面加快推进跨越发展步伐，较圆满地完成了第十三次党代会确定的各项目标任务，谱写了“四个贺兰”建设的壮丽篇章，走出了一条全生态文明、全要素发展的新路子！

综合实力实现大跨越。实施投资拉动、创新驱动、开放带动、改革撬动战略，打好去库存、去能耗、去债务、降成本、补短板系列组合拳，产业结构调整取得明显进展，经济保持高速增长态势。预计2016年，全县实现地区生产总值130亿元，五年来年均增长10.1%；人均生产总值5万元，年均增长8.4%；规上工业总产值、规上工业增加值年均分别增长30.8%、18.7%；公共财政预算收入、固定资产投资、社会消费品零售总额年均分别增长23%、20.8%、17.6%。双招双引、科技创新、“五证合一”改革等工作取得实质性突破。农业“八化”取得明显进展，成功创建国家级现代农业示范县。工业园区建设步伐不断加快，平台集聚能力持续增强。电商产业实现从一无所有到无中生有再到无所不有，呈爆发式增长，被评为全国电子商务进农村示范县。全县三次产业结构从18:54:28调整为13:55:32。

城乡面貌实现大改变。全面启动“三规合一”“多规融合”规划，“一核两区两翼”空间架构基本形成，城镇化率达到48.8%。特色小镇和美丽乡村建设走在全区前列，常信乡被评为全国文明乡镇，立岗镇成功创建国家级生态乡镇；金贵镇、习岗镇被评为自治区级环境优美乡镇；建成新胜村、永兴村等21个美丽乡村示范点，金山村荣获自治区“美丽乡村文明创建示范村”称号。深入推进环境综合整治“八个三”专项行动，推动“洁净贺兰”向“美丽贺兰”提升。石嘴山至银川同城化公路、丰庆路、广源街等全面贯通，全县公路总里程达到1200公里，开通6条城市公交线路。改造提升县城休闲活动场所120万平方米，完成造林2616公顷。关停排放不达标企业72家，万元GDP能耗累计下降26.3%。城乡人居环境不断改善，全国文明县城、卫生县城、园林县城等顺利通过复验。

人民生活实现大改善。坚持把改善民生作为第一要务，民生支出占财政总支出年均增长12.8%以上。就业创业工作顺利推进，累计转移农村劳动力就业15万人次，新增城镇就业人数3.3万人，城镇登记失业率控制在3.6%以内。预计2016年，城乡居民人均可支配收入分别达到24 000元、11 000元，年均分别增长10%、13%以上。新建扩建银川二十一小贺兰分校等19所学校，高考二本上线率提高了6百分点，开办宁夏青松技工学校，成功创建全国义务教育均衡发展示范县。医疗卫生体制改革稳步推进，县第一人民医院投入运营，新中医院开工建设，引入怡康妇产、慈安妇儿医院等专科医院。社会保障体系不断完善，成立贺兰慈善总会，扩建星光老年公寓，新建第二养老院和县老年活动中心。县图书馆被评为国家级一级馆，横店电影城投入运营。全面完成生态移民搬迁任务。“三减”工作成效显著，成功创建全国平安建设先进县。

执政能力实现大提升。创造性地贯彻落实党中央和区、市党委战略部署，在经济、政治、文化、社会、生态文明建设和党的建设等方面作出了一系列重大决策，为加快发展奠定了良好的基础。党的群众路线教育实践活动、三严三实专题教育和两学一做学习教育等取得一系列理论、制度和实践成果。全面从严管理党员干部队伍，牢固树立“以发展论英雄，以实绩定进退”的用人导向，领导班子和干部队伍建设不断加强。新建行业党组织72个，创建三星级以上党组织73个。建立“五必查”机制，严肃查处了一批违法违纪案件，建立“六个区分”容错机制，党员领导干部干事创业热情进一步激发。积极支持人大、政协履行职能，支持各民主党派、工商联和无党派人士参政议政。依法治县、民族宗教、老干部、工青妇、残疾人等工作进一步加强。军民融合深度发展，荣获全国双拥模范城称号。

同志们，这些成绩的取得，是在经济下行压力持续加大、困难因素不断增多的不利条件下取得的。这是区、市党委正确领导的结果，是全县广大党员和干部群众团结拼搏的结果。在此，我代表中共贺兰县第十三届委员会，向全县广大党员和干部群众，向老干部、老同志，向各民主党派、工商联、无党派人士和各界朋友，表示衷心的感谢和崇高的敬意！

五年的实践，坚定了我们加快发展的信心，加深了我们对发展规律的认识，积累了新的宝贵经验。

思路决定出路。过去的五年，初期，随着城镇化战略的实施，房地产市场活跃，带动了经济高速发展；中期，建设用地指标冻结，新项目落地难，经济持续增长乏力；后期，县委审时度势，积极适应新常态，确立了“富民强县、跨越发展”总目标，牢牢把握“五个坚持、五个转变”，打好经济转型发展“四大战役”，经济实现企稳回升。这些不仅符合中央、区、市精神，也符合贺兰实际。实践证明，必须把明确思路作为第一先导，才能找准方向、砥砺前行，走出科学发展之路。

实干决定发展。我们坚持“发展是硬道理、项目是真道理、快干是实道理”的理念，牢牢抓住项目建设牛鼻子，大力推行“一线工作法”，建立健全项目谋划、前期、推进、建设四大体系，有效投资、双招双引、科技创新、重点改革等一系列的创新思想和务实举措，创造了“贺兰速度”，体现了“贺兰效率”。实践证明，必须把真抓实干作为第一精神，才能脚踏实地、担当有为，在严峻挑战中实现新跨越。

干部决定成败。我们坚持“以发展论英雄、以实绩定进退”的用人导向，着力打造“四型”“四有”干部队伍，弘扬一级带着一级干的作风，把干部群众的精气神凝聚到跨越发展的伟大事业中来，形成了四套班子同心同德、广大干部群众齐心协力、老干部厚德包容、各单位同频共振、社会各界鼎力支持的良好氛围，凝聚了干事创业的强大动力。实践证明，干好贺兰的工作，必须把队伍建设作为第一要素，才能凝聚人心、汇聚力量，在爬坡过坎、负重前行的历史关头立于不败之地。

党建决定根基。我们认真落实从严治党要求，坚持把抓好党的建设作为最大政绩，与经济发展同研究、同部署、同考核，出台加强基层政权和基层党组织建设的决定，特别是通过创党建工作最满意的三件事、“双强六好”党组织创建、“守规矩零违纪”承诺等一系列举措，全面提升党的建设科学化水平。实践证明，必须把党的建设作为第一保障，才能强基固本、总揽全局，更好地推动经济社会又好又快发展。

在充分肯定成绩、总结经验的同时，我们也清醒地看到，在工作和发展中，还存在着一些困难和问题：经济总量不大，产业结构不合理，创新能力不足，资源环境约束趋紧；公共设施投入不足，城乡融合发展缓慢，城乡居民增收困难；历史遗留问题还不少，社会建设相对滞后，公共服务水平还不高；少数党员干部的思想观念、精神状态、能力作风与跨越发展的要求还不相适应，甚至消极腐败现象还时有发生。我们必须进一步增强忧患意识，以等不起的紧迫感、坐不住的责任感、慢不得的危机感，切实解决好这些问题。

今后五年的奋斗目标

今后五年，是贺兰发展的关键时期，是夯实发展基础、优化产业结构、提升综合实力、在全区建成较高水平的全面小康社会的重要时期。纵观宏观形势，我们面临的机遇和挑战前所未有，但机遇大于挑战的总体态势没有改变。

随着国家“一带一路”战略的深入推进，中阿博览会将拓展向西开放合作的新空间。自治区实施“开放宁夏”的战略，为我们跨越发展提供了新的机遇。贺兰得天独厚的区位、资源、潜力、生态优势，为我县的发展积累了强大动能。

面对新的发展机遇，我们要增强机遇意识、责任意识、创新意识、担当意识，正视差距不懈怠，锁定目标不动摇，坚定思路不反复，主动转变发展方式，主动调整优化结构，主动化解深层次矛盾，以最先进的理念、超常规的办法、更精准的措施，全面推进贺兰科学发展、追赶发展、跨越发展。

今后五年的总体要求是：高举中国特色社会主义伟大旗帜，坚持以邓小平理论、“三个代表”重要思想和科学发展观为指导，深入贯彻落实党的十八大和十八届三中、四中、五中全会及习近平总书记系列重要讲话精神，紧紧抓住国家“一带一路”建设、自治区“两区”建设和银川市“2258”工作思路深入实施的战略机遇，以“富民强县、跨越发展”为总目标，科学推进“四个并重”，坚持“五个发展”，打造“五个生态”，加快建设“五个贺兰”，促“全生态文明、全要素发展”，建成较高水平的全面小康社会。

今后五年的奋斗目标是：经过全县上下共同努力，实施“五个更加”，把贺兰建成银川经济增长的主引擎、城市建设的后花园、宜居宜业的新典范。

创新更加活跃。投融资体制、行政审批制度、产权制度、政府自身管理等重点领域改革取得重大突破。推进科技、人才、资本、土地、能源等全要素发展，研究与试验发展（R&D）经费支出占GDP的3%以上，高新技术企业产值占工业总产值的12%以上。

经济更加发达。地区生产总值和人均地区生产总值年均增长10%以上，地方公共财政预算收入年均增长10%以上，固定资产投资年均增长15%以上，工业总产值年均增长13%以上，规上工业增加值年均增长14%以上，社会消费品零售总额年均增长9%以上。

环境更加优美。常住人口城镇化率达到60%以上，县城建成区绿化覆盖率稳定在40%以上，县城人均公共绿地面积达到18平方米以上，全面完成节能减排任务，环境污染问题得到有效解决。

发展更加开放。全面打开陆空和网上对外开放通道，对外开放载体和开放型经济体系基本形成，对外开放环境进一步优化。跨境电商交易额累计达到100亿元以上，外贸出口达到50亿元以上，引进外资年均增长20%以上。

社会更加和谐。城乡居民人均可支配收入分别年均增长10%、11%以上，城镇调查失业率控制在5%以内，社会保障能力不断提升，科教文卫等民生事业进一步发展，民族团结、社会稳定，群众幸福感进一步提升。

建成较高水平的全面小康社会加快推进“五个贺兰”建设，建成较高水平的全面小康社会，是全县人民的共同愿望，必须立足实际，发挥优势，补齐短板，坚持“五大发展”理念，打造“五个生态”，走出一条代表发展方向、具有贺兰特色、人民群众满意的“全生态文明、全要素发展”之路。

一、坚持创新发展，打造经济生态，加快建设实力贺兰

发展实体经济是适应新常态，提升竞争力的关键所在。创新是引领实体经济发展的第一动力，创新要素保障、产业培育、服务供给是做大总量、盘活存量、优化增量的必然选择，必须把基点放在创新上，创新发展理念、创新发展路径、创新发展体制，补齐实体经济发展短板。

实施工业强县战略。深入实施加快非公经济发展“30条”和工业供给侧改革十大专项行动，细化落实好企业降成本“25条”。加快形成产业定位更加清晰、功能布局更加完善的工业发展平台，生态纺织园围绕“纺织新城”，加快发展；德胜工业园区围绕转型升级、集约发展；生物科技园围绕“百亿园区”，绿色发展。实施主导产业和新兴产业“翻番”发展计划，加快培育“5+X”现代产业新体系，力争形成一批超百亿产业集群，推动产业向中高端升级迈进。

实施商贸富县战略。围绕打造“银川城北商圈”目标，培育新业态，不断完善现代服务业体系。积极培育电子商务、大数据、物联网等产业，抢占全区智慧经济发展制高点，促虚拟经济与实体经济深度融合。加快发展新兴旅游业，大力推动景点旅游向全域旅游转变，打造独具特色的全域旅游金字招牌。做大做强汽车后市场产业，延伸汽车销售产业链。大力发展金融保险、医养产业、文化创意、现代物流、总部经济等现代服务业，产值实现“翻番”。

实施农业稳县战略。以农业“八化”为总纲，以国家现代农业改革与建设试点为抓手，以“农业+互联网”为突破口，加快推进农村电商产业化、乡村旅游全域化，把贺兰建成引领西北、示范全国的现代农业标杆，实现由农业大县向农业强县转变。加快构建以金融服务、科技服务、产销服务、信息服务为主体的新型农业服务体系，打造农村社会化综合服务平台。加快发展智慧农业，形成农业大数据、农产品追溯、农业精准管理、农产品深加工、电子商务、品牌营销等为主要内容的“智慧农业”整体框架。加快休闲农业发展步伐，打造创意农业先导区、都市现代农业示范区。

实施创新驱动战略。加快科技创新服务平台建设，以科创中心为抓手，围绕“三院一站一中心”，构建以企业为主体、市场为导向、产学研相结合的技术创新体系，打造西北地区最具特色的国家级科技孵化器。大力实施科技成果转化行动，实施高新技术企业和科技型中小型企业“双倍增计划”。鼓励企业创建重点实验室、企业技术研发中心，加强自主创新，研发新产品，实现由“贺兰生产”向“贺兰制造”转变。实施“金融5035”行动计划，积极推进金融创新发展，发展“互联网+金融”等新业态，培育互联网金融企业，拓宽直接融资渠道，降低中小企业融资成本。鼓励企业上市融资。完善科技投入稳定增长机制，不断提高财政性科技投入比例。

二、坚持协调发展，打造城市生态，加快建设活力贺兰

统筹城乡协调发展是持续健康发展的内在要求和活力所在。要坚持规划引领，按照“一核两区两翼”空间格局，把贺兰作为一个城市整体规划建设，有序推进城乡协调、产城融合，形成“中心城区、城市副中心、特色小镇、美丽乡村”四级建设体系，补齐交通设施短板，打造银川北部城区的璀璨明珠。

打造田园智城。坚持田园景观和城市功能培育并重，建设城市和乡村结合体，做到生产、生活、生态相融合。围绕生态城市建设，挖掘城郊田园、湖泊湿地等生态景观特色，加快城市绿网建设。围绕智慧城市建设，全面建设城市应用服务体系，实现网络空间互联互通、共享共治。围绕海绵城市建设，实施城市地下综合管廊工程，打通城市配套功能完善的“大动脉”。围绕畅通城市建设，既要发展连接空铁一体的交通大通道，也要发展满足民生出行的大需求，打造“半小时交通圈”，增强城市综合承载能力。

打造特色小镇。围绕“产镇融合”，突出“一镇一品、一镇一韵”特色，建成一批产业特色鲜明、生态环境优美、人文气息浓郁、示范效应显著的生态风情特色小镇。围绕产业定位，将产业规划和城镇建设结合，着力打造电商小镇、商贸小镇、米粮小镇、渔米小镇、旅游小镇、肉牛小镇金名片。围绕规划布局，立足历史沿革、风物民俗、发展愿景等特色，适度拉大框架，加快基础设施和公建配套建设，完善集镇功能。围绕制度供给，加快融合发展，推进“景区化改造”，着力在发展理念、规划设计、资金投入、运营主体、管理模式方面，形成完整的推进体系。围绕服务提升，加大城镇民生事业工程投入，为居民提供优质的公共服务。

打造美丽乡村。加快推进美丽乡村三年行动计划，按照“一村一业”“一村一特”的思路，突出人居环境改善和功能提升，坚持把特色产业发展作为美丽乡村建设的重要支撑，有计划、有步骤地引导自然村向行政村集聚，行政村向中心村集聚，中心村向镇区集聚。积极发展主题村落，集中打造一批农产品加工型、农业休闲型、历史文化型、生态度假型、服务接待型特色主题村落。借助“互联网+”等信息技术，强化品牌推广和服务运营，推动“建设村落”走向“经营村落”。

加快基础设施建设。进一步拓展城市发展空间，加快基础设施同城化步伐，打通城乡共建共享、智慧互联互通体系，全面提高城镇综合承载能力。完善综合交通网络建设，“六纵十横”路网框架基本形成。主动融入大银川干线交通网络，实现县乡村三级路网全覆盖，补齐交通设施短板。构筑绿色能源网，积极开发新型清洁能源建设。建设智慧信息网，加快城市基础信息库、大数据平台、光纤宽带网络、新一代移动通信网络建设，实现网络空间共享共治、互联互通。

三、坚持绿色发展，打造环境生态，加快建设美丽贺兰

绿色是持续健康发展的必要条件。要牢固树立“绿水青山就是金山银山”的理念，坚持“经济生态化、生态经济化”，补齐生态环境短板，努力实现生态保护与经济发展同频共振、同步推进，打造国家生态保护和生态经济“双示范区”。

大力发展绿色经济。加快生物科技园循环经济示范园区建设，改造提升园区循环经济产业链，强化再生资源回收利用，促进高投入、低产出、低税收企业向轻资产、高科技、智能化企业转变。加快发展生态绿色农业，推广种养结合、农牧结合、林牧结合的生态立体农业循环模式，严格控制耕地面源污染。实施贺兰县全域旅游发展三年行动计划，充分挖掘黄河文化、回族文化等旅游资源，积极主动融入宁夏全域旅游大格局。力争把洪广镇建设成为宁夏全域旅游特色小镇及综合休闲集散地，把常信乡打造成为国家级休闲农业与乡村旅游目的地。坚决关停一批高污染、高耗能企业,空气质量优良天数持续增加，争创国家绿色能源示范县。

大力实施环境整治。逐步提高城乡天然气管

网覆盖率。推动县城片区集中供暖，扩大镇区集中供热范围。开展违法用地、违章建筑“双违”整治和乱搭乱建、乱涂乱画、乱堆乱放等“三乱”及清垃圾、清污泥、清路障“三清”整治专项行动，全县“脏乱差”现象得到根本整治。全面开展“无违建乡镇场”创建工作，实现全县基本无违建。开展“百里清水河道”建设，推进河塘清淤、污泥处置利用和污水截污纳管工作，全面消灭黑臭河和地表五类水，全县水系水质达到三类水。加大水源地保护力度。全面开展土壤污染防治行动。深入开展“三建”“三改”“三净”专项整治行动，推进全域洁化、绿化、美化。

大力加快生态修复。坚持保护优先、自然恢复为主，实施山水林田湖生态保护和修复工程，有效构建生态安全屏障。大力推进沿贺兰山生态屏障和县域内生态湿地的保护。加快实施通道造林绿化、城市绿道、森林公园、湿地公园建设。加强农田生态保护、修复，改良一批盐碱化农田。实施水环境保护和水生态系统修复计划，加快推进农业水利向城市水利、环境水利、生态水利转型。完善城市生态保护网，打造城市景观水道。增强全民生态文明意识，争创国家生态保护示范区。

四、坚持开放发展，打造空间生态，加快建设开放贺兰

开放是繁荣发展的必由之路。要主动融入“一带一路”战略，把开放作为转变发展理念、加快企业培育、优化经济结构、加快经济增长的着力点，补齐外向型经济程度不高的短板，构建开放和放开相互依存、内生动力和向外借力互相促进、自身资源和外部资源共同发力的全新空间生态。

打造对外开放平台。依托银川大交通网络，构建联通内外、安全通畅的陆空开放通道。加快开放平台建设，强化“外向型”特色产业培育，依托宁夏生态纺织产业示范园，研发“丝绸之路”沿线国家服用纺织，承接国内外先进的纺织产业转移。依托银川清真食品产业园，引进区内外龙头企业，加快构建国际标准互认、研发设计、生产交易支撑体系，打造清真食品特色品牌。依托中阿跨境电商产业园、电商创业园、电商物流园，完善通关、结汇、退税等机制，大力发展面向新丝路国家的跨境电子商务、云服务等产业，让更多的“中国制造”通过宁夏“网上丝绸之路”走向阿拉伯国家及世界各地，打造一批开放型经济重点园区。

构建开放型经济体系。加快“外向型”产业走出去步伐，以向西开放为重点，加快构建境外营销网络体系，拓宽“外向型”经济路径，推动产品销往全球。鼓励企业研发“外向型”产品，拓展国内外市场，提高产品市场占有率。利用区外资金，大力推进本地企业与央企、全球知名企业的合资合作，有效引进外资，更多地投向高端制造业、高新技术产业、现代服务业等领域，提升企业综合竞争力。

优化对外开放环境。把打造“西部最优，比东部更优”的环境作为着力点和突破口，开辟服务“绿色通道”，最大限度放宽投资准入，加强项目投资跟踪服务，扩大外商投资规模。在服务实体经济方面，深化行政审批制度改革，建立“互联网+审批+服务”等服务体系，用权力“减法”，换取活力“乘法”。在服务虚拟经济方面，全力通电商、通互联网金融、通现代物流、通大数据处理、通市场情报，促进实现实体经济与虚拟经济双轮驱动、同步发展。

深化重点领域改革。坚持问题导向，以破除机制体制障碍为主攻方向，实施重点改革十大专项行动，促进重点领域改革落地见效。要优化资源要素供应配置机制，建立健全土地差别化供应、供应用地使用权转让、项目用地市场退出、工业企业亩产效益评价办法。要深化行政审批制度改革，健全企业投资项目准入机制，制定禁止供地和限制供地项目清单、“零土地”技改项目审批目录清单，健全行政审批服务事项动态调整机制。要深化国有资产改革，以资产换资本，稳步推进国有资产集中监管，建立国有资源、国有资本担保融资等机制。要深化农业农村改革，完善农村产权交易平台，建立农民退出土地承包经营权、宅基地使用权和房屋所有权的补偿机制。

五、坚持共享发展，打造社会生态，加快建设幸福贺兰

发展为了人民，发展成果由人民共享。要进一步强化政府公共服务供给能力，补齐公共服务有效供给不足、不平衡、质量不高的短板，集中力量办好一批民生实事，最大限度激发社会活力、最大限度增加和谐因素。

切实提高居民收入。加快推进“三增工程”，全面消除年收入5万元以下集体经济薄弱村，提高农民收入。实施就业优先战略，重点解决好农村转移劳动力和高校毕业生的就业创业问题。抓好“零就业家庭”动态清零工作。开展贫困家庭子女、未升学初高中毕业生、农民工、失业人员免费接受职业培训行动。高度关注困难群体下一代教育，增强贫困人口自我发展能力。完善低收入农户精准帮扶长效机制，确保绝对贫困现象不反复，确保精准扶贫、精准脱贫。实施产业帮扶、低保救助、医疗救助、教育救助行动，促进低收入农户增收致富，城乡居民收入差距逐步缩小。

强化社会保障制度建设。完善低收入农户帮扶机制，实施兜底措施，逐步统一并提高城乡低保标准，实现低保人口应保尽保。整合各类资源，加强和改进社会救助，提高对困难群体帮扶精准力度，着力解决因病致贫、因病返贫问题。建立完善医养结合养老机制，加强居家养老服务机构专业化建设，调动民间资源进入养老服务领域。大力提高基本养老参保率，实现社会保险、基本医疗保险全覆盖。加快推进住房保障和供应体系建设，提高棚改货币化安置比例，满足群众多层次住房需求。

全面推进社会事业发展。实施教育基础设施提升“双亿工程”，全面解决“大班额”和“入园难”现象。加快实施“名校名师”工程，全县高考二本录取率年均提高1个百分点以上。积极探索集团化办学模式，大力发展职业教育。实施“健康贺兰”全民行动和医疗卫生人才“552计划”，鼓励社会资本创办医疗机构，深化优质医疗资源“双下沉、两提升”。继续实施“文化名人、文艺精品”培育工程，充分挖掘回乡文化、黄河文化等文化资源。着力提高人均体育场地面积。加大城乡公共卫生间、休闲公园等公共基础设施建设。2018年全面完成旧城改造。

着力加强和创新社会治理。深化“平安贺兰”综合治理建设，构建以信息化为支撑的立体化社会治安防控体系。加强信访工作，有效化解各类矛盾纠纷，重点加大对征地拆迁、农民工工资、土地流转等遗留问题的化解力度。严格落实安全生产责任制。全面启动“七五”普法，建立三级公共法律服务体系。加强网络安全管理和重大舆情管控。培育发展社会组织，加强社区建设，健全农村基层社会治理体系。

全面加强新形势下党的建设。事业发展，关键在党。牢牢抓住全面从严治党的主线，充分发挥党委统揽全局、协调各方的领导核心作用。强化思想、组织、队伍、作风和制度建设，为全面推进“富民强县、跨越发展”提供坚强有力的政治保证。

坚定对党忠诚、坚贞不渝的理想信仰。牢固树立政治意识、大局意识、核心意识、看齐意识，强化党性锤炼，增强广大党员干部抓落实的思想自觉、政治自觉、行动自觉，做到对党忠诚、不改初心。牢牢把握意识形态的领导权、主动权、话语权。坚持解放思想、与时俱进的思想境界，不为习惯思维所困，不为传统路径所限，不为任何风险所惧，不为任何干扰所惑。坚决破除一切妨碍跨越发展的思想禁锢，坚决破除一切妨碍跨越发展的体制束缚，坚决破除一切妨碍跨越发展的行为制约，努力推动新一轮思想大解放。

树立能者当之、有为有位的鲜明导向。牢固树立“以发展论英雄、以实绩定进退”的用人导向，坚持好干部标准和“能者上、平者让、庸者下”的要求，真正把政治强、懂专业、善治理、敢担当、作风正的干部选出来、用起来，让想干事的有舞台、会干事的有作为、干成事的有位子，打造“四型”“四有”干部队伍。健全党委讨论决定重大问题和任用重要干部票决制，完善常委会向全委会定期报告工作并接受监督制度。健全绩效考评制，落实首问负责制，完善限时办结制，严格责任追究制，着力打造“工作快节奏、办事高效率、服务上水平、群众真满意”的“贺兰效能”。

筑牢坚强有力、奋发有为的战斗堡垒。树立“围绕中心抓党建、凝聚力量促发展”的意识，全面落实关于全面加强基层党组织和基层政权建设的决定，把基层党组织建成坚强的战斗堡垒。以“奔小康社会党组织创小康示范村”为抓手，以农村带头人队伍为重点，进一步提高农村党员干部脱贫攻坚、推进发展、维护稳定的能力。以星级党组织、星级党员“双评”活动为抓手，加强机关和企事业单位党建以及“两新”社会党建工作。扎实推进以党建带群建，实现党建工作协调发展。加强党员教育管理，规范和完善发展党员工作，健全党内激励关怀帮扶机制。

保持有腐必惩、有贪必肃的高压态势。坚持“党要管党、从严治党”的方针，压实党风廉政建设主体责任和监督责任，以更加积极的态度、更加有力的措施、更加务实的作风，推进党风廉政建设和反腐败斗争。加大“五必查”力度，严肃查办发生在基层群众身边的腐败案件和基层重点岗位贪污贿赂、滥用职权的案件，严肃查办党员干部特别是领导干部违纪违法案件。坚持将反腐倡廉建设与经济工作同部署、同检查、同考核。领导班子主要负责人要率先垂范、严格自律，管好班子、带好队伍，认真履行第一责任人的职责；领导班子其他成员要根据分工，加强督促检查和工作指导，坚决守住纪律这条底线。

形成汇聚力量、和衷共济的良好局面。发挥县委总揽全局、协调各方的核心作用。支持人大及其常委会依法行使职权，积极开展工作；充分发挥人民政协作为协商民主重要渠道作用，推动政协卓有成效地开展工作；切实加强和改进党对统一战线、民族宗教、群团组织和老干部工作的领导，最大限度地凝聚共识、凝聚人心、凝聚智慧、凝聚力量，推进经济发展、参与社会管理。加强党对武装工作的领导，推动国防动员和后备力量建设取得新的进步。强化司法保障和司法监督，支持法院、检察院依法独立行使审判权和检察权。

各位代表、同志们，宏伟蓝图令人向往，美好前景催人奋进。明天的贺兰，天更蓝，水更清，山川更秀美；明天的贺兰，物更阜，民更丰，百业更繁荣。让我们以习近平总书记系列重要讲话精神为指导，在区、市党委的坚强领导下，大力弘扬“不到长城非好汉”的宁夏精神，不忘初心，继续前进，为建成较高水平的全面小康社会而努力奋斗！

名词解释

1.一核两区两翼：“一核”是指以县城和德胜工业园为组团的“核心城”。“两区”即宁夏生态纺织产业示范区和银川生物科技园两个工业经济发展区。“两翼”即沿贺兰山（西翼）文化旅游业和沿黄河（东翼）现代农业两条产业“发展翼”。

2.双下沉、两提升：是指人才下沉、资源下沉，服务能力提升、服务效率提升。

3.五必查：违反中央“八项规定”的必查；重点项目、重点工程、重点工作推进过程中推诿扯皮、不作为、慢作为、乱作为的必查；权力运行过程中服务意识不强，吃、拿、卡、要的糊涂官、混事官必查；新闻媒体曝光和监督的人和事必查；明察暗访和各项监督检查中发现的问题必查。

贺兰县人大常委会工作报告

——在贺兰县第十八届人民代表大会第一次会议上

贺兰县人大常委会主任　张海盈

（2016年10月20日）

主要工作回顾

本届人大任期四年。四年来，县人大常委会在县委的坚强领导下，深入学习贯彻习近平总书记系列重要讲话精神和区市党委、人大工作部署，紧扣县委重大决策，更加注重在服务大局中推动科学发展；更加注重在发展民主中维护民生民利；更加注重在健全法制中促进社会和谐；更加注重在工作规范中谋求实效，圆满完成了县十七届人民代表大会确定的工作任务。四年来，召开人大常委会会议34次，主任会议84次，开展执法检查、工作视察71次，专题询问1次，完成调研课题22项，听取审议“一府两院”工作报告79项，为推进社会主义民主法制建设、促进贺兰“富民强县、跨越发展”作出了积极贡献。

一、坚持围绕中心，服务大局，认真履行监督职责

四年来，常委会紧紧围绕县委中心工作，抓住经济社会民生中的重大问题，坚持“在监督中支持，在支持中监督”的工作理念，强化监督措施，推动了全县经济社会发展和各项重点工作的有效落实。

着眼全县大局，切实加强对重点经济工作的监督。适时听取审议县政府关于国民经济和社会发展计划、财政预决算及审计工作报告，依法作出决议决定。督促和支持政府加大计划、预算执行力度，抓好重点项目建设，加快固定资产投资，保障财政经济平稳运行。加大对重点项目推进情况的监督，针对项目开工不足、推进慢等问题，建议政府建立简易、便捷、高效的议事拍板（决策）机制，及时解决项目推进、企业发展中存在的问题。积极支持政府加快“三园”电商平台建设，加快电商龙头企业培育，电商产业实现了时间最短、发展最快，呈现爆发式增长的良好态势。坚持创新驱动，加大对科技创新工作的监督，不断推动科技创新体系建设。听取审议了设施农业、葡萄产业、旅游产业等产业发展情况的报告，加强审议意见的跟踪落实。组织代表、各相关部门负责人对农村土地确权工作进行视察和调研，听取审议了专项工作报告，提出坚持原则，把握政策，依法推进土地确权工作，成立农村产权交易中心等建议，确保全县土地确权工作全面完成。

聚焦民生改善，切实加强对社会热点问题的监督。通过实地调研、召开座谈会、走访社会各界群众、听取专题报告等方式，加大对十件民生实事的跟踪督办，确保民生实事圆满办结。常委会高度重视广大居民普遍关注和反映强烈的小区物业管理问题，连续两年组织代表进行视察、调研，开展专题询问，政府及有关部门负责人认真应询，督促政府及有关部门在加快小区整治改造、加强小区组织建设、规范物业管理等方面抓好整改落实。选择人民群众普遍关心关注的食品药品安全、安全生产、道路交通安全、小区治安管理和传染病防治等问题，开展执法检查、视察和专题调研，听取审议专项工作报告。针对食品药品监管不到位、安全生产形势严峻、小区治安管理机制不顺、传染病防控体系不完善等问题，建议政府及有关部门要理顺监管体制、完善监管机制，落实责任，加大监管执法力度，抓好源头治理，消除安全隐患，切实保障人民群众身心健康和生命安全。高度关注弱势群体，先后听取审议了社会保险扩面提质、社会养老服务体系建设、社会救助等专项工作报告，督促政府抓好社会保险参保率，健全养老服务体系，加大社会救助力度。

注重环境生态，切实加强对环境保护和美丽乡村建设的监督。常委会先后3次对环境保护法贯彻实施情况和环境保护工作进行检查、视察，提出完善环保基础设施、加大源头治理、重视水源地保护、加强对湖泊湿地的保护修复等建议，鼓励和引导发展低碳经济和循环经济，实现传统产业转型升级。并加大对审议意见落实情况的跟踪监督，全县环保工作取得了实质性的进展。常委会领导积极带头参与城乡环境整治、美丽乡村建设。通过实地走访、现场办公、听取审议报告等形式，加快推进美丽乡村建设。助推1个国家级生态乡镇、2个自治区级环境优美乡镇，1个自治区级美丽乡村文明创建示范村、21个美丽乡村示范点成功创建。生态移民是一项民生工程，常委会依法监督和支持政府推进生态移民工作，全面完成了生态移民搬迁任务。

坚持共享发展，切实加强对社会生态建设工作的监督。百年大计，教育为本。为推进义务教育均衡发展和职业教育发展，先后组织代表对义务教育均衡发展情况进行了2次视察和调研，听取审议专项工作报告，督促和支持政府优化中小学布局，新建扩建银川二十一小贺兰分校、贺兰一小等19所学校，缓解了县城学生入学压力，开办宁夏青松技工学校，成功创建了全国义务教育均衡发展示范县。听取审议了公共卫生服务体系和公共文化服务体系建设情况的报告，促进政府及有关部门健全服务体系，推进基本公共卫生服务和公共文化服务标准化、均等化、常态化。

围绕发展大局，深入开展专题调研。提前介入调研“十三五”规划纲要编制草案，为县十七届人大四次会议审议和批准规划纲要提供依据。围绕补齐短板，加快发展，先后对加快实体经济发展、房地产去库存、拓宽税源增加财政收入、壮大农村集体经济等关系发展的重大问题，深入开展调查研究，通过实地查看、座谈、走访等形式，分析现状、找出问题，研究对策，并结合实际，为县域经济持续健康发展提出切实可行的建议意见，形成22份调研报告，为县委决策提供参考。

二、坚持法治建设，切实维护公平正义

推进民主法治建设是地方国家权力机关的根本任务。常委会始终牢牢抓住这个重心，切实加强监督，积极促进“一府两院”依法行政、公正司法。

加快推进依法治县进程。围绕“严格执法、公正司法、全民守法”总目标，全面推进依法治县工作。常委会先后对法院执行、民事审判、刑事审判、诉外调解及诉讼服务减诉机制等工作开展监督，促使司法调解、人民调解、行政调解相衔接的“大调解”格局基本形成，审判质量和效率明显提升，执行难问题得到有效缓解。对检察院执行监督、预防职务犯罪、民事行政诉讼监督、刑事立案监督和行政执法监督等工作进行视察，听取专项工作报告，不断提高检察实效，提高司法公信力。对司法行政部门法制宣传、法律服务、社区矫正等工作开展监督，先后2次听取审议了“六五”普法工作情况报告，积极做好“六五”普法总结验收和“七五”普法启动工作，作出了关于深入开展第七个五年法治宣传教育的决议。对公安机关执法规范化建设、刑事侦查等工作开展监督，推动公安执法科技化、信息化、规范化建设，提高刑事侦查能力。听取审议了“平安贺兰”建设情况的报告，并加大审议意见的督办力度，“平安贺兰”建设工作扎实推进，“三减”工作成效显著，成功创建全国平安建设先进县。

积极开展执法检查。四年来，常委会先后对环境保护法、安全生产法、食品安全法、道路交通安全法、统计法、传染病防治法等法律的贯彻实施情况进行执法检查，指出法律实施中存在的问题，提出改进建议，督促政府及有关部门切实找准法律执行中的难点和关键，找准与贺兰实际的结合点，勇于改革创新，保证各项法律在我县得到正确实施。

认真办理群众来信来访。认真落实来信来访接待、登记、转办和督办等制度。四年来，共受理群众来信410多件，接待群众来访900余人次。对所反映的问题落实承办单位，做到了件件有落实，事事有交代。常委会领导认真落实下访、接访工作要求，按时参加接访活动，及时化解社会矛盾纠纷。

圆满完成代表换届选举工作。在县委的领导下，按照宪法和法律的规定，周密安排，精心组织，圆满完成了县乡两级人大代表换届选举任务，依法选举产生了新一届县人大代表170名、乡镇人大代表306名。

三、坚持依法行使重大事项决定权和人事任免权

常委会紧紧围绕事关贺兰经济社会发展的重大问题，深入开展调查研究，认真审议每项议案，依法作出决议决定，及时把县委的重大决策部署通过法定程序转化为国家意志和人民意愿。

依法决定重大事项。加强预决算管理，在监督政府严格执行年初预算的同时，认真审议并批准了每年县级财政预算调整方案和财政决算。全力支持重点项目建设，在认真调研审议的基础上，连续三年作出了同意贺兰县使用宁夏地方政府债券及置换债券资金计划项目的决议。作出了宁夏生态纺织示范园中小企业孵化园、生态纺织研发中心及新建八条道路项目列入中长期财政预算的决议，有效缓解了资金不足的压力，保障了一批重点项目建设顺利实施。作出了批准政府债务限额的决议，严格控制政府债务限额，有效预防政府性债务风险。

依法行使人事任免权。坚持党管干部原则与人大依法行使任免权的有机统一，严格按照法律程序，认真落实任命干部任前法律知识考试、会议表决、任后作表态发言等制度，保证县委推荐的人选通过法律程序成为“一府两院”工作人员。四年来，共任免国家机关工作人员168人，任命法院人民陪审员51人。

四、坚持强化服务，充分发挥代表作用

始终把做好代表工作作为发挥职能、联系群众的基础和依托，坚持尊重代表的主体地位，优化服务，强化保障，支持代表依法履职、发挥作用。

拓宽联系渠道，提高代表履职能力。代表工作是人大工作的基础，我们在全区率先建立了覆盖全县各乡镇、村、社区等基层组织的86个人大代表联络工作室。并结合党的群众路线教育实践、“三进”等活动，按照便于联系的原则，将区市县乡四级人大代表编成小组，分别联系基层组织。通过“听、查、带”，及时将基层和群众提出的意见建议转交政府及相关单位研究办理，依法推动了一些问题的解决。

紧扣社情民意，认真督办议案建议。县十七届人大一次会议以来共确立代表议案28件，建议36件。常委会高度重视，实行议案和重点建议督办制度，每年2次专题听取审议办理情况的报告。四年来，积极督办代表议案、建议，办结答复率达到100%。本届人大，通过办理代表议案建议，修建农村道路196.6公里，硬化庄点巷道72.3公里，砌护改造渠道34.1公里，为加快推进农村庄点巷道硬化全覆盖作出了积极努力，人民群众的出行条件和生产生活环境得到了进一步改善。

加强服务保障，支持代表依法履职。通过多种方式，向代表通报“一府两院”及人大常委会工作情况，保证代表知情知政。积极邀请县人大代表列席人大常委会会议，参加常委会组织的检查、视察和专题调研等活动。不断完善代表工作制度，在习岗镇、常信乡开展县人大代表向选区选民述职试点工作。每年至少开展一次代表专题培训。四年来，共有代表390多人次参与常委会履职活动，210人次列席常委会会议。代表在履职中提出了许多宝贵意见，形成了90多份质量较高的视察、检查和调研报告。

五、坚持求真务实，注重加强自身建设

常委会把加强自身建设作为依法履职的重要前提，坚持以提高干部素质、提升工作水平为重点，全面加强自身建设。

加强思想政治建设。自觉把县委的领导贯穿于人大工作全过程，落实到依法履职各方面。坚持学习制度，采取多种方式，深入学习习近平总书记系列重要讲话精神，学习党的方针政策和区市县的决策部署，学习相关法律法规和人大业务知识。抓好检查、视察和会前学法，努力提高常委会组成人员的依法履职能力。扎实开展党的群众路线教育实践活动、“三严三实”专题教育和“两学一做”学习教育，认真查摆“四风”等方面存在的问题，着力抓好建章立制、整改落实。

抓好纪律作风建设。严格执行中央八项规定和区、市、县关于廉洁自律、改进工作作风等有关规定。深入开展“从严管理落实年”等主题活动。进一步规范常委会议事程序，修订完善了20多项制度办法，提高了人大工作制度化、规范化、科学化水平。重视同区、市人大的联系，积极争取工作支持，加强对乡镇人大的指导，上下联动，双向互动，县乡人大工作整体水平进一步提升。

各位代表，四年的工作实践，使我们对发展社会主义民主政治，坚持和完善人民代表大会制度，充分发挥人大职能作用有了更加深刻的认识。我们深深地体会到，要做好人大工作，必须牢牢把握和坚持以下五个方面。

第一，必须坚持党的领导，这是做好人大工作的根本保证。要始终把坚持和依靠党的领导贯穿于人大工作的全过程，坚持重大事项请示报告制度，积极将县委的主张通过法定程序转变为全县人民的共同意志，充分保证党的路线方针政策顺利贯彻落实。

第二，必须坚持围绕中心，服务大局，关注民生，这是人大全面履行职责的根本任务。要始终把推动科学发展、促进社会和谐作为履职行权的职责所在，积极顺应全县经济发展、民生改善的期盼和要求，自觉以经济建设为中心，服务大局，关注民生，主动作为，切实推进贺兰科学发展、追赶发展、跨越发展，让改革红利与民共赢，发展成果与民共享。

第三，必须坚持依法治县，这是人大履行监督的内在要求。要始终把加强社会主义民主法制建设作为履职行权的重中之重，积极适应全县经济社会发展新需求，自觉以督促和支持“一府两院”依法行政、公正司法为己任，不断改进监督方式，增强监督实效，保证宪法和法律在我县得到正确贯彻实施。

第四，必须坚持代表主体地位，这是发挥人大代表作用的坚实基础。尊重代表主体地位，保障代表依法履职，始终保持与人民群众的密切联系，真诚倾听群众呼声，真实反映群众愿望，真情关心群众疾苦，确保大工作旺盛的生机与活力。

第五，必须坚持强化自身建设，这是做好人大工作的前提条件。要把加强常委会自身建设作为履职行权的重要保障，正确认识和把握人大工作规律和方法，自觉以创新精神推进人大工作，努力在实践中探索，在探索中完善，在完善中提高，不断推动人大工作与时俱进。

各位代表，过去四年人大常委会工作取得的成绩，是在县委的正确领导下，全体人大代表共同努力的结果，是“一府两院”、各乡镇人大主席团、各部门密切配合的结果，是社会各界和全县人民大力支持的结果。在此，我代表县十七届人大常委会，表示衷心的感谢！

在总结成绩的同时，我们也清楚地看到，常委会工作与宪法和法律的要求相比，与党和人民的要求相比，还有一定差距，主要是勇于监督、善于监督还不够，监督实效有待于进一步增强；对审议意见的落实情况跟踪监督不够，有些审议意见落实还不到位；代表“双联”活动开展的还不够扎实，代表主体作用没有得到充分发挥；人大常委会自身建设有待于进一步加强等。这些问题都需要我们在今后的工作中认真加以改进。

今后工作建议

各位代表，县十四次党代会确定了今后五年的奋斗目标和主要任务。建议新一届人大常委会要在县委的正确领导下，坚持以邓小平理论、“三个代表”重要思想、科学发展观为指导，深入贯彻落实党的十八大，十八届三中、四中、五中全会精神和习近平总书记系列重要讲话精神，围绕“富民强县、跨越发展”总目标，坚持“五大发展”理念，打造“五个生态”，依法履行职责，奋发有为工作，为加快推进“五个贺兰”建设，促“全生态文明、全要素发展”，建成较高水平的全面小康社会做出新的更大贡献。

一、紧扣中心，合力推进，保证县委决策部署全面落实

县十四次党代会站在新的起点，科学谋划了我县未来五年发展的宏伟蓝图，要认真学习和深刻领会党代会精神，把思想和行动统一到县委的决策部署上来，紧紧围绕“富民强县、跨越发展”总目标，切实找准工作的切入点和着力点，服务大局，依法履职，始终做到与县委思想同心、目标同向、工作同步、落实同抓，确保县委重大决策部署得到全面贯彻落实。

二、服务大局，依法履职，加快推进“五个贺兰”建设

建成较高水平的全面小康社会是全县人民的共同愿望。常委会要紧紧围绕“富民强县、跨越发展”总目标，坚持“五大发展”理念，打造“五个生态”，加强和改进监督工作，加快推进“五个贺兰”建设。

围绕“实力贺兰”建设，加强对经济工作的监督。组织代表对园区产业发展情况进行视察和调研，形成有较高参考价值的调研报告，提出针对性的意见建议，为县委决策、政府实施提供依据。加大对主导产业和新兴产业发展情况的监督，加快推进“翻番”发展计划的实施，加快培育“5+X”现代产业新体系，推动产业集聚发展、向中高端升级迈进。通过视察、听取审议报告等形式，加大对电商产业、物联网产业、旅游业、金融保险、医养产业、现代物流等服务业的监督力度，促进现代服务业体系不断完善，虚拟经济与实体经济深度融合，新兴现代服务业加快发展。围绕农业“八化”，加大监督力度，加快推进国家现代农业改革与建设试点工作，把贺兰建成引领西北、示范全国的现代农业标杆，实现由农业大县向农业强县转变。支持政府加快科技创新平台建设，以科创中心为抓手，围绕“三院一站一中心”，加快构建以企业为主体、市场为导向、产学研相结合的技术创新体系，大力推进科技成果转化，鼓励支持企业自主创新、转型升级。

围绕“活力贺兰”建设，加强对城乡规划建设的监督。加大对生态城市建设、智慧城市建设、海绵城市建设、畅通城市建设情况的监督，加快田园景观和城市功能融合，建设城乡结合体，提升生态景观特色，实现网络空间互联互通，完善城市配套功能，增强城市综合承载能力。加大对“产镇融合”、产业定位规划布局等方面的监督，形成一个完善的推进体系，着力打造“六个特色小镇”的金名片，建成一批产业特色鲜明、生态环境优美、人文气息浓郁、示范效应明显的生态风情特色小镇。加大对美丽乡村建设推进情况的监督，加快推进美丽乡村三年行动计划的完成，有计划、有步骤地推进农村集聚发展，集中打造一批特色主题村落，不断改善农村人居环境，提升农村承载功能。加大对城乡基础设施建设的监督，促进和支持进一步拓展城市发展空间，完善综合交通网、构建绿色能源网、建设智慧信息网，加快推进基础设施同城化步伐，打通城乡共建共享、智慧互联互通体系，全面提高城镇综合承载能力。

围绕“美丽贺兰”建设，加强对环境生态的监督。深入开展视察和调研，全面掌握经济发展现状，支持政府改造提升园区产业链，推动企业转型升级，绿色发展；支持发展生态绿色农业，推广生态立体农业循环模式；支持实施全域旅游发展三年行动计划，全力打造国家生态保护和生态经济“双示范区”。积极开展环境整治和保护执法检查、视察活动，督促和支持政府深入实施环境整治专项行动，使全县“脏乱差”现象得到根本整治，实现全县基本无违建，水系水质达标，水源地安全。加大对生态保护工作的监督，促进政府大力实施沿贺兰山生态屏障、县域内生态湿地、农田生态、水环境等资源的保护和修复工程，加快实施通道造林绿化、城市绿道、湿地公园建设，有效构建生态安全屏障，争创国家生态保护示范区。

围绕“开放贺兰”建设，加强对开放环境、深化重点领域改革工作的监督。加大对招商引资、特色产业培育的监督力度，大力支持政府加快构建开放型经济体系，引进龙头企业，培育“外向型”特色产业，大力发展跨境电子商务、云服务等产业，大力推进与央企、知名企业的合资合作，有效引进外资，发展高端、高新、新兴产业，着力打造一批特色品牌、一批开放型经济重点企业。加大对服务环境的监督力度，最大限度地放宽投资准入，加强项目投资跟踪服务，着力打造“西部最优，比东部更优”的开放环境。加大对行政审批、国有资产、农业农村等重点领域改革的监督力度，推动重点改革十大专项行动深入开展，促进重点领域改革取得实效。

围绕“幸福贺兰”建设，加强对社会事业的监督。加强对村集体经济、就业、救助等工作的监督，加快推进“三增工程”实施，不断壮大村集体经济；促进就业，重点解决好农村转移劳动力和高校毕业生的就业创业问题；完善低收入农户精准帮扶长效机制，确保精准扶贫、精准脱贫；加大产业帮扶和各项救助力度，缩小城乡居民收入差距。加强对低保、养老、社保、医保等工作的监督，强化社会保障制度建设，逐步提高城乡低保标准，确保低保人口应保尽保，提高对困难群体的精准帮扶，加快推进养老服务多元化，大力提高基本养老参保率，实现社保、医保全覆盖，加快推进住房保障和供应体系建设，满足群众多层次住房需求。加强对教育、文化、卫生等社会事业的监督，加快推进教育基础设施提升“双亿”工程、“名校名师”工程的实施，全面解决“大班额”“入园难”问题；积极探索办学新模式，大力发展职业教育；加快推进实施医疗卫生人才“552”计划，优化医疗资源；大力培育“文化名人、文艺精品”，加强公共服务体系建设。加强对“七五”普法、信访维稳、安全生产等工作的监督，推进“七五”普法深入开展，有效化解各类矛盾纠纷，重点解决征地拆迁、农民工工资等遗留问题，完善监管和治理体系，确保安全生产以及网络安全。

三、完善方式，强化监督，切实增强监督实效

依法行使常委会的法定职权，对“一府两院”专项报告进行满意度测评。选择群众关心关注、反映集中的土地、环保、食品安全、重点项目建设等热点难点问题，经常性地运用询问、质询等刚性监督手段，创新监督方式，加大监督力度，推进监督事项落到实处，确保监督权有效行使。全面落实跟踪督办机制、执法检查情况通报、重大监督事项答复、报告、询问及督促整改落实等制度。加大对部门工作评议力度，注重对评议结果的运用，把行使监督权与行使任免权结合起来，对票决不满意的部门负责人，要依法进行质询。

四、健全机制，深化服务，充分发挥代表主体作用

坚持代表主体地位，深入开展代表“双联”活动，推进代表小组活动常态化。完善督办机制，不断提高代表议案、建议办理质量和效率。努力创造条件、提供服务，保障代表依法履职。扩大代表对常委会工作的参与，充分发挥代表作用。及时通报“一府两院”及人大常委会工作情况，保障代表知情知政。采取集中培训、外出考察学习等多种方式，加强代表培训，不断提高代表履职能力。全面开展县人大代表向选区选民述职活动，完善代表履职档案，加强代表管理，探索建立代表履职激励、约束和退出机制，激发代表活力。

五、开拓创新，与时俱进，不断提高人大工作水平

深入贯彻落实中央18号文件和自治区党委28号文件精神，全面加强思想、作风、组织和制度建设。以问题为导向，加强学习研究，积极探索创新，不断开创人大工作新局面。进一步改进工作作风，深入开展调查研究，使常委会各项工作紧跟县委决策部署，紧贴民生实情。继续办好贺兰人大网，建立人大常委会电子表决系统，加快推进网络信息化建设。抓好机关干部队伍建设。进一步加强与区市人大联系，加大对乡镇人大的指导力度，推动人大工作整体迈上新台阶。

各位代表，思路决定出路，实干决定发展。县十四次党代会提出未来五年发展的宏伟蓝图，开启了推进科学发展、追赶发展、跨越发展，实现富民强县的新征程。目标催人奋进，任务光荣而艰巨。让我们在中共贺兰县委的坚强领导下，解放思想，开拓创新，真抓实干，不忘初心，继续前进，为加快建设“五个贺兰”、实现“五个更加”的奋斗目标、建成较高水平的全面小康社会而努力奋斗！

政府工作报告

——在贺兰县第十八届人民代表大会第一次会议上

贺兰县人民政府县长　刘甲锋

（2016年10月19日）

四年工作回顾

自县十七届人大一次会议以来，在区市党委、政府和县委的坚强领导下，在县人大、政协的监督支持下，县人民政府团结带领全县各族干部群众，按照“四个宁夏”“四个银川”建设走在前列的要求，务实苦干，开拓创新，圆满完成了第十七届人民代表大会确定的各项目标任务，全县经济社会保持了持续健康发展的良好势头，开启了“全生态文明、全要素发展”的新征程。

四年来，综合实力实现大跨越。实施投资拉动、创新驱动、开放带动、改革撬动战略，经济保持高速增长态势。预计2016年年末，实现地区生产总值135亿元以上，年均增长10.1%，是2012年的1.5倍；实现规上工业总产值252亿元，规上工业增加值543亿元，年均分别增长30%、18%；实现公共财政预算收入16.4亿元，年均增长20%，是2012年的1.5倍；累计完成社会固定资产投资660亿元，年均增长16.7%，是前四年的近3倍；完成社会消费品零售总额133亿元，年均增长16.2%，比2012年翻了近一番。农业“八化”取得明显进展，成功创建国家级现代农业示范县。生态纺织园、德胜工业园、暖泉工业区三个工业发展平台集聚能力持续增强，企业集群效应明显。电商产业呈爆发式增长，预计2016年交易额达到17亿元，荣获全国电子商务进农村示范县。三次产业结构从2012年的15:54:31调整为13:55:32。连续6年跻身西部百强县。

四年来，城乡面貌呈现大改变。全面启动空间规划体系建设，“一核两区两翼”空间架构基本形成，城镇化率达到48.8%。大力推进美丽贺兰建设，新建如意湖音乐喷泉，完成37个老旧小区改造和120万平方米的休闲公园广场提升工程。大力开展城乡环境综合整治，拆除“两违”建筑180万平方米，高标准整治农村庄点320个，完成盐碱地改良15万亩，清淤沟道150公里。大力开展生态环境修复工程，增加湖泊湿地26公顷，完成天然林保护和封山育林9200公顷，森林覆盖率由11.8%提高到14.2%。大力推进交通路网建设，新开通6条城市公交线路，丰庆路、山河路、广源街全面贯通，全县公路总里程达到1200公里。狠抓环保整治，关停污染企业72家，如期完成节能降耗所有约束性指标，4万元GDP能耗下降23.3%。深入开展特色小镇和美丽乡村建设工作，常信乡被评为全国文明乡镇，立岗镇成功创建国家级生态乡镇，金贵镇、习岗镇被评为自治区级环境优美乡镇，金山村荣获自治区“美丽乡村文明示范村”称号。全国文明县城、卫生县城、园林县城等顺利通过复验。

四年来，社会事业取得大进步。坚持把改善民生作为政府工作的出发点和落脚点，民生支出年均增长12.8%以上，占财政总支出的74%。扎实推进就业创业工作，累计发放创业贷款8亿元，新增城镇就业人数3.3万人，转移农村劳动力就业15万人次，城镇登记失业率控制在3.6%以内。预计2016年，城乡居民人均可支配收入分别达到27 000元、13 200元，年均分别增长10%、13%。教育事业蓬勃发展，新改扩建如意湖中学、德胜实验小学等35所学校，高考二本上线率比2012年提高了5%，成功创建全国义务教育均衡示范县。大力开展职业教育，宁夏青松技工学校、宁夏轻纺技工学校在贺兰设立分校。深化医疗卫生体制改革，全面推行“先住院、后付费”诊疗服务模式，县第一人民医院及怡康妇产、慈安妇儿专科医院建成投入运营，中医院开工建设。社会保障体系不断完善，扩建星光老年公寓，新建第二敬老院、老年活动中心，养老床位数增加到870张。新建、回购保障性住房6200套。成立贺兰慈善总会。累计发放医疗、民政救助资金4亿元。公共文化服务质量不断提高，成立37个文艺社团，年均开展各类文艺演出近千场次，县图书馆被评为国家一级馆，县电视台荣获全国县级“十佳电视台”称号，成功创建全国公共文化示范县。旅游产业迅猛发展，接待游客400万人次以上，旅游收入达到10亿元。精准扶贫、精准脱贫工作扎实推进，建档立卡4999人，实现脱贫2500人，全面完成生态移民搬迁任务。“三减”工作成效显著，成功创建全国平安建设先进县。

四年来，创新活力实现大迸发。出台加快非公经济发展30条、加快供给侧结构性改革29条、降低企业成本25条，创建“三名企业”20家。设立招才局、网络经济发展局、金融工作局等5个虚拟机构，统筹推进人才、网络经济、金融等工作。“一区三园多点”电商体系全面建成，线上线下融合发展平台日益完善，全区60%的快递物流从我县进出。“村淘”县级运营中心，21个电商村、42个村级电商服务站全面投入运营。在全区率先实施“五证合一”，企业办理证照时间从20个工作日压缩到3个工作日。并联审批、模拟审批、网上审批新模式全面推行，投资项目全流程审批时限控制在90个工作日以内。加大科技创新力度，成立全区首家县级科技创新中心，建立“三院一站一中心”，入驻34家高科技企业，引进57项国家实用型发明专利。吸引高层次人才564名、科技创新团队36支，国家“千人计划”专家3名。累计投入研究与试验发展经费（R&D）3.93亿元，新培育国家高新技术企业6家，自治区科技型中小企业38家。在全市率先开展不动产登记制度改革工作。成立农村产权交易中心，两权抵押贷款试点工作顺利推进。

四年来，政府建设得到大提升。扎实开展“简政放权”工作，精简行政审批事项124项。建立“互联网+政务中心”，113项行政许可事项、260项便民服务事项进驻政务大厅。机关效能建设深入推进，常态化开展“电视问政”“微博问政”活动，政府服务水平不断提高。深入落实重大问题集体决策、专家咨询、社会公示和听证制度，推进政府决策的民主化、科学化和法制化。科学调度财政资金，三公经费逐年下降。坚持“五必查”工作机制，加大对政府部门和乡镇审计监察力度，坚决纠正损害人民利益的不正之风，给予党政纪处分119人。圆满完成“六五”普法工作。自觉接受人大、政协的监督，办理县人大代表政协委员议案提案129件、建议67件，办复率达100%。统计、档案、民族宗教、妇女儿童、人民武装等工作取得了新成绩，金融、税务、气象、石油、供电、供水、通信等工作为全县经济社会发展做出了新贡献。

四年的发展实践，我们积累了宝贵的经验：

（一）必须始终坚持科学发展、和谐发展的理念。四年来，我们坚持用科学发展的理念统领全局，立足自身优势，理顺发展思路，将项目建设作为经济工作的主旋律，将做大做强优势产业和骨干企业作为强县之基，为全县经济社会健康发展奠定了坚实的基础。我们深切感受到，只有把改革创新摆在战略位置，才能找准方向、砥砺前行，走出科学发展之路。

*（二）必须始终弘扬立说立行、敢于担当的作风。*四年来，我们坚持在县委领导下开展政府工作，认真落实县委确定的重大决策部署，攻坚克难，一抓到底，全力推进了一大批经济发展、城市建设、社会事业等各类项目，将跨越发展的举措一件件落到实处。我们深切感受到，只有直面矛盾，敢于担当，才能打开局面；只有环环相扣，步步主动，才能务实推进；只有不畏困难，勇往直前，才能有效落实。

*（三）必须始终强化把握趋势、善于谋划的能力。*四年来，我们顺应发展趋势，努力提高工作的前瞻性和主动性，全力化解经济下行压力等不利影响，积极培植财源、清理土地、扩大融资，为承接产业转移，加快城镇化建设提供了要素保障。我们深切感受到，越是在形势复杂和发展困难的时候，越要增强察大势、善谋划的本领，在形势变化中捕捉机遇，在政策调整中争抢先机，将我们的事业一步步扎实推向前进。

*（四）必须始终牢记以人为本、执政为民的宗旨。*四年来，我们把实现人民生活的安康幸福作为一切工作的出发点和落脚点，体民心、察民情、顺民意，办成了一批事关群众切身利益的大事、实事，让发展成果惠及广大人民群众。我们深切感受到，只有坚持把为民谋利作为政府工作的根本，才能团结和调动一切积极因素，才能集中民智，凝聚民力，形成强大的发展合力。在充分肯定成绩、总结经验的同时，我们也清醒地看到，我县经济社会发展和政府工作，还存在着一些不足和问题：一是经济总量不大，产业结构有待优化，创新技术、人才紧缺，资源环境约束趋紧，政府债务偏高，历史遗留问题较多；二是基础设施和公共服务相对薄弱，城乡融合发展缓慢，居民增收渠道不宽，改善民生及社会保障能力还需进一步提升；三是少数干部的思想观念、精神状态、能力作风与跨越发展的要求还不相适应，消极腐败现象还时有发生。我们必须进一步增强忧患意识，以等不起的紧迫感、坐不住的责任感、慢不得的危机感，切实解决好这些问题。

建成较高水平的全面小康社会。

今后五年，是贺兰发展的重要时期。县十四次党代会确立了建成较高水平全面小康社会目标，为我们描绘了未来五年发展的美好愿景。只要我们增强机遇意识、创新意识、担当意识，正视差距不懈怠，锁定目标不动摇，坚定思路不反复，主动转变发展方式，主动优化产业结构，主动化解社会矛盾，以最先进的理念、超常规的办法、更精准的措施，就一定能实现创新更加活跃、经济更加发达、环境更加优美、发展更加开放、社会更加和谐的宏伟蓝图。

今后五年政府工作的总体要求是：深入贯彻落实党的十八大和十八届三中、四中、五中全会及习近平总书记系列重要讲话精神，紧紧抓住国家“一带一路”建设、自治区“两区”建设和银川市“2258”工作思路深入实施的战略机遇，全面贯彻落实县十四次党代会精神，以“富民强县、跨越发展”为总目标，科学推进“四个并重”，坚持“五个发展”，打造“五个生态”，加快建设“五个贺兰”，着力打造法治政府、诚信政府、服务政府、清廉政府，促“全生态文明、全要素发展”，为建成较高水平全面小康社会而努力奋斗。

主要预期目标是：到2020年，全面超额完成“十三五”规划目标任务。到2021年，地区生产总值年均增长10%以上；地方公共财政预算收入年均增长10%以上；固定资产投资年均增长15%以上；工业总产值年均增长13%以上；规上工业增加值年均增长14%以上；社会消费品零售总额年均增长9%以上；城乡居民人均可支配收入年均分别增长10%、11%以上；城镇调查失业率控制在5%以内；万元GDP能耗年均下降3%以上。建成较高水平全面小康社会，是全县人民的共同愿望，必须立足实际，发挥优势，补齐短板。今后五年，主要在以下五个方面实现战略性突破。

坚持创新发展，打造经济生态，加快建设实力贺兰。将创新作为引领发展的第一动力，全力补齐实体经济短板、科技创新短板、金融创新短板。实施工业强县战略。加快培育“5+X”现代产业新体系，打造产业定位更加清晰、功能布局更加完善的工业发展平台。生态纺织园围绕“纺织新城”加快发展；德胜工业园围绕转型升级集约发展；暖泉工业区围绕“百亿园区”绿色发展。实施主导产业和新兴产业“翻番”发展计划，力争形成一批超百亿产业集群，推动产业向中高端升级迈进。实施商贸富县战略。围绕打造“银川城北商圈”，积极培育电子商务、大数据、物联网等产业，抢占全区智慧经济发展制高点。加快发展新兴旅游业，推动景点旅游向全域旅游转变，打造独具特色的全域旅游金字招牌。延伸汽车销售产业链，做大做强汽车后市场产业。大力发展金融保险、医养结合、文化创意、现代物流、总部经济等新经济新业态，现代服务业产值实现“翻番”。实施农业稳县战略。以农业“八化”为总纲，以“农业+互联网”为突破口，推进农村电商产业化、乡村旅游全域化，把贺兰建成引领西北、示范全国的现代农业标杆，实现由农业大县向农业强县转变。加快构建以金融服务、科技服务、信息服务为主的农村社会综合服务平台。发展以农业大数据、农产品追溯、品牌营销等为主的“智慧农业”。加快休闲农业发展步伐，打造创意农业先导区、都市现代农业示范区。实施创新驱动战略。以科创中心为抓手，构建以企业为主体、市场为导向、产学研相结合的技术创新体系，打造西北地区最具特色的国家级科技孵化器。大力开展科技成果转化行动，实施高新技术企业和科技型中小型企业双倍增计划。鼓励企业创建实验室、技术研发中心，加强自主创新，研发新产品。到2020年，高新技术企业产值占工业总产值的比重达到12%以上，全社会研究与试验发展经费占GDP比重达到3%以上，科技进步贡献率达到73%以上，实现由“贺兰生产”向“贺兰制造”转变。大力开展“金融5035”行动计划，积极推进金融创新发展，培育互联网金融企业，拓宽直接融资渠道，降低中小企业融资成本。

坚持协调发展，打造城市生态，加快建设活力贺兰。按照“一核两区两翼”空间格局，全力补齐基础设施短板，形成“中心城区、城市副中心、特色小镇、美丽乡村”四级建设体系，常住人口城镇化率达到60%以上。围绕生态城市、智慧城市、海绵城市、畅通城市建设，打造田园智城。挖掘塞上风光、湖泊湿地等生态特色景观，加快城市绿网建设，县城人均公共绿地面积达到18平方米以上。全面建设城市应用服务体系，实现网络服务共建共享。实施城市地下综合管廊工程，打通城市配套功能完善的“大动脉”。打造“城乡半小时交通圈”，增强城市综合承载能力。围绕产镇融合，打造特色小镇。建成一批产业鲜明、环境优美、人文气息浓郁的特色小镇。完善空间规划布局，加快基础设施和公共服务配套建设。提升服务水平，全力推进“景区化改造”，着力在发展理念、规划设计、资金投入、运营主体、管理模式方面，形成完整的推进体系。围绕特色产业发展，打造美丽乡村。有步骤地引导自然村向行政村集聚，行政村向中心村集聚，中心村向镇区集聚。积极发展主题村落，集中打造一批农产品加工型、农业休闲型、历史文化型、生态度假型特色主题村落。强化品牌推广和服务运营，推动“建设村落”向“经营村落”转变。加快基础设施建设。完善综合交通网络建设，实现县乡村三级路网全覆盖。全县路网密度达到82公里/百平方公里。积极开发新型清洁能源建设，构筑绿色能源网。加快城市基础信息库、大数据平台、光纤宽带、移动通信网络建设，建设智慧信息网，实现网络空间互联互通。

坚持绿色发展，打造环境生态，加快建设美丽贺兰。坚持“经济生态化、生态经济化”，全力补齐生态环境短板，努力实现生态保护与经济发展同步推进。大力发展绿色经济。加快工业园区循环经济示范区建设，强化再生资源回收利用，促进高投入、低产出、低税收企业向轻资产、高科技、智能化企业转变。

加快发展生态绿色农业，推广种养结合、农牧结合、林牧结合的生态立体农业循环模式。实施贺兰全域旅游发展三年行动计划，充分挖掘黄河文化、回族文化、农耕文化、西夏文化等旅游资源，积极主动融入宁夏全域旅游大格局。大力实施环境整治。深入推进环境综合整治“八个三”专项行动，实施集中供热、热电联产、清洁能源代替工程，坚决关停一批高污染、高耗能企业，全县水系水质达到Ⅲ类标准，工业固废综合利用率达到100%，“脏乱差”现象得到根本整治，城乡人居环境全面改善。大力加快生态修复。实施山水林田湖生态保护和修复工程。大力推进沿贺兰山生态屏障和县域生态湿地保护工作。

加快森林公园、湿地公园建设，绿化覆盖率稳定在40%以上。加强农田生态保护修复，改良一批盐碱化农田。加快建设城市绿道、景观水道，完善城市生态保护网。增强全民生态文明意识，争创国家生态保护示范县。

坚持开放发展，打造空间生态，加快建设开放贺兰。主动融入“一带一路”战略，全力补齐发展环境短板、改革落地制度供给短板，构建自身资源和外部资源共同发力的全新空间生态。打造对外开放平台。强化“外向型”特色产业培育，依托生态纺织产业示范园，研发“丝绸之路”沿线国家服装服饰及家纺用品，承接国内外先进的纺织产业转移。依托银川清真食品产业园，积极引进龙头企业，加快构建研发设计、生产交易、国际标准互认的支撑体系，打造清真食品特色品牌。依托中阿跨境电商产业园、电商创业园、电商物流园，完善通关、结汇、退税机制，大力发展面向新丝路国家的跨境电子商务等产业。到2021年，跨境电商交易额累计达到100亿元以上，外贸出口额达到50亿元以上，引进外资年均增长20%。构建开放型经济体系。拓宽“外向型”经济路径，推动产品销往全球。鼓励企业研发“外向型”产品，拓展国内外市场，提高产品市场占有率。利用区外资金，大力推进本地企业与央企、全球知名企业的合资合作，引导外资更多地投向高端制造业、高新技术产业、现代服务业等领域，扩大外商投资规模，提升企业综合竞争力。优化对外开放环境。以打造“西部最优、比东部更优”的发展环境为着力点，开辟服务“绿色通道”，加强项目投资跟踪服务。在服务实体经济方面，用权力“减法”，换取活力“乘法”。在服务虚拟经济方面，全力通电商、通互联网金融、通现代物流、通大数据处理、通市场情报，促进实体经济与虚拟经济双轮驱动、同步发展。深化重点领域改革。实施重点改革十大专项行动，促进重点领域改革落地见效。建立健全土地差别化供应管理机制，制定禁止供地、限制供地项目清单和项目用地市场退出机制。深化行政审批制度改革，完善企业投资项目准入机制，健全行政审批服务事项动态调整机制。深化国有资产改革，以资产换资本，稳步推进国有资产集中监管。深化农业农村改革，完善农村产权交易平台，探索农村资产股权化改革，切实增加农民收入，建立农民退出“三权”补偿机制。

坚持共享发展，打造社会生态，加快建设幸福贺兰。进一步强化政府公共服务供给能力，全力补齐公共服务供给不足、不平衡、质量不高的短板，最大限度激发社会活力。切实提高居民收入。确保城乡居民人均可支配收入年均增长10%、11%以上。加快推进三增工作，全面消除年收入5万元以下集体经济薄弱村。重点解决好农村转移劳动力和高校毕业生的就业创业问题，新增就业不少于4万人，转移农村劳动力13.5万人次以上，抓好“零就业家庭”动态清零工作。完善低收入农户帮扶长效机制，实施产业帮扶、教育帮扶行动，促进低收入农民增收致富，逐步缩小城乡居民收入差距。强化社会保障制度建设。实施低保救助、医疗救助行动，完善兜底措施，提高对困难群体精准帮扶力度，实现低收入家庭应保尽保，着力解决因病致贫、因病返贫问题。加强居家养老服务机构专业化建设，引导民间资本进入养老服务领域。实现城乡居民养老保险、基本医疗保险全覆盖。加快推进住房保障和供应体系建设，满足群众多层次住房需求。到2018年，全面完成旧城改造。推进社会事业全面发展。实施教育基础设施提升“双亿工程”，全面解决“大班额”和“入园难”问题。加快实施“名校名师”工程，全县高考二本上线率年均提高1个百分点以上。积极探索集团化办学模式，大力发展职业教育。实施“健康贺兰”全民行动，鼓励社会资本创办医疗机构，力促优质医疗资源“双下沉、两提升”。继续实施“文化名人、文艺精品”培育工程，文化艺术精品创作达到30件以上。着力加强和创新社会治理。深化“平安贺兰”建设，构建以信息化为支撑的立体社会治安防控体系，社会安全指数达到90%以上。重点加大对征地拆迁、农民工工资等遗留问题的化解力度，信访总量年均下降10%以上。严格落实安全生产责任制，安全事故发生率年均下降5%。全面启动“七五”普法，建立三级公共法律服务体系。探索新型农村社区建设，培育发展社会组织，支持社会组织承接政府职能转移，完善社会治理体系。

扎实做好2017年工作

2017年是本届政府的履新之年，开好头、起好步至关重要。全县经济社会主要预期目标是：地区生产总值同比增长11%以上；固定资产投资同比增长18%以上；地方公共财政预算收入同比增长14%以上；规上工业增加值同比增长15%以上；社会消费品零售总额同比增长9%以上；城乡居民人均可支配收入分别同比增长10%、11%以上。

为实现上述目标，我们必须做好以下五个方面的工作：

（一）坚持项目带动，量质并举，切实增强发展后劲狠抓项目建设。形成“谋划储备一批、开工实施一批、投产达效一批”的项目梯次推进格局，力争全年完成投资300亿元。围绕农业“八化”，实施常信农业三产融合、金贵生态循环示范区等89个农业项目。围绕工业转型升级，实施中地婴幼儿奶粉加工、泰益欣生物医药制造等46个工业项目。围绕银川城北商圈建设，实施汽车后市场等23个服务业项目。围绕基础设施改善，实施同城化污水管网延伸、京藏高速改线等37个项目。围绕提升群众幸福感，实施太阳城中学、老旧小区改造等25个社会事业项目。

狠抓项目招引。完善“5+X”现代产业体系布局，开展精准招商、产业链招商。紧紧抓住全国工商联常委会在银川召开的机遇，对接100个会员单位。全年完成招商引资170亿，引进1个20亿～30亿元项目，5个10亿～20亿元项目，15个5亿～15亿元项目，20个1亿～5亿元项目。力促常山纺织、达利丝绸蚕桑养殖等30家现代纺织企业入驻中小企业孵化园。力促如意集团印染项目、杭萧钢构、泰益欣养老等20个项目落地。加大科创中心的招引、孵化、培育力度，提升“三院一站一中心”建设，新引进创新创业人才50名，完成科技成果转化项目50项。

狠抓项目推进。健全重点项目一月一督查、一月一评比、一季一考核和县领导包项目、部门联动的推动机制，帮助企业解决难题。完善银政企对接机制，加快建立产业发展基金，扩宽企业融资渠道。优化土地供应配置机制，制定“零土地”技改项目目录清单，确保项目建设用地指标，盘活利用闲置土地2000亩以上。大力推进PPP合作模式，引进社会资本参与基础设施和公共服务项目建设，启动贺兰黄河大桥前期工作。加大税费清收力度，化解政府债务5亿元以上。向上争取资金30亿元。优化审批服务，建立“五零”服务制度，继续推行“6+X”部门会商制度、重大项目绿色通道制度，推行项目全程代办模式，力促落地企业早开工、早投产。

（二）坚持创新驱动，转型升级，着力优化产业结构实施工业园区提升转型工程。全年实现二产增加值同比增长18%以上。加快生态纺织示范园扩容发展，确保工业总产值突破60亿元。力促如意1亿米高档衬衣面料项目投产，75万锭纺纱项目达产达效。加快推进研发中心、背压式热电联产等配套设施建设。着力打造“时尚纺织小镇”，启动生活服务区规划，加快学校、医院等公共服务设施建设。加快德胜工业园区集约发展，力争工业总产值达到195亿元。紧紧抓住中阿之轴向东延伸和德胜园区组团纳入“银川市城市总体规划”的发展机遇，加快与银川城区融合，完成109国道以东区域“退二进三”发展规划，大力发展生产生活性服务业。力促同济东方医养及幼教、嘉洋钢构养老等5个项目落地。确保中国杞大叔庄园等12个农副产品加工项目开工建设。加快暖泉工业区绿色发展，力促工业总产值达到60亿元。实施泰益欣医药扩产、金益诺制药等9个新建项目，加快兄弟彩兴等10个技改项目开工建设，力促天津润泽熙心脑血管药剂、兴日晟污水处理剂等7个项目落地。加大环保整治力度，坚持环境污染“零容忍”，确保企业达标排放，全面完成区市下达的节能降耗任务。

实施农业提质增效工程。全年实现一产增加值、农业增加值同比增长5%以上。提升“一优三特”产业优势。大力发展有机水稻，粮食面积稳定在50万亩。大力发展绿色有机蔬菜，种植面积稳定在30万亩。推广南美白对虾等名特优新水产品，水产面积保持在10万亩。实施奶产业提质增效计划，奶牛存栏达到4.2万头。完成5家葡萄酒庄建设。特色产业产值占农业总产值比重达到90%以上。加快发展智慧农业。加强与科研院所合作，运用大数据增强农业种植的市场前瞻性。运用物联网智能管理平台，提高农业远程管理和规模化生产能力，新增“互联网+”现代农业示范基地5个。

大力发展农产品精深加工，建立有机大米等农产品质量追溯和标准认证体系，打造5个名优农产品品牌。完善分拣包装、冷链等基础设施，进一步完善“村淘”服务体系，打通特色农产品线上销售通道，农村电商交易额达到3.5亿元。加快农业现代服务体系建设。创新金融、农资、农机、农技、粮食银行、土地保值增值等服务模式，新建农机、有机稻、蔬菜、水产等产业联合体5个。推广“统防统治”模式，搭建利益共享、风险共担、良性循环的农业社会化服务体系。实施新业态新经济提速增容工程。

大力发展全域旅游。围绕“点、线、带、面”，打造“一山一河一路一轴”旅游格局。开辟2条旅游公交专线，制定10条精品旅游线路。加快贺兰山1958、金贵民俗农耕体验园等5个项目建设，推动房车营地、银山马会、休闲垂钓等项目做优做特，打造健身旅游新品牌，力争全年实现旅游收入7亿元。大力发展商贸物流。加快中汽配二期建设，打造西北汽配商贸城，建成宁浙电商创业园31个省会馆，打造西北电商商贸城，延伸汽车后市场和商贸物流产业链，完善物流、交通、住宿、餐饮等配套设施。提升银川电商物流园聚集效应，力促国内90%的知名电商物流快递企业入驻。健全农村物流配送体系，建设全县农村电商快递物流乡村中转配送网点，打通农村物流配送“最后一公里”。

大力发展外贸电商产业。加快中阿跨境电商产业园建设步伐，入驻企业突破40家，外贸交易额突破1亿美元。推进“阿里村淘”“e家电商”

等项目建设，实现电商交易额30亿元以上。加快推进互联网与传统产业深度融合，培育互联网新经济新业态。

大力发展现代金融业。力促金融保险商务总部经济一条街开工建设。加快宁夏惠众银行筹建工作，积极引进保险、担保等金融业态，争取中国银行、华夏银行在贺兰设立分支机构，金融机构年营业收入达到15亿元。

（三）坚持协调发展，统筹城乡，加快两宜城市建设着力完善田园智城功能布局。实施凤凰北街贺兰段打通工程，实施朔方南街、创业路等6条城市道路改造提升工程。加快实施滨河路、富民路亮化、排水工程，改造提升5个小型公园及如意湖绿化工程。建设德胜商住区和县医院公共停车场3处，解决停车难问题。建设唐徕渠公共自行车道。新建城北垃圾中转站，垃圾日清运率达到100%。推进智慧交通建设，实现全县智能公交站牌全覆盖。建设银川城北公交枢纽站，完善全县公交指挥调度管理体系。加快旧城改造步伐，完成县城棚户区拆迁任务，商业综合体招商引资实现大突破，县城中心商业区逐步形成。

加快特色小镇建设力度。以“电商全域化、旅游全域化”为目标，按照“一镇一品”，壮大特色小镇主导产业。围绕电商小镇建设，加快电商村、电商街建设，电商交易额达到5000万元以上。围绕商贸小镇建设，发展差异化专业市场，建设3～5条商贸专业街，服务业贡献率达到30%以上。围绕米粮小镇建设，挖掘农耕文化、黄河文化、回乡文化和知青文化，优质粮面积稳定在15万亩。围绕鱼米小镇和肉牛小镇建设，打造7个万亩农业产业园区。新建4万平方米肉牛繁育标准化养殖基地，肉牛饲养量达到2万头。围绕旅游小镇建设，开发古城洪广营、贺兰山民俗文化村等旅游资源。

扎实推进美丽乡村建设。高标准编制美丽乡村建设规划。加强环境整治，深入推进城乡环境综合整治，行政村环境综合整治覆盖率达到100%。强化产业支撑，大力发展特色优势产业，力争第三批美丽乡村农民人均可支配收入高于全县平均额30%以上，村集体收入不低于10万元。强化生态建设，建设环村林带和村镇公园，村庄绿化率达到30%以上。完善设施配套，实施高效节水1万亩，建设高标准农田4万亩，改良盐碱地2.8万亩，实施阳光沐浴工程5000户。培育文明乡风，完成宽带乡村项目，创建县级以上文明村10个。集中打造特色主题村落5个，建设自治区级美丽乡村10个，创建国家级生态乡镇1个。

（四）坚持改革引领，开放带动，增强发展内生动力推进四项重点领域改革。深化行政审批制度改革。推进行政许可权相对集中改革试点工作。开展中介组织清理工作，规范行政审批前置服务行为。健全政府职能部门行政审批事中事后监管，完善电子监察系统，推进投诉处理和结果公开制度。深化国有资产改革。做大做强国有公司投融资平台，完成融晟公司整合包装，力争净资产达到30亿元，顺利进入资本市场，融资额度达到10亿元。深化金融创新改革。推进商标权质押等融资渠道，扩大对信托、融资租赁、担保、创业投资等渠道的运用，切实解决中小企业融资难题，力争全年实现企业融资15亿元以上，完成个转企80家、小升规20家、规改股5家、股上市2家。深化农业农村改革。全面推进农村“三权分置”和“两证合一”工作，推进土地入股、国有林权、小型水利工程经营管理和供销社改革，创新财政支农方式。探索开展土地流转经营权抵押贷款，力争农村产权抵押贷款突破1亿元。

加快完善开放大通道。加快“外向型”产业走出去步伐，面向新丝路沿线国家开展跨境电子商务，提供物流、信息流、资金流等一站式服务。加快网络基础设施建设，实现与网上丝路宁夏枢纽的互联互通。巩固提升供外及面向中东市场果蔬基地建设，提升本地农产品附加值。

（五）坚持为民惠民，共建共治，增进人民群众福祉提高公共服务能力和水平。优先发展教育事业。新建江南小学、祥和苑幼儿园，逐步解决大班额问题。继续实施“名师名校”工程，建立20个名师工作室，培养30名贺兰名师，15名区市级教育专家，推广名校托管、集团办学等模式，全县高考二本上线率达到40%以上。繁荣文化体育事业。建设以如意湖为中心的文化休闲一条街，加快建设文化创意创业园和金融服务创意产业园。扶持民间艺术向产业化方向发展，打造剪纸、泥塑等文化品牌。完善公共文化基础设施建设，提高基层公共文化服务水平，实施全民健身计划，创建自治区公共体育服务示范县。加快健康贺兰建设。新建妇幼保健计生服务中心、社区卫生服务中心项目，扩建洪广中心卫生院，完成中医院主体工程。深化县级公立医院改革，推动分级诊疗服务模式，提高基层医疗服务水平，减少群众看病用药负担。继续推进“名医名院”创建工作，引进或培育中高级职称医师50名。强化食药监管，争创自治区食品安全示范县。

构建更加完善的社保体系。织密织牢民生保障网。充分发挥社会保障兜底作用，完善农村幸福院、老年饭桌、社区日间照料中心配套设施。新建颐养天年老年服务中心项目。推进全民参保，完善城乡居民养老、医疗保险制度。推进创业带动就业。建立“贺兰县全民创业网”，完善创业项目数据库，放宽准入条件，推行创业培训、创业指导、企业登记、小额担保贷款“一条龙服务机制”，全年培育小企业200家，创造就业岗位1900个。建立公共就业实训基地，培训城乡劳动力2000人，城镇新增就业6000人，输出农村劳动力3万人次，实现劳务收入2.4亿元。扎实推进精准扶贫工作。确保移民村、贫困人口在全区率先实现“三保障、两确保”目标。加强和创新社会综合治理。围绕平安贺兰建设，提升动态化社会治安防控水平，构筑新型立体化防控体系。全面启动“七五”普法，深化依法治理实践，建设“三网三中心”公共法律服务平台。以“事要解决”为导向，加大历史遗留问题的化解力度。继续加大“三减”工作力度，确保全县刑事发案率增幅低于前三年平均数的6%，安全事故发生率同比下降5%以上，信访总量同比下降10%以上。

建设人民满意政府。牢固树立全局意识、创新意识、核心意识、看齐意识和服务意识，加快政府职能转变，更加注重履行社会治理与公共服务职能，不断改进服务方式，提高服务水平。坚持依法行政，着力打造法治政府。严格依照法定权限履行职责，主动接受人大政协监督，认真执行县人大各项决议决定，支持政协委员参政议政，提高人大代表议案、建议和政协提案办理水平。严格执行政府议事规则、重大事项请示报告制度，认真落实重大行政决策公众参与、专家论证、风险评估、合法性审查、集体讨论决定等法定程序，提高科学、民主、依法决策水平。积极开展法治创建活动，严格规范公正文明执法，深入推进“两随机、一公开”活动，全面提升基层社会治理法治化水平。坚持公平透明，着力打造诚信政府。把诚信施政作为重要准则，加大历史遗留问题处理力度，做到新官要理旧账。加强政务公开工作，继续完善全口径财政预决算、预算调整以及“三公”经费信息公开，探索第三方评估政府行政许可绩效。深化公共资源交易体制改革，着力构建“全县一张交易网”，推进交易过程电子化，逐步实现公共资源交易全覆盖。建立健全普遍直接联系群众制度，着力加强政务网站、微博和微信公众号建设，完善政府新闻发布制度，开展网络问政及微访谈。建立健全社会信用体系，推进政务诚信、商务诚信、社会诚信和司法公信建设，打造“信用贺兰”。坚持高效行政，着力打造服务政府。推行“收费就低不就高、办事就简不就繁、服务就近不就远”的办事原则，推动“暖企行动”常态化。

设立政府扶持政策窗口，从“政策洼地”走向“服务高地”。构建政务信息资源目录体系，建设统一信息资源库和管理平台，推行首席数据官、数据专员制度，组建网络信息安全监测中心，加快政府数据开放共享。提升“12345”政府服务热线水平，深化“互联网+政务”服务，完善政务大数据管理平台、统一应急指挥中心平台，提升政务大数据服务水平。坚持改进作风，着力打造清廉政府。坚决贯彻执行中央八项规定及区、市、县委若干规定，严格落实勤政廉政主体责任，坚持“五必查”工作机制，严肃查处顶风违法违纪案件，落实“一岗双责”。进一步提高理财、管财、用财水平，严格控制“三公支出”，狠刹铺张浪费之风。加大财政审计监督力度，真正把有限的财政资金用到上项目、促发展、惠民生、保稳定上来。完善监察、司法、审计联动的行政权力监督机制。健全绩效考核和监督问责制度，严肃整治“不作为、乱作为、慢作为”现象，形成想干事、会干事、干成事的良好氛围，着力打造一支充满激情、勇于担当、干净干事的干部队伍，切实做到干部清正、政府清廉。

名词解释

1. 三保障、两确保：保障义务教育、基本医疗、住房安全，确保农村贫困人口全部脱贫，确保贫困县全部脱贫摘帽。

2. 金融“5035”计划：引进各类金融机构50家以上，年营业收入达到35亿元以上。

3. “零土地”技改项目目录清单：鼓励企业在不新增建设用地的情况下，进行技术改造和转型升级。

4. 农村“三权”：土地承包经营权、宅基地使用权和房屋所有权。

5. 双下沉、两提升：推动城市优质医疗资源下沉和医务人员下基层，提升县域医疗卫生服务机构服务能力和群众满意度。

6. “五零”服务制度：对待项目单位“零距离服务”；立项审批实行“零障碍服务”；“三争”项目“零时差申报”；批复文件“零差错办结”；接待群众“零投诉接待”。

7. “一山一河一路一轴”旅游格局：以通山路为轴，打造沿贺兰山、黄河文化旅游带、正源街观光休闲乡村旅游带。

8. 三网三中心：司法行政工作内网、矛盾纠纷调解信息网、公共法律服务网、人民调解中心、法律服务中心、社区矫正指挥中心。

中国人民政治协商会议贺兰县第九届委员会常务委员会工作报告

——在政协贺兰县第九届委员会四次会议上

贺兰县政协主席 李 辉

（2016年10月20日）

过去四年工作回顾

县政协九届委员会任期的四年，是政协工作开拓创新的四年，也是政协事业蓬勃发展的四年。四年来，县政协九届委员会紧扣“富民强县、跨越发展”主题，在继承中强基础，在创新中增活力，在拓展中显特色，认真履行政治协商、民主监督、参政议政职能，充分发挥协调关系、汇聚力量、服务大局的重要作用，为我县经济社会跨越式发展作出了新贡献，谱写了人民政协事业发展新篇章。

过去的四年，是我们围绕中心，服务大局，在组织政治协商中作出新贡献的四年。四年来，县政协领导班子将政协工作融入到全县发展大局，采取全委会、常委会、主席会等形式围绕全县发展的重大问题开展广泛协商，召开全委会4次、常委会21次、主席会议35次、协商会议73次，形成有价值的意见建议120余条。

整体协商谋发展大局。政协全会是政协最高形式的政治协商。九届政协历次全会，委员们都以分组讨论、撰写提案、大会发言等形式，围绕县委、政府年度工作报告，以及我县经济、文化和社会建设中的热点难点问题建言献策，向县委、政府提出意见建议320余条，充分发挥了“人才库”、“智囊团”和“谋划部”的重要作用。同时邀请县委、政府主要领导和分管领导亲临指导会议，听取大会发言，参加分组讨论，与委员零距离对话，共商贺兰发展大计，调动了委员参政议政的积极性。

专题协商献务实良策。常委会和主席会议是政协履行政治协商职能的重要形式。紧扣县委、政府的重大决策部署，就项目“百日攻坚”“农业八化”、园区转型升级、美丽乡村建设、电商“一区三园”等与相关单位开展专题协商，为县委、政府科学决策提供了大量有价值的真知灼见。适时听取政府通报全县经济运行情况报告，邀请发改、财政、环保等部门通报工作情况，提出意见建议160余条，不少意见建议转化为县委的科学决策和政府的实际行动。

对口协商建睿智诤言。专题协商是人民政协为完善和创新协商方式进行的积极探索。确立8个政府部门与6个政协专委会的对口协商关系，建立政协专门委员会与党政部门之间的会议联系、工作联系及文件、信函、电话联系等制度，及时通报情况、参与会议、交换意见，并根据工作需要，有针对性地开展专题座谈协商，共同探讨解决提案办理、生态移民等重要问题的途径和办法。

过去的四年，是我们察情知政，反映民意，在推进民主监督中拓展新领域的四年。四年来，县政协领导班子坚持创新方式，不断探索民主监督新形式，拓宽民主监督新领域。

办理提案惠民生。坚持和完善主要领导批办、政府领导领办、政协主席会议成员及委员参与督办等制度，采取民主评议、情况通报、专项视察和办理工作“回头看”等多种方式，加大提案督办力度。截至目前，累计征集提案278件，立案104件，解决、基本解决和列入计划逐步解决的100件，因条件限制或其他原因待以后解决的4件，办理答复率99%。累计投入资金4000万元，委员们提出的灌溉难、出行难、上学难等一大批事关群众切身利益的问题得到解决。

联系基层听民情。坚持把反映社情民意作为履职建言的直通车和集中民智的主渠道。充分利用调研、视察、学习的机会，广泛搜集民意，反映社情。四年来，全县8个驻村、社区工作室累计收集整理社情民意信息217条，共有20多条社情民意信息被区市政协信息刊物采用。建立主席约谈委员制度，当面听取委员的意见建议，累计向县委、政府反映了100余条有参考价值的社情民意信息。

监督评议解民忧。每年选派30余名政协委员担任法院、公安、税务等部门民主监督员和行风评议员，积极选派委员参加电视问政活动。在监督和评议的过程中，委员以高度的政治责任心，认真监督被评议单位的工作，积极反映社会各界人士呼声，增强了民主监督的实效。

过去的四年，是我们履职尽责，推动发展，在积极参政议政中呈现新气象的四年。四年来，政协领导班子紧紧围绕全县中心工作，组织委员开展了多种形式的参政议政活动。

深入实际，调研资政服务发展。紧扣全县经济和社会发展的实际，围绕“全生态文明、全要素发展”、坚持“五个发展”、打造“五个生态”等目标，精心选题，深入调研，先后就去产能、去库存、去债务、暖泉工业园区提档升级、发展非公经济等进行专题调研，形成《把握新常态、抢抓新机遇，推进全县非公经济发展实现新突破》《紧抓问题不放松 破解难题补短板——“去产能、去库存、去债务”专题调研报告》等报告28篇，为县委、政府编制规划、制定政策、部署工作提供参考。

跟踪问效，视察献策促进发展。先后组织委员对重点项目建设、电商产业发展、环境综合整治等全局和重点工作进行专题视察，跟踪问效，促使各项工作得到落实。同时高度关注民生，围绕教育基础设施建设、惠农政策贯彻落实、医疗卫生体制改革等群众关注的热点难点问题开展视察，特别是关于贺兰山东麓生态保护情况等视察报告，得到县委、政府领导和责任单位的高度重视，建立了生态环境保护机制，受到社会各界的好评。

主动融入，参与中心助推发展。坚持求真务实，积极主动，为促进科学发展鼓实劲、出实力、干实事。先后参与重大项目“三联系”、重点项目“百日攻坚”“项目服务月”“企业服务月”、美丽乡村建设、招商引资等工作，做到了县委、政府有决策、有部署，政协就有声音、有行动。列席县委常委会议、政府常务会议和县四套班子联席会议，就全县的重要工作听取情况、提出意见、建言协商。政协委员积极履行“双岗双责”，在经济、科技、教育、文化、卫生等各个领域各显才华，各尽其能，成为县域经济发展的重要力量。

过去的四年，是我们增进共识、凝聚力量，在广泛开展交流联谊中作出新努力的四年。四年来，县政协领导班子坚持把发扬民主、增进团结、协调关系作为履行职能的着力点，努力营造和衷共济、加快发展的社会氛围。

合作共事汇聚力量。以政协例会为平台、调研视察为载体、界别活动为纽带，召开离退休老干部座谈会，了解委员履职及生产、生活情况，不断加强与各民主党派、工商联和人民团体的联系。编纂了《政协年鉴和大事记》《贺兰文史资料》专集、《贺兰政协要事汇编》，努力发挥政协文史资料工作“存史、资政、团结、育人”的独特作用。

团结联谊密切交往。积极参加自治区基层政协主席联席会议和提案工作会等,加强与区、市政协联系。邀请外县区政协带领企业家来贺兰考察，先后接待区内外政协考察团50批、800余人次。发挥政协委员联系广泛、凝聚各方的优势，组织企业家委员开展招商引资活动，主动牵线搭桥、穿针引线、推介服务、宣传贺兰。赵峰委员资助举办的2016年第五届全国自然水域冰钓赛获得圆满成功。

扶贫帮困奉献爱心。广大政协委员积极发挥专长，奉献社会，在履职为民中彰显出人民政协的价值和特色。刘娟、孙波等委员积极捐资，为贺兰县慈善总会成立贡献力量。李红利、吴战民、任世生、于晓光、马伟等委员积极服务社会，帮助群众翻建危房、硬化道路、开展结对助学、组织为重病患者捐款，弘扬传递了社会正能量。“1·05”公交纵火案发生后，委员们主动捐款捐物，献爱心、送温暖、见真情，体现了政协委员为民解难的高尚情怀。

过去的四年，是我们内强素质，外树形象，在加强自身建设中迈出新步伐的四年。四年来，政协领导班子重视加强自身建设，不断改进履职方式，努力增强履职实效。

委员的主体作用进一步发挥。加强委员队伍建设，举办新任委员培训班，为每位常委赠订了《华兴日报》等学习资料，给委员赠送《治国理政》等书籍。健全委员服务管理制度，制定《贺兰县政协委员管理考核办法》等7项制度，开展优秀提案评选活动，委员参政议政的主体作用更加凸显，人民政协工作更加生动活跃。

政协的作风建设进一步加强。扎实开展党的群众路线教育实践活动、“三严三实”专题教育和“两学一做”学习教育，认真抓好活动整改方案和承诺事项落实，形成作风建设的长效机制。认真贯彻执行关于改进工作作风、密切联系群众的有关规定，建立健全财务管理、车辆管理等各项工作规则，不断提升工作效能。

政协的制度建设进一步完善。制定《政协贺兰县委员会会议规则》等规定，先后对政协机关10余项制度进行补充和修订，确保政协工作协调统一、规范有序。坚持民主集中制原则，牢固树立一盘棋思想，积极听取各方面的意见建议。政协班子成员之间以诚相待，相互尊重，相互学习，相互支持，充分发扬民主，自觉维护团结。

各位委员，同志们，九届县政协成绩的取得，是历届县政协打下坚实基础的结果，是党委重视、政府支持、政协主动、各方配合、委员努力的结果。在此，我代表政协贺兰县第九届委员会常务委员会，向所有关心、支持县政协工作的各级领导和社会各界人士，向县政协各参加单位和广大政协委员致以崇高的敬意和衷心的感谢!

四年来的工作，为未来事业奠定了基础，值得倍加珍惜；四年来的实践，为今后工作积累了经验，值得认真借鉴。

——政协要准确定位、坚定信念，必须始终把坚持党的领导作为履职保证。四年来，我们认真领会党委的决策意图，准确把握党委工作的脉搏，积极开展有助加强和改善党的领导，有助党政决策民主化、科学化，有助改革发展稳定大局的履职活动，切实把党的主张化为政治协商、民主监督、参政议政的共识，转化为政协委员的共同意志和实际行动。

——政协要围绕中心、服务大局，必须把服务发展作为履职的第一要务。四年来，我们紧扣全县中心任务，把服务发展贯穿于政协履行职能的各个环节，努力做到参政参在点子上、议政议在关键处、监督监在要害点。实践证明，只有把政协工作摆到全局工作中去把握、去思考、去谋划，一切从大局出发，一切以大局为重，才能充分发挥政协潜能，充分展现政协风采。

——政协要发挥优势、体现价值，必须在构建和谐贺兰中发挥重要作用。四年来，我们坚持到实地、摸实情，潜心掌握社会方方面面的真实情况，发挥政协作为各界反映情况、发表意见、表达利益诉求的平台作用，积极主动地妥善协调各方利益关系，在交流、沟通、协商议政中求大同、存小异，在疏导矛盾中起到“减压阀”“缓冲器”的重要作用。

——政协要有所作为、赢得尊重，必须牢固树立履职为民的服务理念。四年来，我们践行“亲民协政”的工作定位，在工作理念、工作思路、工作安排上更加倾斜服务基层，尽职尽责为民生献计献策，真心实意为百姓排忧解难，使政协工作更加充满生气、富有成效。实践证明，只有坚持务实为民，人民政协才能彰显自身价值，政协工作才能有为有位。

——政协要永葆生机、走在前列，必须把改革创新作为推动政协工作的不竭动力。四年来，我们积极探索履行职能的新途径、新方法，在完善专题协商形式、加强委员履职管理、改进民主监督方式、创新提案工作办理机制方面探索新举措。我们深刻认识到，只有勇于实践，勇于变革，勇于创新，政协工作才能不断焕发新的生机，政协事业才能永葆蓬勃活力。

回顾过去的四年，我们清醒地认识到，与党和人民的要求相比，与人民政协肩负的使命相比，与广大政协委员的期望相比，我们的工作还有一定的差距和不足。例如：民主监督还不够有力，参政议政的成果转化不够规范，少数委员参与政协工作的积极性不高，界别优势有待进一步发挥等，这些都需要在今后的实践中积极探索、认真研究、切实解决。

今后五年工作建议

今后五年是贺兰夯实发展基础、优化产业结构、提升综合实力、在全区建成较高水平全面小康社会的五年，也是我县政协事业继往开来、大有可为的五年。新形势新任务对政协工作提出更高要求。希望新一届政协继续高举中国特色社会主义伟大旗帜，深入学习贯彻党的十八大和十八届三中、四中、五中全会和习近平总书记系列重要讲话精神，围绕贺兰县第十四次党代会提出的各项目标任务，突出问题导向，强化短板意识，履行各项职能，努力做到协商民主有新加强、民主监督有新举措、制度建设有新进展、参政议政有新突破，不断开创我县政协工作新局面，为建设“五个贺兰”，力促“全生态文明、全要素发展”，建成较高水平的全面小康社会贡献力量。

一、紧扣中心工作，助推科学发展，力求在发挥政协优势上有新突破

牢牢把握县第十四次党代会的精神实质和工作要求，在全县改革发展的大合唱中找准人民政协的位置。充分发挥政协凝心聚力的独特优势，努力把全体委员的思想和行动统一到县第十四次党代会确定的目标上来，集中组织委员学习，使委员深入思考和认识坚持“五个发展”、打造“五个生态”、建设“五个贺兰”，坚持“四个并重”“全生态文明、全要素发展”等思想的深刻内涵。机遇面前人人平等，挑战之下高低立现，要看大势、明趋势，用政协海纳百川的宽容精神，兼收并蓄的政治智慧，把发展的氛围造得更浓，把发展的劲头鼓得更足，把发展的信心凝得更牢，在全县上下聚成一股精气神，走过爬坡过坎艰难期，为“五个贺兰”建设注入强大动力。充分发挥政协人才荟萃的独特优势，加强调查研究，突出建成较高水平小康社会的重点难点问题，突出实体经济发展短板、交通设施短板、生态环境短板、外向型经济短板、公共服务有效供给短板等重点课题，以高质量的建言用好政协的话语权，扩大政协的影响力。要立足当前，围绕“5+X”产业体系、供给侧改革、互联网经济、全域旅游、智慧农业、“一核两区两翼”战略规划、特色小镇、美丽乡村建设等重点项目、重点工程、县委重大决策部署开展视察监督、调研建言和协商议政，在推进科学发展的实践中体现政协价值。充分发挥政协位置特殊的独特优势，通过办理委员提案、主席约谈委员、组织视察、开展评议等方式和途径，加强对重点项目建设、优化发展环境、转变干部作风等方面的民主监督，促进行政服务效能提升。充分发挥政协联系广泛的独特优势，宣传县委、政府的重大决策和工作部署，多做稳人心、得人心、暖人心、聚人心的工作，把党的主张、政府的决策转化为广大人民群众的自觉行动，努力使政协组织成为彰显政治

文明的显示器、促进经济发展的助推器、反映民众心声的扬声器、疏导社会矛盾的调节器。

二、坚持创新为荣，探索协商议政平台，力求在施展政协作为上有新提高

创新是政协永葆生机活力和先进性的不竭动力，也是政协适应时代新发展和人民新期望的内在要求。要不断开阔眼界提升境界。眼界有多宽，思路就有多宽；认识有多高，境界就有多高；作为有多大，空间就有多大。既要接好“接力棒”，把历届政协长期以来行之有效的做法经验总结好、继承好、丰富好、发扬好，又要跑好“接力跑”，注重探索视察、调研、民主评议等履职载体的新形式、新内容，努力做到干中求进、改中求变，使人民政协始终朝气蓬勃，充满生机活力。要讲真话建诤言献良策。把热情负责的精神与实事求是的态度结合起来，讲真话讲心里话讲有见解的话，讲到点子上，议到关键处，努力建诤言献良策，努力当诤友做挚友。要加强与基层群众特别是特殊群体的密切联系。拓宽政协委员与基层群众联系的方法和渠道，完善基层委员联络室，探索“互联网+政协”模式，试行开设网上提案、网络社情民意、网络评议、委员微博等履职新途径，多渠道、多层次搭建与公众沟通对话的平台，使民意得到充分有序地表达。

三、积极关注民生，切实履行职能，力求在体现政协责任上有新成果

以人为本、履职为民是人民政协的价值取向与根本宗旨，也是人民政协人民性的具体体现。要切实增强群众观念和服务意识，以民生关切为念，深入基层群众之中，多做雪中送炭、扶贫济困的工作，多做春风化雨、解疑释惑的工作，自觉做党的政策宣传者、群众利益维护者、社会和谐促进者，让广大人民群众感到政协委员就在身边。要围绕增加居民收入这一民生之本，在实施城乡居民收入倍增计划、发展壮大村集体经济、劳动力转移就业、网络扶贫、电商脱贫等方面积极提出合理化建议。要围绕完善社会保障体系这一民意所求，在健全社会保险、社会救助、社会福利和社会慈善事业等相互衔接、覆盖城乡居民的社会保障体系上建惠民之言，献利民之策。要围绕发展文化、教育、医疗卫生事业这一民心所向，在实施“名师、名校”工程、“名医、名院”工程、“文化名人、文艺精品”等方面发挥“智囊团”“人才库”的作用，综合运用提案、视察、社情民意等形式，反映实情，通达民意。要围绕创新社会综合治理这一民安所在，在完善治安防控体系、提高突发事件预警、维护社会秩序稳定等方面谋利民之策，献安民之计，促惠民之举。

四、突出团结主题，促进社会和谐，力求在彰显政协特色上有新开拓

事成于和睦，力生于团结。服务和推动经济社会发展，必须做好团结人、凝聚人、鼓舞人的工作。搭好沟通台。建立与各民主党派、工商联和无党派人士定期交流沟通机制，完善政协领导班子成员联系走访各民主党派、工商联和无党派人士制度，支持他们通过大会发言、视察调研等形式，参政议政，发挥作用，让合作成为佳话，让共事成为共赢。开展具有政协特色的联谊交友活动，进一步加强与各民主党派、无党派人士、工商联、人民团体的联系，引导各界人士热爱贺兰、点赞贺兰，做到不利于贺兰加快发展的话不说，不利于贺兰加快发展的事不做，为贺兰经济社会发展建言、谋计、献策、出力。筑好联谊堤。完善联系群众工作机制，建立健全委员进社区和走访约谈委员制度，切实尊重和保障党外人士民主权利，加强对各党派团体参加政协共同性事务的协商，不断深化同党外人士的合作共事。始终坚持真诚服务委员，待之以诚、以诚示人，动之以情、以情感人，晓之以理、以理服人，靠人格品行、作风形象增进思想认同和政治认同。建好连心桥。发挥广大委员投资公益事业、参与慈善活动、引导就业创业等方面的热情和能力，组织开展面向社会不同弱势群体的帮扶救助活动，聚集满满的正能量，发出委员宏亮的好声音。

五、完善工作机制，加强自身建设，力求在激发政协活力上有新进展

加强政协自身建设，是做好政协工作的现实需要。要加强委员队伍建设，用事业凝聚委员，用实践锻炼委员，用机制激励委员，使委员真正懂政协、善协商、会议政，使委员守规矩、讲纪律、重品行。要强化委员履职管理，提升委员履职质量，充分发挥委员在本职工作中的带头作用、政协工作中的主体作用、界别群众中的代表作用，动员委员以强烈的事业心和责任感，在人民政协的舞台上施本领、展才华，创佳绩、立新功。要发挥专委会在课题调研、提案督办、联系界别和委员中的基础作用，完善工作制度，提升履职能力。要以“从严管理落实年”活动为主线，提高机关服务委员履职的能力，为委员履职提供必要条件，让委员愿进政协门、乐做政协人、爱干政协事，使每位委员在政协干事有舞台、建言有渠道、工作有作为，展现政协委员的风采。

各位委员，同志们，回顾过去，我们对人民政协事业的开创者、推动者满怀敬意；展望未来，贺兰发展前景无限美好，人民政协大有可为。我们相信，站在新的历史起点上，十届县政协常委会一定能够承前启后、继往开来，谱写更加绚丽的篇章。让我们在中共贺兰县委的领导下，倍加珍惜良好的发展局面，倍加珍惜崇高的荣誉和责任，坚信“社会主义是干出来的”，大力弘扬“不到长城非好汉”的宁夏精神，不忘初心、继续前进，为人民政协事业的新发展，为建成较高水平的全面小康社会而努力奋斗！

名词解释

1. 坚持“五个发展”、打造“五个生态”、建设“五个贺兰”：坚持创新发展，打造经济生态，加快建设实力贺兰；坚持协调发展，打造城市生态，加快建设活力贺兰；坚持绿色发展，打造环境生态，加快建设美丽贺兰；坚持开放发展，打造空间生态，加快建设开放贺兰；坚持共享发展，打造社会生态，加快建设幸福贺兰。

2. 坚持“四个并重”：坚持“互联网＋”和“＋互联网”并重；坚持产品市场和金融市场并重；坚持城乡协调和人地协调并重；坚持经济生态和政治生态并重。

3. 一核两区两翼：“一核”指以县城和德胜工业园区为组团的“核心城”；“两区”指宁夏生态纺织产业示范园区和银川生物科技园两个工业经济发展区；“两翼”指沿贺兰山（西翼）文化旅游业和沿黄河（东翼）现代农业两条产业“发展翼”。

4.“四型”“四有”干部队伍：“四型”指“狮子型”领导干部、“黄牛型”业务干部、“全科型”乡镇干部、“致富型”农村干部；“四有”指推动科学发展有思路、破解攻坚有办法、化解矛盾有本领、干事创业有激情。

贺兰县人民法院工作报告

——在贺兰县第十八届人民代表大会第一次会议上

贺兰县人民法院院长 李彤伟

（2016年10月20日）

主要工作回顾

自县十七届人大一次会议以来，我院在县委的领导、人大的监督、政府和政协的支持及上级法院的指导下，牢牢把握“努力让人民群众在每一个司法案件中感受到公平正义”的工作目标和司法为民公正司法的工作主线，紧紧围绕自治区高院确定的工作思路和县委中心工作，忠实履行宪法法律赋予的职责，各项工作取得新进展，为维护全县社会和谐稳定和经济发展做出了积极贡献。

一、认真履行审判职责，保障社会公平正义

坚持依法公正高效审理案件，着力提升司法公信力。四年来，全院共受理各类案件21 857件，审结19 865件，同比分别上升了16.3%和10%，审限内结案率99.47%。自2015年起，我院案件受理数呈大幅增长态势，2015年，受理案件数为6971件，同比上升了45.02%。2016年仅1—9月，我院受理案件数已达6646件，比上年同期多收1205件，上升了22.15%，预计年底受理案件数为8500件，将达到历史最高值。

（一）发挥刑事审判职能，全力维护社会稳定。受理刑事案件883件974人，同比增加216件252人，审结840件915人，审限内结案率97.73%。认真落实宽严相济的刑事政策，依法严惩抢劫、强奸等暴力犯罪和盗窃、故意伤害、交通肇事等多发性犯罪，判处5年以上有期徒刑26件50人，重刑率为3.11%；积极参与反腐败斗争，审理了多起有影响的贪污贿赂职务犯罪案件；保持对危险驾驶、传销活动犯罪的高压打击态势，维护社会秩序稳定。强化刑事附带民事诉讼案件调解工作，调撤率达59.29%。高度重视刑事附带民事诉讼案件追偿工作，为受害人挽回经济损失2566.62万元，赔偿到位率达90.45%。积极推进轻微刑事案件速裁工作，适用“轻刑快办”程序审结174件177人，平均结案天数7天。

（二）发挥民商事审判职能，平等保护民事权利。受理民事案件13 490件，同比增加2414件，审结12 302件，审限内结案率99.63%。牢固树立服务各类经济实体就是服务中心工作的理念，针对经济增速放缓给企业带来的筹融资压力，依法快速处理涉房地产业、生产制造业、物流产业等债权债务纠纷案件，使因纠纷影响流转使用的资金、物资尽快正常周转利用；注重保护妇女、儿童、老人和无过错方的合法权益，依法妥善处理涉婚姻家庭、邻里纠纷、劳动争议、物业纠纷等涉民生案件，维护了家庭邻里和睦、乡风文明；着力维护农村经济社会和谐稳定，依法审慎处理农村土地流转、征地补偿等涉农纠纷案件，促进社会主义新农村建设；高度重视因房产开发引发的违法分包、转包等纠纷案件，严厉制裁开发商一房多卖、房屋质量不合格、逾期交房等违约行为，规范和促进我县房地产业的健康发展。以化解社会矛盾为重点，继续坚持“调解优先、调判结合、案结事了”的原则，依法开展调解工作，共调撤案件7149件，调撤率达58.11%。

（三）发挥行政审判职能，有效化解行政争议。受理行政案件61件，审结61件，审限内结案率100%。坚持合法性审查标准，监督行政机关依法行政。依法开展协调和解工作，案件撤诉率为16.39%，推动行政纠纷实质性解决。2014年7月起，认真落实上级法院关于行政案件集中管辖工作部署，做好协调配合工作，进一步优化行政审判环境。主动加强与行政机关的沟通协调，坚持严格审查与全力支持相结合，依法受理非诉执行案件49件，审结49件，审限内结案率100%。树立正确的国家赔偿工作理念，依法审查国家赔偿案件11件,不予受理11件。

（四）进一步加大执行力度，着力兑现胜诉权益。受理执行案件7353件，同比增加394件，执结6593件，执结率89.66%，已结案件标的总金额94 546.04万元。不断加大执行力度，充分利用“总对总”“点对点”网络查控机制定期循环查控财产线索，并利用被执行人夜间、周末、假期等时间差，进行错时执行，切实提高案件执结率。加大失信被执行人名单曝光力度，2014年至今，共曝光1555名失信被执行人，曝光后主动履行法律义务的有104件案件，执行标的额达5091.73万元。适时开展“大干实干一百天”“涉民生案件”等专项执行活动，坚决制裁规避执行、妨碍执行、暴力抗拒执行等行为。严格落实“终本案件五到位”工作要求，坚决治理消极执行行为，平均实际执行率达66.72%，已连续四年位列全市法院第一名。2016年5月，被自治区高院确定为“用两到三年时间基本解决执行难试点法院”。

（五）畅通信访再审渠道，保障当事人合法诉求。扎实推动涉诉信访制度改革，制定《关于依法处理涉诉信访问题的实施意见（试行）》，实行诉访分离、依法终结。建立法官每日、院领导每周二信访接待工作机制，并积极开展远程视频接访工作，引导涉诉信访问题步入法治轨道解决，办理信访案件90件。加大再审审查力度，受理申请再审、申诉案件17件，审结16件。

二、积极回应群众司法需求，践行司法为民宗旨

（一）建设“三位一体”诉讼服务综合平台。按照自治区党委政法委建设服务型窗口单位工作要求，积极推进诉讼服务大厅、网站、12368热线“三位一体”诉讼服务中心建设，完善功能设置，规范服务流程，严格服务标准，提升服务质效，为当事人提供“一站式”服务。落实立案登记制改革，坚持有案必立，有诉必理，切实保障人民群众诉权。实行预约立案、上门立案，为行动不便的残疾人、老年人提供诉讼便利。在全市政法机关服务型窗口单位建设评比中，我院五个窗口部门均获“达标窗口”，德胜工业园区法庭被自治区党委政法委评为全区政法机关“较好”窗口单位。

（二）完善司法便民利民措施。加大司法救助力度，缓减免诉讼费180.19万元，发放国家司法救助款129.34万元，让特困弱势群体真切感受到司法的人文关怀，有效化解社会不稳定因素。强化简易程序适用率，审判案件简易程序适用率达74.59%，切实减轻当事人讼累。加强人民法庭建设，充分利用便民服务流动法庭车、移动数字化法庭深入社区乡村、田间地头开展巡回审判，巡回开庭率达54.72%，切实方便群众诉讼。

（三）健全多元化纠纷解决机制。积极探索建立符合审判规律、简单易行、便民利民的案件繁简分流机制，以速裁与调解中心为平台，充分发挥法官指导特邀调解员和人民陪审员开展接待群众、化解纠纷、回访案件等工作，最大限度地将涉及家事、相邻关系、小额债务、轻微交通肇事等简单矛盾纠纷化解在诉前和萌芽状态。同时，通过短频快的方式，针对涉农民工工资、物业费、采暖费等大批量涉民生案件，诉前调解不成功的，立即转入诉内快速审理，让当事人合法权益便捷高效及时得以保障，有效维护社会秩序和谐稳定。共受理诉前调解案件3002件，调解成功1593件，当庭履行1125件，履行率达70.62%。

三、稳妥推进改革创新，完善司法体制机制

（一）认真落实司法改革任务。党中央部署的司法改革任务主要有完善人员分类管理制度、完善司法责任制、健全司法人员职业保障制度和建立人财物省级统一管理体制，要求分步骤按阶段稳妥推进落实。宁夏全面推进司法体制改革试点工作自2016年8月开始，贺兰县人民法院根据自治区党委、自治区党委政法委、自治区高院对首批入额法官遴选工作的指导意见和要求，制订实施方案，完成首批入额法官遴选基础工作。经自治区法官、检察官遴选委员会按在编人员比例,审议确定了首批入额法官30名。法官、司法辅助人员、司法行政人员的分类管理改革工作正在稳步推进中。

（二）探索审判权运行机制改革。按照“让审理者裁判，由裁判者负责”的要求，研究制定《关于裁判文书签发权限的暂行规定（试行）》《审判质效分析会议制度（试行）》和《专业法官会议制度（试行）》，探索下放裁判文书签发权、建立专业法官会议制度、规范院庭长审判管理方式，真正落实合议庭和承办法官的办案主体责任，有效提高案件质量和效率。推进审委会制度改革，研究制定《审判委员会议事规则（试行）》，缩小审判委员会讨论案件范围，强化其总结指导审判工作、统一裁判标准、讨论决定重大疑难复杂案件法律适用的职能。

（三）完善审判监督管理机制。强化审判流程管理，对案件立案、审判、执行等各个环节的时间节点进行严格控制，杜绝无法由延期而超审限的案件发生，共对504件临近审限案件发出督办令，未出现超审限案件。强化审判质效管理，认真开展案件质量评查工作，共评查案件20 383件，评查合格率为99.68%；落实责任倒查制和错案追究制，共对127件发改案件进行了责任倒查，构建了案件质效管理的长效机制。强化审判绩效管理，完善法官电子执法档案，定期公示案件办理情况，增强法官加强审判业务学习、提升案件质效的自觉性和紧迫性。

四、深入推进司法公开，促进司法公正公信

（一）自觉接受各方监督。始终坚持党对法院工作的领导，及时主动向县委报告法院工作的重要事项，确保法院工作正确发展方向。依法接受人大监督，积极配合县人大常委会专题视察、审议法院审判执行工作4次，并严格按照审议意见抓好整改落实。不断完善与人大代表、政协委员的长效联络机制，专门邀请代表委员旁听重大案件审理，认真听取意见建议，在接受监督中加强沟通，增进互信理解。依法接受检察机关的诉讼监督，认真办理检察建议25条，邀请检察长列席审委会会议86次，审结抗诉案件1件。广泛听取律师等法律工作者意见，及时改进法院工作。

（二）深化审判执行信息公开。建成高清互联网庭审直播点播法庭，积极推行庭审网上直播，方便群众监督法院审判活动。加大互联网公布裁判文书力度，实现能够上网的生效裁判文书全部上网的目标。2014年至今，上网公布生效裁判文书7283份，上网率达100%，有效发挥司法裁判的教育、示范、引导、评价功能。推进司法民主，落实人民陪审员“倍增计划”，选任人民陪审员51名，充分保障陪审权利，人民陪审员参与审理案件3013件，陪审率达85.31%。创建远程执法取证系统，应用信息化网络技术，将办案全过程录音录像并实时传输存储，申请执行人可随时调阅视频查看案件执行全过程，实现了执行信息全程、实时公开。

（三）加大法治宣传力度。充分运用传统媒体和新媒体以案释法，引导群众增强法治意识。在“消费者权益保护日”“宪法宣传日”等重要节点，积极走上街头开展普法宣传活动28次，向群众发放《中华人民共和国宪法》读本、诉讼服务手册等宣传资料20 000余份，播放婚姻家庭、组织领导传销等典型案件庭审视频30余件，生动直观地普及了群众法律知识。广泛开展“法律六进”活动，主动送法普法，共走访乡镇、园区、企业60余次，开展法律讲座22次，受教育群众15 000余人。

五、全面加强法院建设，夯实科学发展基础

（一）加强思想政治建设。深入学习贯彻习近平总书记系列重要讲话精神，学习《党章》《准则》和《条例》，强化“四个自信”。扎实开展党的群众路线、“三严三实”“两学一做”专题教育和规范司法行为专项整改活动，深化政治生态建设，不断增强队伍凝聚力、战斗力。深入开展学习模范、学习榜样活动，加强职业道德建设，促进干警增强职业认同、强化职业奉献。

（二）加强司法能力建设。加大业务培训力度，采取“走出去请进来”的培训方式，通过干警集中自学、外出参加专题培训、邀请专家学者到院集中授课的形式，不断提高干警业务水平。全院共举办培训班21期，组织参加国家法官学院和中高院的业务培训300余人次，法官受训面达100%。建立庭审与裁判文书“两评比”长效工作机制，强化实战锻炼，进一步提高法官庭审驾驭和裁判文书制作能力。定期开展书记员、司法警察岗位练兵活动，通过业务技能综合考核、评比，实行“定档定薪”，切实提高审判辅助人员业务素质和工作能力。

（三）加强司法作风建设。认真落实中央八项规定，紧紧抓住重要时间节点，强化对重点领域和关键岗位的监督检查，坚决杜绝违规经商、公款吃喝、公车私用等不正之风问题产生。突出问题导向，畅通举报渠道、积极开展审务督察，大力整治态度粗暴、庭审不规范、工作拖沓、警车私用等问题，通报典型案例1件，切实增强干警纪律意识和担当意识，改进队伍司法作风。

（四）加强司法廉洁建设。深入开展廉政警示教育活动，通过组织干警到自治区廉政警示教育基地学习、观看警示教育纪录片等方式，引导干警牢固树立清正廉洁、秉公办案的理念，做到自身正、自身净、处事硬。落实领导干部干预司法、内部人员过问案件情况登记制度，选任17名廉政监察员，随案发放廉政监督卡，加强廉政风险的动态监控。以零容忍的态度加大对违纪违法线索核查力度，查处违纪案件2件2人，给予行政处分2人。

（五）加强基层基础建设。全力推进基层基础设施建设，新建成德胜工业园区人民法庭，法院审判法庭正在建设中。持续加大资金和装备投入，完善人民法庭以“能立案、能接访、能审判、能办公、能生活”为重点的“五能”建设，努力营造“留得住人、办得了案、方便得了群众诉讼”的良好环境。按照最高人民法院要求，完善各类安全防范措施，严格设置安检设施，做到“人防、物防、技防”落实到位。加强对突发事件的分析预判，依法及时处置多起阻挠执行、暴力抗法的行为，确保审判工作有序开展。

各位代表，回顾四年来的工作，在案件大幅上升、人员十分紧缺的严峻形势下，我院全面完成了各项工作任务，成绩喜人。先后获得自治区文明单位、全区执行工作先进法院等38项区、市、县级表彰奖励，干警个人受到各级各类表彰89人次，执行工作连续四年位列全市法院第一，立岗法庭庭长马丽波荣获全国法院先进个人。这些成绩的取得，是县委正确领导，县人大及其常委会有力监督，县政府大力支持，县政协和社会各界的关心、支持、帮助的结果。在此，我代表贺兰县人民法院表示衷心的感谢！

在肯定成绩的同时，我们也清醒地认识到，人民法院工作中还存在一些问题和困难：一是案件持续大幅增长，办案任务日益繁重，案多人少矛盾、人才流失问题突出；二是司法环境有待改善，当事人违法闹访、侮辱诽谤甚至伤害法官时有发生，法官办案压力大；三是一些法官的司法能力、司法水平与司法责任制改革的要求还有一定差距，有待提高；四是一些干警对司法体制改革认识不到位而产生各种担心和顾虑，队伍建设面临的压力加大。对上述问题和困难，我们将采取有效措施，切实予以解决。

今后工作思路

今后，贺兰县人民法院工作总的思路是：深入贯彻党的十八大以来一系列方针政策，认真落实中央、自治区政法工作会议部署和县十四次党代会精神，紧紧围绕“富民强县、跨越发展”的总目标，充分发挥审判职能作用，打好推进司法体制改革攻坚战，持续加强信息化建设和队伍建设，不断提高司法能力和司法公信力，为加快推进“五个贺兰”建设，促“全生态文明、全要素发展”，建成较高水平的全面小康社会营造良好法治环境。重点抓好以下五个方面的工作：

一是坚持严格公正司法，营造和谐稳定的社会环境。依法严厉惩治刑事犯罪，特别是在重大项目实施、招投标和征地拆迁等过程中的贪污贿赂、渎职、合同诈骗等犯罪行为，努力维护社会稳定。积极参与整顿规范市场经济秩序工作，严惩偷税漏税等犯罪行为。加大制裁失约违信行为的力度，依法审理各类民商事案件，促进县域经济健康发展。加强与行政机关沟通联系，坚持严格审查与全力支持相结合，依法办理城建、环保、税务行政处罚等非诉执行案件，支持行政机关依法行使职权。全力加大执行力度，积极应用曝光失信被执行人名单制度，强化联合信用惩戒机制作用，依法审理拒执罪案件，努力实现“用两到三年时间基本解决执行难问题”的目标。强化“诉访分离”，充分发挥速裁与调解中心的信访接待、化解纠纷作用，扭转老百姓“信访不信法”，不利于稳定发展的局势。继续推进诉讼服务中心建设，逐步建成“网上网下、线上线下、虚拟实体”相融合的诉讼服务综合平台。巩固和深化巡回审判、轻刑快办、司法救助等便民利民措施，努力践行司法为民宗旨。

二是围绕中心服务大局，营造富民强县的发展环境。坚持党对法院工作的领导，认真落实县十四次党代会精神，找准结合点和着力点，通过公正司法、提高办案质效、在个案处理中实现法律效果与社会效果的统一，为县委的决策部署提供司法服务。建立宏观经济形势法律层面的研判机制，妥善化解实施“三去一降一补”过程中的各类涉诉矛盾纠纷，为实体经济发展提供司法支持。加大对电商产业的司法保护力度，为打造开放型经济重点园区提供司法保障。高度重视中小企业因资金断裂引发的涉诉案件，在切实保障当事人合法权益的同时，尽可能帮助企业渡过难关、发展生产。加强环境资源案件审理，促进县域经济绿色发展。积极应用诉前调解与诉讼相衔接的多元化纠纷解决机制，对各类涉诉矛盾纠纷，务必做好定纷止争、矛盾化解工作。不断完善涉企案件、涉民生案件“绿色通道”建设，确保快审快执，切实维护各类主体合法权益。继续开展“庭企共建”活动，定期走访全县重点企业，及时向企业发出加强内部管理、规范经营行为等司法建议，帮助企业填补漏洞，降低经营风险。

三是着力推进司法改革,营造公正高效的司法环境。围绕促进审判能力和审判体系现代化的总目标，按照全区司法改革总方案，蹄疾步稳推进以司法责任制为核心的各项改革试点工作。继续推进审判权力运行新机制，明确合议庭和承办法官的办案主体责任，建立完善裁判文书签发、审判委员会工作规则、专业法官会议等制度，落实司法责任制。推进以审判为中心的诉讼制度改革，强化人权司法保障。

四是强化司法权力监督，切实促进司法行为规范。充分应用信息化技术手段，强化审判权运行的监督制约。加大案件评查力度，严格落实办案质量终身负责制和责任倒查制度，努力提高案件质量。加强人民陪审员管理和培训，切实提升人民陪审员的参审能力。坚持裁判文书上网、审判流程公开和执行信息公开，依托网络信息化、传统媒体、新媒体等载体，主动将案件、法官、法庭纳入公众视野，接受社会各界监督，确保司法权在阳光下运行，以司法公开推进司法公信力提升。

五是坚持全面从严治院，切实推动法院科学发展。继续加大教育培训力度，从加强思想政治教育、强化职业道德、提高司法能力三个方面入手按需施教，进一步提升队伍整体素质。巩固落实“两学一做”学习教育成果，加大审务督察力度，从群众不满意的地方改起，从群众需要的地方做起，不断增强司法为民的实际效果，保障人民群众安居乐业。加强党风廉政建设，以“零容忍”的态度推进公正廉洁司法。加强培育和践行社会主义核心价值观，积极推进文化阵地建设，不断丰富文化活动和载体，推动法院文化建设深入发展。继续推进法院新审判法庭重点项目建设，将其建设成为符合新时期审判工作需要、功能齐全、设施完备的现代化审判法庭。

各位代表，县十四次党代会科学谋划了我县未来五年发展的宏伟蓝图。面对发展的新起点、改革的新任务、社会的新期待，人民法院责任重大，使命光荣。我们将在中共贺兰县委的坚强领导下，在县人大及其常委会的监督下，坚定信心，锐意进取，奋发有为，忠实履行宪法法律赋予的职责，为加快推进“五个贺兰”建设做出新的更大的贡献！

名词解释

1. 轻刑快办：对于案情简单、事实清楚、犯罪嫌疑人、被告人认罪的轻微刑事案件，在遵循法定程序和期限，确保办案质量的前提下，简化工作流程，缩短办案期限，及时化解社会矛盾的工作机制。

2. “总对总”“点对点”网络查控机制：“总对总”全国法院网络执行查控系统是最高人民法院建立的，全国各级法院经授权后可以通过该系统向各大银行的总行提出查询被执行人银行账户余额的申请；“点对点”网络查控系统是自治区高级人民法院建立的，全区各级法院经授权后可以通过该系统向宁夏银行、黄河农村商业银行、农业银行、中国银行、工商银行、建设银行6家银行提出查询被执行人银行账户余额的申请。

3. “终本案件五到位”工作要求：执行法官办理每一件案件，应使用远程执法取证系统将到车管所、房管所、银行、被执行人住所地以及工作单位五个地方查找财产线索的全过程进行同步录音录像并刻录成光盘。经查实，被执行人确无财产可供执行，要终结本次执行程序时，需向主管院长提交案件的执行光盘，主管院长查阅光盘确定执行法官已查询五到位，才会审批同意终结案件本次执行程序，防止个别法官未实际查询财产线索而随意终结案件执行程序。

4.12368 热线：是通过热线电话为案件当事人和社会公众提供包括案件查询、联系法官、催办案件、诉讼咨询、投诉举报、意见建议6种诉讼服务的便民司法服务方式，有人工诉讼服务和语音自助服务两种服务模式。

5. 司法改革任务：一是完善人员分类管理制度。按照审判工作规律和岗位职责，将法院工作人员划分为三类：法官、审判辅助人员、司法行政人员，实行员额制管理。以各院编制总数为测算基数，按照向审判工作倾斜的原则，宁夏法院设定了法官39%，审判辅助人员46%以上，司法行政人员不超过15%的员额总控制比例。员额比例确定后，各级法院按照比例配置管理本院各类人员员额。二是完善司法责任制。建立健全符合司法规律的审判权力运行机制，明晰审判组织权限和审判人员职责，建立有效的审判管理和监督制度，让审判者裁判，由裁判者负责。改革后，各级法院将组建由一名法官与多名法官助理和多名书记员组成的审判团队，依法独任审理适用简易程序的案件和法律规定的其他案件。裁判文书由法官自己负责签发，不再经庭长、主管领导审批。三是健全司法人员职业保障制度。为了落实权责利相统一的原则，实行法官单独职务序列改革和法官工资制度改革。职务序列改革的目标是建立有别于其他公务员的晋升制度，实行按期晋升、择优选升，从源头上解决一线办案人员职级低、发展空间有限、职业尊荣感不强等问题；法官工资制度改革的目标是法官的工资水平高于司法辅助人员和司法行政人员，并建立与办案数量、质量直接挂钩的绩效考核奖金分配办法，以树立正确的分配导向。四是建立人财物省级统一管理体制。将法院的人财物统一上划由省级统一管理，切实减少外部不当干扰，确保司法权独立行使。但市、县党委及其政法委对政法机关的思想政治领导不变，法院党组仍要向同级党委定期汇报工作，要确保党管政法的原则落到实处。法院干警的法律职务仍由同级人大依法任命。

6. 三去一降一补：是指去库存、去能耗、去债务、降成本、补短板。

贺兰县人民检察院工作报告

——在贺兰县第十八届人民代表大会第一次会议上

贺兰县人民检察院检察长　张学信

（2016年10月20日）

主要工作回顾

自县十七届人代会以来，在县委和上级检察院的正确领导下，在县人大、政府、政协及社会各界的监督、支持和关心下，贺兰县人民检察院认真贯彻党的十八大和十八届三中、四中、五中全会精神，紧紧围绕县委和上级检察机关各项工作部署，突出“强化法律监督、维护公平正义”工作主题，积极适应经济发展新常态，不断创新工作机制，切实加强班子建设、队伍建设、业务建设和信息化建设，各项工作取得了显著成效，为维护全县社会和谐稳定和经济发展做出了积极贡献。

一、坚持以执法办案为中心，全力服务全县经济社会发展大局

综合运用打击、预防、监督、教育、保护等手段，牢牢把握办案数量、质量、效率、效果、安全相统一的原则，全面、充分履行检察职能。

（一）坚持打击犯罪与化解矛盾并重，竭力维护社会和谐稳定。严厉打击严重刑事犯罪。对严重影响人民群众生命财产安全的抢劫、故意伤害等严重暴力犯罪案件和盗窃等多发性侵财犯罪案件以及传销案件，坚持适时介入、引导侦查，依法快捕快诉。共受理侦查机关提请批准逮捕案件395件633人，审结392件628人，经审查批准决定逮捕344件522人。共受理审查起诉案件824件1073人，审结790件1026人，起诉781件1013人（含积案），移送管辖11件17人。正确执行宽严相济刑事司法政策，对社会危害性不大、双方已达成谅解的轻微刑事案件兑现从宽处理政策，决定不批捕48件106人，不起诉9件13人。主动参与办案机制改革试点工作，认真落实区、市政法委关于实施“轻刑快办”机制的工作部署，扎实开展试点工作，被银川市政法委授予“轻刑快办”工作先进单位称号，“轻刑快办”工作经验被自治区政法委向全区推广。

深入推进社会矛盾化解。严格按照服务型窗口建设“建设标准化、服务亲民化、公开常态化、管理规范化”的标准，强化软硬件设施建设。以将来访者当成贵宾接待的理念，打造功能完备、环境舒适的接访环境；以《贺兰县人民检察院首次信访、首办、首问责任制》等制度要求为基准，规范接访行为。共受理各类来信来访317件；检察长接访信访群众47次209人；开展了60件次检察长下访巡访活动，帮助群众解决了问题，取得了较好的社会效果；开展司法救助18件，共计发放司法救助款31万元；积极开展法律宣传等专项活动35场次，接待来访群众500余人次，发放宣传资料15 000余份。控申接待大厅

2016年3月被银川市政法委授予“优秀窗口”称号，9月被自治区检察院授予2013—2015年度全区检察机关文明接待室称号。

（二）加大查办和预防职务犯罪力度，力促反腐倡廉建设。持续保持惩治腐败犯罪高压态势。结合贺兰实际，坚持依靠群众办案的工作方针，通过深入走访，仔细摸排，重点查办在征地拆迁、小城镇建设、惠农补贴等领域损害群众利益的案件，最大限度地化解了当地因征地拆迁补偿、粮食补贴发放等引发的社会矛盾，遏制了涉农领域职务犯罪高发频发的势头，呈现出办案力度明显加大，质量明显提高的特点。共立案查办贪污贿赂、渎职侵权案件28件55人，其中查办贪污贿赂案件20件39人，查办渎职侵权案件8件16人。

职务犯罪预防更具专业化和针对性。一是积极开展综合预防。成立预防职务犯罪宣讲团，共开展系列警示教育讲座52场次，受教育人员6000余人；二是扎实开展专项预防。在“黄河预防工程”专项活动中，会同银川市检察院组织黄河银川二期防洪工程贺兰段项目负责人、监理人员召开座谈会，查阅招投标等相关资料，规范权力运作。根据自治区检察院关于“开展扶贫领域集中整治和预防职务犯罪”工作部署，及时制定《惩治和预防扶贫领域职务犯罪工作实施方案》，对贺兰县扶贫资金来源、使用政策依据等进行全面梳理；三是以制度建设促预防。督促相关单位制定和完善预防制度，共开展职务犯罪预防咨询55次，提出检察建议23份，在发案单位召开案例剖析会8次；四是强化源头预防。开展行贿档案查询2089次，发现13家公司（个人）有行贿记录，依法终结其竞标资格，实现从源头预防的目的。

（三）全面强化诉讼监督和行政执法监督，着力推动法治贺兰建设。依法履行刑事诉讼法律监督职责。一是加强刑事立案和刑事侦查监督。对公安机关应当立案而不立案的，监督立案28件37人；对公安机关不应当立案而立案的，监督撤案20件34人；纠正漏捕37人，纠正漏诉14人；向公安机关发出纠正违法通知书13份，发检察建议20份，侦查机关积极采纳监督意见，取得了良好的监督效果。二是加强刑事审判监督。派员出庭支持公诉并提出量刑建议832件，采纳率87%；列席县人民法院审委会86次，发表不同意见20件次，尽最大努力将对个案处理的分歧，解决在正式判决之前，有效维护司法公正和权威。重视对审判活动违反法定程序、裁判不公的监督，共提出抗诉和提请抗诉10件15人，上级检察机关全部支持抗诉，银川中院已改判或发回重审6件。

积极开展民事行政检察工作。共受理案件234件。其中，对不服人民法院生效判决、裁定、调解书的监督58件；对审判程序中违法行为的监督15件；对行政机关不当履行职责的监督94件，督促起诉案45件；扎实开展对人民法院执行工作的专项监督活动，监督个案67件，专项监督工作的经验被自治区检察院向全区推广。

稳步推进“两法”衔接工作。目前，全县21家行政执法单位均已接通“宁夏党政网综合管理平台”，共录入案件647件。通过对所录入案件的初步审查，发现涉嫌犯罪案件并监督立案6件。2015年8月，自治区检察院侦监处通报（宁检侦监〔2015〕9号）中指出，贺兰县人民检察院的该项工作走在全区前列。2016年7月，银川市委绩效考核通报中，“两法衔接”工作贺兰县位列全市第一。

二、大力加强内外部监督，推进执法规范化建设

牢固树立监督者必须自觉接受监督的意识，不断完善内部和外部监督制约机制，确保规范执法。

不断加强内部监督。以案件管理中心为龙头，以统一业务应用系统为平台，实现了所有案件网上录入、网上办理，办案时限、程序、质量等主要指标网上监控的目标。扎实开展执法规范化建设。按照自治区检察院的统一部署，自2012年起，连续四年开展了规范执法推进年、深化年、巩固年、提升年活动以及规范司法行为专项整治工作，探索形成了强化学习促规范、健全机制促规范、案件评查促规范、检务公开促规范、科学管理促规范的推进规范执法的内控机制，全体干警的规范执法意识、理念得以树立和强化，执法规范化建设取得成效。

主动接受外部监督。及时主动向县委、人大及其常委会报告工作，积极配合人大对检察工作的专项视察。先后接受银川市人大常委会、县人大常委会和县政协组织的对职务犯罪预防工作、民事行政检察工作、刑事立案监督及行政执法监督工作的专项视察。积极探索检务公开新途径，利用微信、微博、手机移动客户端、贺兰阳光检察网、案件网上查询及终结性法律文书网上公示系统、检察长走进直播间等方式，最大限度地让检察权在阳光下运行。其中自主研发的案件信息网上查询和终结性法律文书网上公示系统，比全国检察机关案件信息查询系统早开通半年，全区更是第一家。

三、全面加强队伍建设，夯实检察工作科学发展根基

加强领导班子建设。争取县委支持，适时对班子成员和内设机构负责人进行调整。坚持党组中心组理论学习，不断提高班子政治理论素养。注重强化班子成员团结共事的意识，对干部人事、财务等分工进行调整，坚持重大事项、重要工作部署班子集体讨论决策。不断提高领导班子组织领导、统筹协调、把握大局能力和解决突出问题能力，确保县委和上级检察机关的重大决策部署正确执行。

加强纪律作风和廉政建设。结合“学党章，守纪律”、党的群众路线教育实践活动、“三严三实”专题教育以及“两学一做”学习教育，组织干警深入学习贯彻党的十八大，十八届三中、四中、五中全会精神和习近平总书记系列重要讲话精神，有针对性地组织开展忠诚履职、执法为民、公正执法、廉洁从检教育，查找并着力解决在遵守政治纪律、改进工作作风、服务和改善民生、优化发展环境、厉行节约、廉洁自律等方面存在的突出问题。

加强管理科学化信息化建设。为落实最高人民检察院关于检察工作管理科学化信息化的部署，研发了“贺兰检察工作数字化管理软件”，从办案结果录入评价到非涉密公文流转，从干警考勤到公车监管，均做到记载清晰，评价客观，极大地调动了干警的工作积极性，凸显了管理科学化成果。进一步完善党组会议、院务会议、检察长办公会议、检委会会议等议事机制，修订完善奖惩办法、检务督查制度等一系列院内管理制度，真正做到规范化制度化管案管事管人。

加强队伍专业化职业化建设。持续开展“三基提升”工程，实施“1264”培养模式，通过实施主辅岗机制、岗位练兵、技能竞赛、与兄弟友好院交流学习、邀请专家授课、观摩学习，鼓励、支持干警参加司法考试等方式，提高干警的办案能力和综合素养。积极参与司法改革，经自治区法官、检察官遴选委员会批准，第一批共17名员额检察官正式确定，检察队伍建设的专业化、职业化迈上新的台阶。正是通过这些制度化的教育培训、技能锻炼和竞赛活动，使全院干警的“理论思维能力、检察业务能力、协调办事能力、自我控制能力”普遍得以提高，队伍整体素质增强，为检察工作注入了活力。近三年来，在参加最高检察院、区、市检察机关开展的各类业务竞赛活动中，先后有近20名干警榜上有名，获奖人数超过全院干警总数的30%。其中一人被授予全国检察机关电子数据取证业务能手，是宁夏唯一一名。

加强文化育检建设。一是建设检察书屋，为干警读书、学习提供条件，引导干警树立终身学习的理念；二是建设健身房，鼓励干警工作之余加强锻炼，增强体质，在全市检察机关第二届、第三届运动会上均取得了优异成绩，展示了贺兰检察干警的风采；三是建造文化长廊，特别是在新办公楼内，将中国古代法治思想与检察文化、西方现代法治思想与检察文化、社会主义核心价值观与检察文化等内容依楼层设计布展，形成了浓郁的文化氛围；四是建好用好道德讲堂、组织“身边好人”推荐评选和向先进典型学习宣传等活动，营造具有检察机关特色的文化氛围。2012年被最高检授予“全国检察文化建设示范院”荣誉称号，是全国第一批，也是宁夏唯一一家。2014年再次通过复验，贺兰县人民检察院检察文化建设新成果在最高人民检察院检察文化网展播。

四、加强基础设施建设，提升检务保障能力

下大力气落实最高检关于检务保障现代化实用化的要求，不断加大人力、物力、财力投入，以物质基础设施的夯实与检察科技力量的支撑，进一步提升检务保障水平。一是以推行统一业务软件为契机，全面提升信息化水平。以案件集中管理为平台，建成了较为先进的服务器及桌面虚拟化基础平台、全数字高清录音录像系统、高清电视电话会议系统、案管中心数字卷宗信息平台等，信息化建设硬件设施进入全区检察系统一流水平。二是加快“两房”建设。2013年5月，贺兰县人民检察院新建技侦综合楼开始动工建设，当年主体封顶，2016年2月顺利搬迁，确保了案件集中管理、自侦案件办案区、统一业务软件运行等核心业务安全运行。

在肯定成绩的同时，贺兰县人民检察院也清醒地看到了工作中还存在不足之处，具体表现在：一是在积极发挥检察职能应对经济发展新常态方面，司法理念和方法还不适应，工作措施有待进一步加强和改进；二是借力信息化等科技手段服务司法办案做得还不够，检察信息化的深度建设和运用有待加强；三是队伍专业化建设有待进一步加强，检察队伍中研究型、专家型人才缺乏，尤其是缺乏国家级检察业务专家；四是个别干警创业实干的决心和信心不大，责任心和使命感不强，工作作风方面还存在不扎实、不细致的问题。对于这些问题，我们将认真研究，切实采取有效措施逐步加以解决。

2017年工作思路

各位代表，县十四次党代会确定了今后五年的奋斗目标和主要任务。贺兰检察院将在县委和上级检察院的正确领导下，深入贯彻落实党的十八大，十八届三中、四中、五中全会精神和习近平总书记系列重要讲话精神，紧紧依托立足检察职能，服务中心工作的基本要求，不断开拓新思路，探索新举措，总结新经验，力争在服务经济社会发展、维护社会和谐稳定、保障社会公平正义、推进检察机关自身建设等方面取得新成绩，为实现“富民强县，跨越发展”总目标和“五个贺兰”建设提供更加有力的司法保障。

一、立足检察职能，狠抓执法办案，努力为经济社会发展营造公平正义的法治环境

充分发挥检察职能，严厉打击危害公共安全和人民群众生命财产安全的各类严重刑事犯罪。依法严肃查办发生在各个领域的职务犯罪案件，重点查处小官巨贪以及发生在村级组织中严重侵害群众利益的案件，推动反腐倡廉建设。加强社会保障、征地拆迁、涉农惠民、食品药品安全、扶贫等领域的民生检察。加大生态环境司法保护力度，促进生态文明建设。正确处理好查办案件与服务发展的关系，进一步加强对非公企业合法权益的法律保护，最大限度地追求执法办案“法律效果、社会效果、政治效果”的有机统一。加大预防职务犯罪的力度，充分发挥贺兰县预防职务犯罪警示教育基地的作用，依托预防职务犯罪宣讲团，形成“参观警示教育基地+法制讲座+交流体会”的教育模式，增强预防工作的效果。

二、参与社会治理，化解矛盾纠纷，努力为群众安居乐业营造和谐稳定的生活环境

积极参与对重点人群、重点领域的服务管理，及时提出堵塞社会管理风险漏洞的对策建议，提高参与加强和创新社会管理的能力。充分发挥服务型窗口的作用，综合运用检察长下访接访、视频接访、检调对接、刑事和解、执法办案风险评估预警、司法救助等机制，积极化解社会矛盾。以“事要解决”为目标，进一步强化服务意识，提高化解矛盾纠纷的能力，在现有基础上，努力争创区级文明窗口和全国检察机关文明接待室。加强和法院、公安及行政执法部门的沟通联系，正确使用监督纠正违法、检察建议等手段，促进提升社会管理规范化、法治化水平。

三、巩固规范执法成果，提高诉讼监督水平，努力为“五个贺兰”建设营造廉洁高效的发展环境

持续发力，切实巩固执法规范化建设取得的成果。以最高人民检察院基层院建设抽样评估标准为基准，认真查找执法过程中存在的不规范问题，建立问题清单、整改清单和责任清单，采取定时限、定人员、定责任的“三定”措施，健全办案质量终身负责制和错案责任追究制，努力将规范执法变成常态。强化诉讼监督。围绕人民群众反映强烈的裁判不公、执法不严、有案不立、不该立而立、胜诉而执行不了的问题，加大监督力度，力求让涉诉群众感受到公平正义。强化行政执法监督工作。进一步深化行政执法与刑事司法衔接工作机制，组织专门力量深入到行政执法部门开展常态化的行政执法检查工作，加大对不作为、乱作为行为的监督力度，重点查处国家工作人员滥用职权、玩忽职守给国家和人民利益造成重大损失的案件。稳妥开展公益诉讼活动，督促行政执法机关严格执法，依法行政，凸显监督实效。

四、深化司法改革，强化队伍建设，努力为检察队伍专业化、职业化建设营造公正公平的竞争环境

一是充分发挥入额检察官的作用，厘清职能，建立科学的考核体系，实现独立办案、独立担责的改革目标。二是抓好队伍专业化建设。深化“三基提升工程”，继续实施“1264”培养模式，以正规化、专业化、职业化为要求，着力提高干警思想政治素质、业务工作能力、职业道德水准，努力打造一支政治过硬、业务过硬、作风过硬，忠于党、忠于国家、忠于人民、忠于法律的检察干警队伍。三是充分依托“贺兰检察工作数字化管理软件”，深层次推动队伍管理科学化发展。四是推动文化育检特色化建设。进一步巩固文化建设示范院成果，围绕检察中心工作，开展生动活泼的检察文化创建活动。五是抓好作风建设。紧紧围绕爱岗敬业、司法为民、廉洁执法三个关键环节，查不足、找问题、抓整改、转作风，树立检察干警良好形象。

各位代表，在全面深化改革的新形势下，检察机关维护社会稳定、服务经济社会发展的使命更加崇高，责任更加重大，我们将以贯彻落实好此次会议精神为契机，以更加坚定的信心、更加得力的措施、更加务实的作风，全面履行检察职能，为建设活力贺兰、实力贺兰、美丽贺兰、开放贺兰、幸福贺兰做出更大的贡献。

名词解释

1. 宽严相济刑事司法政策：是当前国家一项重要的刑事司法政策，指根据社会治安形势和犯罪分子的不同情况实行区别对待，坚持宽与严有机统一，该严则严，当宽则宽，宽严相济，对严重犯罪依法从重打击，对轻微犯罪依法从宽处理。

2. 轻刑快办：加强与公安、法院沟通、协作，对轻微刑事犯罪，积极适用简易程序和普通程序简化审理程序，并加快办案流程和速度，提高诉讼效率。

3. 司法救助：国家对遭受犯罪侵害或民事侵权，无法通过诉讼获得有效赔偿的当事人，采取的辅助性救济措施。由办案机关具体负责办理，一般以支付救助金为主，与思想疏导、宣传教育、法律援助、诉讼救济、社会救助配套衔接。

4. 行贿犯罪档案：指检察机关为预防贿赂犯罪，促进社会信用体系建设，运用计算机对行贿犯罪信息进行分类录入、存储和管理而形成的档案。行贿犯罪档案录入的范围是1997年以来由人民检察院立案侦查并经人民法院作出生效裁判的，发生在建设、金融、医药卫生、教育和政府采购领域的个人行贿、单位行贿、对单位行贿、介绍贿赂犯罪的案件。

5.量刑建议：检察机关根据案件基本事实，结合审查认定的被告人所具备的从重、从轻情节和刑法及刑法司法解释的规定，向人民法院提出的有关对被告人量刑结果的建议。

6.执行监督：检察机关作为法律监督机关，依据宪法和《刑事诉讼法》《民事诉讼法》《行政诉讼法》对法院执行案件的执行程序和执行工作所进行的监督。

7.督促起诉：针对遭受损害的国有资产或社会公共利益，监管部门或国有单位不行使或懈怠于行使自己的监管职责，案件性质属民事诉讼范围的，检察机关以监督者的身份，督促有关监管部门或国有单位履行职责，依法提起民事诉讼，保护国家和社会公共利益的法律制度。

8.两法衔接：即行政执法与刑事司法衔接工作机制。是检察机关通过发现、建议和监督行政执法机关向司法机关及时移送涉嫌犯罪案件，依法开展行政执法监督的制度。

9.三基提升工程：银川市人民检察院在全市检察机关部署开展的以“基本规范提升、基本技能提升、基本素养提升”为主要内容，旨在全面提升检察机关执法规范化水平的专项活动。

10.“1264”培养模式：“1”是树立一个理念。引导青年干警树立有压力、有动力、有魄力、有希望的工作理念。“2”是搭建二个岗位平台。为每一个年轻干警设置两个工作岗位，即主要工作岗位和协助工作岗位，以便适时调岗后，能顺利适应工作要求。“6”是制定六项措施。一是强化培训；二是加快青年后备干部培养；三是实施实战引领提高办案技能；四是及时兑现奖惩；五是倡导健康生活、快乐工作理念，关心干警身心健康；六是丰富干警文化生活。“4”是确保四个效果。一是理论思维能力得以提高；二是检察业务能力得以提高；三是工作协调能力、办事能力得以提高；四是自我控制能力得以提高。

专 记

Zhuanji

习近平总书记到贺兰县考察

2016年7月19日下午，习近平总书记来到贺兰县考察。自治区党委书记李建华、副书记崔波，银川市委书记徐广国、市长白尚成，银川市委常委、贺兰县委书记李郁华、县长刘甲锋，贺兰县委副书记、常务副县长何建勃等区市县领导陪同考察。

习近平总书记第一站来到宁夏世界通跨境电商网络技术有限公司。在现场，习近平总书记详细询问跨境电商的交易流程。同时，对于宁夏世界通跨境电商网络技术有限公司拥有年轻的团队，总书记表示非常高兴，看着一张张充满青春活力的面孔，他赞叹道："很好，年轻人做这些事情挺好。"当了解到公司还为对口企业提供电子商务培训的时候，他说："这个电子商务的培训非常好，能够帮到很多人。"

随后，习近平总书记又来到企业电商运营中心，听取了相关企业负责人的汇报。企业电商运营中心包括百瑞源、淘宁夏、厚生记3家公司，以线上销售为主 。

习近平总书记又来到宁浙电商创业园，了解创业园规划建设及浙江对口支援情况。总书记到义乌购宁夏运营中心，了解义乌购宁夏运营中心与浙江义乌宁夏特色馆对接的情况，浙江义乌设立了宁夏特色产品的运营馆，在宁夏也设立了义乌缩影式的小商贸城。

李源潮在贺兰县调研
农村妇女创业小额担保贷款工作

2016年9月20日，中共中央政治局委员、国家副主席李源潮在宁夏考察群团工作时，到贺兰县新平现代设施农业示范园区考察调研，走进园区村官联盟创业服务站，称赞服务站负责人陈瑛给大学生村官树立了榜样。在调研贺兰县农村妇女创业小额担保贷款工作时，李源潮肯定了贺兰县推行"政府引导+特色产业+小额贷款"模式，带动全县6000多名妇女实现创业增收的好做法。同时，深入宁夏生态纺织园区、宁浙电商创业园视察工作，李建华、徐广国、白尚成、李郁华等区、市、县领导陪同视察。

汪洋在宁夏如意贺兰园区考察调研

2016年7月19日，中共中央政治局委员、国务院副总理汪洋深入贺兰考察调研。在自治区党委副书记崔波，银川市市长白尚成，银川市委常委、贺兰县委书记李郁华，贺兰县长刘甲锋等区市县领导的陪同下，汪洋到宁夏如意贺兰园区调研考察。

汪洋重点考察了园区二号车间数字化智能纺纱基地，就企业如何承接东部产业转移，形成新的经济增长点，带动宁夏产业转型升级等作了深入了解。在二号车间南展厅，通过PPT演示，详细了解了山东如意集团在国内13个工业基地和国外13个企业的战略布局情况；现场观看了纺纱智能管理E系统演示和如意高端面料服装成品展。汪洋对如意在产业升级、科技创新方面所取得的成绩给予了肯定，指出如意集团将科研技术优势和企业的市场优势、资金优势有效结合，实实在在地将科研技术、互联网技术运用到纺织产业生产中，创造出了高产值、高收益，为促进宁夏当地经济发展作出了突出的贡献。

考察结束时，汪洋强调，要加强企业科技信息服务，创新企业科技进步机制，加大科技成果推广力度，使科技在企业发展和社会经济贡献中发挥更大的作用。

李建华在贺兰县调研

2016年5月20日，自治区党委书记、人大常委会主任李建华，自治区副主席曾一春及相关厅局主要负责人来到贺兰县，就贺兰县域经济发展情况进行调研，银川市市长白尚成，银川市委常委、贺兰县委书记李郁华，县长刘甲锋，县领导白建斌、吴静、李云陪同调研。

11月21日，李建华围绕抓好中央第八环境保护督察组反馈意见的整改落实工作，深入贺兰县暖泉工业园区，现场督查污染治理、环保设施运行情况。李建华强调，要传导压力、压实责任，重拳治污、铁腕执法，切实做到问题不查不放过、不查清不放过、不处理不放过、不整改不放过、不建立长效机制不放过，坚决打赢环境污染整治攻坚战。

咸辉在贺兰县调研

2016年12月6日，自治区主席咸辉到基层联系点贺兰县洪广镇金山村调研时强调，要充分发挥基层党组织的战斗堡垒作用，带领更多群众尽快走上致富路。自治区党委常委、自治区副主席李锐，自治区政府秘书长王紫云，自治区住建厅厅长杨玉经，自治区农牧厅厅长王文宇，自治区扶贫办主任董玲，银川市市长白尚成，银川市委常委、贺兰县委书记李郁华，县长刘甲锋等陪同调研。

崔波在贺兰县调研

2016年4月14日，自治区党委副书记崔波到农村淘宝京星农牧场服务站观摩调研。11月1日，到贺兰县调研秋冬农田水利基本建设情况。银川市委常委、贺兰县委书记李郁华，副县长叶正忠陪同调研。崔波先后到常信乡和立岗镇了解农田水利基本建设、盐碱地改良工程进展情况。每到一处，他都实地查看渠道砌护、林带建设、平田整地等施工情况，不时同干部交流生物护坡、土地改良、牧草种植等技术细节问题。

齐同生在贺兰县调研观摩

2016年10月13日，自治区政协主席齐同生带领参加全区产业发展和重点工作现场交流会的与会代表，对贺兰县经济社会发展进行观摩交流。贺兰县电商产业“一区三园多点”的战略布局，以及电商产业发展态势给与会代表留下了深刻印象。

加快改革创新为文化繁荣发展增添新动力

——蔡国英调研银川市推进基层公共文化服务体系建设和文化改革创新情况

2016年6月13日，自治区党委常委、宣传部部长、自治区政协副主席蔡国英就银川市推进基层公共文化服务体系建设和文化改革创新情况进行调研。银川市委常委、宣传部部长王玮陪同调研。

蔡国英先后来到贺兰县宁浙电商创业园、贺兰县“互联网+”政务中心、贺兰县科技创新中心和贺兰县习岗街道马家寨社区，详细解银川市基层公共文化服务体系建设和文化改革创新情况，听取相关企业、单位中长期发展思路、项目建设等相关情况介绍。贺兰县宁浙电商创业园目前已引进83家企业，吸引宁夏、浙江、江苏、山东、黑龙江、河南等地大学生集聚创业。贺兰县科技创新中心目前已有50家企业入驻，其中众创空间、大学生创业基地吸引5个大学生创业实体企业，带动近20名大学生就业，该中心目标是建设成自治区级孵化器和国家级创新型孵化器。贺兰县习岗街道马家寨社区依托“1+2+3”模式，整合社区资源，以一个目标、两支文体队伍和三大支撑，为居民提供高质量、高品位的文化生活服务。在详细解银川特色文化产业发展等情况后，蔡国英指出，文化与经济社会发展密不可分、相辅相成，要多关注科技创新成果，多关注有示范性、前景好新型业态和新型产业，注重做好结合文章，不断为文化繁荣发展增添新动力。

近年来，银川市不断丰富人民群众业余文化

生活，满足群众多样文化需求，形成人人共享文化成果的良好局面。蔡国英强调，要进一步加强公共文化服务体系建设，推进民间刺绣、书画展览、社火表演等群众喜闻乐见的文化活动常态化、制度化；要积极探索市场经济条件下公共文化服务的新思路、新模式，运用“互联网+”思维，引导社会资本投向公共文化服务领域，发展文化创意产业，提升优质文化产品供给水平和服务层次，真正做到文化为民、文化惠民、文化乐民。

张超超在贺兰县调研

2016年3月4日，自治区党委常委、自治区副主席张超超深入贺兰县银山马会，就中美旅游领导高峰会议筹备工作进行调研。银川市委常委、贺兰县委书记李郁华等陪同调研。

徐广国在贺兰县调研

2016年3月3日，自治区党委常委、银川市委书记徐广国深入贺兰，对全县一季度重点项目开工和“建设之春”工作开展情况进行调研。银川市委常委、组织部部长周云峰，银川市委常委、县委书记李郁华，银川市副市长杨有贤等陪同调研。县人大常委会主任张海盈、县政协主席李辉等参加座谈。4月14日，徐广国等领导观摩农村淘宝京星农牧场服务站。

李文章在贺兰县调研

2016年3月1日，自治区党委常委、政法委书记李文章深入贺兰，就政法工作开展情况进行调研。自治区政法委副书记、副秘书长于霆，银川市委副书记杜银杰，银川市委常委、政法委书记、公安局长陈栋桥，银川市委常委、贺兰县委书记李郁华，县长刘甲锋等领导参加调研。3月2日，贺兰县召开专题会议，传达李文章调研贺兰政法工作的讲话精神。银川市委常委、贺兰县委书记李郁华参加会议并讲话。县人大常委会主任张海盈、县政协主席李辉，以及其他领导俞学华、恩建国、白建斌、沈学文、潘建国、冯彦彪、吴静等参加会议。

曾一春在贺兰县调研

2016年3月8日，自治区副主席曾一春对贺兰县农业农村工作进行调研。银川市委副书记杜银杰，银川市委常委、县委书记李郁华，银川市副市长代荣民，贺兰县长刘甲锋等陪同调研。

刘可为在贺兰县调研

2016年6月1日，自治区副主席刘可为带领相关部门负责人，对贺兰山东麓环境综合整治工作进行实地调研。银川市副市长杨有贤，贺兰县长刘甲锋，县委常委、副县长恩建国等领导陪同调研。调研中，刘可为要求贺兰县要将矿山环境治理与矿区土地复垦、生态恢复相结合，按照“谁破坏、谁治理”，“边开采、边治理”的原则，从源头上预防和控制采矿活动对矿山环境的破坏，在闭坑前全部完成治理恢复任务。

6月15日，刘可为带领有关部门负责人到贺兰县调研环保、棚户区改造等工作。刘可为实地调研了位于暖泉工业园区的宁夏泰益欣生物科技有限公司、银川兄弟彩兴化工有限公司、兰星污水处理厂等企业，详细了解企业生产建设和环保治理情况。刘可为指出，暖泉工业园区内部分企业生产工艺、设备比较落后，环保问题不容忽视。自治区环保厅、贺兰县要采取有效措施，督促企业加大环保治理力度，改进工艺，更新设备，加强现场管理，提升环保治理水平。要加快园区污水处理厂提标扩能改造，确保达到一级A排放标准。

在调研贺兰县祥和家苑30万平方米棚户区改造项目时，刘可为强调，棚户区改造是一项惠民工程，要结合房地产去库存，提高货币化安置比例。自治区住建厅要定期通报各地工作进展情况，加强对落后地区的督查指导，确保完成全年目标任务。要切实加强棚户区改造建设管理，严把工程安全关、质量关，全面推进建筑工地标准化建设，建立群众监督机制，让群众参与到棚户区改造质量监督中来，确保棚户区改造真正为民惠民。

在百瑞源公司视察指导工作中，百瑞源枸杞股份有限公司董事长郝向峰就百瑞源构建“五位一体”全产业链模式做了详细介绍。刘可为对百瑞源“五位一体”全产业链模式给予很高评价，认为科技是百瑞源的硬实力，文化是百瑞源的软实力，希望百瑞源进一步发挥科研和文化优势，加大市场开发力度，放眼全国沿海发达城市，为再造宁夏枸杞新优势发挥好龙头企业的示范引领作用，让宁夏枸杞真正成为中国乃至世界的一张红色名片。

蔡国英调研加强现代农业社会化服务体系建设试点工作

2016年10月18日，自治区党委常委、宣传部部长、自治区政协副主席蔡国英带领自治区政协委员及政府相关部门负责人，赴贺兰县就加强现代农业社会化服务体系建设试点工作进行调研。

调研组到自治区供销社试点贺兰县电子商务物流园、自治区农牧厅试点贺兰县广银稻渔产业合作社实地了解基本情况、主要做法及存在的问题。

蔡国英对此给予肯定这两个试点在初步建立产前、产中、产后服务主体后，提供有效技术指导、人员培训、金融和供销等综合性服务。他指出，开展现代农业社会化服务体系试点工作是自治区党委、政府建立现代农业服务体系、推进农业现代化的一项重大举措，也是解决“三农”问题的主要抓手。蔡国英要求，承担试点单位要加强组织领导，进一步解放思想，善于创新，因地制宜，综合施策。要做好试点工作的综合服务保障，建立完善激励机制，调动农业科技人员积极性，不断提高全区农业科技贡献率；要强化综合服务理念，整合资源，真正打响宁夏名优特农产品品牌。蔡国英强调，要以问题为导向，总结经验，完善政策，加大惠农支持力度，推动现代农业社会化服务体系早日全面建成，促进宁夏农业现代化顺利实现。

王儒贵在贺兰县调研

2016年11月10日，自治区人大常委会副主任王儒贵带领自治区人大常委会调研组，深入贺兰县洪广镇欣荣村，就《宁夏回族自治区农村扶贫开发条例》执行情况进行调研。市人大常委会副主任杨杰，县人大常委会主任俞学华，县领导黄自爱、盛国为等领导参加。

马力在贺兰县调研

2016年4月21日，自治区副主席马力到二排沟和四二干沟（城市段）综合治理项目现场，详细察看沟道现状、治理工程进展情况，并听取工程规划思路的汇报。他要求园林、水务等部门要加快工期，做好水系景观提升工程，保施工、保质量、保安全，彻底治理城市段“龙须沟”脏、乱、差的现状，营造两条民生生态景观线。4月26日，自治区副主席马力深入贺兰县君临世家花园项目现场，就工地安全标准化建设进行调研。银川市委常委、贺兰县委书记李郁华，副县长邓一凌陪同调研。

王国平应邀赴银川市调研新型城镇化并为贺兰县作专题报告

12月21—23日，浙江省城市治理研究中心主任王国平应邀赴银川市调研新型城镇化并为贺兰县作专题报告。银川市委副书记杜银杰，银川市委常委、贺兰县委书记李郁华，银川市人大常委会党组副书记、副主任金平，银川市人大常委会副主任陈军，贺兰县委常委、副县长沈华峰等陪同调研。21—22日，王国平一行考察银川韩美林艺术馆、水洞沟古人类文化遗址、银川电商创业园和电商快递物流产业园等地。

王国平表示，贺兰县的城市规划、建设、管理已经走在中国中西部地区的前列，在推进新型工业化、农业现代化、城乡一体化，全面建设实力贺兰、活力贺兰、美丽贺兰、幸福贺兰，取得了很大成绩。他指出，贺兰县能够将永康五金西北馆、东阳木雕精品馆、义乌小商品展销中心等电商平台西北总部设立在贺兰，并采用“实体展示体验+网上平台销售”的O2O模式运营，不但带来了浙江发展电商产业的先进经验和理念，还实现了“招群引链”，带动了更多的实体企业落户贺兰。他指出，一要认真研究“互联网+电商”怎么办的问题。电子商务不是要不要发展的问题，而是怎么发展的问题。要避免大起大落，造成产能过剩。二要做好“三个结合”的文章。要与“去产能、去库存、去杠杆、降成本、补短板”五大任务相结合；要与“大众创业、万众创新”相结合；要与O2O营销模式相结合，特别要鼓励引导老百姓发展电子商务，形成电子商务发展的市场基础和社会基础，进而培育引导发展电子商务中心。

王国平指出，要坚持把“三农”工作作为全党工作重中之重，同时要更加重视做好城市工作。要认识、尊重、顺应城市发展规律，端正城市发展指导思想。要推进农民工市民化，加快提高户籍人口城镇化率。要增强城市宜居性，引导调控城市规模，优化城市空间布局，加强市政基础设施建设，保护历史文化遗产。要改革完善城市规划，准确把握城市规划定位，加强对规划实施情况的监督。要提高城市管理水平，落实城市管理主体责任，改革城市管理体制，理顺各部门职责分工，严格安全监管，健全城市应急体系。

王国平指出，贺兰地处“呼包银兰青”经济带中心区域，境内西夏文化、回族文化、黄河文化、农耕文化交相辉映。要坚持“小县大城”发展模式，突出县城的核心引领作用，积极推进县城中心区与德胜工业园区产城融合，扩大县城发展空间，加快实现与银川的同城化。“小县大城”的核心在于“城”，通过做大“城”来为现代经济发展扩大空间，通过做强“城”来推动生产要素有效集聚。

王国平强调，贺兰的经济要转变发展方式，推动转型升级，打造2.0升级版；贺兰的城镇同样要转变发展方式，推动转型升级，打造2.0升级版。贺兰要立足自身的自然禀赋、文化资源与发展阶段，明确经济社会发展的战略导向和战略重点，坚持加快实体经济发展不动摇，坚持加快现代服务业发展不动摇，坚持加快特色农业发展不动摇。要坚持“生态立县”战略，扎实开展“洁净贺兰”“美丽乡村”，努力建设“田园之城、生态之城、宜居之城、美丽之城”，守住青山绿水，留住蓝天白云，努力让城乡因环境而美、群众因生态而富，寻找生态效益、社会效益、经济效益的最大公约数，实现三大效益的叠加和统一。科学安排生态建设、产业发展、基础设施建设、村镇建设等各类用地，做到集约节约、优地优用，从而实现土地收益的最大化。

大事记

Dashiji

1月

1日 常信乡被银川市创建国家公共文化服务体系示范区工作领导小组评为全市群众文化工作先进集体。

4日 泰益欣公司工会被全国总工会授予2015年度“全国模范职工之家”的称号。

5日 银川市公交公司301路公交车突发火灾事故，事故最终造成18人死亡，32人受伤，造成重大财产损失。事故发生后，政府与全县干部群众职工对受害者进行救助。事故最终被定性重大刑事案件。事故制造者马永平后被判处死刑。

同日 县物价监督检查所在银河路、太阳城社区设点开展价格举报四级联网开通一周年宣传活动。

6日 全县组织收听收看全国安全生产电视电话会议，代县长刘甲锋，县委常委、副县长恩建国参加。

7日 贺兰县设分会场，组织干部职工收听收看全区脱贫攻坚誓师大会。

同日 常信乡被自治区环保厅命名为自治区级生态乡镇。

9日 中共贺兰县第十三届八次全体（扩大）会议召开。银川市委常委、贺兰县委书记李郁华作了题为《立足新起点 谋划新跨越 全力推进全生态文明、全要素发展》的工作报告。全会审议通过了《关于加快全生态文明全要素发展的决定》《关于制定国民经济和社会发展第十三个五年规划的建议》。

10日 银川市人民检察院依法受理银川市公安局提请逮捕的“1·05”公交车纵火案犯罪嫌疑人马永平。

同日 贺兰县四套班子领导，先后到贺兰国际饭店、宁夏医科大学附属医院总院及部分遇难者家中，看望慰问“1·05”公交车纵火案部分遇难者家属及受伤人员。

11日 自治区、银川市、贺兰县领导及千余名干部职工和群众到欣兰广场，共同哀悼“1·05”公交车纵火案17名遇难者。

同日 庄子建设集团与银川生物科技园举行战略合作签约仪式。

12日 召开2016年全县扩大有效投资年动员大会，代县长刘甲锋等领导参加。

同日 宁夏如意科技时尚产业有限公司75万链纺纱项目实现全面技产。

13日 召开全县脱贫攻坚暨网络帮富、网络致富动员大会。

13—23日 组织全县各机关单位集中学习县委十三届八次全体会议精神。

15日 召开全县“从严管理落实年”活动动员大会，对常信乡、县交通局、县委组织部等37个年度绩效考核先进集体进行表彰。

17日 第五届全国自然水域冰钓大赛、“韩国NS杯”第六届国际自然水域冰钓赛在如意湖开赛。

20日 自治区水利厅副厅长朱云等一行，巡查贺兰县防凌工作，对黄河贺兰县京星农场段进行现场查看。

21日　召开“推进综合治理、创建平安贺兰”誓师大会。

同日　在全区农业工作会议上，贺兰县获“2015年度全区农业优势特色产业发展先进县”特等奖。

△　贺兰县举办创业明星表彰暨项目路演峰会，对10名创业明星进行表彰。

△　贺兰县政府在贺兰四中科技报告厅召开“贺兰县2016年春运工作动员大会”。县春运工作领导小组成员、各乡镇场分管交通工作领导、城管、交警、运管、路政等部门干部职工，全县客运、货运、维修企业及驾培学校负责人，农村客运中巴车司乘人员、溜山头渡口船员等260余人参加会议。县交通运输局局长牛东学安排部署贺兰县2016年春节运输工作；县交警大队大队长谢立志讲解春运中应注意的事项；副县长邓一凌与县公安局、交通运输局、运管所、乡镇场签订春运工作目标管理责任书。

22日　召开县级领导推进重大项目联系工作会议。

23日　银川市委常委、贺兰县委书记李郁华专题调研全县安全生产工作。

24日　贺兰县四套班子领导对部分离退休老干部及驻县部队官兵进行走访慰问。

23—23日　“悠游贺兰”冬季旅游嘉年华活动在宁夏园艺产业园举行。

25—27日　贺兰图书馆职工先后在立岗镇、洪广镇、常信乡开展“迎新春送书送福送春联”活动。

27日　举行“军、警、民”联防队成立暨启动仪式。是日，中国人民政治协商会议贺兰县第九届委员会第四次会议闭幕。

同日　银川市市场监督管理局举行“百佳文明餐桌和餐饮食品安全示范店”授牌仪式，贺兰县昊王国际饭店和银大湖城饭店获全区“百佳文明餐桌”称号，马伟餐饮管理有限公司、富源肥牛旗舰二分店、贺兰县第一幼儿园食堂等5家餐饮单位获全市“餐饮食品安全示范店”称号。

27—29日　召开贺兰县第十七届人民代表大会第四次会议。

28日　举行“贺兰好人”和“最美家庭”表彰大会。

29日　贺兰县四套班子领导在贺兰分会场收听收看自治区纪委十一届七次全体会议。

是月　贺兰县就业局安置100个公益性岗位，解决城镇零就业家庭成员、“4050”人员、有劳动能力的残疾人等就业困难人员就业和再就业。

△　开通贺兰县人民检察院官方微信公众号、今日头条、搜狐网新闻客户端。

2月

3日上午　县委政法委副书记、秘书长、综治办主任邓晓明带领相关人员，对全县13名见义勇为人员进行慰问，送去慰问金1.4万元。邓书记一行在见义勇为烈士徐迎春父母、全国见义勇为先进分子于福家中，与其就日常生活、工作情况、需解决的问题等进行了交谈，并分别送去2000元、1000元慰问金。同时表示县见义勇为协会将尊重和保护见义勇为人员及烈士家属的正当权益，对生活工作中遇到的困难，将竭力予以协调解决。

8日　贺兰县四套班子领导带领相关部门负责人走访慰问离退休干部。

15日　贺兰县2016年第七届农民文艺会演暨“激情放歌”广场文艺展演拉开序幕。

16日　全县“迎新春”体育大拜年职工趣味运动会开幕，来自各机关、企事业单位的37支代表队600余名职工参加比赛。

17日　举办村“两委”及村监会负责人培训班，学习《中国共产党廉洁自律准则》《中国共产党纪律处分条例》。

同日　中央农村工作领导小组办公室局长吴宏耀一行在贺兰县调研。

17—18日　银川市委常委、贺兰县委书记李郁华深入德胜工业园区、银川生物科技园调研，召开现场办公会，部署重点工作。

18日 自治区副主席马力、贺兰县县长刘甲锋等陪同国家民委领导到宁夏生态纺织园如意车间调研。

22日 贺兰县在宣传文化中心广场举行“锣鼓闹春”社火比赛开幕式。

24—3月25日 开展全县春季农资市场专项执法检查行动，查处各类违规经营行为。

25日 在宁夏生态纺织园举行全县2016年第二批重点项目集中开工仪式。

29日 即日起，在全县开展以搭建供需平台，促进转移就业为主题的“春风行动”宣传活动。

3月

1日 自治区党委常委、政法委书记李文章深入贺兰县调研。

2日 贺兰县纪委十三届六次全体（扩大）会议召开。

2—3日 贺兰县道路运输管理所在贺兰三中开展运政进校园“安全文明出行、拒乘黑车”宣传活动。

2日 由国家图书馆无偿调拨的1万册图书运抵贺兰，价值23.5万元。

3日 贺兰县宗教局印发《关于在全县宗教界继续深入开展禁毒宣传教育工作的通知》。

同日 自治区党委常委、银川市委书记徐广国深入贺兰县，对全县一季度重点项目开工和“建设之春”工作进行调研。

4日 自治区党委常委、自治区副主席张超超深入贺兰县银山马会，就中美旅游领导高峰会议筹备工作进行调研。

5日 县长刘甲锋一行在浙江工业大学，了解新经济、新实体产业发展情况。

同日 贺兰县公证处获全区“公证质量案卷评查优胜单位”称号。

6日 贺兰县市场监管局开展“2016年红盾护农行动”。

7日 自治区住房和城乡建设厅召开论证会，正式启动2016年工程建设地方制修订项目计划。宁夏生物科技园参加主编的宁夏防水工程施工技术规程填补了宁夏防水行业无具体规程及验收标准的空白。

8日 自治区副主席曾一春到贺兰县调研农业农村工作，银川市委副书记杜银杰，市委常委、县委书记李郁华，县长刘甲锋等陪同。

9日 银川市委常委、纪委书记左新军一行在贺兰县调研。

10日 县长刘甲锋深入一线现场办公，部署春季绿化工作。

同日 湖北省水利厅领导到贺兰县考察农业水价综合改革试点工作。

11日 召开全县环境综合整治大会战动员会。

12日 贺兰县委统战部对开展“洁净贺兰”工程中表现突出的宗教场所进行奖励。

14日 自治区党委宣传部巡视员贾捷频率领调研组到贺兰县督导精神文明创建工作。

15日 贺兰县市场监督管理局、贺兰县消协、贺兰县检察院等开展“3·15”消费者权益日宣传咨询活动。

同日 贺兰县运管所联合贺兰县机动车维修协会、长安4S店、铃木4S店开展“3·15”爱车义诊活动。

△ 通威现代渔业科技有限公司在常信乡新华村建设的20兆瓦光伏“渔光一体”现代渔业示范园区项目开工。

21日 县长刘甲锋与同济大学附属东方医院院长刘中民、宁夏泰瑞制药集团董事长江龙共同签订成立“同济大学附属东方医院西北分院”战略合作协议。

22日 自治区召开推进整治和查处侵害群众利益不正之风和腐败问题电视电话会议，贺兰县设立分会会场。

同日 开展“世界水日”“中国水周”宣传活动。

25日 召开全县农村工作会议。

同日 县人大常委会主任张海盈等一行到县科技创新中心调研全县重点项目建设。

28日 银川市委常委、贺兰县委书记李郁

华，深入阿里巴巴农村淘宝贺兰服务中心、银川电商创业园进口商品馆、科技创新中心场，了解各重点项目建设推进情况

31日 贺兰县文广局与中国文物信息咨询中心签订文物保护规划合同书，开展宏佛塔保护规划编制工作。

同日 宁夏·贺兰奥特莱斯首届房车节开幕。

△ 阿里巴巴集团副总裁方建生一行到“互联网+政务中心”考察贺兰县农村淘宝建设运营情况。

是月 贺兰县农民篮球队代表宁夏参加全国首届农民三对三篮球赛，取得第五名，并获优秀组织奖。

△ 常信乡被自治区妇联评为农村妇女岗位建功先进集体。

是月月底 贺兰县检察院驻贺兰县公安局检察官监督办公室成立。

4月

1日上午 自治区主席刘慧，自治区常务副主席张超超，自治区党委常委、银川市委书记徐广国带领自治区发改委、经信委、财政厅主要负责人，先后到百瑞源公司、艾尼散热器、华泰龙家具、金河乳业等企业调研工业经济运行情况。

3日 贺兰县图书馆在居安、马家寨、太阳城社区创办大手牵小手“社区四点半课堂”。

4日 贺兰县市场监督管理局接到群众举报，捣毁一处制售假冒名贵白酒黑窝点，现场查获各类名贵白酒300余件，总价值50余万元。

6日 第一届“宁夏城市台广电产业合作论坛”商讨会议在贺兰县举行。

7日 贺兰县举行农村产权交易中心揭牌仪式。

8日 召开全县安全生产工作会议。

同日 浙江省国家大学科技园总经理邵林、教授厉鲁卫等一行到贺兰县科技创新中心，对入驻企业进行调查及项目评审。

△ 贺兰县农村淘宝京星农牧场服务站开业，银川市委常委、贺兰县委书记李郁华等领导出席参加。

11日上午 举行阿里巴巴农村淘宝县级服务中心开业仪式。

11—13日 贺兰县检察院组织开展“两法衔接”专项行政执法检查活动。

13日 贺兰县水务局水利工程质量监督站成立。

同日 贺兰县检察院首次通过远程视频与最高人民检察院接访一起刑事申诉案当事人。

14日 全区发展农村电子商务现场会在贺兰县召开。

同日 自治区党委副书记崔波，自治区党委常委、银川市委书记徐广国，自治区副主席王和山等领导观摩农村淘宝京星农牧场服务站。

△ 中国义乌商贸城总裁赵文阁一行到贺兰县科技创新中心，对入驻企业进行考察。

16日 贺兰县渔业产业联合体成立。

17日上午 贺兰县团委在如意湖举办“迎五四·致青春·益起跑”公益活动。

18日 贺兰县委常委、组织部长吴静到贺兰县科技创新中心指导党支部建设。

20日 自治区人大常委会副主任吴玉才一行到贺兰县，检查《统计法》贯彻落实情况。

21日 自治区党委宣传部副部长、自治区党委网络安全和信息化领导小组办公室主任徐贺等一行，对贺兰县电商产业发展情况进行调研。

同日 内蒙古杭锦后旗代旗长白岳一行，到贺兰县考察电商产业、设施农业、美丽乡村及城市建设。

23日 贺兰县干部考察员库成立。

同日上午 由县文广局、教育局、文联等联合举办的“让阅读成为风尚”世界读书日阅读宣传活动在欣兰广场举行。

25日 县科技创新中心成立全区首家众创空间党支部。

26日 举行县科技创新中心项目推介会暨入园签约仪式。

同日 自治区副主席马力到贺兰县君临世家花园项目现场，就工地安全标准化建设进行调研。

△ 举行宁浙电商创业园进口商品馆开馆仪式，王和山、傅兴国、徐广国、白尚成等自治区、银川市领导出席。

同日 宁夏融合媒体服务平台首家县级智慧分平台观摩会在马家寨社区召开。

27日 举办“庆五一”第五届职工运动会。

同日 县团委在如意湖中学召开全县学校团建观摩会。

27—30日 县第二期跨境电商培训班在中阿幸福里跨境电商孵化中举行。

28—29日 组织全县3000多名学生参加银川市中小学教育质量综合评价语文、数学、英语3个学科的测试工作。

5月

2日 县长刘甲锋等一行深入银川滨河新区，观摩学习产业发展和项目建设。

4日 县团委在文化广场举办“高举团旗跟党走·奋力实现贺兰梦”纪念五四运动97周年表彰大会暨文艺汇演，对“青年五四奖章”获得者、优秀团干部、优秀团员等进行表彰。

4日下午 自治区副主席马力到贺兰县第一人民医院调研公立医院改革及医院运行情况。

同日 浙江省委组织部副部长姚志文到贺兰县科技创新中心指导工作。

△ 贺兰县检察院与常信乡团委联合开展“五四”送法进基层法律宣讲活动。

5日 全县组织开展重点项目建设、环境整治及电商产业观摩活动。

同日 贺兰县就业创业和人才服务局举办IYB创业培训在中阿幸福里跨境电商产业园开班，共有25名企业负责人接受为期6天的IYB（改善你的企业）培训。

6日 银川二十一小贺兰国际分校工程在奥莱小镇营销中心举行封顶仪式。

7日 甘肃省白银市景泰县委书记李作璧一行15人到贺兰县考察学习试水产业发展情况。

同日下午 贺兰县检察院与贺兰县禁毒委员会联合在贺兰二小开展以“明礼、守法、远离毒品、做合格好少年”为主题的法制宣传讲座。

8日 贺兰县首届“洋货节”落幕，义乌进口商品馆设31个国家展馆和40多个国家的进口商品，销售额达20万元。

10日 自治区农村土地确权登记领导小组组织有关专家对贺兰县农村土地承包经营权确权登记颁证工作进行评估验收。

11日 自治区经济和信息化委员会主任沈左权带领调研组到贺兰县，就低成本项目建设进度和宁夏生态纺织产业示范园区直供电事宜进行调研。

同日 宁夏稳得福食品有限公司“贺德福”牌泡椒玉螺菜被中国绿色食品发展中心认定为“绿色食品”。

△ 县就业创业和人才服务局联合宁夏大学就业创业指导服务中心在宁夏大学举办以“深化贺兰校企合作，共建人才交流平台”为主题的贺兰县企业进校园专场招聘暨首届创新创业基地政策推介会。

13日 在贺兰县举行银川市2016年科技周启动仪式。次日，以“创新引领共享发展”为主题的贺兰县2016年科技活动周在文化广场启动。

同日 召开“双打”暨食品安全工作推进会。

△ 许伟良挂职任贺兰县县委常委、副县长。

16日 召开贺兰县2016年农村阳光沐浴工程项目启动会。

17日 县人大常委会主任张海盈等一行20余人，检查“两法衔接”即行政执法与刑事司法信息共享网络平台案件移送、录入工作。

18日上午 银川市委常委、副市长毕俊生一行在贺兰县调研现代农业发展情况。

同日 贺兰县多家知名企业参加宁夏大学2016年夏季“双选”洽谈会。

△ 灵武市市长马自忠带领党政考察团到贺兰县考察重点项目建设及特色产业发展情况。

19日 贺兰县水务局联合银川市水务局查封非法自备井。

同日 2016中国·贺兰赏万亩沙枣花暨乡村

旅游文化节开幕。

20日 自治区党委书记、人大常委会主任李建华，自治区副主席曾一春带领相关厅局负责人，就贺兰县域经济发展情况进行调研。

同日下午 由贺兰县总工会和贺兰县图书馆联合举办的“书香进社区进企业活动启动仪式”在上陵汽车4S店党员活动中心举行。

21日 中汽西北（银川）汽车配件集散交易中心在德胜工业园区举行开工奠基仪式，全国人大常委会法律委员会副主任、中华全国工商业联合会副主席王以铭，自治区党委常委、银川市委书记徐广国，自治区党委常委、副主席李锐，以及银川市、贺兰县领导白尚成、李郁华、张海盈、刘甲锋、李辉等出席。

22—23日 举办全县第五届离退休干部运动会及全区门球邀请赛。

24日 银川市委常委、贺兰县委书记李郁华主持召开“我为贺兰发展引项目”推进会。

同日 全区发展老年社会福利国际研讨会在贺兰国际饭店举行。

△ 银川市委常委、贺兰县委书记李郁华深入立岗镇现场办公，推动美丽乡村建设。

△ 召开贺兰县学前教育工作现场会，推动《幼儿园教育指导纲要（试行）》贯彻落实。

△ 银川市市场监督管理局召开2014—2015年度守合同重信用企业公示大会，贺兰县36家企业榜上有名。

25—27日 县就业创业和人才服务局、县创业协会联合宁夏龙凤职业培训学校举办首期“互联网+线上餐饮管理服务”职业技能培训班。

26日 河南省原省长李成玉、副省长张维宁、政协副主席史济春率领政企考察团对贺兰县经济发展进行考察。自治区政协副主席张乐琴，银川市委常委、常务副市长马凯，银川市委常委、贺兰县委书记李郁华陪同考察。

同日 自治区水利厅副厅长郭浩调研贺兰县盐碱地改良工作。

△ 县团委组织召开全县预防青少年违法犯罪工作会议。

27日 县检察院组织干警开展“依法维护权益，合法表达诉求”法制宣传和法律咨询活动。

28日 全县首届万亩沙枣花乡村文化旅游节开幕。

31日 银川市委常委、贺兰县委书记李郁华深入银川德胜工业园区调研“双百”大会战重点项目推进情况。

6月

1日 自治区副主席刘可为带领相关部门负责人，对贺兰山东麓环境综合整治工作进行实地调研。

15日 刘可为一行再次深入贺兰县，调研指导环境保护、城市建设等工作。

同日 自治区政协港澳台侨和外事委员会组织政协委员深入贺兰县，调研同城化发展情况。

△ 在宣传文化广场举行2016年安全生产月和安全生产万里行活动启动仪式。

△ 县老干部局组织离退休老干部70人参观贺兰县科技创新中心。

△ 县道路运输行业启动2016年“爱心送考”活动，成立2支爱心送考车队，参与车辆共计143辆。

△ 2016中国（宁夏）国际节水展、国际水资源高效利用论坛参会代表到贺兰县观摩学习。

2日 贺兰县首期村级SYB创业培训班在洪广镇洪广社区开班，30名学员参加为期7天培训学习。

同日 贺兰县统战部、宗教局联合在马家寨社区办班，对各宗教团体、教职人员及寺管会主任、各乡镇场、街道分管领导近400人进行政治理论、安全教育培训班。

1—3日 贺兰县8家规模奶牛场与人保财险贺兰支公司签订了《生鲜牛奶价格保险单》，共投保生鲜牛奶1.25万吨，保期1年，最高可获赔375万元。

4日 新华社宁夏分社调研组深入宁浙电商创业园义乌购、进口商品馆、农村淘宝县级服务中心，了解浙江企业与贺兰县合作情况。

7日下午 贺兰县运管所组织辖区道路客运从业人员开展消防及救护演练活动。

8日 石嘴山市委副书记蒋文龄一行到农村淘宝京星农牧场服务站调研。

12日上午 自治区运管局对贺兰县运管所安全生产工作进行检查。

同日 农业部计划司到贺兰县调研大县种养结合整县推进试点项目。

12—13日 河北省冀州市副市长周长俭一行到贺兰县考察现代农业发展情况。

13—14日 自治区党委常委、宣传部部长，自治区政协副主席蔡国英调研贺兰县域经济发展情况。

15日 县教育体育局召开“贺兰县名师、名校（园）长、名班主任工作室”经验交流现场会。

16日 贵州省贵阳市花溪区区委常委、副区长张建忠、韩匡时带领相关部门负责人一行10人来到贺兰县“互联网 政务中心”就简政放权、放管结合、深化行政审批制度改革等工作进行考察学习。县政府副县长邓一凌、政务服务中心主要负责人陪同考察，参加座谈会的有县编办、法制办、德胜工业园区相关负责人。考察团认为贺兰县作为西部欠发达地区一个县，在深化行政审批改革、创新为民利企服务方式等工作敢于创新，探索出许多好的经验和做法，对花溪区的行政审批改革工作有借鉴作用。是日，举行黄河农村商业银行与贺兰县人民政府战略合作框架协议签署暨贺兰县农村商业银行挂牌开业仪式。

17日 自治区水利厅副厅长郭浩等调研贺兰县高效节水灌溉项目建设和运行管理情况。

18日 贺兰县渔业产业联合体在新明水产养殖有限公司培训基地举办“银川地区高产高效养殖技术培训班”，共有40余人参加培训学习。

20日 自治区纪委副书记李金英等一行到贺兰县科技创新中心视察。

同日 举行兵沟黄河公路大桥通车仪式。

20—24日 县检察院组织干警开展以“加强举报人保护，惩治群众身边腐败”为主题的第18个“举报宣传周”活动。

22日 县就业局、团县委、妇联、网络经济发展局、电视台联合举办“贺兰杯”青年创业大赛。

23日 县教育体育局、县图书馆、县文化馆、共青团贺兰县委联合举办“美丽贺兰、炫彩喷泉”小学生手绘作品大赛。

同日 农业部党组成员、副部长于康震，国家奶牛产业技术体系首席科学家李胜利等一行50余人对贺兰中地牧场进行考察。自治区副主席曾一春等陪同考察。

24日 自治区副主席曾一春调研贺兰县“中地企业”运营情况。

同日 宁夏婴幼儿配方奶粉研发中心在贺兰县揭牌。

26日 常信乡四十里店村党支部等被自治区党委评为全区先进基层党组织。

28日 国家食品药品总局副局长吴浈到贺兰县市场监督管理局德胜所调研。

30号 贺兰县科技创新委员会成立。

是月 自治区党委书记、人大常委会主任李建华到习岗镇新平园区瑞信公司调研大学生创业工作。

7月

1日 召开全县项目建设“百日攻坚”动员暨特色小镇建设推进会。

4日 银川市人大常委会主任孙荣山、贺兰县领导开展开斋节慰问活动。

5日 贺兰县老年大学在文化广场举办文艺演出。

11日 西安电子科技大学机电工程学院本科生首次到贺兰县实践学习。

12日 召开全县迎接中央第八环境保护督察组督察工作动员会。

13日 农业部发展计划司司长张合成一行4人到贺兰县调研农业废弃物资源化利用情况。

16日 宁夏·贺兰首届金山西瓜文化旅游节在洪广镇金鑫村西瓜市场开幕。

18日 由恩建国陪同马力副主席检查贺兰山路沿线环境整治工作。

18—22日 按照“基层推进年”专项活动实施方案，开展以“强化民事行政检察宣传，提升基层民行监督能力”为主题的宣传活动。

19日 习近平总书记到宁浙电商创业园考察，了解创业园规划建设及浙江对口支援情况。自治区、银川市、贺兰县领导李建华、崔波、徐广国、白尚成、李郁华、刘甲锋等陪同考察。

同日 中共中央政治局委员、国务院副总理汪洋在宁浙电商创业园、宁夏生态纺织产业示范园区考察调研。崔波、白尚成、李郁华、刘甲锋、何建勃等区市县领导陪同考察调研。

21日 召开全县四套班子联席会议，传达贯彻习近平总书记在宁夏考察时的重要讲话精神。22日，召开推动电商产业发展专题会议，贯彻习近平总书记重要讲话精神。

26日 中央环境保护第八督察组督察贺兰县环保工作。

28日 2016年全国农村实用人才座谈会代表在贺兰县进行现场观摩。

29日上午 银川市副市长毕俊生到贺兰县调研农村改革工作。

29—31日 贺兰县四套班子领导分别到立岗镇、雷达站、习岗镇、洪广镇、常信乡，看望慰问老复员军人。

8月

1日 浙江省国家大学科技园、浙江省高校科技园发展有限公司总经理邵林等一行，深入贺兰县科技创新中心入驻企业考察，就“三院一站一中心”的建设方案进行座谈讨论。8月18日，签订《贺兰县政府和浙江大学科技园联盟战略合作协议》。

3日 中共贺兰县委十三届十次全体(扩大)会议召开。银川市委常委、贺兰县委书记李郁华代表县委常委会作了题为《深入贯彻习近平总书记重要讲话精神全力补齐发展短板推进美丽贺兰建设》的工作报告，会议审议通过了工作报告和《中共贺兰县委员会关于补齐发展短板建设美丽贺兰的若干意见》。

4日 银川市委常委、贺兰县委书记李郁华深入银川电商快递物流产业园二期、银川艾尼集团公司清洁能源智能一体化产学研基地、中汽西北（银川）汽车配件集散交易中心等“百日攻坚”项目施工现场，查看各项目建设进度，协调解决项目困难和问题。

同日 自治区交通运输厅厅长许学民到宁夏同力驾校实地考察调研。

△ 贺兰县图书馆开展“图书进企业”活动，将1300册图书、300册期刊送到银川奥特莱斯电商创业园党员活动服务中心。

5日 自治区党委副书记崔波、自治区副主席曾一春到贺兰县调研盐碱地改良工程。

同日 阿里巴巴集团总裁金建杭、副总裁方建生一行到贺兰县考察，在农村淘宝京星农牧场服务站调研。

6日 贺兰县中医院、县妇幼保健院两家二级医疗机构被自治区食品药品监督管理局评为“全区药械规范化管理医院”。

8日 举办“全民健身日”市民环湖分步走活动。

9日 召开全县领导班子会议，对近期重点工作进行再部署、再推进、再落实。

11日 自治区安委会在贺兰县滨河大道管理站召开滨河大道交通安全隐患整治工作联席会议。

12日 举办首场民族宗教理论政策专题报告会，共300余人参加培训。

16日 召开全县经济运行情况分析专题会议。

同日 县农牧渔业局干部职工响应县委、政府《关于开展全县各单位干部职工番茄销售“爱心助农”公益活动的倡议书》，自发认购爱心西红柿2200公斤。

16日 工商银行宁夏分行行长王跃民等一行到宁夏生态纺织产业示范园区调研。

17日 贺兰县召开全面治理拖欠职工（农民

工）工资推进会。

19日 银川首届国际美食节在贺兰奥特莱斯顺利开幕。

19—21日 贺兰县就业创业和人才服务局组织宁浙电商创业园等20家企业参加银川创新创业博览会，集中展示贺兰县特色产品和电商企业创业成果。

21日 贺兰山沿山爆发近20年以来罕见的特大洪水，自治区人民政府启动防汛二级应急响应，贺兰县委、政府主要领导及防汛成员单位主要负责人第一时间到达现场，及时组织抗洪抢险工作。

同日 因强降雨灾害，造成贺兰山东麓葡萄园区内的县道陈华公路、旅游专线公路、陈插公路和主干乡道通山公路出现不同程度的滑坡、塌方和路面淤积，部分道路交通中断受阻。

22日 参加全区渔业转方式调结构促增收现场推进会的代表在贺兰县进行现场观摩。

23日 银川市委常委、贺兰县委书记李郁华主持召开全县建设项目统计入库工作专题会。

24日上午 文化部驻外文化参赞等一行14人到贺兰县考察，就社区公共服务、数字图书馆服务等进行交流。

同日 为期4天的全区休闲农业经验交流会在贺兰县拉开序幕。

25日 为期2天的银川市2016年兽医大比武竞赛在贺兰县落幕，贺兰县代表队获得团体第二名。

同日 银川市市长白尚成带领财政、水务、交通、住建等部门负责人到贺兰县视察灾后重建工作。

△ 自治区检察院检察长李定达一行到贺兰县检察院检查指导窗口建设工作。

26日 自治区水利厅副厅长白耀华调研贺兰县“8·21”灾后应急抢修工作。

30日 召开2016年中美旅游高层对话新闻会，确定在贺兰山1958创意产业园举办2016中美旅游领导高层对话活动之冷餐会和中美西部乡村音乐节。

31日 召开全县“双招双引”工作推进会，就全县招商引资和招才引智工作进行再部署。

9月

3日 银川市副市长郭柏春对贺兰县科技创新中心建设和运转情况进行考察调研。

同日 贺兰县就业创业和人才服务局举办全年第4期SYB创业培训班，30名小老板和有创业愿望的失业人员参加了为期7天的培训。

5日 贺兰县教育体育局组成4个检查组到各个中小学及幼儿园进行开学检查工作。

6日晚 贺兰县道路运输管理所主办的“和谐交通·幸福贺兰”道德讲堂在文化广场正式开讲。

同日 在习岗镇西夏种业园区举行山东农业科学院“宁夏玉米育种博士科研工作站”揭牌仪式。

7日 银川市委常委、县委书记李郁华深入全县部分重点项目建设现场，就项目建设进展情况进行实地调研。

同日 常信乡被评为银川市“六五”普法先进集体。

9日 中央军委国防动员部政治工作局副主任陈军到贺兰县调研。

9日上午 举行庆祝第32个教师节活动。

9日下午 召开欢度2016年古尔邦节座谈会。

10日 银川电商物流园、中阿跨境电商产业园在贺兰开园。

11日 市场监督管理局获银川市药械不良反应、事件监测先进集体称号，成为全市监测机构中唯一获此殊荣的县级监测机构。

17日 县图书馆为宁夏生态纺织园如意集团“职工之家”活动室免费赠送电脑20台和价值1.5万元的图书700余册及期刊300多册。

18日 全县秋冬农田水利基本建设拉开帷幕。

同日 县市场监督管理局组织全县30家物业公司开展电梯应急救援演练大比武活动。

19日 首次为全县6名居民颁发不动产权证

书，标志着不动产统一登记制度在贺兰县正式落地。

20日 国家副主席李源潮一行到宁夏生态纺织园贺兰园区、新平蔬菜园区、宁浙电商创业园视察工作。李建华、徐广国、白尚成、李郁华等区市县领导陪同视察。

同日 中央国家机关团工委书记冀萌新等一行，到贺兰县政务中心及宁浙电商创业园调研。

△ 召开县委2016年第35次常委会会议，听取第三季度“百日攻坚”推进及主要经济指标落实情况的汇报，审议《贺兰县公务用车制度改革实施方案》。

△ 召开中共贺兰县第十三届委员会第十一次全体会议，审议并原则通过了《中国共产党贺兰县第十四次党代会工作报告》《中国共产党贺兰县第十四次纪律检查委员会工作报告》《全县党费收缴使用报告》和《代表资格审查报告》。

21日 第九次全国企业民主管理工作调研检查组到贺兰县调研检查工作。

22日 杭州市市长张鸿铭带领考察团一行到贺兰县，对电子商务、行政审批改革、精准扶贫等工作进行考察。

同日 自治区安委会副主任、总工程师黄建军一行，在宁夏宁骏旅游汽车有限公司、贺兰县农村客运中巴车场检查安全生产工作。

24日 自治区党委常委、银川市委书记徐广国深入银川快递物流产业园项目建设现场进行调研。

27日 中国共产党贺兰县第十四次代表大会召开，银川市委常委、县委书记李郁华向大会作了题为《富民强县跨越发展——为建成较高水平的全面小康社会而努力奋斗》的工作报告。

28日 贺兰县检察院控告申诉科被评为2013—2015年度全区检察机关“文明接待室”。

29日 自治区水利厅农建督察组调研督察贺兰县农田水利基本建设工作。

30日 银川市副市长李鸿儒一行调研贺兰县秋冬农田水利基本建设工作。

同日 银川市委常委、贺兰县委书记李郁华主持召开2016年县委议军会。

△ 马家寨社区和太阳城社区被评为全国综合减灾示范社区。

10月

18日 银川市副市长李鸿儒、市政协副主席哈宁东等到贺兰县调研2016年度秋冬农田水利基本建设情况。

同日 自治区供销社副主任郑续到贺兰县调研电商产业。

9日 贺兰广电携手长三角广电旅游联盟的首批82人包机游客落地银川，标志着“贺兰广电+旅游”产业项目正式启动。

同日 县就业创业和人才服务局举办的缤购跨境电商孵化培训班结业。此次培训历时100天，有15个团队共35名学员参加。

10日 银川市科技局局长李景阳到贺兰县科技创新中心指导工作。

12日 中国科学院成都生物研究所王玉建博士到贺兰县科技创新中心指导工作。

13日 自治区政协主席齐同生带领参加全区产业发展和重点工作现场交流会的代表，对贺兰县经济社会发展进行观摩交流。

14日 金贵市场监督管理所在汉佐村查获近2吨腐败变质的羊杂，并进行无害化销毁。

17日下午 国家统计局农村司副司长黄秉信一行到贺兰县检查指导工作。

18日上午 浙江省金华市政协主席陶诚华一行在贺兰县委常委、副县长李云等相关领导陪同下考察百瑞源枸杞股份有限公司。百瑞源副总经理姚卫鹤向陶诚华一行介绍宁夏枸杞产业发展情况，以及百瑞源枸杞研发、种植、生产、营销、文化“五位一体”全产业链模式。

19日 自治区副主席曾一春一行调研贺兰县秋冬农田水利基本建设。

同日 在德胜工业园区举行中汽西北（银川）汽车配件集散交易中心一期项目封顶仪式。

20日 中国人民政治协商会议贺兰县第十届委员会第一次会议闭幕。

同日 雅典奥运会男子举重冠军张国政、悉尼奥运会女子10米跳台跳水冠军李娜、雅典奥运会女子摔跤冠军王旭到贺兰县传经送宝。

20—25日 县文化旅游广电局在各乡镇举行“美好银川·幸福贺兰·美丽乡村”2016农民文化大集活动。

21日 贺兰县第十八届人民代表大会第一次会议闭幕。大会表决通过了《关于贺兰县人民政府工作报告的决议》《关于县2016年国民经济和社会发展计划执行情况与2017年计划报告的决议》《关于县2016年财政预算执行情况和2017年财政预算报告的决议》《关于县人大常委会工作报告的决议》《关于县人民法院工作报告的决议》《关于县人民检察院工作报告的决议》。

同日 召开全县食品生产企业监管工作会议。

24日 常信乡被自治区计生委命名为2014—2016年度全区计划生育五星级乡镇。

25日 召开全县10月经济指标分析会。

同日 银川市委副书记杜银杰、市人大常委会副主任杨杰、市政协副主席哈宁东等一行，观摩贺兰县秋冬农田水基本建设情况。

27日 银川副市长李守银带领卫生和计划生育视察团一行，对贺兰县卫生和计划生育管理工作情况进行视察。

同日 召开全县绩效考核、深化改革和农业农村工作推进会。

31日 固原市委常委、西吉县委书记马志宏一行到贺兰县考察交流。

是月 经专家实收测产，常信乡丁北村水稻绿色高产高效创建示范片平均亩产858.9公斤，再次打破了全县水稻单产历史记录。

11月

1日 自治区党委副书记崔波带领自治区水利厅、国土厅、农牧厅、林业厅、农发办负责人到贺兰县调研秋冬农田水利基本建设情况。

同日 银川市委常委、贺兰县委书记李郁华到常信乡，对2016年秋冬农田水利基本建设情况进行实地调研。

2日 邮储银行宁夏分行行长赵志刚等一行，考察贺兰县中小企业发展情况，并就支持中小企业发展进行座谈交流。

3日下午 农业发展银行宁夏分行行长宋昌新出席贺兰县重点建设项目融资推进会，并进行调研。

4日 召开全县“十佳道德讲堂”和“道德讲堂十佳主持人”表彰会。

同日 杭州市拱墅区委书记许明带领考察团到贺兰，对电子商务、特色产业发展等项目进行考察。

5—8日 贺兰县组织宁夏广银米业有限公司、宁夏生瑞米业有限公司、宁夏精品农业服务有限公司等5家企业的12个地理标志农产品，在昆明举办的第十四届中国国际农产品交易会暨第十二届昆明泛亚国际农业博览会上参展。

7日 贺兰县邀请媒体记者，庆祝第17个全国记者节。

8日上午 贺兰县公路管理段党支部开设道德讲堂。

9日 银川市市长白尚成，银川市委常委、贺兰县委书记李郁华带领党政考察团赴浙江省杭州市考察。

同日 农业部公布110家农业产业化国家重点龙头企业名单，贺兰县的百瑞源枸杞股份有限公司跻身其中。至此，全县已有国家级龙头企业4家。

10日 自治区人大常委会副主任王儒贵带领自治区人大常委会调研组，深入洪广镇欣荣村就《宁夏回族自治区农村扶贫开发条例》执行情况进行调研。

12日 贺兰县图书馆联合优博源托管教育培训班举办“少儿悦读会”活动。

同日 贺兰县团委联合县委宣传部、县总工会、县妇联等单位举办“相约托斯卡纳·邂逅浪漫之旅”青年联谊会。

16日 银川市关工委在贺兰县举行“五好”基层关工委授牌仪式。

17日 全区农业社会化综合服务现场推进培训会观摩团120余人，观摩指导宁夏丰谷稻业农业综合服务站和贺兰县美来农业综合服务站社会化服务工作。

同日 自治区残疾人联合会党组书记、理事长娄晓萍等一行到如意湖社区残疾人康复站，针对“医康结合”试点工作进行观摩。

21日 自治区党委书记、人大常委会主任李建华深入贺兰县暖泉工业园区，现场督查污染治理、环保设施运行情况。

同日 贺兰县丰谷稻业土地股份合作社在四十里店村召开土地入股年终分红大会，推动了贺兰县农村“三变”改革工作。

23日 贺兰县与微医集团有限公司签订《浙宁医疗对口支援系列项目战略框架协议》，标志着贺兰正式迈入“互联网+医疗”的时代。

24日 贺兰县召开“准备之冬”暨“百日招商”推进会，对全县“准备之冬”及招商引资工作进行再部署。

25日 精武标兵（单位）事迹报告会在县委党校举行。

是月 贺兰县检察院撰写的《“十二五”期间贺兰县人民检察院查办农村基层组织人员职务犯罪专项调查报告》获全区检察机关年度综合报告优秀奖。

△ 在“新春乐”第十二届全区社火大赛中，常信乡社火队获金奖，洪广镇社火队获银奖，习岗镇社火队获铜奖，县文化馆获优秀组织奖。

12月

1日 银川市委常委、贺兰县委书记李郁华主持召开专题会议，对全县各乡镇场特色小镇项目储备、建设工作进行再部署。

同日 常信乡谭渠村名列住建部命名的美丽宜居村庄示范名单，常信乡被银川市公共文化服务体系建设协调领导小组命名为银川市公共文化服务体系示范乡镇。

2日 由交通运输部、宁夏交通厅、宁夏运管局组成的调研组，对同力驾驶员培训学校开展的“计时培训、先培后付”驾培服务模式改革进行调研。

同日 银川市委常委、贺兰县委书记李郁华主持召开全县税费清理专题会。

4日 贺兰县检察院组织干警开展“国家宪法日暨全国法治宣传日”活动。

同日 自治区公路管理局农村公路检查考核组对贺兰县农村公路管养工作进行检查指导。

5日 银川市委常委、贺兰县委书记李郁华主持召开专题会议，对各园区项目谋划工作进行部署。

6日 自治区主席咸辉到基层联系点洪广镇金山村调研。自治区党委常委、自治区副主席李锐，自治区政府秘书长王紫云，自治区住建厅厅长杨玉经，自治区农牧厅厅长王文宇，自治区扶贫办主任董玲，银川市市长白尚成，银川市委常委、贺兰县委书记李郁华，县长刘甲锋等区、市、县领导陪同调研。

同日 银川市委常委、贺兰县委书记李郁华主持召开专题会议，对农口部门及文教卫系统项目谋划工作进行部署。

△ 银川市委常委、贺兰县委书记李郁华，县长刘甲锋深入洪广镇金山村，就旅游小镇建设工作深入调研。

8日 在乌镇互联网医院成立一周年之际，由贺兰县政府、中华医学杂志、微医·乌镇互联网医院联合举办的2016互联网医院推进中国医改高峰论坛在银川市召开。

9日 银川市委常委、贺兰县委书记李郁华主持召开全县重点工作及招商引资推进会，对中国西北新零售第一镇规划推进等工作进行再部署。

12日上午 县委政法委举办培训班，对新招录的32名综治巡防队员进行岗前培训。培训班开班仪式在县委政法委四楼会议室举行。县委政法委副书记、秘书长、综治办主任樊利宁，副秘书长田文彦，综治办副主任仇国磊出席了开班仪式并分别发表了讲话。

13日下午 自治区副主席马力等一行，到贺兰第二敬老院、如意湖社区、贺兰中心敬老院、通义养老互助中心调研。

15日 银川市委常委、贺兰县委书记李郁华主持召开全县重点工作专题会，对金融保险总部一条街等工作进行部署。

同日 自治区人社厅副厅长孙晓军等一行，到太阳城社区和县科技创新中心调研。

16日 自治区党委政法委副书记、秘书长、综治办主任李刚军带领调研组，到贺兰调研指导政法综治工作。

同日 贺兰县检察院举办以“加强侦查监督，维护司法公正”为主题的“检察开放日”活动。

17日上午 贺兰洪广金山乡村文化旅游美食节在贺兰山·1958文化创意园开幕。

18日上午 自治区政府驻福建办事处主任朱东携福建省厦门鲁班源集团副董事长、总经理刘雅敏等企业家，到贺兰县进行投资考察。

19日下午 贺兰县与厦门丞凯建筑工程有限公司、厦门康洁生态农业有限公司签订合作框架协议。

18—25日 “金山羊肉”文化旅游美食节在洪广镇金山村陈家沟和1958文化旅游创意园举行。

19日 县科技创新中心被银川市人民政府命名为“银川市创业孵化示范基地”，在银川市各市县9家申报单位中排名第一。

同日 举办由银川市政府主办，贺兰县政府、银川德胜工业园区管委会协办的银川汽车及后市场产业发展高峰论坛。

△ 贺兰县获自治区双拥模范县称号，金贵镇通昌南寺获全区军（警）寺共建促和谐活动示范单位。

20日 银川市委常委、贺兰县委书记李郁华主持召开县领导包重点项目任务分解推进会，就2017年“双百亿”重点项目责任分工进行再部署。

21日 自治区农牧厅副厅长马新民一行到贺兰县督促指导第二批政府购买农业公益性服务机制创新试点工作。

21—23日 浙江省城市治理研究中心主任王国平应邀赴银川市调研新型城镇化并为贺兰县作专题报告。银川市委副书记杜银杰，银川市委常委、贺兰县委书记李郁华，银川市人大常委会党组副书记、副主任金平，银川市人大常委会副主任陈军，贺兰县委常委、副县长沈华峰等陪同调研。王国平一行先后考察银川韩美林艺术馆、水洞沟古人类文化遗址、银川电商创业园和电商快递物流产业园等地，就银川市、贺兰县城市发展方式、产业转型升级、文化遗产保护等提出指导建议。

23日 贺兰县工商联第十次（贺兰商会第一次）会员代表大会召开，郝向峰当选为县工商联主席、贺兰商会会长。

26日 贺兰县蔬菜产业联合体与深圳市蔬菜批发协会蔬菜种植销售对接签约仪式在贺兰县天缘种业种植基地举行。

28日上午 贺兰县（德胜工业园区）与宁夏远高杭萧钢构绿色建筑装配化科技有限公司就装配化住宅项目举行签约仪式。

是月 全县农村党支部完成换届工作。

△ 贺兰县运管所副所长蒋林获“宁夏十佳好运政”称号。

综 览

Zonglan

自然环境

【地理位置】 贺兰县位于自治区首府银川市区北部，南与首府银川市毗邻，东临黄河，与石嘴山市平罗县陶乐镇隔河相望，西倚贺兰山分水岭，与内蒙古自治区阿拉善左旗接壤，北接石嘴山市平罗县，位于东经105° 57′ ~ 106° 36′ 、北纬 38° 26′ ~ 38° 48′ 。县境东西长49.75公里，南北宽31.2公里，县城距银川市中心10公里，县人民政府驻地习岗镇。全县土地总面积1559.5平方公里。

【地质地貌】 贺兰县地势西高东低，总趋势由西南向东北倾斜。全县地貌自西向东大致分为贺兰山地、山前洪积平原、黄河近代冲积平原及其他风沙地和黄河水面。西部贺兰山峰峦叠嶂，海拔2500 ~ 3000米，主峰海拔3556.1米。习惯上，将贺兰山和山前洪积平原称为山区，其余称为灌区。全县位于银川平原中部，贺兰山东麓属山前洪扇区，地势平坦，海拔1120 ~ 1100米，沙石混杂，间有小沙丘；东部灌区为黄河冲积平原，地势平坦，海拔1100米左右，依山傍水，引黄灌溉，土地肥沃，交通方便，系宁夏商品粮食重要产地之一。

贺兰山主脉由西南—东北走向纵贯县境西部，境内长22.3公里，宽19.8公里，是银川平原的屏障。敖包圪垯、沙锅洲、水沟垴子三大高峰在本县境内，主峰敖包圪垯海拔3556米。境内有苏峪口、拜寺口、贺兰口、黄旗口、插旗口5道沟口。贺兰山地资源丰富，蕴藏有铁、石英石、磷矿石、石灰石、铜、贺兰石、白云岩、煤、砂石岩等多种矿产。贺兰山林地为自治区国家级自然保护区，县境贺兰山内森林茂密，覆盖有针叶林、混交林，盛产云杉、油松等，面积7333公顷。贺兰山共有维管植物665种，具有一定经济价值的药用植物有308种。沙草青、野大豆、蒙古扁桃、贺兰山丁香、四合木被列入国家重点保护植物。山内有鹿、獐子、岩羊、狐狸、蓝马鸡等珍禽异兽。

惠农渠以东为河滩地，海拔在1120米以下，黄河低水位时，滩地高于河面，可种植生长期较短的扁豆、豌豆等农作物。沼泽地势低洼，土壤较肥沃，渗透性强，地面潮湿。平原土质有淡灰钙土、草甸土、灌淤土、盐土、湖土、白僵土、风沙土、堆垫土，8个土类25个亚类46个土属、426个土种，大部分土地适于种植小麦、水稻、糜谷、高粱、玉米、豆类等农作物。林木生长茂盛，植被良好，覆盖率在95%以上。平原地形开阔，道路宽阔，交通方便，居民较集中，人烟稠密。这里土质肥沃，物产丰富，先后吸引了许多民族在这里繁衍生息，经过历代垦殖，成为黄河中上游地区最富庶的一片绿洲，素有“天下黄河富宁夏”“塞上江南”等美名。

黄河从县境东部流过，自贺兰县东南金贵镇流入，从东北角立岗镇出境，流经长20.5公里。黄河西岸沿黄地区为河滩地，地势开阔平坦，是银川平原的一部分，黄河灌溉自流，得天独厚，素享“塞北江南”美誉。境内有唐徕渠、第二农场渠、惠农渠、汉延渠、西干渠五大干渠纵贯南北，有第二、第三、第五排水沟等排水沟，排灌体系齐备，利于耕种，是国家商品粮生产基地县，也是全国水稻、小麦高产区和全区主要农副产品供给地。县域内有众多湖泊，宜于淡水养殖，主要水产品有鲤鱼、草鱼、鲫鱼、罗非鱼、鲢鱼，产量居全区二分之一左右，销往西北地区，最远销售至拉萨。2016年又引进了鲶鱼、泥鳅、乌鳢、南美白对虾、河蟹等品种，初步形成规模。

【气候特征】 贺兰县西倚贺兰山，地处内陆，属中温带大陆性季风气候，四季分明，气候干燥，冬寒少雪，春秋季多风，降水少而集中，光照长，热量多，温差大。四季晴天多，日照时间长，太阳辐射量大。与历年相比较，2016年的总体气候特点为：降水偏多，日照偏少，无霜期短。全年降水量208.3毫米，年平均气温为9.9℃，年极端最高气温为36.2℃，出现在7月27日，年极端最低气温为-21.4℃，出现在1月24日。年日照时数为2734.1小时。无霜期为172天。最大冻土深度为95厘米。年瞬间极大风速为17.4米/秒，出现在6月3日。

灾害天气：8月21日，贺兰山沿山出现历史罕见大暴雨，拜寺口沟12小时降水量达238.1毫米，降水引发拜寺口沟、金山林场等六条山洪沟出现洪水，洪水造成贺兰山沿山地区农作物受灾面积1.2万亩，林业受灾面积1.1万亩，房屋受损14间，冲毁葡萄3100亩，掩埋渠道200公里，路面冲毁6处，电力、水利、交通、通信等基础设施受损。

【土地资源】主要土地分为山区（包括贺兰山山地、洪积扇和老阶地）和灌区（包括近代冲积平原及风沙地、湖泊地及河滩地）两大部分，总面积1843万亩。

全县土地总面积1559.5平方公里，可利用土地面积1800463.5亩，其中，县属1315843.1亩，区属484620.4亩。区属中，暖泉农场146076亩，宁夏原种场11570亩，贺兰山林区326974.4亩。占宁夏回族自治区总面积的3.08%。

【水资源】贺兰县地处银川平原中部，黄河穿境而过，沟渠纵横交错，湖泊星罗棋布，水资源比较丰富。水资源包括黄河水、湖泊积水、山泉水、降水、地下水。贺兰县地下水储量丰富，主要源于引黄灌溉补给及大气降水。

【矿产资源】已知县境内的矿产资源主要有7种。煤炭、磷矿石、白云岩、石灰岩、芒硝、池盐和贺兰石等。

区划人口

【历史沿革及行政区划】 贺兰县前身为宁夏县，清雍正二年（1724年），改宁夏左屯卫置宁夏县，县治设在宁夏府城（今银川市兴庆区），为宁夏府首县，隶属甘肃省。

在秦以前，贺兰县地域为羌族、荤粥、畎夷、严狁、犬戎等游牧民族和戎狄部落放牧之地。秦时属北地郡。西汉时，属北地郡廉县，东汉时属凉州刺史部。三国时，属魏安定郡，为羌、匈奴、鲜卑等族游牧之地。西晋时，为匈奴、鲜卑贺兰部游牧之地。东晋时先属匈奴铁弗部，后属赫连夏国饮汗城以及后赵、前秦、后秦等国。南北朝时，属北魏怀远郡。夏灭后，先属北魏薄骨镇，后属西魏灵州普乐郡、北周灵州怀远镇怀远县。隋时，属灵州怀远县。唐朝时，怀远县初属关内道灵州灵武郡，后改属警州。五代时期，先后属后梁、后唐、后晋。北宋初，属陕西路定州怀远镇。西夏立国后，属兴州，嗣后兴州升为中兴府改为兴庆府，隶属兴庆府。元朝时，属甘肃行中书省宁夏府路定州怀远县。明朝时，宁夏为"九镇"之一，实行卫所制，宁夏卫为其前身。民国时为朔方道管辖，清朝时，贺兰县先为宁夏左屯卫属地，雍正三年（1725年），改宁夏左屯卫置宁夏县。民国2年（1913年），宁夏府改为朔方道（后改为宁夏道），仍属其管辖。民国18年（1929年），宁夏道改为宁夏省，贺兰县隶属宁夏省。民国24年（1935年），宁夏县治移驻谢岗堡（今习岗镇）。民国30年（1941年）4月，宁夏县因与宁夏省重名，更名为贺兰县。1954年9月，宁夏、甘肃并省，贺兰县隶属甘肃省银川专区。1958年10月，宁夏回族自治区成立，贺兰县归其管辖。1972年，贺兰县划归银北地区，1976年归银川市管辖。1985年，贺兰县辖习岗、立岗、金贵、洪广四镇，习岗、潘昶、常信、通义、丰登、四十里店、金山七乡，以及县属京星农牧场。1988年，习岗乡合并入习岗镇。2000年，海原县南梁台子吊庄与贺兰县南梁台子指挥部合并为南梁台子管委会，设铁东、铁西两个生产大队。2002年10月，从贺兰县划出丰登乡归银川市金凤区管辖。2002年成立习岗街道办事处。2003年2月，银川市兴庆区满春乡八里桥村4个村民小组划归贺兰县。2003年7月，贺兰县撤乡并镇，将五乡四镇调整为四镇一乡。保留常信乡、立岗镇、洪广镇、金贵镇、习岗镇，将四十里店乡整建制并入常信乡，通义乡整建制并入立岗镇，潘昶乡整建制并入金贵镇，金山乡整建制并洪广镇。至此，县辖四镇一乡、2个农牧场、1个街道，即习岗镇、立岗镇、金贵镇、洪广镇、常信乡、南梁台子农牧场、京星农牧场、习岗街道办事处。

2004年，贺兰县调整村社行政区划，撤并19个村。习岗镇德胜村与永胜村合并为德胜村，习岗镇辖11个村。金贵镇王澄村与红星村合并为红星村，金贵镇辖12个村。立岗镇通吉村与通伏村合并为通伏村，复兴村与幸福村合并为幸福村，永乐村与民乐村合并为民乐村，撤销立新村，立岗镇辖15个村。洪广镇高渠村与高荣村合并为高荣村，金南村与金北村合并为金鑫村，洪广镇辖7个村。常信乡安渠村与新华村合并为新华村，光明村与四十里店村合并为四十里店村，丁南村与丁义村合并为丁义村，常信乡辖14个村。因生态移民工作需要，2012年后在洪广镇设立欣荣村、广荣村。2012年，撤销南梁台子农牧场铁东大队、铁西大队，设铁东村、铁西村，截至2016年末，全县辖4个镇：习岗镇、金贵镇、洪广镇、立岗镇；1个乡：常信乡；街道办事处1个：习岗街道办事处；辖县属事业单位2个：京星农牧场、南梁台子农场。全县63个村，11个居委会。辖工业园区3个：银川德胜工业园区和银川生物科技园、宁夏生态纺织产业示范园。境内还有隶属自治区农垦局的国营农场2个：暖泉农场、自治区原种场。

贺兰县乡镇场所辖村居

乡镇(场)	辖村委会	辖居委会	辖村委会	辖居委会
合　计	63	12		
习岗镇	11		习岗、五星、和平、新平、桃林、黎民、德胜、沙渠、新胜、红旗、经济桥	
金贵镇	12		金贵、银河、银光、保南、联星、汉佐、潘昶、雄英、红星、江南、关渠、通昌	
立岗镇	15		立岗、兰丰、金星、银星、兰光、先进、清水、通义、星光、幸福、通伏、民乐、兰星、永华、永兴	
洪广镇	9	1	洪广、洪西、洪南、北庙、高荣、金沙、金鑫、欣荣、广荣	洪广
常信乡	14		新华、新民、王田、于祥、谭渠、五渠、团结、桂南、桂文、张亮、旭光、丁义、丁北、四十里店	
京星农牧场				
南梁台子管委会	2		铁东、铁西	
习岗街道办事处		11		友爱、利民、团结、花园、居安、光明、金河、如意湖、马家寨、太阳城、天鹅湖

【人口与民族】 2016年年末，贺兰县总人口（常住人口）255995人，比上年增加2666人，其中城镇人口135037人，比上年增加11539人；乡村人口120958人，比上年减少8873。人口出生率12.93‰，比上年提高0.65个千分点；人口死亡率4.55‰，比上年降低1.4个千分点；人口自然增长率8.38‰，比上年提高2.05个千分点。

国民经济

【经济指标】2016年，全县经济总体呈现出稳中加快的发展态势，全县地区生产总值、第一和第二产业增加值、规模以上工业增加值、固定资产投资等5个主要指标增速均位居川区六县第一名，第三产业增加值和社会消费品零售总额增速位居川区六县第二。全县实现生产总值134.23亿元，比上年增长10.6%，其中，第一产业增加值16.39亿元，同比增长5.8%；第二产业增加值75.65亿元，同比增长12.2%；第三产业增加值42.19亿元，同比增长9.6%。按常住人口计算，人均地区生产总值52432元。三次产业构成由2015年的13.1:55.8:31.1调整为12.2:56.4:31.4。三次产业对经济增长的贡献率分别为7.2%、64.6%、28.2%，分别拉动经济增长0.8个、6.8个和3.0个百分点。2016年，全县城镇居民人均可支配收入26468元，比上年增长7.8%。城镇居民人均消费支出17043.3元，增长2.1%，城镇居民人均住房使用面积29.2平方米。全年农村居民人均可支配收入12560元，增长8.0%，农民人均消费支出13006.8元，增长9.6%，农村居民人均住房使用面积38.1平方米。

【固定资产投资】2016年，完成全社会固定资产投资总额207.1亿元，同比增长19.5%，其中，生产性领域完成投资148.83亿元，增长27.6%，占全县投资的71.9%，较去年提高4.6个百分点；建筑安装工程投资133.75亿元，增长1.6%。全年完成房地产开发投资37.41亿元，同比下降1.5%，其中住宅开发投资27.9亿元，增长3.2%。全县房屋施工面积587.7万平方米，同比下降8.6%；商品房销售面积88.65万平方米，同比增长34%，其中住宅销售面积82.7万平方米，下降33.5%；商品房待售面积127.63万平方米，增长22.9%。全年商品房销售额33.97亿元，增长28.7%，其中住宅销售额30.8亿元，增长29.4%。

【农业】2016年，完成农林牧渔业总产值32.66亿元，同比增长6.3%，实现增加值17.02亿元，同比增长5.7%。其中农业产值12.86亿元，增长4.2%；林业产值0.01亿元，下降9.8%；牧业产值2.0亿元，增长11.7%；渔业产值1.51亿元，下降12.7%。农林牧渔业所占的比重分别为农业75.6%，林业0.1%，牧业11.7%，渔业8.9%。全年粮食种植面积40.52万亩；全年粮食总产量20.91万吨，增产2.6%。全年设施蔬菜6.48万亩，瓜菜类种植面积1.51万亩。全年肉类总产量8258吨，增长27.1%。生猪年末存栏1.87万头，增长18.4%；生猪出栏2.42万头，下降5.2%。牛奶产量15.16万吨，增长9.9%。全年水产品产量4.14万吨，增长4.8%。年末农机机械总动力为38.88万千瓦时；农用大中型拖拉机4338台，小型拖拉机11669台；农村用电量4609万千瓦时，同比下降0.1%，农用化肥施用量（实物量）5.99万吨，下降1.5%。

【工业】2016年，全县126家规模以上工业企业完成工业总产值253.08亿元，同比增长18.7%。实现规模以上工业增加值56.25亿元，同比增长17.2%。2016年，全县规模以上工业企业完成销售产值231.89亿元，同比增长19.2%；产销率为91.6%，同比增长0.4个百分点。工业企业主营业务收入205.31亿元，同比增长49.7%。工业企业利润总额6.06亿元，下降23.1%；税金总额2.88亿元，下降25%。亏损企业亏损额2.25亿元，企业亏损面19.0%，应收账款净额31.6亿元，资产负债率59.9%。规模以上工业生产电力消费7.81亿千瓦时，同比增长21.6%。

【国内贸易】2016年，实现社会消费品零售总额133.01亿元，同比增长8.2%。汽车销售实现零售额91.62亿元，增长9.1%，占全县消费品零售总额的比重达68.9%。汽车销售业企业达106家，其中4S店65家，限额以上汽车销售企业57家，比上年减少5家。

【财政】2016年，完成县级财政总收入18.47亿元，比上年增长2.2%，完成地方公共财政预算收入15.08亿元，同口径比较同比增长12.3%，其中税收收入8.83亿元，同比下降13.5%，税收占公共财政预算收入的比重为58.6%。税收收入中：增值税增长72.9%、营业税下降49.6%、企业所得税下降19.3%、个人所得税下降0.5%、契税增长68.9%。全年完成地方财政支出36.56亿元，同比增长17.5%，公共财政预算支出32.26亿元，增长18.7%。其中，一般公共服务支出增长30.3%、公共安全支出增长27.8%、教育支出增长28.1%、科学技术支出下降6.1%、社会保障和就业支出增长30.3%、医疗卫生支出增长19.0%、节能环保支出增长15.8%、城乡社区事务支出增长45%。

社会发展

【社会保障】2016年，全县参加城乡居民基本养老保险7.6万元，比上年增长3.2%；参加城镇企业职工基本养老保险3.7万人，其中参保职工2.8万人；参加失业保险2.41万人；参加基本医疗保险194324人，其中参加城乡居民基本医疗保险171278人，参加城镇职工基本医疗保险23046人。2016年，全县拥有敬老院、老年公寓3个，共有床531张；全县享受城镇最低生活保障人数为3147人，发放城镇居民最低生活保障金105.57万元；农村享受最低生活保障7188人，发放农村最低生活保障金226.26万元。发放城乡医疗救助金646.96万元，接收城乡医疗救助2555人次。建立城乡社区服务站75个，建设城镇居家养老服务站3个。全年直接接收捐赠270.2万元。

全县城镇单位从业人员26276人，比去年下降7.6%，从业人员劳动报酬总额12.6亿元，比上年增长3.3%，单位从业人员人均劳动报酬50918元，比上年增加3279元，增长6.9%，其中，城镇单位在岗职工年平均工资为60431元，比上年增加4669元，增长8.4%。

【金融保险】2016年，金融机构各项存款余额139.72亿元，同比增长17.4%，其中，城乡居民储蓄存款余额100.2亿元，增长9.8%；各项贷款余额114.3亿元，增长2.5%；贷存比为81.8:100。全年金融业实现增加值4.87亿元，同比增长17.9%，占第三产业比重11.5%，对第三产业增长的贡献率为20.2%。

全年实现保费收入1547.95万元，比上年增长24.7%。全年支付各项赔款及给付额7471.96万元，增长48.6%。

【安全生产】2016年，全县共发生各类事故251起，同比下降13.4%，其中：道路交通事故84起，同比下降2.3%；火灾事故165起，同比下降18.3%；工矿商贸领域发生生产性事故2起，与上年持平。全年各类事故死亡17人，受伤83人，直接经济损失65.59万元。

中国共产党贺兰县委员会

Zhongguogongchandang Helanxian Weiyuanhui

综　述

【概况】2016年，贺兰县委以“富民强县、跨越发展”为总目标，围绕“四个宁夏”“四个银川”建设走在前列的要求，深化县情再认识，解放思想理思路，适应发展新常态，抢抓发展新机遇，全面实施投资拉动、创新驱动、开放带动、改革撬动战略，加快推进跨越发展步伐，完成了全年的各项目标任务，谱写了“四个贺兰”建设的壮丽篇章，走出了一条全生态文明、全要素发展的新路子。全县实现地区生产总值134.23亿元，同比增长10.6%，位居全区第三，川区六县第一。

【实施“四个战略”】全面实施投资拉动、创新驱动、开放带动、改革撬动战略，打好去库存、去能耗、去债务、降成本、补短板系列组合拳，产业结构调整取得明显进展，经济保持高速增长态势。2016年，全县实现地区生产总值134.23亿元，同比增长10.6%，位居全区第三，川区六县第一。完成规模以上工业增加值56.2亿元，增长17.2%。全社会固定资产投资207.1亿元，增长19.5%。社会消费品零售总额133.01亿元，增长8.2%。双招双引、科技创新、“五证合一”改革等工作取得实质性突破。农业“八化”取得明显进展，成功创建国家级现代农业示范县。工业园区建设步伐不断加快，平台集聚能力持续增强。电商产业实现从一无所有到无中生有再到无所不有，呈爆发式增长，被评为全国电子商务进农村示范县。全县三次产业结构进一步优化，达到13:55:32。

【启动“两个规划”】启动“三规合一”“多规融合”规划，“一核两区两翼”空间架构基本形成，城镇化率48.8%。特色小镇和美丽乡村建设走在全区前列，常信乡被评为全国文明乡镇，立岗镇成功创建国家级生态乡镇；金贵镇、习岗镇被评为自治区级环境优美乡镇。

【“洁净贺兰”向“美丽贺兰”提升】一是石嘴山至银川同城化公路、丰庆路、广源街等全面贯通，全县公路总里程1200公里，开通6条城市公交线路。二是改造提升县城休闲活动场所120万平方米，完成造林2616公顷。三是关停排放不达标企业72家，万元GDP能耗5年累计下降26.3%。城乡人居环境不断改善，全国文明县城、卫生县城、园林县城等通过复验。

【改善人民生活】坚持把改善民生作为第一要务，全年民生支出占财政总支出年均增长12.8%以上。就业创业工作顺利推进，累计转移农村劳动力就业15万人次，新增城镇就业人数3.3万人，城镇登记失业率控制在3.6%以内。全年城乡居民人均可支配收入分别为26468元和12560元，同比分别增长7.8%和8%。新建扩建银川二十一小贺兰分校等19所学校，高考二本上线率提高了6百分点，开办宁夏青松技工学校，成功创建全国义务教育均衡发展示范县。医疗卫生体制改革稳步推进，县第一人民医院投入运营，新中医院开工建设，引入怡康妇产、慈安妇儿医院等专科医院。社会保障体系不断完善，成立贺兰慈善总会，扩建星光老年公寓，新建第二养老院和县老年活动中心。县图书馆被评为国家级一级馆，横店电影城投入运营。全面完成生态移民搬迁任务。“三减”工作成效显著，成功创建全国平安建设先进县。

【提升执政能力】 创造性地贯彻落实中央和自治区、银川市党委战略部署，在经济、政治、文化、社会、生态文明建设和党的建设等方面作出了一系列重大决策，为加快发展奠定了良好的基础。“两学一做”学习教育取得一系列理论、制度和实践成果。全面从严管理党员干部队伍，牢固树立“以发展论英雄，以实绩定进退”的用人导向，领导班子和干部队伍建设不断加强。新建行业党组织72个，创建三星级以上党组织73个。建立“五必查”机制，严肃查处了一批违法违纪案件，建立“六个区分”容错机制。支持人大、政协履行职能，支持各民主党派、工商联和无党派人士参政议政。依法治县、民族宗教、老干部、工青妇、残疾人等工作进一步加强。军民融合深度发展，荣获全国双拥模范城称号。

【新招录综治巡防队员培训】 12月12日上午，县委政法委举办培训班，对新招录的32名综治巡防队员进行岗前培训。培训班开班仪式在县委政法委四楼会议室举行。县委政法委副书记、秘书长、综治办主任樊利宁，副秘书长田文彦，综治办副主任仇国磊出席了开班仪式并分别发表了讲话。

重要会议

【中共贺兰县委十三届八次全体（扩大）会议】 1月9日召开，会议听取了银川市委常委、贺兰县委书记李郁华作的题为《立足新起点 谋划新跨越 全力推进全生态文明全要素发展》工作报告，听取了县委常委、常务副县长何建勃关于2016年经济工作的安排部署。全会审议通过了《县委全委会工作报告》《关于加快全生态文明全要素发展的决定》《关于制定国民经济和社会发展第十三个五年规划的建议》。

【中共贺兰县纪委十三届六次全体（扩大）会议】 3月2日召开，会议传达学习了中央纪委十八届六次全会、自治区纪委十一届七次全会、银川市纪委十三届六次全会精神，总结部署了全县党风廉政建设和反腐败工作。银川市委常委、贺兰县委书记李郁华出席并讲话。县人大常委会主任张海盈，县长刘甲锋，县政协主席李辉，县领导俞学华、恩建国、白建斌、沈学文、潘建国、冯彦彪、吴静、沈华锋等出席会议。

【中国共产党贺兰县第十四次代表大会】 9月27日召开。会议通过了关于中国共产党贺兰县第十三届委员会工作报告的决议，同意报告提出的今后五年的奋斗目标。大会强调，加快推进“五个贺兰”建设，建成较高水平的全面小康社会，是今后五年乃至更长时期发展的根本遵循，必须立足实际，发挥优势，补齐短板，坚持“五大发展”理念，打造“五个生态”，走出一条代表发展方向、具有贺兰特色、人民群众满意的“全生态文明、全要素发展”之路。大会指出，实现今后五年的奋斗目标，建成较高水平的全面小康社会，必须坚持创新发展，打造经济生态，加快建设实力贺兰；必须坚持协调发展，打造城市生态，加快建设活力贺兰；必须坚持绿色发展，打造环境生态，加快建设美丽贺兰；必须坚持开放发展，打造空间生态，加快建设开放贺兰；必须坚持共享发展，打造社会生态，加快建设幸福贺兰。大会强调，事业发展，关键在党。全面加强新形势下党的建设，必须坚定对党忠诚、坚贞不渝的理想信仰；必须树立能者当之、有为有位的鲜明导向；必须筑牢坚强有力、奋发有为的战斗堡垒；必须保持有腐必惩、有贪必肃的高压态势；必须形成汇聚力量、和衷共济的良好局面，为建成较高水平的全面小康社会提供坚强有力的政治保证和组织保证。大会号召，全县上下要带着对贺兰的炽热情感、对发展的崇高责任、对事业的执著追求，紧密团结在以习近平同志为总书记的党中央周围，在区、市党委的坚强领导下，大力弘扬“不到长城非好汉”的宁夏精神，不忘初心，继续前进，为建成较高水平的全面小康社会而努力奋斗！

会议通过了关于中国共产党贺兰县纪律检查委员会工作报告的决议。大会认为，贺兰县第十三次党代会以来，县纪委在区、市纪委和县委的坚强领导下，围绕中心、服务大局，突出主业、履行主责，坚持不懈地开展监督执纪问责，不断在继承中发展，在巩固中深化，在创新中提高，全县党风廉政建设和反腐败工作取得了新成效，为全面建设幸福贺兰提供了坚强的政治和纪律保证。报告对过去五年工作的总结是实事求是的，总结的经验体会对指导今后全县纪律检查工作具有重要意义，提出的贺兰县今后五年党风廉政建设和反腐败工作的主要任务，符合中央和中央纪委、区市党委和区市纪委精神，符合贺兰县实际，符合本次党代表大会的要求。大会提出，要高举中国特色社会主义伟大旗帜，深入贯彻党的十八大及十八届历次全会精神和习近平总书记系列重要讲话精神，全面落实区市纪委和县第十四次党代会的部署和要求，紧紧围绕全生态文明、全要素发展，聚焦监督执纪问责，补齐发展环境短板，着力解决发生在群众身边的不正之风和腐败问题，坚决遏制腐败蔓延势头，不断开创党风廉政建设和反腐败斗争新局面，为实现县第十四次党代会确定的目标任务提供坚强的纪律保障。大会要求，要坚持以《准则》和《条例》为先导，严明政治纪律和政治规矩；坚持以强化“两个责任”为依托，筑牢担当意识；坚持以“四种形态”为手段，始终保持惩治腐败高压态势；坚持以落实“八项规定”为抓手，持续正风肃纪；坚持以完善体制机制为根本，全面提升党风廉政建设成效；坚持以强化素质提升为目标，全力打造纪检监察“铁军”。

大会投票选举出中国共产党贺兰县第十四届委员会委员37人、候补委员8人、中国共产党贺兰县第十四届纪委委员19人和贺兰县出席银川市第十四次党代会代表。

纪检（监察）

【概况】 2016年，贺兰县纪委突出纪检监察主业，将政务公开、党务公开等11项工作移交相关主责部门承担，并将县纪委参与的议事协调机构由52个减少到14个，实行县纪委常委分片包抓制，将全县划分为4个片区2个协作区，片区注重作风建设的督察和日常监管，协作区注重问题线索的核查及纪律审查工作，提升了监督执纪工作效率。配强配齐乡镇纪委书记和纪检专干，在县财政局等13个单位单设纪检组，任命13名纪检专职副书记或纪检组长，逐步形成了基层纪检组织在县纪委指导下直接开展纪律审查工作的新格局。围绕中心、服务大局，坚持不懈地开展监督执纪问责，持续加大惩治和预防腐败力度，为促“全生态文明、全要素发展”，为加快推进“五个贺兰”建设提供了纪律保障。围绕“六大纪律”，综合运用“四种形态”，严把“信访关”，问题线索实现了“零积压”；严把“执纪关”，案件查处实现了“零容忍”；严把“质量关”，案件审理实现了“零差错”。全年度共受理信访举报138件（含重复件39件），初核问题线索67件，初核了结37件，立案39件（其中含司法机关判决移送9件），给予党政纪处分39人，问责7个单位56人。初核数、立案数、受处分人数分别同比增长76.3%、44.4%、11.4%，受理信访举报线索同比下降13.04%。3月2日召开纪委十三届六次全体扩大会议，县委常委、纪委书记等180多人参加会议，俞学华作工作报告。10月，县纪委获贺兰县“六五”普法先进单位称号。

【创立“四战”办案模式】 探索建立了目标任务挂图作战、重点线索挂号作战、整合力量协同作战、统一调度整体作战的“四战办案”模式，重点查处了金贵镇小城镇拆迁安置系列索贿案、习岗镇沙渠村赵万银、赵志春“窝案”等一批群众怨声大、社会反响强烈的案件，以“五必查”机制着力整治了公款吃喝、公车私用、节假日期间的不正之风等现象。

【**主体责任全区首例问责**】坚持“一案双查”，在将赵万银、赵志春等涉案6人开除党籍，相关线索移交司法机关的同时，对习岗镇党委、纪委及两任党委书记、三任纪委书记依据《中国共产党问责条例》分别进行了问责，开创了全区主体责任问责先例。

【**完善巡察工作机制**】坚持专项巡察、交叉巡察相结合，对43个重点单位开展了三轮巡察，巡察中紧盯党员干部侵害群众利益、违反“三公经费”支出规定及遵守廉洁自律等制度的执行情况，听群众诉求、看资料档案、查财务账簿、问领导干部、改违规问题，既全面“体检”，又有的放矢。三轮巡察共发现梳理问题169个，每轮巡察结束当即约谈相关单位主要负责人，即时整改处理。全年已落实整改127个。

【**廉政氛围**】开展2次“百企千人评部门”“政风行风评干部”活动，将政风正不正、行风行不行交给广大服务对象来评判，以百姓满意不满意、群众认可不认可来考核干部德行政绩。围绕“整治城乡环境 建设美丽贺兰”主题举办“电视问政”，对问政的县住建局、环保局等4个单位的6个问题跟踪督查，办结销号。拍摄廉洁微电影《举报》，被自治区党委宣传部推荐参加全国廉洁微电影展播；在县电视台播放反腐倡廉公益广告55条次。坚持每周五和节假日向全县干部发布廉政短信，警醒各级干部20万人次以上。牵头组织全县部门领导和重要岗位人员到银川监狱、宁夏廉政警示教育中心开展警示教育400人次。组织全县干部职工观看警示教育舞台剧《昨夜无钟声》和电影《我不是潘金莲》，组织全县干部围绕影片折射出的问题开展作风建设大讨论。在全县各级组织和党员中开展《廉政准则》《处分条例》《问责条例》学习教育活动，努力强化党员的纪律意识和责任意识。

【**全区首家县级规范化信访接待大厅**】在全区县级纪检监察系统建设首家标准化信访接待大厅，建设软包装重点谈话室16平方米、2间普通谈话室32平方米、1间监控室32平方米，以上均配备高清音像同步传输相关设备，进行实时监控，同步录音录像。

【**“从严管理落实年”活动**】在全县开展“从严管理落实年”活动。主要围绕“严格思想建党、严推目标落实、严肃党内生活、严管干部队伍、严抓基层党建、严正作风建设、严守廉政底线”7项活动内容，开展“自治区党委巡视组反馈问题整改情况”专项整治、“守规矩、零违纪”回头看专项整治等16项专项整治行动。通过行动基本解决了各行业在工作中存在的在其位不谋其政的“脑梗阻”、不履行岗位职责的“中梗阻”、不按规矩办事的“肠梗阻”以及不遵守党纪党规、不遵守承诺誓言等问题，全县各级干部素质提高、形象提升、服务提效、落实提速、工作提质。

【**履行主体责任**】执行“三书两报告一考核”制度，向县委、政府领导发送党风廉洁建设责任分工报告书32份，向各部门发送党风廉洁建设牵头任务函告书49份，发出纪检监察建议书9份。重点审查了全县82个单位的主体责任清单，26个纪（工）委、纪检组的监督责任清单，为县委制定《贺兰县党风廉政建设党委主体责任和纪委监督责任清单（试行）》奠定了基础。督促全县各级党组织分层逐级签订廉政责任书448份，公布权力清单2983项、责任清单21836项，并对15个党风廉政建设责任制履行不力、缺乏有力措施的单位进行了通报批评。

【**反腐败协调工作机制**】全年共召开反腐败协调领导小组会议2次，修改完善《贺兰县反腐败案件查处协调领导小组工作职责及工作制度》《贺兰县国家工作人员违纪违法信息报送管理制度》等，组成专案组协同办案2件。全年领导小组办公室共收到移送案件、问题线索8个，通报4件。集中开展线索清理，梳理问题线索11个，对不正确履职、移送、通报案件线索迟缓的3家单位在领导小组会上给予了通报批评。

【监督问责】 全年共开展作风督查、纪律监督70余场次，下发督查通报22期，问责7个单位56人，对工作开展不力且整改不到位的25个单位点名道姓通报批评。

【巡视意见及建议】 围绕自治区第二巡视组反馈的问题和意见建议，以“边整边改、力求实效、群众满意”为目标，制订方案，针对巡视中发现的问题逐条梳理，制定了22条整改措施，对反馈的62件问题线索全部初核，立案2件，党政纪处分2人。

【解决“四风”突出问题】 以群众评议活动引领作风建设，先后开展了“百企千人评部门”“政风行风评干部”和“电视问政”活动。以开展各类纪律监督强化作风建设，共开展督查70余次，下发督查通报22期，对工作开展不力且整改不到位的25个单位点名通报批评。开展贯彻落实中央八项规定精神“回头看”活动，共摸排整改问题78个，追缴违纪资金273871.6元。查处违反中央八项规定问题线索3件，给予为子女超标准摆结婚宴的贺兰三中副校长汪立成党内严重警告处分，给予为子女摆升学宴的贺兰六小校长马惠芬、生态纺织园区管委会融资部副部长丁金虎以党内严重警告处分，共退还礼金37120元。紧盯年节假期等关键节点，盯紧“四风”隐形变种新问题，坚持节前提醒、节中暗访，节后通报，联合市场监管、地税、卫生等部门到企业、商场、卖场查验销售票据，严查单位公款购买月饼、枸杞、年货等现象。全年共暗访15次，下发通报11期。

【加大典型问题通报曝光力度】 对违反“六大纪律”的11起典型案件进行了点名道姓通报，同时对5起侵害群众利益的典型案件进行深刻剖析，其中2起被自治区纪委收录到案例警示录《捍卫脱贫攻坚》一书。

【严查损害群众利益问题】 开展整治侵害群众利益不正之风及侵占挪用涉农惠农资金专项行动，共排查吃拿卡要、虚报冒领、侵吞挪用、克扣挤占、优亲厚友等64件问题线索，已全部初核，转立案17件，党政纪处分22人。其中，涉农惠农资金专项清理方面，初核问题线索21件，初核了结9件，立案12件，给予党政纪处分12人，挽回经济损失131.6万元。

【畅通渠道规范信访举报处置】 在全区县级纪检监察系统首家建设标准化信访接待大厅。在农牧、财政、交通、教育、国土等20多个部门，7个街道社区，6个乡镇场，3个园区设置举报箱，公布举报电话，坚持每两周开箱一次收集举报信件，对于反映情况属实的，按照“三办四快直通车”要求严查快处。

【联合协作强化审计结果运用】 全年共参加经济责任项目审计进点会16次、经济责任审计工作联席会议2次，主要讨论研究审计实施的重点、范围及发现问题的处理意见。依据审计署反馈的贺兰县小农水项目建设管理混乱的问题，调查核实后给予县水务局局长闻国焘党内警告处分、分管副局长李永红行政警告处分、规划站站长马戈伟行政记过处分。近期，结合村“两委”换届工作，县审计局完成了5个乡镇31个行政村的“两委”班子经济责任审计工作，移送县纪委问题线索6件。

组织工作

【概况】 2016年，贺兰县委组织部以“两学一做”学习教育为抓手，以县乡村三级换届为重点，以提升党建工作为目标，围绕“富民强县、跨越发展”总目标，全面落实《中共贺兰县委员会关于全面加强基层党组织和基层政权建设的决定》，开展“从严管理落实年”活动，科学推进“四个并重”，牢固树立和巩固“五大发展理念、打造五个生态”，努力提高组织工作科学化水平，创建党建工作最满意的三件事，找准党建最不满意的一个短板，扎实推进基层党建、干部和人才工作上新台阶，为推动全县经济社会跨越发展提供了组织保证。截至年底，全县党的基层组织共有509个，其中共有8个党委、29个党总支、472个党支部。全县共有党员11806名，其中女党员3530名，少数民族党员2479名，农村党员5844名。

【“两学一做”学习教育】坚持把领导班子开展“两学一做”学习教育纳入全县重点工作同部署、同检查、同考核，使“两学一做”学习教育成为每个领导班子、每个党支部和每名党员必须完成的“硬任务”。深入开展不合格党员具体表现和不合格党员标准大讨论43次，形成不合格党员典型表现11条、不合格党员典型表现整改措施32项和合格党员具体标准27个。推出有代表性的先进典型15个，先进典型事迹5篇。组织2780名党员领导干部对照党章党规、系列讲话、先辈先烈、理论理想、“六面镜子”，公开“十个带头”承诺。完善“县+乡（街道）+村（社区）”点对点、线对线联系服务群众模式，加强便民服务大厅、为民服务代办点建设，在全县所有村建立了“政策超市”，为党员群众提供法律法规政策服务。组织各级领导班子扎实开展七项整改“回头看”活动，健全完善“七项重点任务”规范清单，确保“七项重点任务”落到实处。

【干部队伍建设】完成县乡领导班子换届选举工作，完成85名科级干部超职数配备专项整治任务。召开县委常委会议研究干部14批次225人次，其中提拔科级干部77人，调任副科级干部15人。执行《推进领导干部能上能下实施细则(试行)》，共问责及违纪违法免职5名，不适宜担任现职免职1名，因健康原因调整3名。制定《贺兰县领导干部“慢作为”末位淘汰管理办法（试行）》，倒逼干部提升谋划干事的能力。做好公务员录用、任职定级、登记等工作，共办理公务员录用15人次，开展公务员任职定级和登记6人次。为试用期满新录用的硕士研究生申请一次性非领导职数2个，按照政策规定转正定级为副主任科员。

【干部教育培训】通过网络培训、专题培训、周末讲坛、观摩交流等形式，开展年轻科级干部素质能力提升培训，组织50名年轻科级干部进行封闭式军事化培训。开展领导干部创新谋划能力提升工程，组织200多名科级干部集中培训，组织500余名科级干部及后备干部开展学习党的十八届六中全会暨县党代会精神培训。围绕经济社会发展热点，组织20余名领导干部赴北京、浙江、福建等地观摩学习安全生产、美丽乡村、电子商务、生态治理、设施农业等方面宝贵经验，拓展视野。党员干部网络学习结业率100%。采取“上挂、下挂、横挂、外挂”等方式选派干部到上级部门、基层一线、重点项目和发达地区挂职锻炼。选派23名科级党员领导干部组成7个集中整顿工作组，每组分别由一名基层工作经验丰富的部门“一把手”或分管领导担任“第一书记”，对7个后进党组织进行帮扶整顿。

【干部考核监督】一是修订《贺兰县绩效考评工作方案》和《科级干部实绩考核办法》，调整各指标分值权重，突出勤政表现抓平时考核，平时考核占60%。采取绩效评定、党风廉政建设责任制评价、“德”的反向测评、专项测评等方式，对干部实绩进行量化考评。二是建立干部监督工作联席会议制度。对党的十八大以来提拔干部的动议、考察、一票否决等材料和档案，进行梳理和完善。完善“一人一档”领导干部特别监督档案，对涉及违法违纪和违反干部工作纪律的干部纳入重点监管范围，防止“带病提拔”和“带病上岗”。三是健全重点对象任期监督机制。执行领导干部重大事项报告、一把手季度汇报、离任审计、离任交接等制度，对16名重点部门主要领导进行任中和离任审计。在33个村探索开展村级经济责任审计。组织科级以上领导干部填写个人事项报告表500多份，对苗头性、倾向性问题及时提醒教育，诫勉谈话33人。对27个部门、单位的党政一把手进行轮岗交流。四是健全重点选拔环节监督机制。执行干部选拔任用动议预审、专项报告、考察预告、任前公示、任职谈话、试用期、全程记实、一报告两评议等制度，书面征求纪检、政法、计生部门意见，书面测评和谈话了解干部的德才和廉洁自律情况。拓宽电话、电视、网络三位一体的举报渠道，建立“12315”举报专线。开展出国境证件专项治理工作，制定《贺兰县出入境管理规定》，收回干部护照105份集中管理。开展干部人事档案“三龄二历一身份”专项审核工作，通过全区档案工作专项审核首批验收。

【基层党组织制度建设】 强力推动主体责任全面落实，层层签订党建目标责任书，逐级建立责任清单，推行党组织书记抓党建责任承诺制度，使全县基层党建工作有序推进。建立县委统筹抓总、组织部挂牌抓常、党（工）委牵头抓实、党组织书记具体抓细的“四位一体”软弱涣散党组织整顿转化责任机制，确保整改目标、程序步骤、工作举措、时限要求和责任主体“五明确、五落实”，整顿转化“相对后进村”13个，实现100%转化提升和巩固目标。建立每名处级领导结对帮扶3个、科级领导干部结对帮扶2个、一般干部结对帮扶1个建档立卡贫困户，全面推进基层党建工作。督促各级党组织健全完善遵循法治、树立新风为主要内容的乡规民约、村规民约（居民公约）126个。健全完善村支部、村委会议事决策规则，消除村一级组织在科学民主议事决策机制上的“空白点”。创新推行党员和党组织“双向联络日”制度，利用手机短信、微信、QQ群和贺兰微党建等平台，督促各基层党支部和党小组每月固定联络所辖党员，每名党员每月至少向所在党小组和党支部报到2次以上，增强了党组织领导核心作用和党员“在党先锋意识”。

【基层党组织队伍建设】 一是全县共创建〇星级党组织36个，一星级党组织104个，二星级党组织171个，三星级党组织86个，四星级党组织5个。二是选派5名区、市派干部和8名县派干部担任第一书记，帮扶后进党组织，采取“六个一”（建立一套挂点帮扶机制，配强一支带头人队伍，抓好一轮专题培训，扩建一批活动阵地，提升一批党组织服务能力，健全一系列工作制度）的办法，落实帮扶资金，协调解决问题，推动后进党组织晋位升级。二是探索建立京星农牧场电商党支部、电商行业党总支、习岗德胜村支部+电商、大学生村官联盟+电商等38个电商党支部。四是开展“双培养一加强”活动，每个村按照正职1:2，副职1:1的比例配备后备干部，将全县19名大学生村官全部任为村组织委员，先后举办村级干部培训班13期，参训819人次。五是建立完善村组干部值班走访制度、村级组织议事决策会议制度、县部门乡村“四级”干部联合办公制度、每月19日“民主议政”制度、村级筹资筹劳“一事一议”制度、重大建设项目“四议三评两公开一走访”和村干部培养选拔制度等，并采取考核检查、明察暗访等措施，促制度落到实处。六是利用手机短信平台，加大政策法规、党务政务公开宣传力度。七是实行村财镇管、镇管村用原则，健全财务管理制度，委托县审计局对全县32个村委会进行村级财务审计，规范村级财务运行。八是采取“联、帮、带、训、育、用”五项举措，将27名流动党员和187名村级后备干部纳入党支部管理，调动和发挥了党支部“五大”功能。全年共发展党员183名，转正176名；理顺11444名党员、509个党组织隶属关系，使529名失联党员重新“回归”，让98名流动党员“回家”。

【非公有制企业党建】 坚持把非公有制企业党建工作融入企业发展、企业品牌、企业人才队伍建设、企业文化建设中，增强企业党建带动力。在电商行业主打“红色引领蓝海遨游”电商产业链党建品牌。按照“一个产业一个党建模式，一个企业一个党建品牌”的思路，宁夏大北农党总支的“六结合”工作法、宁夏如意党委“六同步打造六条服务线”、百瑞源“三融合三服务”“三维三化”工作法已成为全县非公有制企业的示范品牌。贺兰县汽车销售行业党群活动服务中心主打“四轮驱动两翼腾飞，打造行业红色引擎”党建品牌，将党建作为企业加速发展的“新引擎”，以政务、人才、党员、员工服务为四轮驱动助推汽车销售企业发展。园区企业和机关单位联合在服务中心开展法律咨询、图书阅览、文体活动、心理咨询、技能培训等活动，使党群组织服务触角延伸到每一个汽车销售企业。在科技创新中心成立沙枣花众创空间联合党支部，以“激活青春正能量，换发党建新动力”为主题，打造科技创新产业党群活动中心，促进大众创业、万众创新。

【换届选举】 按照中央、区、市要求，把换届纪律风气监督、换届选举和党代表、人大代表、政协委员换届推荐、大会选举同谋划、同部署、同安排、同落实。依法办事，通过观念警示片、签订承诺书、全覆盖集体谈话等方式，教育引导各级党代表遵守“九严禁、九一律”和选举工作有关纪律规定和要求。突出问题导向，抓住个别干部群众思想上苗头性倾向性问题，实行重点关注、重点盯防，多措并举解决极个别党员干部群众思想问题。聚焦细节推进，从候选人提名、推荐、考察、酝酿、推选、选举、确定，到选举办法制定、选票印制发放、监督计票、结果报告认定等每项工作、每个细节都一一做了反复研究斟酌、模拟演练并最终确定。采取将心比心、现身说法、以案为鉴、剖析引导等多种方式，分层分类开展谈心谈话工作，对参会党员代表进行“集中谈”，对退转干部和换届过程中没有列为提名人选的差额考察对象进行“疏导谈”，对换届中思想上有疙瘩、有不同意见的干部进行“重点谈”，对新提拔的干部进行“勉励谈”，对差额人员进行“警示谈”。县第十四次党代会期间累计组织开展集体谈话18次，乡镇党代会期间共组织开展集体谈话5次。通过严肃换届纪律、深度谈心谈话、严格规范程序选举，确保县乡党代会选举产生的新的党委领导班子，符合《党章》要求和《党员领导干部选拔任用工作条例》所规定的程序，符合市委和县委的总体部署和人事安排意图。全年共组织召开乡镇党代会5场，选举产生乡镇党委委员49名、乡镇纪委委员55名；中国共产党贺兰县十四次代表大会选举产生第十四届县委委员37名、候补委员8名，县纪委委员19名，出席中共银川市第十四次代表47名。制订《贺兰县村“两委”换届选举工作实施方案》，全县4镇1乡1场，共63个村委会，村党组织换届选举成功率100%，选举产生308名村党支部成员，其中回族78名，妇女67名。

【“党建+”理念】 一是坚持“党建+”理念，突出“党建+产业”，扶持成立产业型、营销型、发展型农村新型专业合作组织32个，培育壮大肉鸽养殖、设施蔬菜种植等产业基地4个；组建成立产业党支部、党小组等产业党组织5个。二是抓实“党建+网络”，组织第一书记、大学生村官协助村级致富带头人创建网络直销店，加快村级电商平台建设，搭建有机草莓、黑枸杞等农特产品网销平台18个，通过补贴培训、奖励销售等措施，鼓励电商企业与贫困户建立农产品供应链。大学生村官联盟率先在全县示范开设淘宝农家店，探索建立O2O、B2B、C2B营销模式，率先开展果蔬同城配送，推动了阿里巴巴村淘计划全覆盖，实现了大学生村官网上创业全参与。与区内以及浙江、广东、北京等省市村官建立网络联盟，实现了“买全国、卖全国”。年内大学生村官联盟线上销售额已突破200万元。2016年9月8日，贺兰县召开全区大学生村官创新创业现场推进会，典型做法得到中央组织部领导的肯定。三是强化“党建+服务”，常态化开展“走基层”“五个一”等，深化推行“订单式、台账式、延伸式”服务群众工作法和县乡村三级联动轮流坐班集中办公制度，全年县级机关干部到乡镇、村开展订单服务1600余人次，县乡村干部坐班化解纠纷785件，为群众办理和代办各类事项8756件。四是完成全县21个村级活动场所和社区服务阵地提档升级工作。

【壮大村集体经济建设】一是充分发挥村党组织和党员在创富带富方面的引领示范作用，实施“村集体经济实力倍增工程”，重点发展一批电商村、特产村、农家乐村，提升村级组织造血能力。二是确定村集体经济壮大资金补助类项目17个，重点帮扶村集体经济薄弱村。整合各类资金重点帮扶农村党员和困难党员创业带富，发放农村党员创业小额贷款150万元，促进了农村党员群众创富带富。三是创办领办农民专业合作社7个，示范带动入社群众200余户，引进农业及科技项目23个，促进了农民增收致富。四是围绕“创党建工作最满意的三件事”，采取党建项目化管理和“书记认领党建项目”等措施，实施党建惠民品牌工程。全年组织申报为民服务和发展专项资金项目69个1393万元，提升了村级组织为民服务能力。

【人才机制建设】树立“招才就是招财，引智堪比引资”的理念，实施“双招双引”战略，制定“双两百”引才计划、“三支队伍”培养计划的工作目标，开展招才引智专项行动，完善制度，搭建平台，兑现政策，补齐驱动创新和产业转型升级人才不足的短板。成立招才引智工作领导小组和招才局，全力推进人才工作。加大人才经费投入，县财政安排人才发展资金380万元、科技创新中心运行经费50万元，设立600万元科技创新风险补偿资金，撬动银行资金6000万元贷款支持小微企业创新，争取区市人才专项经费300余万元，为人才创新创业提供动力。建立“1+2+N”人才政策体系，制定人才资金项目化管理办法和开展享受贺兰县政府特殊津贴人员申报工作等12个政策文件，形成激励人才引育的政策体系。评选激励人才引育，拨付人才经费340余万元，对39家企事业的人才发展平台、创新团队、创新项目以及129名高层次及急需紧缺人才进行奖补。

【人才引进】一是开展“浙江人才贺兰行”活动，对接浙江省阿里巴巴、浙江省国家大学科技园联盟等企业院所72家，专家、企业家118名。二是开展“盛会引才”活动，登记引进各类急需紧缺人才2413人。三是开展“借力引才”活动，借“北京化工大学—宁夏双边创新合作论坛”“国千专家走进银川”“塞上骄子回乡行”“创新创意在银川”等活动，引进中国科学院成都生物所王玉建博士及其微生物催化转化团队、张麒博士创立西北外星人材料科技有限公司入驻科技创新中心，北京众欣燕园纳米科技公司石墨烯规模化制备及下游应用、厦门大学黄辉博士的纳米纤维量产、杨凌华翼纳米医药科技的纳米乳化技术等项目已达成合作意向。四是开展“精准引才”活动，引进国家工艺美术大师于庆成建立贺兰山1958主题休闲创意区，引进中国农业大学何雄奎教授开展水稻无人机植保；引进自治区“312人才工程”专家陈洪灏研发生物有机肥，引进辽宁水利科学院、国家淡水中心水产工程师吴昊开展淡水鱼高产高效养殖，引进贵州酸汤制作土专家开展西红柿、辣椒等农产品深加工等。

【人才平台建设】通过“一中心三院三站两基地”发展平台建设，集聚各类创新创业人才101人，转化专利成果30余项，解决技术难题40多个。“一中心”即通过“创业苗圃+孵化器+加速器”服务链的建设科技创新中心，已引进42家科技创新型企业，带来57项发明专利，成功孵化“黑骨鸭”等一批科技型小微企业。“三院”即通过“以1个园区+1所高校+1个龙头企业+服务N个小企业”的模式，建立生物医药研究院、现代纺织研究院，加快培养特色产业创新紧缺人才步伐。“三站”即大北农、百瑞源院士工作获批自治区级院士工作站，涂永强院士工作站正在申报自治区级院士工作站。年内，大北农李德发院士及团队取得研发成果10余项，增加利税900万元，增长28%。涂永强院士多次到生物科技园解决企业技术难题。“国千”专家赵岳星博士工作站的银川五色鼎新色谱技术研究中心（有限公司）已完成注册，依托浙江月旭材料科技有限公司建成企业产品质量色谱检测分析公共服务平台，并借助服务平台引进1名北京大学药理学硕士研究生。“两基地”即与西安电子科技大学通过共建智能制造基地，暑期首批智能制造专业的18名优秀在校生到科技创新中心、艾尼、凯晨、融神威等企业实习，推动了智能制造产业人才的引育和科技成果的转化；艾尼科技清洁能源产业、厚生记清真休闲食品、绿农丰生物肥料产业3个专家服务基地建设，为培养一批产业专业人才提供技术指导平台。全年共引进急需紧缺人才231人，其中创新创业人才101人；引进、培育产业领军人才及创新团队12个，带来专利36件，转化成果30项；申报评选各类职称509人；培训党政人才840人次、专业技术人才2467人次，培训企业经营管理人才730人次、培训社会工作人才130人次，培训技能人才5125人次。

【组工干部队伍建设】 一是从严落实监督管理，积极打造“讲政治、重公道、业务精、作风好”的模范部门。二是制定干部岗位职责牌，对职务职责、联系电话等信息公开公示，加大群众监督力度，提升工作质量和效率，确保组织工作制度化。三是组建“全县组织工作微信交流群”等新媒体运用载体，要求每一名组工干部及乡镇党务工作者关注收听相关公众账号信息。四是修订完善《组工干部学习制度》，通过开展“月学月考”“组工干部上讲台”活动，不断提升组工干部的业务素质和能力。五是深入开展组工干部“三进”活动，全年共深入社区、村组、企业10次，解决问题5件。开展精准扶贫工作，精准扶贫户10户，脱贫7户。六是严格落实从严治部的主体责任，把从严治部要求落实到具体岗位和每名组工干部，加强组工干部的廉政意识，增强组工干部拒腐防变能力。七是完善《贺兰县委组织部信息报送制度》，创办“组工要情”。全年共向区、市党委组织部上报信息230多篇，采用180多篇。对全县154个单位分为7大类全部列入参评对象进行评议，参评率位列全市第一。

宣传工作

【概况】 2016年，贺兰县宣传思想文化系统深入学习贯彻习近平总书记系列重要讲话精神，坚持围绕中心、服务大局，坚持适应新常态，掌握新本领，唱响主旋律，着力凝聚思想共识，培育和践行社会主义核心价值观，全力推进文化创新发展，努力提升市民文明素质和城乡文明程度，为贺兰县“十三五”时期开好局、起好步和如期全面建成小康社会提供思想保证、精神力量、道德滋养和文化条件。重点建立基层理论宣传联系点21个，实现各基层党工委全覆盖。强化考核问责，促进意识形态责任制落实。开展“精神文明”创建工程，实施“文化惠民”工程。

【强化理论武装】 一是制订《2016年全县理论学习中心组学习计划》，编印党的十八届五中、六中全会精神，习近平总书记系列讲话精神《理论学习》2期。为县委中心组成员提供《求是》等学习教材12类500余本。邀请专家学者分层次、分专题集中授课3次，集中解读习近平总书记系列重要讲话精神、“两学一做”学习教育、社会主义核心价值观等。二是建立基层理论宣传联系点21个，实现各基层党工委全覆盖。发挥理论宣讲骨干和理论宣讲志愿者的作用，集中宣讲党的十八届六中全会精神，区、市、县委全会精神和全县“两会”精神41场次。三是开展“以五大发展理念统领‘四个贺兰’建设”主题征文活动和“全生态文明、全要素发展”大学习大讨论大调研活动，收录调研文章59篇，利用《宁夏日报》《银川日报》和《共产党人》等党报党刊扩大宣传应用范围。

【落实意识形态责任制】 把意识形态工作列入2016年全县工作要点和全县宣传思想文化工作要点，县委与23个党委、党组签订责任书，各党委与各党支部签订责任书。金贵镇、常信乡等单位把意识形态纳入干部考核，制定了抓意识形态工作的具体制度、处置办法。调整县意识形态工作领导小组成员单位，保证意识形态工作队伍可靠、过硬。在全县50个重点单位明确新闻发言人和联络员50名、网络评论员50名。在市委宣传部重点报备18名市级网络骨干评论员。建立及时向自治区党委、银川市委报告全县意识形态领域发生的重大情况的工作机制。对发现的网络舆情，县委书记、县长第一时间批示并限期办结。全年编报网络舆情13期，领导批示7件，乾通公司非法集资、汉佐非法屠狗等舆情事件得到妥善处置。“1·05”公交车纵火案发生后，立即启动贺兰县突发公共事件新闻发布应急预案，成功完成了这起重大突发事件的舆论引导工作。

【营造干事创业氛围】一是增强服务县域经济发展和助力重大项目建设的能力。印发《关于加强2016年全县新闻宣传工作的通知》和《关于规范新闻媒体记者采访接待和舆论监督工作的通知》，对各单位对内、对外宣传工作进行细化、量化。加强新闻宣传通讯员队伍建设，对全县新闻通讯员进行新闻写作、摄影等专业培训。通过电视、广播、户外、新媒体、线下活动，助推全县电子商务产业的发展。二是不断创新和强化舆论宣传职能。围绕县委政府中心工作，积极策划宣传、集中报道。在《贺兰新闻》《零距离》播发新闻稿件4000余条。在《贺兰新闻》开设以“城乡环境综合整治大会战”“扩大有效投资年”“从严管理落实年”“聚焦两会”、电商产业发展等为主题的专题版块，共播出专题新闻108条。录制《走进直播间》访谈栏目40余期、《双百大会战项目责任人走进直播间》32期，策划系列报道60条。《零距离》栏目播出民生节目240期，播发新闻稿件2000余条。三是明晰对外宣传主攻方向。邀请新华社总社、宁夏分社采访农村电商、生态移民和宁浙合作工作，邀请共产党人杂志社调研春耕备耕。开展中央网络贺兰行和承办全国网络媒体宁夏行活动，报道贺兰县经济社会发展情况50篇次。全年宣传报道的贺兰县稿件，由央视新闻联播1条、新华社报道8篇、经济日报报道1篇、中央网络媒体报道114篇次。精心策划发展电商发展、农村淘宝、进口商品馆、科技创新中心、中汽西北（银川）汽车配件集散交易中心等重点宣传。截至年底，《银川日报》头版刊登贺兰县新闻稿件30条，《宁夏日报》头版刊登14篇，其他报刊刊登新闻1311篇。在宁夏电视台新闻联播播出25条，银川电视台新闻联播59条。主办贺兰好人表彰活动等大型活动10余场，举办欢乐社区行线下活动10场。

【“精神文明”创建工程】一是推进讲文明树新风活动。开展文明交通“六进”宣教活动，宣讲82场，播放事故光碟126次，组织展览126场次，印发宣传材料9.4万份，编发交通安全提示短信12次110万条。开展文明餐桌示范店活动，确定一批活动好，效果显著的餐饮单位参加文明餐桌示范店评选。“与文明同行”QQ群392名网络文明志愿传播者利用这个平台传播传递工作信息，传播凡人善举。举办“爱心暖春”志愿服务活动、“花开四季、金猴启年”春节联欢晚会等17项“我们的节日”系列活动。“花开四季、金猴启年”春节联欢晚会县级电视台第一次举办的春节联欢晚会。举办“我们的节日·月圆中秋·德润贺兰”、全民阅读系列活动10场次，全县1.6万名干部群众参与活动。二是推进公民思想道德建设工程。举行万人升国旗仪式，通过观览核心价值观主题广场、展板、道德模范事迹展，征集敬献颂祖国祝语等方式，唱响时代主旋律。运用事迹报告会、新闻报道、“善行义举”四德榜、道德讲堂宣讲等形式，选树第二届“宁夏好人”“最美银川人”和“贺兰好人”等道德模范。13人入选“最美银川人”，3人入选全区“最美人物”，5人入选自治区“百孝之星”。举办贺兰县“贺兰好人”“最美家庭”颁奖典礼，表彰49名“贺兰好人”、10个“最美家庭”。慰问自治区“孝德之星”宫秀珍等各类道德模范15人次，在全社会形成崇德向善浓厚氛围。建成道德讲堂109个，开展“十佳道德讲堂”和“道德讲堂十佳主持人”评选活动。各乡镇场村设置“善行义举”四德榜70个，实现全县全覆盖。三是培育和践行社会主义核心价值观。组织全县100余家各级文明单位开展全县精神文明创建现场观摩，对公益广告宣传、文化建设、道德讲堂氛围营造和文明餐桌等工作学习交流。申报自治区文明单位（村）3个，复检5个；申报银川市文明单位（村）4个，复检5个；申报县级文明单位（村）5个。加大公益广告宣传力度，累计制作刊播公益广告2万余块（条），发放宣传册2万余份，绘制“百村千户万米文化墙”近1万米，打造中国梦主题微公园、农耕文化微景观16个。四项推进工作制度化。全县41所中小学校悬挂社会主义核心价值“24字”挂图、展板等，深化社会主义核心价值观进教材、进课堂、进头脑。街道社区通过建设3处主题公园，打造社区居民共同的精神家园。县电视台播出美丽乡村建设、移风易俗新闻等新闻161条，播出公益广告52条1万多次。发展壮大志愿者队伍，注册志愿者团体187个 15202名，组织开展600余次志愿服务。坚持“环卫体验日”“志愿者走进移民村”等活动，提升志愿服务活动效果。印发《贺兰县诚信“红黑名单”发布制度》，对企业、单位和个人进行信用评价。全年曝光失信被执行人871人次，首届“3·15”晚会上表彰10家“消费者满意单位”、5家“百姓好口碑企业”。在节假期间，利用“与文明同行”QQ群、县“党政信息交流群”倡导文明出行、文明旅游。

【优化青少年成长社会环境】开展观看《血战台儿庄》等革命故事影视片影片的爱国教育活动，增强学生国防教育意识。召开“清明节”主题班队会，以讲革命故事、朗诵革命诗歌、歌唱革命歌曲等形式对学生进行革命传统教育，以班级黑板报、手抄小报等形式普及清明节知识。开展“缅怀革命烈先烈、弘扬民族精神”祭扫活动，宁夏交通学校、贺兰回中等学校组织师生到银川革命烈士陵园敬献鲜花。全县20余人次在全国、自治区和银川市举办的各种美术、书法、舞蹈、器乐和演讲比赛中获奖。

【“文化惠民”工程】一是搭建文艺平台，活跃文艺交流。通过“三进”活动，为社区现场创作20余副作品。开展新春送戏下乡、“激情大舞台”等专场演出30余场次。开展“迎新春义务送春联”活动，共送出春联1.2万余副。举办林俊书法作品捐赠仪式暨全区书画展览，无偿捐赠《贺兰山赋》等书法作品30余幅。实现数字电影放映全覆盖，全年共放映1439余场，观众达21万余人次。二是夯实基层文化建设，拓展文化服务新形态。整合农家书屋、党员远程教育、共享工程资源和体育活动场所，试点建设村文化活动中心16个。完成南梁台子文化站基础设施建设、立岗镇兰光村标准化文化室建设。创办大手牵小手“社区四点半课堂”，并向社区捐赠图书、网络数字播放器。开通图书馆微官网、书香贺兰订阅号、移动图书馆手机终端，提升图书馆品牌展示、读者互动、资源共享等服务功能。“户户响”工程进展顺利，二期采购音箱15 000只。金贵镇、常信乡成功创建为银川市公共文化示范乡镇。举办第一届“宁夏县级广播电视台联盟合作论坛”暨优质节目联供签约仪式大会，成立宁夏第一个县级广播电视台联盟。三是提升旅游行业宣传水平，促进旅游产业迈上新台阶。依托宁夏县级电视台联盟旅游栏目《广游天下》，在全区和全国各广电联盟合作台宣传贺兰，实现广电媒体和旅游产业的深度融合。

统战工作

【概况】县委统战部与民族宗教事务合署办公，实行两块牌子，一套班子。积极开展调研及督查检查工作，及时通报县域内继续解决的矛盾纠纷以及地域群众的生存生活的热点焦点问题。运用“统战资源+政府资源+当地群众受惠”措施，动员工商联合会员企业等项目单位力量，以产业扶贫、就业扶贫、智力帮扶、教育帮扶、医疗援助等为内容，加强对金鑫村的扶贫工作。协助各民主党派、工商联和有关团体加强自身建设，顺利完成4个民主党派换届和民建贺兰县支部商建工作，成立首届党外知识分子联会。开展全县民族团结进步宣传月活动，在全县范围内组织民族宗教理论政策专题报告会，开展民族团结进步教育“进乡镇、村镇、社区、学校、机关、企业、军营、宗教场所”的“八进活动”。

【调研和督查】 3月2日，向各民主党派支委（支部）印发《2016年全县统一战线理论研究课题计划》，确定2个重点研究课题和30个一般课题，同时开展调研及督查检查工作，及时通报县域内继续解决的矛盾纠纷以及地域群众的生存生活的热点焦点问题。

【帮扶工作】 按照自治区、银川市党委统战部“助力精准脱贫”有关安排，围绕县委、政府扶贫攻坚开发任务，充分运用“统战资源＋政府资源＋当地群众受惠”的思维和措施，把洪光镇金鑫村作为主战场，广泛动员工商联合会员企业、统一战线及县农业开发、扶贫水务、民政等项目单位力量，以产业扶贫、就业扶贫、智力帮扶、教育帮扶、医疗援助等为内容，为金鑫村解决项目资金40万元，安装太阳能路灯96盏，硬化加工场地2000平方米。联系帮扶企业为18名贫困群众实现了再就业。举办西瓜种植培训班，邀请专家对340名群众进行专业技术指导。邀请县法律援助中心2名律师到金鑫村开展法律援助宣传。聘请银川市3名市级骨干教师到金鑫小学开展名师送教活动。组织医疗小分队到金鑫村开展义诊活动。

【民主党派工作】 协助各民主党派、工商联和有关团体加强自身建设。顺利完成4个民主党派换届和民建贺兰县支部商建工作，提名政协银川市第十三届委员会委员9人。组织不同形式的协商会、情况通报会、征求意见会4场次，召开双月座谈会3次，围绕全县经济发展和社会进步事业等重大问题进行视察和调研，提出书面意见和提案8件，撰写上报调研报告4篇。成立首届党外知识分子联会，推荐35名无党派知识分子为“知联会”会员，产生第一届委员会、会长、副会长和秘书长。组织开展知联会会员联谊会1次。组织非公有制经济人士赴香港学习考察1次。先后接待浙江省杭州市萧山区工商联、河北省衡水市工商联等多家省外工商联到贺兰县投资考察。向自治区、银川市民委申报特色村寨项目2个、少数民族发展资金项目8个，争取到少数民族发展资金417万元，为14家少数民族企业争取到贴息贷款645万元，完成招商引资任务2.5亿元。

【民族工作】 一是开展全县民族团结进步宣传月活动。全年共推荐申报银川市民族团结进步创建活动单位3个、民族团结进步模范集体3个、模范个人8个、自治区民族团结进步创建活动示范单位3个。二是制订印发《贺兰县民族团结进步创建和少数民族流动人口示范点窗口打造工作方案》，对打造利民社区、太阳城社区、回民小学、常信乡团结村等10个示范窗口进行布置，并安排创建经费60万元。三是协调各有关单位、乡镇、学校举办民族政策、民族知识及法律法规培训班、讲座8场次，发放宣传资料6000多份，培训860多人次。四是在全县范围内组织民族宗教理论政策专题报告会5场次，邀请北方民族大学马克思主义学院硕士生导师高梅教授为500多名党政领导干部、宗教界人士、中小学校长、教师、社区党员干部进行党的民族宗教理论政策的培训。五是协调在贺兰电视台和“微贺兰”微信平台开群“民族团结进步”活动专栏，对创建活动进行全方位的报道宣传。六是开展民族团结进步教育“进乡镇、村镇、社区、学校、机关、企业、军营、宗教场所”的“八进活动”。七是在校园开展民族团结演讲大赛，在社区开展“回汉一家亲，邻里互帮互助”等贺节活动。在乡村开展“民族团结一家亲”的电影放映周和文艺节目在乡镇（场）的巡回演出活动。八是9月9日组织召开欢度古尔邦节座谈会，县委书记李郁华、县长刘甲锋等主要领导出席会议，与20名伊斯兰教代表人士座谈，发放慰问金共1.2万元。

【宗教工作】 和谐宗教建设稳步推进。一是开展“念好两本经，再做新贡献”主题实践活动。深入基层开展宗教教职人员“三定”学习，共举办“三定”学习班8期，培训345人次。二是强化宗教事务管理工作，及时解决消除宗教界矛盾纠纷。三是推进“和谐寺观教堂”及“双五好”创建活动。四是依法打击非法传教活动，对基督教家庭聚会点进行专项整治，举办培训班5场次，打击“达洼”传教聚会活动3起。五是立足宗教活动场所开展安全隐患大排查大整治2次。六是有计划、有组织、有秩序，公开、公平、公正地严格筛选上报64名符合条件的人员参加朝觐。七是做好宗教教职人员大专班、本科班的报名招生工作。八是为全县83名在职教职人员及兼任社会职务宗教界人士发放全年生活补贴30万元。

政法工作

【概况】2016年，全县平安建设考评工作进展顺利，重点工作项目实现预期目标。开展“互联网+矛盾化解”工作，打通宁夏政法云和社管平台，在全区率先试点宁夏矛盾纠纷排查化解信息系统。严厉打击强揽工程、非法阻工、非法融资活动，化解民间借贷、企业债务等热点难点问题，妥善处置不安定因素，维护市场经济秩序。开展平安建设和风险防控，开展信访秩序整治专项活动，实现了进京非访“零发生”。借鉴“1+N”社区警务模式，打造了“打传”工作扁平化联防联控新机制，集中打压传销非法活动。

【重点工作项目】一是开展青少年毒品预防教育“6·27”工程。印发贺兰县青少年毒品预防教育3年规划和教育读本，开展禁毒预防教育师资培训，以创建“毒品预防教育学校”、开展青少年毒品预防教育“五个一”活动为切入点，实现全县毒品预防教育全覆盖。贺兰回中、贺兰四中、贺兰二小等4所学校被命名为“市级毒品预防教育示范学校”，如意湖中学被命名为“区级毒品预防教育示范学校”，并申报“国家级毒品预防教育示范学校”。二是开展“互联网+矛盾化解”工作。与宁夏政法云项目对接，打通宁夏政法云和社管平台，在全区率先试点宁夏矛盾纠纷排查化解信息系统，拓宽了“线上调解+线下调解”大调解渠道，提升了矛盾纠纷调处手段的法治化、规范化水平。系统运行以来，共录入矛盾纠纷188起，已化解150起，化解率80%。同时，从自治区政法委争取到全区社会治安综合治理信息系统应用试点区县的名额，推动了全县“互联网+社会治理”工作迈上新台阶。

【服务保障】围绕招商引资、项目建设、企业发展，出台系列服务保障意见，严厉打击强揽工程、非法阻工等突出问题；针对非法融资、民间借贷、企业债务等热点难点，及时介入，综合化解，妥善处置不安定因素。县公安局破获集资诈骗案3起，抓捕“8·30”乾通公司涉嫌集资诈骗案2名外逃主要犯罪嫌疑人，实现了银川市“2016猎狐行动”清零目标。县司法局开展“百名律师下基层”活动，组建医疗纠纷、汽车4S店等八大行业纠纷调解委员会，提升了企业应对复杂纠纷的能力。县法院依法妥善处理涉企、涉项目、涉众类债务纠纷和破产清算案件2779件，涉案标的1.974亿元，维护了市场经济秩序。

【平安建设】坚持运用法治思维和法治方式打击犯罪、维护稳定。开展预防和打击“电信诈骗”“涉众型经济犯罪”及吸毒人员“大收戒”专项行动，共破获各类刑事案件826起，破案率44.86%，打掉犯罪团伙19个82人，抓获刑事犯罪成员202人，其中破获自治区公安厅挂牌督侦非法销售伪基站设备案、市公安局挂牌督办系列盗窃鸽子案。破获“电信诈骗”案件22起，成功止付61起，止付金额73.8万余元。破获毒品刑事案件19起，缴获各类毒品27.45公斤，查获吸毒人员321名，强戒158人。

【风险防控】“1·05”事件发生后，坚持从抓责任落实、抓摸排化解、抓资金投入、抓机制创新入手，开展“矛盾纠纷排查化解”和“信访秩序整治”专项活动，联合劳动监察部门成立清欠职工工资问题领导小组，开展联合办公、检查、办案、督查活动，共受理劳资投诉案件341起，监督发放13个政府类工程项目农民工工资5479万元，结案率100%。全县信访总量6702人次，同比下降16.4%，并实现了进京非访“零发生”。

【队伍建设】 按照建设过硬队伍要求，以“两学一做”学习教育为契机，以服务型窗口单位创建“123456”工作机制为抓手，通过从严教育和铁律治警，全县政法队伍能力素质、公信力不断提高，服务保障意识和战斗力不断增强，共有21个政法窗口被区、市评为服务型窗口达标单位。县公安局邀请人大代表、政协委员以普通群众的身份对本局窗口进行暗访，对暗访中发现的问题进行通报并责令限期改正，先后被市委、政府表彰奖励5次，自治区公安厅奖励1次；县检察院树立“监督者更要接受监督”的理念，不断完善内外监督机制，建成与办公区域相分离的检务大厅及检察长接待室、集体接访室、远程视频接访室等12个功能室，开展刑事立案监督及行政执法监督，“两法衔接”工作位列全市第一；县法院推进“三位一体”诉讼服务中心建设，及时梳理、清查“口袋案”“抽屉案”，执行工作连续4年位列全市第一，获“自治区级文明单位”“执行工作先进集体”等称号；县司法局将服务窗口的达标与五星级司法所创建相结合，全县7个司法所全部按照“五化”标准建设完毕，先后获全国人民调解宣传工作先进集体、全区“六五”普法先进集体、全市信访督办工作先进集体等称号。

【打压传销非法活动】 针对银川市综治部门挂牌整治的习岗街道办事处传销突出问题，借鉴“1+N”社区警务模式，打造了“打传”工作扁平化联防联控新机制，使出租屋不再成为传销组织藏身之所。通过寻线索，挖案源，抓捕了一批传销活动骨干，将大部分传销体系连根拔起。全年开展8次集中打击传销非法活动，共破获传销案11起，捣毁传销窝点105处。

【召开法学会成立暨第一次会员代表大会】 4月13日下午，贺兰县法学会成立大会暨第一次会员代表大会召开。贺兰县委常委、政法委书记、公安局局长白建斌，贺兰县委常委、宣传部长冯彦彪，县人大常委会副主任朱敏，县政协副主席马文霞出席。银川市法学会专职副会长张伟致辞。会议选举产生了丁秀娟等77名第一届理事会理事、王建军等23名常务理事、邓晓明等7名副会长，田文彦为秘书长。

党史地方志工作

【概况】 2016年，贺兰县史志编纂委员会办公室（以下称县史志办）认真贯彻落实《全国地方志事业发展规划纲要（2015—2020）》。按照《地方志工作条例》、《宁夏回族自治区〈地方志工作条例〉实施办法》的规定，积极开展工作，以服务贺兰县经济社会发展为宗旨，充分发挥“存史、咨政、育人”作用，认真做好党史和地方志工作。编纂出版《贺兰年鉴2015》，编纂完成《贺兰年鉴2016》初稿。完成《中国共产党贺兰县组织史》初稿部分内容。

【党史工作】 2016年，县史志办完成《中国共产党贺兰县组织史（1986—2014）》初稿60%的编撰任务。全县组织干部职工参加自治区党委宣传部、自治区党委党史研究室等7个部门联合组织的纪念红军长征胜利80周年知识竞赛活动。贺兰县2人获得二等奖，3人获得3等奖。配合县委宣传部做好中国共产党成立95周年和中国工农红军长征胜利80周年系列宣讲活动。引导广大党员干部和群众“知史爱党、知史爱国”，发挥党史工作的教育、引导和服务的作用。

【地方志工作】 2016年6月，《贺兰年鉴2015》印刷出版。3月县委办公室印发《贺兰年鉴2016》资料征集通知，启动《贺兰年鉴2016》编纂工作。12月，完成《贺兰年鉴2016》初稿编纂工作。4月，应自治区志办和银川市志办的要求，编辑报送《宁夏年鉴》《银川年鉴》贺兰县情资料。

政策研究

【概况】 2016年，认真履行以文辅政和参谋助手职能，加大专题调研、信息调研和政策调研力度，更好地服务党政决策。全面做好农办工作，统筹推进农业现代化和农村小康社会建设。深化各领域改革、开展农村“两权”抵押贷款试点、推进美丽乡村和特色小镇建设。

【专题调研】 对全县闲置低效用地清理、房地产去库存、培育壮大村级集体经济、全市专业市场建设运营、全面深化改革等热点、难点问题及领导关注的重点工作进行专题调研，形成了《关于我县闲置土地、低效用地和僵尸企业现状及对策建议的调研报告》《关于我县村级集体经济发展情况的调查报告》《银川市大中型专业市场调查报告》等调研成果，并结合实际提出了有针对性的意见建议，其中《贺兰县农村产权交易中心推动产权制度改革》和《围绕“互联网+”做现代农业大文章》在农业部《农村工作通讯》登载，《发展“互联网+现代农业”的几点思考》和《发展“三精”农业，推进农业现代化进程》等3篇在《宁夏工作研究》登载。

【信息调研】 以《贺兰政研》《贺兰调研》等为载体，结合全县重点、难点工作，多方搜集整理相关信息和外地成功经验做法，为服务领导决策、部门开展工作提供参考。共编印《贺兰政研》198期、《贺兰调研》14期。

【政策调研】 按照县委、政府工作安排，对发展现代农业、全面建设小康社会、建设美丽乡村特色小镇、转变财政支农方式等课题进行调研，起草《加快农业大县向农业强县转变的意见》《关于加快特色小镇规划建设的意见》《农村承包土地经营权抵押贷款贴息管理办法（试行）》等政策文件。在《宁夏工作研究》和《大银川》登载县委、政府主要领导署名文章5篇。编印《政策与研究》和《改革进行时》各两辑，对县委、政府重点工作的目标思路、理论成果、工作指导、专项改革成果等进行整理汇编，供各级领导及部门参考学习。编印《建设美丽乡村 打造特色小镇》，供各乡镇和相关部门参考借鉴。

【农业现代化和农村小康社会建设】 一是把好方向，为全县农村工作提供指引。制定出台《关于加快农业大县向农业强县转变的意见》，以转方式、提质量、增效益为主线，围绕现代农业“八化”战略，推进一二三产业融合发展，为在全区率先建成全面小康社会奠定基础。二是综合协调，推动“三农”政策措施落地见效。组织开展“送政策”活动，编印《贺兰县2016年惠农政策宣传手册》2600本。接收安排宁夏农学院27名农业发展与管理应届本科毕业生到各乡镇实习锻炼，组织召开工作例会4次。推进涉农资金信息公开，通过门户网站、手机短信、政务公开等方式，对各级、各类涉农资金使用情况进行公开公示，接受群众和社会监督，提高支农资金使用效率。配合农牧、财政、审计等部门对农业农村重点项目进行督查考核，推动工作落实。贺兰县在全区农业农村工作综合考评中获农业现代化和农村小康社会建设先进集体一等奖。

【深化各领域改革】 一是明确重点任务。按照自治区、银川市部署，结合经济和社会发展实际，坚持问题导向、成果导向和机制导向，制订《2016年全面深化改革重点任务分工方案》并实行台账管理，明确具体任务、牵头单位、配合单位和完成时限。二是抓好推进落实。通过日常督查、季度考核和年度考评，对各专项改革办公室、牵头单位改革任务推进情况进行跟踪督查指导，完成一项销号一项。共印发督查通报4次，完成对各牵头单位改革任务推进落实情况的考核赋分。三是总结经验。总结各单位改革任务推进落实中的好做法、好经验和取得的成果，并以《贺兰改革动态》向区市改革办和县委、政府报送。共报送《贺兰改革动态》信息98期，其中2期被《宁夏改革动态》登载，7篇被《银川改革信息》采用。

【农村“两权”抵押贷款国家试点】2015年年底，贺兰县获全国人大常委会授权开展农村承包土地经营权抵押贷款试点。为了让农村土地承包经营权确权成果更好地发挥强农惠农富农作用，县委政研室（农办）牵头建立了贺兰县农村产权交易中心，制定《贺兰县农村承包土地经营权抵押贷款试点办法（试行）》、《贺兰县农村承包土地经营权抵押贷款风险补偿基金管理办法（试行）》等运行机制，建立“贺兰县农村产权交易信息网”和农村产权抵押贷款管理服务平台，实行网上审核审批和登记备案。2016年4月7日，贺兰县农村产权交易中心正式成立运营，先后与6家银行合作，引入竞争机制，倒逼银行简化手续、降低利率，方便群众，让利于民。截至年底，共办理农村承包土地经营权抵押贷款备案登记258笔，贷款金额1568.9万元，有效缓解了农民发展家庭经营和创业融资难、融资贵的问题。

【美丽乡村和特色小镇建设】按照县委安排，政研室承担美丽乡村、特色小镇建设的牵头抓总工作。通过发挥统筹协调的作用，学习借鉴浙江的先进经验，贺兰县美丽乡村和特色小镇建设取得了显著成效。一是加强目标引领。制订《2015年美丽乡村建设实施方案》和《关于加快特色小镇规划建设的实施意见》，充分考虑“空心村”“老年村”的实际，通过合村并社，推动自然村落向行政村聚集、行政村向中心村聚集、中心村向集镇聚集，促进教育、卫生、文化等公共服务设施的统一配套和高效利用。二是创新保障机制。制订美丽乡村建设资金拼盘方案，按照“乡村为主、财政奖补、部门支持、社会参与、市场运作”的原则，通过向区市争取、县财政以奖代补、镇村自筹、群众自建、项目市场化运作等渠道，将村庄整治、农田水利、“一事一议”等涉农项目进行整合。落实2015年美丽乡村建设以奖代补资金1000万元，2016年全县争取整合各类项目资金近2亿元，有10个村列入银川市奖补计划，争取奖补资金400万元，有7个村列入自治区奖补计划，争取奖补资金560万元。三是强化推进落实。对全县美丽乡村建设推进情况实行一周一督查、两周一通报，共印发督查通报12期。在年度考核排名中，将上年度美丽乡村建设成果的巩固维护情况作为重要考核内容，占总分值的30%，确保美丽乡村建设工作长效化、制度化、见实效。四是实行竞争性建设。县政府每年安排2000万元对各乡镇美丽乡村和特色小镇建设予以奖补，根据年底考核结果适当拉开差距，激发工作积极性。对发生重大刑事案件、公共安全事件等情形实行一票否决，取消奖补。全县2016年度美丽乡村建设已通过自治区和银川市的考核验收，11个美丽乡村和6个特色小镇考核排名已经完成并报县委、政府审定。

【增强基层实践能力】4月12日，由县委农办（政研室）牵头协调，宁夏大学农学院农学专业2017届毕业生到贺兰县进行为期一年的教学实习。学生以“见习村官”的形式驻村开展实习活动，从事美丽乡村建设、特色产业发展、文明乡风培树、居民综合服务、文书材料起草等具体工作。同时，各乡镇从农技人员、村“两委”班子成员中聘请兼职辅导员，指导实习生开展工作，确保在实践中巩固知识、掌握技能、提升素质，学有所获。以整班毕业生实习为契机，进一步加强与各院校的交流合作，重点在人才培养、专家结队服务及农业先进技术推广应用等方面加大合作力度。

机构编制

【概况】2016年，贺兰县编办以深入推进行政审批制度改革、政府职能转变和机构改革、事业单位分类改革、机构编制管理等任务为重点，强化部门自身建设，不断提升机构编制部门履职履责能力，开创机构编制工作新局面。通过建立权力清单和责任清单，理清了层级之间、部门之间的职责边界，确保了县级职权事项规范统一。推进相对集中行政许可权改革试点县工作，争取将贺兰县列为全区首批行政审批相对集中改革试点县。建立联动共享的机构编制实名制数据库，做好信息更新维护工作，实现人员信息动态化管理。根据事业单位新的功能和职责任务，对已下发分类批复的72家事业单位，分批重新制定了机构编制方案，明确单位的职能职责，并构建了事业单位信用体系建设。

【制定权责清单】 建立和推行政府部门权力清单和责任清单，是县委、政府确定的重要改革任务。作为牵头部门，县编办坚持依法依规、权责一致、公开透明的原则，重点抓好清权、减权、制权、晒权关键环节，经过“四审四回”、征求意见、合法性审查以及会议审议等环节，将县级政府部门及乡镇权力清单于4月5日正式对外公布，比自治区确定的6月底前提前完成。县政府部门保留行政职权涉及24个部门合计2960项，暂停实施15项，取消62项，共性权力9项。乡镇保留行政职权22项。县政府部门保留行政职权从“一报”时的6292项缩减至2960项，缩减幅度52.96%。通过建立权力清单和责任清单，摸清了各部门的权力“家底”，理清了层级之间、部门之间的职责边界，确保了县级职权事项规范统一。

【编制行政职权运行流程图】 印发《关于认真做好县本级政府部门行政职权运行流程图编制工作的通知》（贺政办发〔2016〕91号），要求各部门根据权力清单编制并公开权力运行流程图，便于接受社会监督。权力运行流程图包括职权条件、承办岗位、运行程序、办理时限、相对人的权利、投诉举报途径等内容。按照“谁行使、谁编制”原则，各部门（单位）在权力运行流程图的编制过程中确保权力行使符合规定权限和程序，便于全方位、全领域、全过程控权。经编办2次审核及政府法制办合法性审查后，于11月1日将全县24个部门、单位编制的678张行政职权运行流程图全面对外公开。

【推进改革任务】 一是推进相对集中行政许可权改革试点县工作。在银川市开设行政审批服务局、开展相对集中行政许可权改革试点取得良好效果的基础上，积极争取将贺兰县列为全区首批行政审批相对集中改革试点县，研究制订《贺兰县推进相对集中行政许可权改革试点实施方案》，并报请自治区人民政府审核。二是有序推进涉企行政职权工作规程试点县工作。为进一步规范涉企职权事项审批，优化发展环境，激发市场活力，结合多规合一，优化流程，在权力清单建立工作基础上，被列为全区建立企业行政职权工作规程先期试点县。按照自治区部署，印发涉企规程制定通知，选取涉企行政许可事项编制规程和服务指南。三是稳步推进承担行政职能事业单位改革工作。初步拟订《贺兰县承担行政职能事业单位改革试点方案》，改革试点共涉及16个单位，将行政执法类单位纳入综合行政执法体制改革中统筹推进。改革方案已报请自治区编办审核。四是推进行业体制改革工作。按照政事分开、社企分开的改革方向，配合相关部门做好纪委、司法、环保、卫生、供销社、国有林场、“五险合一”经办服务等行业体制改革涉及的机构编制调整工作。

【机构编制实名制管理】 建立联动共享的机构编制实名制数据库，做好信息更新维护工作，实现人员信息动态化管理。建立机构编制监督检查机制，会同有关部门定期开展机构编制实名制管理专项督查，对不按要求落实人员编制的，及时予以纠正处理。建立编制实名制管理的长效机制，坚持做到机构编制“每月一核实，每季一汇总”，及时掌握机构编制变化情况，实现对编制、人员全方位监控。建立机构编制实名制公开公示机制，着力打造“阳光编制”，接受社会监督。

【配置机构编制资源】 优化整合县妇幼保健和计划生育技术服务机构编制事项，合并贺兰县妇幼保健所和贺兰县计划生育服务中心，成立贺兰县妇幼保健计划生育服务中心；推动贺兰县纪检监察机关内设机构改革，重新调整设置了纪委内设机构，核增了编制及领导职数；响应“大众创业、万众创新”的号召，开展对全县范围内的创新创业人才的培养和服务工作，为贺兰县科技项目管理中心核增全额预算事业编制2名；协调为县财政局加挂金融工作局牌子，进一步明确金融工作职责，加强金融管理工作；打造“名医名院”工程，经县委、政府批准，面向全区范围内公开选调15名优秀卫生专业技术人才到贺兰县人民医院工作；解决贺兰县高中部分学科和县公立幼儿园师资不足的问题，面向全区选聘32名高中教师和8名幼儿教师；结合实际提出贺兰县医疗保险事务管理中心和贺兰县社会保险事业管理局整合意见。

【重新制订机构编制方案】 根据《自治区党委 人民政府关于分类推进事业单位改革的实施意见》（宁党发〔2012〕34号）和自治区编委《关于严格控制事业编制总量进一步加强事业编制动态管理的意见》（宁编发〔2015〕46号）精神，根据事业单位新的功能和职责任务，对已下发分类批复的72家事业单位，分批重新制订了机构编制方案，明确单位的职能职责。

【控编减编】 县编办在深入调研的基础上，对部分职能弱化、功能萎缩和业务不饱和的事业单位减编，对职能增强、业务增多的单位予以增编，在编制总量不增加的前提下，实现全县事业单位编制结构、人力资源的优化配置。

【机构编制监督检查】 会同纪检委、政府办、审计局等相关部门对全县政府组成部门和直属事业单位的职责履行情况和机构编制管理工作进行调研督查。了解掌握政府部门履职情况，对政府部门履职中存在的薄弱环节提出整改意见，增加各部门正确履行职责的意识，不断提高其行政效能。建立和完善日常工作动态监控机制，使事业单位年检、半年全年核编、机构编制统计、机构编制调研、业务培训、考核验收等成为监督检查的载体和措施，对机关事业单位机构设置、编制配置、人员配备进行全面的督查，实现机构编制日常管理和动态管理的有机结合。

【事业单位信用体系建设】 一是对法人事业单位统一换发新版事业单位法人证书。对事业单位法人证书进行改革，1—3月，对县域54家独立法人事业单位逐一进行网上申报年检，对年检通过的单位统一换发新版事业单位法人证书。将以往事业单位法人证书与机构代码证二证合一，规范事业单位管理。二是全面实施机关单位统一社会信用代码工作。至12月，共有56个机关单位和45个法人事业单位换领新证，100%完成了全县机关单位与法人事业单位换证工作。三是进一步加强中文域名管理工作。推进全县党政机关及事业单位网上名称管理、网站开办审核、资格复核和网站标识管理工作。全县党政机关共有167家单位加挂了网站统一标识，完成单位域名注册、网站开办审核并开通网络红页。

【内部管理】 简化部门办事流程，严格落实AB岗责任制，提高工作效率。建立健全廉风险政防控机制，严格落实“五不直接分管”制度，合理控制因公出差人数和经费支出，规范公务接待，“三公”经费同比明显下降。

【精准扶贫】 深入欣荣村、民乐村等84户困难群众家中，实地了解情况，制订扶贫计划。对21户生活困难群众进行慰问，送上慰问金及慰问品，共计价值6500余元。

党校工作

【概况】 2016年，贺兰县委党校共举办科级干部培训班8期，培训科级干部784人次；举办公务员网络在线培训班，培训公务员805人；举办入党积极分子培训班1期，培训245人；举办村干部专题培训班1期，培训150人；举办各类专题培训，培训干部300余名；举办周末讲座，辅导相关专业人员200余名；开展理论培训下基层工作20场次，培训党员干部2000多人次。在成人学历教育上，招收电大本科专科学员182名，毕业208人。

【科级领导干部创新谋划能力提升班】 4月27—29日、5月18—20日，举办2期。培训各单位部分科级领导干部、年轻干部培养对象231人。主题学习党章党规和习近平总书记系列重要讲话、全生态文明和全要素发展、电子商务产业、突发事件应对等，旨在提高贺兰县科级领导干部履行岗位职责，推动科学发展的能力。

【学习党的十八届六中全会暨县第十四次党代会精神培训班】11月8—16日，举办3期。培训科级干部及后备干部503人。主题学习党的十八届六中全会精神、“五大发展理念”和贺兰县第十四次党代会精神。旨在提升领导干部综合素质，深化对县情再认识，以适应发展新常态。

【科级干部进军营培训班】2月29日—3月5日，举办国防教育专题培训班，采取进军营、封闭式的方式，共培训部分年轻科级干部、乡镇武装部长、武装专干和国防动员委员会干事50人。以学习军容军纪，进行内务训练，接受党的理论和国防知识培训为主，旨在提高干部的应急保障能力。

【干部网络在线培训】依托宁夏干部教育培训网络平台开展干部网络在线培训。以党的十八届三中、四中、五中全会精神和十三五规划为主题，共设置必修课9门，选修课1000多门。共培训科级干部467名和普通公务员338名。

【入党积极分子培训】6月16—18日，举办全县2016年入党积极分子培训班。培训内容包括党的性质、纲领、宗旨；党的路线、方针、政策；党员的条件、权利、义务；党性、党风、党纪。共培训245人。

【村干部培训】2月17—18日，举办农村党支部、村委会及村监会负责人培训班，培训各乡镇场分管党建工作领导、组检干事及各村党支部书记、村委会主任和村监会主任共150人，培训内容包括农村基层组织建设、社会矛盾纠纷排查化解、农村“三资”管理等。

【专题培训】协助相关部门开展多项专题培训，主要有：县直机关干部学习县委十三届十次全委会精神培训班、县直部门招商引资培训班、贺兰县“两学一做”学习教育基层党务骨干培训班等，300余名干部参加了学习。

【周末讲座】按照县委关于开展“从严管理落实年”和“扩大有效投资年”活动要求，先后邀请6名专家学者到党校开展6次专题讲座，即：PPP模式的应用及实际操作、招商项目中储存项目资金的申报与政府基金的申请、从互联网到物联网、坚持绿色发展，着力改善生态环境、回顾近代历史，加强党性修养、学习“十三五”规划，分析当前经济形势，200余名相关专业人员参加了学习辅导。同时，还组织教员下基层进行理论辅导，共进村入户下企业讲党课和开展专题讲座20场次，培训党员干部2000多人次。

【成人学历教育】全年共招收电大本科专科学员182名，毕业208人。开展新生入学教育，抓好新生入学导学工作。从严把握教师选聘和教学管理环节，做好面授以及网络教学的督促检查，着力提高学历教育教学质量。

【“三进”活动和精准扶贫】组织党员干部深入农村、社区、企业，了解民情民意，破解发展难题。全年共组织党员干部下基层60人次，为欣荣村10户贫困户建档立卡，制订扶贫计划，同时提供致富信息20余份，筹集资金和油、米、面等生活用品。

老干部工作

【概况】2016年，贺兰县委老干部局认真履行落实老干部生活待遇、政治待遇职责，为老干部办实事、解难事。定期、不定期走访慰问老干部，解决老干部实际困难，了解老干部思想动向，宣传老干部政策和县委、政府重大决策。全年组织老干部开展丰富多彩的文体活动，活跃老干部文化生活。老干部也不断发挥余热，关心青少年工作。同时，开展青年农民技能培训工作。老年大学坚持课堂教育和课外教育相结合，全年培训学员300多人。

【落实老干部生活待遇】2016年春节前夕，集中走访慰问全县离休干部、退休处级干部和老干部遗属，送去慰问金12.8万元。县四套班子主要领导带队，入户对部分老干部和县级退休干部进行重点走访，先后到宁夏医科大学附属医院、银川市人民医院、县人民医院慰问探望离退休干部钱柯林、何宗海等30人次。

【为老干部办实事解难事】为抗日战争时期和解放战争时期参加工作的离休干部分别提高了600元和200元护理费。7月18—30日，组织离休干部、机关退休干部到自治区人民医院进行健康体检。6月，组织机关干部走访看望17名困难老党员，送去慰问金每人500元。中秋节、十一、重阳节为78名离退休困难干部、失亲留守困难儿童每人送去2盒月饼。10月、11月，组织人员走访慰问老干部、离休干部遗孀，并做卫生保洁工作。

【落实老干部政治待遇】年初，老干部局为离休干部订阅了《老同志之友》《党建研究》《人民日报》《宁夏日报》《银川晚报》《中国纪检监察报》《银川日报》，购买了《十八大报告辅导读本》《党章》《两学一做》《全面小康热点面对面》《知之深爱之切》《习近平总书记系列重要讲话读本（2016）年版》《中国共产党纪律处分条例》等报纸杂志。继续坚持每月10日组织离退休老干部政治学习。先后组织传达学习党的十八届六中全会精神、习近平总书记系列讲话以及区市县领导讲话、全国“两会”工作报告并展开讨论。召开离休干部专题学习会3次。

6月，组织老干部参观贺兰县跨境电商园、银川市电商创业园、贺兰县科技创新中心等。全年走访老干部100多人次、相互谈心30多人次，及时了解老干部思想动向，传达新的老干部政策和党政重大决策。

落实自治区党委办公厅《关于加强和改进新形势下离退休干部党组织建设工作的意见》和《贺兰县关于加强和改进离退休干部党组织建设工作的实施意见》，优化离退休干部党组织设置，扩大离退休干部党组织覆盖面。会同县委组织部在全县各党工委、总支成立65个党支部、5个党小组。制定争创先进离退休干部党支部工作规划，选配组织能力强、党性观念强的同志担任离退休干部党支部书记。以创建“五好”离退休干部党支部和争当“四有五好”老干部活动为载体，组织全县离退休干部和党员开展创先争优活动。

【开展老干部文体活动】以老干部活动中心为依托，开展适合老年人特点的文体活动。老干部活动中心每月集中组织一次活动，以举办离退休干部门球、台球、象棋、麻将等比赛为主。5月21—22日，举办全县离退休干部第五届健身运动会，来自全县20多个单位的500余名离退休干部参加了比赛。年内还组织老干部参加区市和永宁县老干部门球邀请赛。

【关工委工作】召开贺兰县文化市场和网吧义务监督员会议3次，并进行相关的业务知识培训，检查各小组监督网吧情况记录。指导开展“雷锋精神 伴我成长”师生诗歌朗诵比赛，在“学雷锋”纪念日，通过开展六个一活动（即国旗下进行一次讲话、观看一次《雷锋》电影、讲一个故事了解雷锋事迹、开展一次赞扬雷锋诗歌比赛、举行一次雷锋事迹宣传教育、参加一次志愿服务开展学雷锋实践），增强学生的爱国主义和集体主义意识，营造健康向上、文明礼貌、助人为乐的校园氛围。

6月，组织“五老”人员在贺兰一小作了以“社会主义核心价值观 争做诚信好少年”为主题的专题讲座，1600多名师生参加。9月14日—10月15日，组织“五老”人员深入全县23所（学生200名以上）中小学作“学党史 学国史”专题讲座，听宣讲的学生25 190名。开展青年农民技能培训工作，聘请老科技专家到乡镇及14个示范点举办青年农民“学科技 奔小康”技能培训班20场次，1500多名青年农民接受培训和实地指导。

【老年大学工作】继续发挥“老有所教、老有所学、老有所乐”的办学宗旨，开设书法班、绘画班、舞蹈班等，共培训学员300多人。3月9日，举行全体教师座谈会和县老年大学2016年度开学典礼，表彰全勤学员和优秀学员79名。4月30日，举办老年大学庆五一和庆七一文艺演出。6月14日，组织老年大学学员赴滨河新区参观考察。七一前夕，举办老年大学临时党支部全体党员党课学习和庆七一专场文艺演出。举办学习党的十八届六中全会专题辅导班。举行书画、音乐、舞蹈等成果展示活动。

【信访工作】 全年召开信访工作会议3次，专题研究离退休干部及遗属来信来电反映遗属抚恤金领不到、报刊接收不到等问题。多次与老干部原单位和相关部门联系，查找相关文件，帮助解决问题，对一时不能解决的问题做了详细解释工作，杜绝了上访态势。

【“五个开展”工作】 一是开展落实中央“八项规定”“回头看”工作和“两学一做”学习教育。二是开展结对帮扶工作。春节前慰问金星村23户“连心户”、高龄老人、残疾人。七一前夕慰问10名村困难党员，为每名困难党员送去慰问金300元。召开会议，制订工作计划，确定重点工作，解决问题。每月19日派专人到金星村召开民主议政会，20日在立岗镇联合办公会上进行汇报，协调解决重点问题。以穆斯林城、轻纺城在本地开工建设为契机，组织剩余劳动力进行劳务输出。开展万名干部“下农村、送政策、促发展”活动中，发放宣传册150余份。参与“洁净工程”，协助村上治理村容村貌，开展植树造林和秋季农田建设。深入洪广镇欣荣村进行入户调查，为10户困难群众每户投入资金4000元，引进肉兔养殖。三是开展“洁净贺兰”工程。印发“洁净贺兰”宣传资料，机关8名工作人员坚持每周五下午到卫生地段作劝导工作。四是开展机关效能建设。完善修订签到、请销假、亮牌上岗、查岗、用车、报销、接待和奖惩等各项制度，用制度规范干部行为，完善岗位责任制、服务承诺制、限时办结制、首问责任制、责任追究制，推动机关管理制度化、规范化。五是开展春秋义务植树造林工作。组织机关干部职工参加县委、政府安排的春秋义务植树造林工作。

贺兰县人民代表大会常务委员会

Helanxian Renmindaibiaodahui Changwuweiyuanhui

【概况】2016年，召开贺兰县第十七届人民代表大会第四次会议，表决通过了关于贺兰县人民政府工作报告的决议等。共召开第十七届人大常委会第二十六次会议至三十四次会议，审议通过了县人大常委会2016年工作要点（草案）及提请的人事任免议案等。

【贺兰县第十七届人民代表大会第四次会议】1月29日闭幕。大会表决通过了《关于贺兰县人民政府工作报告的决议》《关于贺兰县国民经济和社会发展第十三个五年规划纲要的决议》《关于贺兰县2015年国民经济和社会发展计划执行情况与2016年计划报告的决议》《关于贺兰县2015年财政预算执行情况和2016年财政预算报告的决议》《关于贺兰县人大常委会工作报告的决议》《关于贺兰县人民法院工作报告的决议》《关于贺兰县人民检察院工作报告的决议》。

【第十七届人大常委会第二十六次会议】1月22日召开，县人大常委会主任张海盈主持。会议审议通过了《县人大常委会2016年工作要点（草案）》《关于接受王金川辞去县十七届人大代表职务请求的决定（草案）》《关于部分代表的代表资格审查报告（草案）》以及《县人大常委会主任会议》和《县人民政府分别提请的人事任免议案》。

【第十七届人大常委会第二十七次会议】2月1日，张海盈主持会议。会议听取和审议了县人民政府常务副县长何建勃提请的《关于宁夏生态纺织示范园中小企业孵化园、生态纺织研发中心及新建八条道路项目资金列入中长期财政预算的议案》（贺政函〔2016〕14号），表决通过了县人大常委会《关于同意宁夏生态纺织示范园中小企业孵化园、生态纺织研发中心及新建八条道路项目资金列入中长期财政预算的决议（草案）》。

【第十七届人大常委会第二十九次会议】5月31日召开，张海盈主持。会议听取和审议了县发展和改革局《关于重点项目建设推进情况的报告》，县人民政府《关于县第十七届人民代表大会第四次会议代表议案》《建议办理情况的报告》，县教育体育局《关于义务教育均衡发展情况的报告》，县人民检察院《关于刑事立案监督及行政执法监督工作情况的报告》。审议通过了《关于接受吴宝学辞去县第十七届人民代表大会代表职务请求的决定（草案）及县人民政府提请的人事任职议案》。

【第十七届人大常委会第三十次会议】6月22日召开，张海盈主持。会议审议通过了贺兰县人大常委会《关于贺兰县县、乡（镇）两级人民代表大会换届选举时间的决定（草案）》《关于任命贺兰县选举委员会组成人员的决定（草案）》《关于任命各乡（镇）选举委员会组成人员的决定（草案）》《关于各乡（镇）人民代表大会代表名额及人大主席团组成人员名额的决定》（草案）以及《贺兰县县、乡（镇）两级人民代表大会换届选举工作实施方案》（草案）。

【第十七届人大常委会第三十一次会议】7月29日召开，张海盈主持。会议听取和审议了县财政局《关于贺兰县2015年财政决算和2016年上半年财政预算执行情况的报告》，县审计局《关于贺兰县2015年度本级财政预算执行及其他财政财务收支审计情况的报告》，县经济发展和改革局《关于贺兰县2016年上半年国民经济和社会发展计划执行情况的报告》，县文化旅游广播电视局《关于旅游产业发展情况的报告》，县人民法院院长《关于刑事审判工作情况的报告》。听取和审议了县人民政府《关于提请审议批准贺兰县2016年使用宁夏地方政府债券资金计划项目的议案》和《关于提请审议批准贺兰县2015年地方政府债务限额的议案》；表决通过了县人大常委会《关于批准贺兰县2015年财政决算的决议（草案）》《关于批准贺兰县2016年使用宁夏地方政府债券资金计划项目的决议（草案）》《关于批准贺兰县2015年地方政府债务限额的决议（草案）》。审议通过了《县人民政府提请的人事免职议案》，县人大常委会主任会议提请的人事免职议案和《关于审议接受各乡（镇）选举委员会部分组成人员辞职的议案》；表决通过了县人大常委会《关于接受各乡（镇）选举委员会部分组成人员辞职的决定（草案）》。

【第十七届人大常委会第三十二次会议】9月7日召开，张海盈主持。会议听取和审议了《贺兰县人民政府提请的人事任免议案》，贺兰县人民代表大会常务委员会主任会议提请的人事任免议案和有关辞职议案，表决通过了《人事任免议案和有关辞职请求的决定（草案）》。

【第十七届人大常委会第三十三次会议】9月29日召开，张海盈主持会议。会议听取和审议了县环境保护局《关于环境保护工作情况的报告》、县政研室《关于美丽乡村建设情况的报告》、县司法局《关于社区矫正工作情况的报告》、县民政局《关于社会救助情况的报告》。听取和审议了县人民政府《关于“六五”普法决议执行情况的报告》和《关于深入开展第七个五年法治宣传教育的议案的说明》，作出了《关于深入开展第七个五年法治宣传教育的决议》；表决通过了《关于召开贺兰县第十八届人民代表大会第一次会议的决定（草案）》。会议还审议通过了《县人民政府、县人民法院、县人民检察院分别提请的人事任免议案》。

【第十七届人大常委会第三十四次会议】10月12日召开，张海盈主持会议。会议审议了《贺兰县人大常委会工作报告（草案）》，县第十八届人民代表大会第一次会议议程、日程、主席团和秘书长名单、各代表团团长、副团长名单、提交议案截止日期的决定、选举办法等（草案）；审议通过了《县第十七届人民代表大会常务委员会代表资格审查委员会关于县第十八届人民代表大会代表资格的审查报告（草案）》和《县第十八届人民代表大会第一次会议列席人员名单（草案）》。

贺兰县人民政府

Helanxian Renminzhengfu

法制建设

【概况】 2016年，贺兰县政府法制办以依法治县为主线，以“富民强县、跨越发展”为总目标，加快建设“五个贺兰”，着力打造法治政府、诚信政府、服务政府、清廉政府，推进各项工作，为全县经济社会发展提供了有力的法治保障。制订下发《贺兰县法治政府建设实施方案（2016—2020年）》，对全县法治政府建设5年工作作出全面部署。建立权责清单，接受社会监督。组织开展行政执法专项清理工作，规范行政执法行为。成立县政府法律顾问团，提高依法科学决策水平。全年共受理行政复议案件4起，维持1起，终止2起，确认行政不作为1起。

【建立权责清单】 完成25个部门（含1个乡镇）保留的2983项行政职权事项的权力运行责任清单编制工作，共编制梳理各类责任事项21844项。经政府门户网站、贺兰微政等媒介对外公示，接受社会监督。

【规范行政执法】 组织开展行政执法专项清理工作，经清理，全县执法持证人员共635人，因退休、调离等注销证件28人。

【依法科学决策】 制定《贺兰县人民政府重大决策规则》《重大行政执法决定法制审核办法》，修订完善《贺兰县人民政府工作规则》《贺兰县人民政府常务会议工作规程》，成立县政府法律顾问团。全年政府法律顾问团、政府法制办共审查修改政府常务会议、县长办公会议研究议题136件，起草、修改合同、通告、决定等112件，信访答复意见38件。共制定规范性文件14件，已全部按照规定报区、市法制办备案。对当下规范性文件进行了清理，废止9件，宣布失效1件，修改1件。

【行政诉讼与复议】 贺兰县行政复议委员会全年共受理行政复议案件4起，维持1起，终止2起，确认行政不作为1起。县人民政府为被告的行政诉讼应诉案件共有28件，判决（裁定）驳回诉讼请求（驳回起诉）4件，原告主动撤诉4件，发回重审1件，行政败诉4件，未审结17件，行政领导出庭应诉率100%。

档案工作

【概况】 2016年，贺兰县档案局以提升档案服务能力为核心，以加强档案安全建设、档案信息化建设为重点，积极推进档案资源、档案利用、档案安全“三个体系”建设，有效地发挥了档案局（馆）“五位一体”功能，呈现出档案事业与经济社会协调发展的良好态势。加强档案资料收集，截至年底，馆藏档案资料总数为41344卷388805件。加强馆藏档案信息化建设，提前2年实现“三库”“两网”建设的目标。结合“三库”建设，进一步加大档案信息化硬件设施建设。提升档案社会化服务水平，先后获自治区、市档案系统先进集体，市、县平安单位和县级文明单位等称号。

【档案资料收集】 在做好文书档案接收进馆和馆藏民国档案、文书档案等开发编研的基础上，开展民生、城建、科技、专项等重点档案的接收工作，使馆藏文书、声像、口述、科技、婚姻、建筑等档案类别不断丰富，最大限度地体现了浓厚的地域文化特色和档案资料的多样性。馆藏档案包括文书、民国、婚姻、建筑等94个全宗和声像、画册、口述、个人文献、科技、会计、人事、残疾人、创卫、党的先进性教育、科学发展观、水利普查、生态移民等14种专门档案资料。馆藏档案资料总数为41344卷、388805件。

【档案社会化服务】 通过开展档案查阅利用服务、重点特色档案展示、送档案法律法规下乡入企进农村宣传、指派专人驻企蹲点指导和节假日预约查档等多种途径，盘活、用好档案资源，为领导决策、促进经济社会发展、方便群众生产生活提供优质服务。年内共接待查档利用者300余人次，提供有效证明件260余份，帮助群众解决各类实际问题、困难近200个，电话回访群众满意率100%。

【馆藏档案信息化建设】 坚持以实现档案信息资源社会共享为目标，全面开展三库（文件级目录库、案卷级目录库、全文级数据库）、两网（档案局子网站、内部局域网）建设和规范运行推进工作。在两库（文件级、案卷级）、一网（子网站）基础上，完成全文级数据库和内部局域网建设，提前2年实现“三库”“两网”建设的目标。馆藏档案的文件级、目录达到33.58万条，其中永久类档案15.36万件，全文扫描8.3万件，扫描率54%，“两网”建设稳步推进，子网站公开内容不断丰富，向社会公开的信息数到735条，信息总容量68余万字，内部局域网档案信息容量335858件。

【企业档案的规范化管理】 成立企业档案管理指导服务小组，通过局机关全面联系建档企业、局领导重点联系待建档企业、机关干部定向联系已建档企业的“三级联系”方式，采取试点总结、示范推广形式，指派业务人员现场帮助企业整理征地拆迁、办证建厂等所产生的科技、工程、文书等档案。举办企业档案规范化管理专题培训会，编印《企业档案规范化管理指导手册》，现场指导帮助德胜工业园区规范化整理各类档案2888卷37800件，指导帮助10家企业办理规范化整理的文书及科技档案3089卷29975件排列上架保管。总结经验做法，通过召开现场观摩会、印发经验交流材料、举办专题培训班等多种形式，逐步向其他企业进行示范推广，取得了较好的示范带动效果。

【档案信息化硬件设施标准化建设】 启动全文数字化扫描录入工作，结合“三库”建设，进一步加大档案信息化硬件设施建设。在前期安装价值20万元的“分布式档案管理系统”软件的基础上，争取财政配套资金，建成由1台服务器、1台存储器、10台计算机、6台扫描仪、6台打印机组成的档案信息化处理工作站，提高了档案数字化处理水平；争取政府采购，及时增添更换一批密集架、档案柜等档案装具，解决了馆库设备陈旧落后问题。

政务服务

【概况】 贺兰县政务服务中心为参公管理事业单位，核定编制13人。2016年，政务中心不断深化行政审批制度改革，着力打造阳光政务，推进政府职能转变。全年各窗口累积受理审批服务事项783781件，与上年同比增加75%，其中已办结782570件，进行办理1211件，办结率99.8%，群众满意率99%。

【成立政务服务中心党总支部】 经贺兰县直属机关党工委批准同意，成立政务服务中心党总支。3月底，召开党员选举推荐大会，选出中心5个党支部书记及委员。12月26日，政务服务中心第一、第二、第三、第四、机关党支部5个党支部全部评为3星级党组织。

【体制改革】在采取“虚拟机构，实体运作”的模式成立行政审批服务局的基础上，整合各部门行政职能，组建行政审批服务局行政审批科室。设置住建交管科、市场监管科、社会事业科及农林水务科，将涉及不同领域、不同办事主体的审批事项集中到4个科室直接实施，减少了审批人员。同时，启用“贺兰县行政审批专用章”，实行“一颗印章管审批”。

【梳理整理审批服务事项】3月，根据县人民政府最新公布保留的132项行政许可事项，将住建、国土、交通、农牧等17个部门的113项行政审批事项统一划转到行政审批服务局审批，重构“一站式办理、一次性告知、一条龙服务”的审批流程，实行标准化运作。10月，中心协同行政部门及所属事业单位对全县的公共服务事项进行梳理，砍掉各类无谓的证明和繁琐的手续，取消模糊性、不确定性要求，整理出全县的公共服务事项目录。

【行政许可权相对集中改革试点】学习借鉴银川市相对集中行政许可权改革试点工作经验，起草《贺兰县开展相对集中行政许可权改革试点方案》，以理顺行政审批管理体制、明确审批与监管职责、优化审批流程、建立审批服务标准，进一步提高审批效率。办理时限由原来的1598个工作日压缩到981个工作日，压缩审批时限617个工作日，审批效率提高61%。12月底，通过自治区机构编制委员会决定，将贺兰县作为全区行政审批权相对集中改革试点县，并批复成立贺兰县行政审批服务局。

【产权制度改革】4月7日上午，农村产权交易中心在县政务服务中心举行揭牌仪式，标志着全区第二家、银川市首家县级农村产权交易中心启动运营。主要负责农村土地承包经营权抵押贷款试点工作。截至年底，贺兰县农村承包土地经营权抵押贷款办理备案登记共181笔，贷款额突破1000万元，达到1109.6万元，办理“金土地”承包地经营权抵押贷款78笔，贷款额546.3万元，有4家合作银行开展此项贷款业务。

【开通“两证一书”窗口】5月，设立“两证一书”窗口，项目选址意见书、建设用地规划许可证、建设工程规划许可证行政审批事项进行集中办理。截至年底，已办理建设工程规划许可证总共114件、建设项目选址意见书总共30件、建设用地规划许可证共97件、乡村建设规划许可证总共9件、建筑施工许可证总共304件。

【“政务云”建设】分管中心副县长多次主持召开工作推进会，就行政审批制度改革、“政务云”系统上线运行情况安排落实。举办2次“政务云”系统操作培训班，参加培训人80余人次。由宁夏希望信息产业公司的工程师为大厅窗口人员讲解“政务云”网上办事操作、事项环节流转及电子签章使用。对有关部门的政务网络和应用系统进行网络对接，实现审批事项流转环节的网上审批、在线签章、短信通知等。

【全程代办服务】推行并联审批、模拟审批、网上审批新模式，启动重大建设项目“6+X”部门会商制度，协调解决重大项目推进过程中遇到的困难和问题。设立“重大项目绿色通道”窗口，按照“特别服务，流程整合，程序优化，高效审批”的原则实施全过程审批服务，将企业投资重点项目全流程审批时限控制在90个工作日之内。

【“智慧贺兰”民生项目】由县发改局牵头政务服务中心具体负责“智慧民生”建设。建设地点在政务服务中心，主要建设内容涵盖民生服务数据中心、政务服务系统、公共服务平台系统、智慧社区系统、社区服务系统、智慧乡镇系统、阳光厨房系统，总投资937.09万元，建设期限为2016年5—10月，截至年底已初步完成项目建设。

【招商引资】由宁夏西格尼特葡萄酒庄有限公司投资兴建的宁夏西格尼特葡萄酒庄建设项目总投资6800万元，2016年度项目计划投资3800万元已全部完成。

【农村产权交易中心入驻“互联网+政务中心”】4月7日上午，贺兰县农村产权交易中心揭牌仪式在“互联网+政务中心”举行，标志着贺兰县农村产权交易中心正式启动运营。贺兰县是全国人大常委会授权，在全国为数不多的可以开展农村土地承包经营权抵押贷款的试点县之一。初步估算每年将为农业经营和农村发展提供至少5亿元的融资支持，“十三五”时期可累计为全县广大农户和各类新型农业经营主体提供不少于30亿元的有效贷款。

【不动产权证书首次颁发仪式】9月19日上午10点，全县不动产权证书首证颁发仪式在“互联网+政务中心”举行，标志着全县的不动产统一登记工作正式进入发证阶段。自治区国土资源厅地籍处处长张进、不动产登记事务中心主任张永红，贺兰县委副书记何建勃、县人大常务委员会副主任盛国为等出席。

【精准扶贫】对太阳城社区的13户生活困难群众给予慰问资金共计6500元。先后5次派出工作人员对欣荣村的15户76名扶贫对象进行走访调研，按照领导干部帮扶3户、一般干部帮扶1户的要求，采取抓点带面、精准扶贫的模式，逐户签订脱贫帮扶协议书，以惠农政策宣传、农业技术培训、发展特色产业、劳务输出和劳动技能培训等方式推进扶贫脱贫。年底，已实现脱贫10户49人。

【表彰奖励】6月，自治区党委授予陈立新 优秀党务工作者称号。9月7日，银川市委、政府授予贺兰县政务服务中心“普法先进单位”称号。9月，银川市依法治市领导小组授予贺兰县政务服务中心“银川市依法治理示范单位”称号。

政协贺兰县委员会

Zhengxie Helanxian Weiyuanhui

综　述

【概况】 政协贺兰县第九届委员会设办公室和6个专门委员会，即提案工作委员会、学习和文史委员会、经济科技委员会、教文卫体委员会、社会和法制委员会、民族宗教委员会。2016年，贺兰县政协共召开全体委员会议2次、常务委员会会议5次。

全体委员会议

【九届四次全体委员会议】 1月25—28日举行，应出席会议委员157人，实到139人。开幕大会由副主席马文霞主持，银川市委常委、贺兰县委书记李郁华等到会祝贺。会议听取并审议通过了李辉主席代表九届常务委员会所作的工作报告和王国庭副主席代表九届常委会所作的提案工作报告。列席贺兰县十七届人大四次会议，听取并讨论《政府工作报告》和其他报告。李辉作闭幕讲话。会议期间，共举行常委会会议3次，提案审查会议1次，收到提案63件，经审查立案22件。

【十届一次全体委员会议】 10月25—28日举行，应出席会议委员156人，实到141人。开幕大会由副主席马文霞主持，银川市委常委、贺兰县委书记李郁华等到会祝贺，市政协副主席蒋光临致辞。会议听取审议通过了李辉代表九届常务委员会作的工作报告和王国庭代表九届常委会作的提案工作报告。列席贺兰县十八届人大一次会议，听取并讨论了《政府工作报告》和其他报告。主席恩建国做闭幕讲话。会议期间，举行提案审查会议1次，收到提案74件，经审查立案22件。

常务委员会会议

【九届第十四次常务委员会会议】 1月21日举行，应到30人，实到30人。李辉主持会议，协商决定政协第九届委员会第四次会议日期及会期；协商通过政协九届四次会议议程（草案）；协商通过政协九届四次会议日程（草案）；协商通过政协九届四次会议执行主席建议名单（草案）；审议通过政协九届四次会议分组建议名单（草案）；审议九届四次会议各自召集人名单（草案）；审议通过政协九届四次会议列席人员和邀请人员名单；协商通过协助九届四次会议提案截至日期的决定；审议通过政协第九届委员会常务委员会工作报告（草案），政协第九届委员会常务委员会关于九届三次会议以来提案工作情况的报告（草案）；审议通过政协第九届委员会常务委员会工作报告和提案工作报告人建议名单；协商通过2016年政协主要工作及活动安排。

【九届第十七次常务委员会会议】 1月27日举行，应到30人，实到27人。李辉主持会议。会议听取各组召集人关于会议讨论情况的汇报；听取县委常委、组织部长吴静补选县政协第九届委员会常务委员会的人事安排说明；审议政协九届四次会议选举《办法》（草案）并表决通过。

【九届第十八次常务委员会会议】 1月28日举行，应到30人，实到30人。李辉主持会议。会议听取各组召集人关于分组讨论情况的汇报；审议政协九届四次会议决议《草案》；听取关于选举事项分组讨论情况汇报；审议听取补选的政协第九届委员会常务委员候选人建议名单，审议通过王文清为政协第九届委员会常务委员候选人；审议总监计票人、监计票人名单。

【九届第十九次常务委员会会议】 4月15日举行，应到30人，实到27人。李辉主持会议。会议听取县发改局关于全县重点项目“百日推进”以及环保局关于全县环境整治大会战情况通报。提出意见建议：一是全县开工的质量、效益好的项目不多；二是正源北街部分路段绿化效果差；三是主干道路两侧面包砖高低不平；四是典雅居小区南门砖墙有碍观赏；五是城关清真寺附近随意摆摊设点，车辆无序停放。

【九届第二十次常务委员会会议】 8月12日举行，应到30人，实到26人。李辉主持会议。会议听取县政府关于全县上半年经济运行情况的通报并专题的议政，并就重点工程进行了观摩。会议建议：加大对教育方面学校建设的布局；对环境治理的企业进行坚决查处；彻底整治如意湖周边环境，提升管理水平；对贺兰山东麓养殖业进行治理；加大对贺兰山葡萄酒项目统一，整合部门力量整体推进。

重要活动

【区政协调研】 8月1—3日，自治区政协副主席安纯人带领第二调研组成员到贺兰调研，实地查看了宁夏如意科技时尚工业城发展情况。

【外市县政协调研】 5月29日，内蒙古土默特右旗政协副主席杨特茂带队，组织部分政协常委、委员及相关部门负责人到贺兰县考察绿色农畜产品精深加工基地建设。6月3—10日，内蒙古巴彦淖尔市乌拉特中旗政协副主席任明广带队，围绕精准扶贫、旱地农业产业化发展、农畜产品集散地运行和电商平台建设等进行察看。7月21日，重庆市政协副主席周克勤带领市政协班子成员及政协委员一行8人，考察如意科技时尚产业有限公司发展情况。

【县政协考察与调研】 4月22日，由办公室组织，政协主席李辉带领部分政协委员对全县重点项目“百日推进”大会战进行视察。5月18日，县环境整治大会战工业园区督考组组长、政协主席李辉，带领政协办、住建局、环保局、德胜工业园区、习岗镇、城管监察大队主要负责人，对德胜工业园区环境卫生整治工作进行督导检查。5月19日，县政协副主席王国庭带领提案委人员现场督查政协九届四次会议提案办理情况。7月1日，政协副主席马文霞带领部分政协委员对全县文化旅游产业发展情况进行调研。7月29日，政协主席李辉带领部分政协委员对全县电商产业发展情况进行视察。8月12日，政协主席李辉带领部分政协委员对全县环境综合整治情况进行视察。

【专题学习培训】 3月22日上午，县政协邀请驻宁全国政协委员、自治区政协参事朱玉华，为全体政协委员解读学习十二届全国人大四次会议和全国政协十二届四次会议精神，并就委员履职进行专题培训。县政协领导和120余名政协委员，以及政协机关全体干部参加学习培训。

专门委员会工作

【提案工作委员会】 政协九届三次会议以来，共提交提案66件，经审查立案29件，其中重点提案5件，一般提案24件，意见建议7件。截至年底，办结提案28件，办结率96.5%，办结意见建议6件，对受客观条件所限不能解决的1件及时予以答复，办复率100%。

【学习和文史委员会】 组织开展委员学习大会2次，传达中央“两会”精神。完成编辑出版《贺兰文史资料》（第九辑）工作，按时完成2015政协年鉴编纂工作。

【民族宗教委员会】 开展关于建设新型城镇化的调研活动，组织视察全县电商发展的情况。

【社会与法制委员会】 开展关于发展现代农业的调研活动，组织视察关于全县养老服务业发展情况。

【教文卫体委员会】 开展关于保护非物质文化遗产、文化旅游产业及解决大班额问题的调研活动。

【经济科技委员会】 开展关于全县“去能耗、去库存、去债务”对策和建议、发展电商产业的调研活动。视察银川生物科技园转型升级绿色发展情况。

群众与社会团体

Qunzhong Yu Shehuituanti

贺兰县总工会

【概况】 2016年，贺兰县总工会围绕县委提出的“富民强县，跨越发展”目标任务，建立“六有”模式（有工会主席、有组织机构、有活动载体、有制度机制、有工会经费、有工作实效）和“七联”体系（组织联创、队伍联建、工作联动、困难联解、资源联享、信息联通、机制联创），助推工会规范化建设再上新台阶工作被评为全区工会创新项目。连续3年获全市工会系统目标考核二等奖，获全县目标绩效考核党政群组三等奖。坚持“三结合”（党建与工建、组建与规范、提高与创新），有效推动基层组织建设迈上新台阶。组织开展劳动竞赛活动，助力工业经济发展。开展工资协商与民主管理工作，构建和谐劳动关系。推动职工文化建设，继续创建区、市级“职工书屋”。

【助力工业经济发展】 在全县工业园区、重点建设工程工地深入开展以“践行新理念、建功‘十三五’，贺兰大发展”为主题的“五比一创”劳动竞赛活动，取得明显效果，职工参与面达90%以上。在竞赛过程中，安排资金30万元突出抓好“节能降耗促增效，我为发展做贡献”五小成果评选等经济技术创新活动。全县有68名职工分别获全国、全区、全市劳动模范、“五一劳动奖章”和“凤城工匠”称号。百瑞源枸杞股份有限公司郝向峰劳模创新工作室被自治区总工会评为区级劳模创新工作室。投入近1万元，为各级劳模免费体检、发放慰问金、津贴、补助金，劳模的社会地位明显提升。

【和谐劳动关系】 一是工资协商维权益。召开县政府与工会联席会议，研究解决机关事业单位工会经费划归工会统一管理等有关工会工作和职工权益的重大问题。发挥县总工会人民调解委员会作用，聘请3名专职调解员和3名维权律师免费为职工提供法律援助服务。整合社会资源，建立多元预防化解劳动矛盾纠纷工作机制。全年接待受理劳动争议等案件101案252人次，办结率91%，为职工（农民工）挽回经济损失118万元。联合县司法局开展暑期“农民工普法助维权”活动，通过与银川交通音乐台、县电视台开展“以案说法”、建设“工会法治一条街”等形式开展法治宣传，进一步促进劳资关系和谐稳定。建立集体协商指导员队伍，有效促进集体协商工作，“四项合同”签订率95%以上。二是民主管理显成效。建立区域性、行业性职代会制度，延伸职代会功能，发挥民主座谈会作用，稳步推进和谐企业创建活动。全县13家企业单位分别被命名为区、市级劳动关系和谐企业（园区）、全县95%以上企业实行厂务公开和建立职工代表大会制度。

【职工服务体系】 一是帮扶救助惠民生。按照“会、站、家”一体化思路，着力构建以县职工服务中心为主导，园区、乡镇（街道）、社区帮扶站（点）为基础的帮扶网络体系。开展“春送岗位、夏送清凉、金秋助学、冬送温暖”等帮扶救助品牌活动。全年共筹集资金93余万元，在春节、五一、环卫日等节日期间，走访慰问困难职工1240户。在农民工相对集中的园区建设8家户外劳动者服务站，服务职工（农民工）5000余次。实施“互联网+职工精准帮扶服务”模式，对录入困难职工帮扶系统的616户困难职工（农民工）实行一户一档案，做到因困施策、精准帮扶、动态管理。扩大职工医疗互助保障工作的覆盖面，增强职工抵御风险的能力。全县参保单位134家，参保职工6828人，缴纳互助金34余万元。二是“四送”活动受欢迎。累计投入资金16余万元，为全县重点项目工程一线农民工免费放映电影、开展文艺汇演、发放慰问物资、举办培训班、组织健康体检等，“四送”活动深受农民工的欢迎。

【职工文化建设】 一是文化活动有声色。整合社会资源，建设贺兰县职工（农民工）户外运动中心。举办第三届职工书画摄影作品展进企业、第五届庆“五一”全县职工运动会（每两年一届）等活动。二是职工素质促发展。开展“两学一修一争”教育活动和“书香贺兰·贺兰书香”职工读书系列活动，为企业免费提供订单式送训上门服务。联合县图书馆开展“职工书屋”资源共享，服务职工活动。全年预算的2万元资源共享共建经费，由图书馆建立职工网上电子书屋，提供2万册图书在企业流动。筹措26万元为建立职工文化阵地的基层工会，配置活动健身器材和图书。在全县骨干企业、社区、乡镇建设职工书屋65家，有32家企事业单位工会创建为区、市级“职工书屋”。

【工会组织建设】 非公组建聚活力。坚持“三结合”（党建与工建、组建与规范、提高与创新），有效推动基层组织建设迈上新台阶。通过编印工作指南、召开工作座谈会、实行以奖代补等举措，强力推进工会组建工作。加强农民工入会及服务工作，建立4家党群服务中心。在农民工相对集中的重点项目工地建立“农民工之家”“环卫工之家”等，配备15万元活动器材、图书等。规模以上企业工会组建率达100%，实现工会组织在机关事业单位的全覆盖。基层建设稳推进。“职工之家”建设取得成果，全县有97家企事业单位获全国、区、市、县模范职工之家、职工小家和先进职工之家。落实县委《关于加强新形势下全县“党建带工建 工建服务党建”工作的实施意见》（贺党发〔2016〕14号），建立“六有”模式“七联”体系，具体实行“宏观上并行，微观上串行”的运行机制。三是自身建设有提升。县总工会组织机构健全，人员配备完善，工会干部队伍不断壮大。有工会干部26人，其中配备的19名职业化工会工作者分别下派到工业园区、街道等基层工会联合会，在基层驻点办公。在全区率先开展“上代下”会计核算工作模式，促财务管理规范化建设。工会经费收缴已形成地税代征、财政划拨双管齐下的经费征收体系。

共青团贺兰县委员会

【概况】 2016年，贺兰县团委围绕工作大局，以提高团组织服务大局、服务青年、服务社会的贡献率为核心目标，狠抓全年各项工作目标任务的推进和落实，全力推进共青团事业的持续发展。围绕重要节点开展各项主题活动及社会实践活动，深化青少年对党的十八大精神及社会主义荣辱观等理论知识的学习。开展以“服务他人、奉献社会”为主旨的青少年志愿者服务活动，引导群众投身“五个贺兰”建设。开展农村电商调研、青年创业就业培训、技术技能大比拼等活动13场次，鼓励青年职工立足岗位成长成才，引导青年争做行业先锋。举办“青春自护·平安春节”青少年寒假自护教育、维护青少年合法权益网络答题活动，成立禁毒防艾志愿者队伍，健全预防青少年违法犯罪工作机制，构建“家庭+学校+社会+网络”四位一体工作格局，着力维护青少年合法权益。

【思想政治工作】 2016年，县团委继续将团员青年的思想政治工作放在首位，一是围绕学雷锋日、青年节、儿童节、建党节等重要节点，开展“传承雷锋精神”“高举团旗跟党走”“红领巾相约中国梦”“听党的话，做好少年”等主题活动930余场次。二是通过“共青团改革大家谈”、社会实践、专题报告以及现场观摩、“青春贺兰”微信、微博开设学习专栏等形式，深化青少年对党的十八大精神及社会主义荣辱观等理论知识的学习。三是举办“高举团旗跟党走·奋力实现贺兰梦”纪念五四运动97周年表彰大会暨文艺汇演等系列活动，引导青少年传承“五四”精神，明确社会责任，思考人生发展。四是举办“网上祭英烈”——千名青少年留言革命烈士活动，提高青少年的社会责任感和历史使命感；举办“学团史 团规 做合格团员”新团员入团仪式暨表彰大会，发挥团员模范带头作用，为共青团事业增辉添彩。五是围绕“我身边的雷锋”“习总书记来宁夏”“纪念长征胜利80周年”“红领巾相约中国梦”等主题，开展互动讨论和交流，主动发声，发布思想引导类文章110余篇。

【志愿者服务】为进一步倡导和弘扬“奉献、友爱、互助、进步”志愿服务精神，以“服务他人、奉献社会”为主旨，持续开展青少年志愿者服务活动。一是依托网络数据库，实现志愿者、服务对象、活动项目的有效对接。截至年底，共注册志愿者14795名、志愿服务队190支，全年开展志愿活动300起，累计服务3870人次，累计服务时长11309.12个小时。二是筹备贺兰县志愿者协会换届。按照开门办协会理念，重构协会组织架构，完善志愿者星级评定和进退管理机制，调动志愿者积极性，增强协会活力，发挥服务社会职能。三是抓好西部计划项目管理。按照“四个一”工作思路，完成西部计划大学生志愿者第二届团支部换届，举办大学生志愿者迎新会、趣味运动会、欢送会，评选优秀志愿者，落实工作待遇，增强志愿者团支部的凝聚力、战斗力。四是开展“学习雷锋日·爱心结伴行”“互助友爱·共度佳节”等志愿者服务活动，带领30名贫困青少年参观旅游景点，向80余名留守儿童以及外来务工人员子女提供免费课业辅导服务。全年各级团组织开展关爱弱势群体志愿服务活动70余场次，服务2300余人次。五是创新公益方式。“致青春·益起跑·我与团旗合个影”公益活动获自治区团委“五四”系列主题活动最佳创意奖。“相约托斯卡纳·邂逅浪漫之旅”青年联谊会创新思路，将花钱办活动变成挣钱做公益，为建设学校“爱心超市”募集1万元启动资金，服务全县重大活动。六是举办“献青春热血·扬生命风帆”“携手抗艾·重在预防”“保护艾依河行动”“志愿行动沙枣林”等活动，引导群众投身“五个贺兰”建设。

【青年就业创业】组织返乡大学生参观“三园”建设，开展农村电商调研等活动。开展青年创业就业培训，推选优秀创业青年赴福建、等地参加电商培训。举办跨境电商培训班2期，培训创业青年180余人。以典型示范带动青年创先争优，深入开展青年文明号、青年安全生产示范岗等“青”字号品牌工作，其中银川兴邦速运有限公司等3家单位获银川市“青年文明号”称号。鼓励青年职工立足岗位成长成才，开展技术技能大比拼等活动13场次，引导青年争做行业先锋。

【维护青少年合法权益】举办“青春自护·平安春节”青少年寒假自护教育、维护青少年合法权益网络答题活动，累计参与7500余人。开展“三下乡”宣传活动，发放青少年维权宣传册、小学生安全知识漫画书等3800余册。举办禁毒防艾志愿者队伍成立大会，培训村（社）宣传骨干300余名。各中小学开展安全教育主题团（队）会、消防安全讲座、应急避险模拟演练等活动百余场次。发挥“预青组”职能，加大特需青少年群体帮扶力度。建立特需青少年帮扶机制。制订“‘红、黄、蓝’特需青少年”帮扶方案，建立“2+1”帮扶制度，开展帮扶活动30余次。健全预防青少年违法犯罪工作机制。召开预防青少年违法犯罪专项组工作会议，邀请城关民警现身说法，构建“家庭+学校+社会+网络”四位一体工作格局。发挥成员单位职能，联合公安机关集中开展3次校园及周边环境整治行动，选聘47名民警定期到管辖区内学校开展教育培训工作，联合司法局编印青少年普法读本1万册。

【关注特殊特困青少年问题】 做好特困青少年工作，春节、元旦、六一期间整合团内外资源，争取“希望工程·快乐阅读”项目，为2所小学捐建图书角12个，捐赠图书架12组、图书1376册。创新运用互联网思维，发起公益活动20余次，筹集款物11余万元，帮助贫困青少年300余名。

【基层团组织建设】 制定《2016年乡镇（街道）团建工作考核办法》。各乡镇（街道）按照“1+1+X”模式配齐配强团（工）委班子，贺兰四中选举出新一届团委班子，团组织建设日趋规范。开展团干部抓基层联系点活动。建立团组织间的合作机制，加强活动、工作项目的横向联动和上下互动，形成区域内基层团组织工作联手、资源共享、协作共赢的大团建局面。继续开展五四红旗团委及团支部“一团一品”活动的申报创建及评选工作。通过青年文明岗创建、“青年文明号”技能提升培训等活动，将“两新”组织团员青年纳入视野范围。

【团干部队伍建设】 举办以核心团干部、骨干团干部、村居团干部为培训对象的全县基层团干部培训班，130多人参加。建立“1+100”团干部直接联系青年制度，建立团干部直接联系青年微信群。举办“共青团改革大家谈——团干部走基层”活动，100名青年共话改革。截至年底，全县共有基层团委15个、团支部297个，共有共青团员6261名。

【少先队工作】 将少先队工作经费纳入县级财政预算，落实经费11.3万元。在全区率先出版《少先队活动课指导手册》，发放489本。强化仪式教育，支持5所小学组建标准化鼓号队。丰富活动形式，举办首届少先队活动课说课大赛、少先队“雏鹰争章”设计大赛，推动少先队活动课进课表、“雏鹰争章”评价机制进校园。在青年节和建队日分别举办全县团建、队建观摩会，表彰优秀辅导员，推动少先队辅导员外出培训。

【共青团贺兰县第十八届委员会第四次全体（扩大）会议】 3月11日召开，90余人参加。会议要求各级团组织要全面贯彻落实中央和自治区党的群团工作会议精神，贯彻落实团区委十一届五次全会、县委十三届八次全会和团市委十七届四次全会精神，按照“凝聚青年、服务大局、当好桥梁、从严治团”四维工作格局，围绕“增强‘三性’、去除‘四化’问题”主线，着力强化团的各项能力建设，团结带领团员青年为建设“四个贺兰”贡献青春力量。

【“迎五四·致青春·益起跑”公益活动】 4月17日上午，在如意湖举办“迎五四·致青春·益起跑”公益活动，120余名县机关、学校、非公有制企业等领域青年参加，并为30名贫困学生捐赠了爱心包裹。活动前，团县委介绍了“青春贺兰”微博、微信以及“青年之声”网站等团属新媒体。120余名青年统一着装，环绕如意湖开始奔跑。团县委为领先到达终点的30名青年，每人发放一个爱心包裹和一封感谢信，大家将爱心包裹捐给了受助学生代表。

【全县学校团建观摩会】 4月27日，团县委在如意湖中学举办全县学校团建观摩会，银川市团委、教育体育局等领导出席，全县中小学分管德育副校长、团委书记及大队辅导员等40余人参加。活动主要由入团仪式、“五四”表彰和观看学生团体操、参观活动阵地两大部分组成。观摩人员就如何更好地开展学校团（队）工作进行了讨论，发表了意见和建议。

【首届少先队活动课说课比赛】 4月26日，联合县教育体育局在贺兰一中举办全县首届少先队说课比赛，共有16名少先队辅导员参加比赛。评选出一、二、三等奖10名，优秀奖若干名。

【纪念五四运动97周年表彰大会暨文艺汇演】5月4日，团县委在县文化广场举办“高举团旗跟党走·奋力实现贺兰梦”纪念五四运动97周年表彰大会暨文艺汇演。活动中宣读了“青年五四奖章”、优秀团干部优秀团员等表彰决定。观看了10余个单位团组织编排的精彩节目。

【预防青少年违法犯罪工作会议】5月26日下午，组织召开全县预防青少年违法犯罪工作会议。结合各成员单位汇报情况，分析了形势，指出工作中的短板，进一步明确了预青组各成员单位工作职责，对下阶段工作进行了详细的安排部署，重点强调了闲散青少年、留守儿童、流浪未成年人、服刑在教人员未成年子女等特需群体的服务管理工作。

【“希望工程·圆梦行动”入户摸底】由贺兰县委组织部、团县委、县教育体育局、县工商联牵头，联合发起的2016年“希望工程·圆梦行动”入户摸底工作已全面完成。团县委调查组通过拍照片、拍视频、填写登记表、划分等级等方式，按照“一人一档”，建立贫困大学新生信息库，同时加大洪广金山等地区受灾贫困大学生的补助力度，确保资助资金发放到最需要帮助的贫困学子手中。为期8天的入户摸底工作，调查组共走访5个乡镇近60个行政村、30余个街道小区，对县内400余名大学新生进行了全面摸底登记。争取自筹资金12.4万元，超额完成筹资任务，争取项目资助名额201人，资助学生287人，基本实现二本以上贫困大学新生的全覆盖。

【“贺兰杯”青年创业大赛】联合贺兰县网经局、就业局、妇联等单位，举办了“贺兰杯”青年创业大赛，吸引全区电商类、科技类、农业类等43个项目参赛，大赛奖金15.2万元。

【“相约托斯卡纳·邂逅浪漫之旅”青年联谊会】11月12日下午，团县委联合县委宣传部、县总工会、县妇联等单位在托斯卡纳·四季城售楼中心举办“相约托斯卡纳·邂逅浪漫之旅”青年联谊会，线上线下有100名青年参与报名。本次活动搭建了青年风采展示平台，帮助青年扩大朋友圈，拓宽交际面，提供青年互相学习、交流、帮助平台；为建设学校“爱心超市”募集1万元启动资金。

【精准扶贫】调查摸底，建立帮扶台账，指定专人负责贫困户家庭情况动态管理工作。定期入户，宣讲扶贫政策，推荐就业岗位、技能培训。精准施策，联系有能力、懂管理、有技术的企业，探索入股托管帮扶机制。通过“青春护苗”“希望工程”等项目解决建档立卡户子女上学难问题。

【表彰奖励】举办纪念五四运动97周年表彰大会，集中表彰7名“青年五四奖章”获得者、8名优秀团干部、10名优秀团员。全县中小学也分别开展表彰五四红旗团支部 、优秀团干部、优秀团员、优秀中队辅导员、优秀少先队员奖励活动。泰益欣公司团委对评选出的十大杰出青年、十大青年岗位能手、十大青年安全示范岗、青年文明号等等进行奖励。如意湖中学团委、法院团支部分别被评为银川市“五四红旗团委”“五四红旗团支部”。泰益欣团委书记获银川市“青年五四奖章”。2016年1月，贺兰县团委被评为2015年“全国农村基层团建创新项目，被自治区团委2015年度全区共青团工作目标考核二等奖。

贺兰县妇女联合会

【概况】2016年，县妇联继续坚持发展与维权并举，着重在妇女小额担保贷款、和谐家庭建设、困难妇女儿童帮扶等工作上下工夫，凝心聚力，务实苦干，使全县妇女儿童工作再上一个台阶。全年共发放农村妇女创业小额担保贷款8656.6万元，直接扶持1370名（户）农村妇女自主创业，继续开展城镇妇女“母亲小额循环项目”，累计发放母亲小额循环项目资金100万元，扶持33名城镇妇女创业就业。持续开展各项创建活动，关注关爱妇女儿童身心健康，提升妇女工作影响力。

【妇女创业小额担保贷款】落实农村妇女创业小额担保贷款贴息政策，为农村创业妇女解决启动资金不足、资金周转不灵等问题。全年共发放农村妇女创业小额担保贷款8656.6万元，直接扶持1370名（户）农村妇女自主创业，发放贴息资金639万元，超额完成民生计划任务。对已享受2年财政贴息贷款的150名农村妇女继续给予1293万优惠商业贷款支持。

【城镇妇女“母亲小额循环项目”】继续开展城镇妇女“母亲小额循环项目”，帮助缺乏小额流动资金导致贫困的城镇贫困妇女，实现自力更生、脱贫致富。全年累计发放母亲小额循环项目资金100万元，扶持33名城镇妇女创业就业。

【关注关爱妇女儿童身心健康发展】一是开展“迎新春，送温暖”活动，共慰问贫困单亲母亲75人、农村“两癌”贫困妇女19人、移民孤残留守贫困儿童50人、贫困妇女30人及结对帮扶困难户24户共计198人，发放慰问金及米面油等物资30余万元。二是实施“贫困母亲两癌救助”项目，救助“两癌”患病农村贫困妇女19人每人1万元。三是关爱“三留守”人员。5月6日，为移民村“三留守”人员送去一场关爱行动文艺演出暨宣传咨询活动，在六一儿童节期间为欣荣村950多名贫困留守儿童送去价值5万多元的学习用品。四是为贺兰县妇女拓宽创业就业渠道，举办第2期妇女电商创业培训班，实现妇女增收致富。五是关注女童身心健康和教育发展，联合恒大集团对县贫困女高中生进行“春蕾计划”资助。同时，开展“春蕾计划·护蕾行动”，关爱女童身心健康，传播儿童安全理念，传授儿童保护知识，预防儿童遭受不法侵害。

【提升妇联工作影响力活动】一是“三八”节期间举办全县女干部职工趣味运动会、“三八”维权周系列培训宣传教育、“五年看我家·家庭梦想秀”等活动。二是举办全县基层妇女干部《反家庭暴力法》知识讲座、基层妇女干部艾滋病防治知识培训班、精神卫生防治知识讲座和2015年度妇女儿童发展规划统计监测会议。三是开展“我爱我家·同悦书香”亲子阅读宣传活动，倡议家长和孩子每天共同阅读半小时，感受书籍的芬芳，享受阅读的快乐。四是开展“寻找最美家庭”系列活动，推荐上报的太阳城社区袁丕成获全国“最美家庭”称号、友爱社区魏耀华获全国“五好文明家庭”称号。五是举办“传承发扬好家风，争做最美银川人”典型示范家庭巡回演讲大会，300余名基层妇女干部及女职工代表参加。六是举办“相约托斯卡纳·邂逅浪漫之旅”青年联谊会，来自各行各业的100余名单身青年报名参加活动。七是举办“文明家风 经典家训”评选活动，共征集107条，经群众推荐、组织评议，20户家庭的家规家训作品获优秀奖。

【妇联“大宣讲”活动】一是开展“走基层，访妇情，讲政策，提素质”大宣讲活动。二是开展“春蕾计划 护蕾行动”关爱女童宣讲工作。三是借助“巾帼贺兰HL”微信公众号加大宣传力度，探索“互联网+妇女工作”新模式，用多元的信息、贴心的服务、平等的态度、活跃的互动，拉近了妇联组织与妇女群众之间的距离，打造出了富有贺兰特色的微信公众号。

【基层“妇女之家”建设】一是机构规范化。全县有“妇女之家”73个，实现了统一挂牌、统一工作流程。二是队伍素质化。妇女干部占村“两委”人员的比例提升到100%。三是阵地规范化。重点打造妇女维权工作站、妇女信访代理工作站、“悄悄话室”等服务阵地。四是活动经常化。各乡镇下拨工作经费共6万元，保证各项活动的正常开展。

贺兰县科学技术协会

【概况】2016年，贺兰县科协不断拓展基层工作网络，发展壮大科协队伍，健全完善科普服务体系，进一步提升了科协的社会影响力及科普服务能力。全年荣获宁夏实施《全民科学素质行动计划纲要》“十二五”工作先进集体、银川市第十三届青少年科技创新暨机器人竞赛优秀组织单位、银川市中学生“科普杯”学科探究展演竞赛优秀组织单位、贺兰县2015年度绩效考核先进集体等荣誉。同时，获国家级科普惠农先进单位奖励1项、银川市4项。各项成绩的取得，使贺兰县再度被中国科协命名为2016—2020年度全国科普示范县。

【队伍建设】 全县4镇1乡2个农牧场1个街道全部建立了科协组织，建立县属学（协）会10个、老科技工作者协会1个、反邪教协会1个、工业园区科协2个、企业科协18家、规范化建设农技协22家，成立由29人组成的《全民科学素质纲要》联络员队伍。发展科普惠农宣传员90名，培育农村科技带头人1320人、科技示范户1830户，发展农村、街道社区科普志愿者279人。全县形成了以县科协为龙头，乡镇场、街道、园区（企业）科协为骨干，农技协、科普示范基地、科普志愿者队伍为纽带，科技示范户、科普带头人、科普宣传员为辐射点的科普服务体系。

【召开科协六届三次全委（扩大）会议】 会议选举尤志勇为贺兰县科协主席，传达学习全国地方科协工作会议精神和自治区科协七届七次全委会精神，听取和审议了六届常委会所作的工作报告，对2016年工作进行了安排。会议号召全县科协组织和科技工作者，继续发扬“奋发有为、奋起直追、奋勇争先”的“三奋”精神，努力开创科协工作新局面。

【发挥“科技工作者之家”作用】 年初为各行业科技工作者代表36人进行健康体检。组织科协委员、科技工作者代表到外县区观摩学习2次，对全县重点项目、重点工作观摩4次，召开座谈交流会3次，进一步提升了科协作为科技工作者之家的凝聚力。发动科技工作者建言献策，编发《贺兰县老专家建言》4期，其中《水稻精量穴播机的研发与创新》一文得到银川市领导的批示，予以肯定。

【“三争”工作】 一是争取全国“科普惠农兴村计划项目”1项，获奖补资金20万元。二是争取到区科协助力创新工作经费5万元。三是争取到宁夏科协2016年科技信息企业推广应用服务项目1项，争取资金15万元，企业创新技术培训经费4万元。四是争取到银川市科技助力脱贫攻坚行动对接移民村菌菇基地购买设备专项经费60万元、工作经费2.5万元。

【助力创新工程】 针对县内重点行业企业存在的热点难点问题，征集14家企业34项专家技术需求，在自治区科技咨询中心和学会部的帮助下，分批分期组织专家与企业对接，有3名专家分别与企业（公司）签订了合作协议。制订《贺兰县科协科技专家助力脱贫攻坚行动》实施方案，成立科技专家服务团。以老科技工作者协会为主，举办培训班2期，培训枸杞种植户80多人。与邮储银行贺兰支行合作，为涉农企业、农技协、合作社、科普带头人、种养殖大户提供贷款13笔500万元。

【科技信息企业应用服务项目】 通过深入园区摸底，发展应用企业120家，举办科技信息企业应用服务项目专利应用工程师培训班1期，培训企业专利应用工程师150名，其中企业高管45名，发放企业专利应用工程师培训教材100多套。培育企业示范典型案例10个，形成科技成果报告10个。确定宁夏大北农科技实业有限公司、宁夏凯晨电气集团有限公司为一线工程师培养与实践示范企业，在宁夏科技咨询中心支持和指导下，邀请专家深入企业调研，指导确立了创新小组，提炼创新技术和创新管理难题，并现场指导企业创新小组成员运用创新方法进行解决。在全国首届创新方法大赛中2个代表队均获得三等奖。

【科普示范创建】 结合基层科普行动计划的实施，组织引导具备条件的农村产业基地、农技协和社区开展科普示范创建工作。

规范化建设农村科普示范基地4个、农技协2个，新培育农村科普示范基地10个，新成立农技协1个，培育农村科普带头人3人；创建银川市农村科普示范基地8个、农技协2个、科普带头人3个、科普示范社区1个。有1家农技协、2个农村科普示范基地和2名农村科普带头人获国家及银川市的表彰奖励。各示范单位共举办农村示范创建观摩学习4场次，开展现场技术指导30余次，举办农村实用技术培训班近40场次，培训农业函授大学学员510名，培训农民群众3000余人。

【重点科普活动】在5月科技周和9月全国科普日两大重点活动中，组织开展“科普一条街”宣传展示活动2场、大篷车赶集活动10场、农村实用技术讲座20余场次、科普大篷车进校园11场、科普大篷车进企业3场次、社区科普知识讲座27场、企业专业技术讲座13期。承办银川市2016年科技活动周启动仪式和银川市助力脱贫攻坚启动仪式。举办反邪教警示教育培训班5期，主题宣传活动10场次。创新活动模式，把农村科普示范创建与青少年科普教育相结合，组织220名师生到金贵镇西为牡丹种植科普示范基地参与活动。重点活动期间，展示科普展板270余块，发放科普宣传资料、书籍3万余份，培训群众近5000人次，参与活动的科技工作者、科普志愿者500余人次，城乡群众3万多人次。

【科普宣传成常态】一是推进农民科学素质行动。组织开展“三下乡”、农业专家进乡村、农村科普志愿服务等活动12次，宣传中央支农惠农政策和农村实用技术。建立科技人员与农民互动的科技服务机制，举办农民科技培训班16期，培训农民1145人。组织实施“科普惠农计划”，开展“科技专家走进生态移民村”科技服务活动，利用科技、科普服务站开展农业技术培训，培训基层技术骨干、种植、养殖示范户和农民技术能手。举办职业技能培训班8期，获得职业技能证书农民4337人，获得农民技术员职称的144人，培训农村妇女3760人。二是开展青少年科普教育活动。举办以“创新·实践·体验·成长”为主题的贺兰县第12届青少年科技创新大赛，全县共有3000多名师生参与。对第11届青少年科技创新大赛中获奖的365件作品的学生、教师、10名优秀科技辅导员、5名优秀组织个人、6个优秀组织单位进行表彰。组织全县各中小学校举办贺兰县第四届校园科技节活动，各中小学校通过办手抄小报、演讲比赛、举办科普知识讲座等形式增强学生科技意识，激发学生创新潜能。邀请中国气象科学研究院教授陆龙骅在贺兰四中举办《话说南北极》的科普报告，近400名师生参加。三是推进城镇劳动人口科学素质活动。开展科普进社区宣传活动8场次，举办科普知识讲座13场次，发放科普宣传资料8500余份册，展出科普展板122次，播放科普知识。举办科普文艺宣传演出7场，将科普知识融入到快板、小品、歌曲和舞蹈中。四是增强城镇劳动者素质。依托园区科协、企业科协和工会组织，通过在企业科技人员中开展“讲理想、比贡献”、岗位技能培训、员工技能比武等活动36场次。五是提升领导干部和公务员科学素质。组织协调全县各机关企事业单位工作人员积极参与科技活动周、全国科普日以及各重要纪念日等大型科普活动，配发《领导干部和公务员科学素质读本》1200本。

【科普信息化建设】实施互联网+科普行动，利用贺兰科普网、贺兰科协微信平台、手机短信等及时反映全县科普工作动态，传播各类科普知识。通过登发微信、发送手机短信受益群众达2万人次。在贺兰电视台开辟《科普大篷车》栏目，每周二、五播出，每次20分钟，累计播放2000分钟。下载中国科普V视快递视频28个，在电视台、农村、社区累计播放1200分钟。制订《贺兰科协科普信息化建设实施方案》，明确了建设科普中国社区e站、乡村e站、校园e站的目标任务。

【创建2016—2020年全国科普示范县】自2006年开展全国科

普示范县创建工作以来，已连续两轮荣获全国科普示范县称号。2015年正式开展第三轮创建工作。至2016年2月再度被中国科协命名为2016—2020年度全国科普示范县，全区仅有5个县（市、区）获此殊荣，贺兰县名列其中，继2006和2011年连续三轮成功创建为全国科普示范县。

【开展乡镇场科协工作评价】 按照《贺兰县乡镇场科协工作评价办法》要求，成立由县科协分管领导、相关业务负责人和7个乡镇场科协秘书长为成员的评价小组，于1月5日、11日深入各乡镇场，采取听取汇报、查阅资料、座谈交流和实地查看等方式，对各乡镇场科协工作进行了综合评价。评价工作增进了各乡镇场之间的交流学习，健全了科普惠农工作机制。

【承办银川市2016年科技活动周启动仪式】 在启动银川市2016年科技活动周仪式上，贺兰县科协协调宁夏科技馆、各县区及贺兰县各乡镇场、街道社区、学校、机关企事业单位57家，联合开展了科普宣传咨询、科技创新产品、特色农产品展示、机器人表演、3D打印演示、“玩转科学”实践体验等展示体验活动，营造了全社会关注和支持科技创新的良好氛围。

【现代农业科普教育基地学习实践活动】 与县教育局联合，组织贺兰四中，金贵镇汉佐小学、银光小学的220名师生到金贵镇西为牡丹种植科普示范基地举办了“知行合一、学在乐途，青少年走进农村科普示范基地学习实践”活动。同时，举办了科普大篷车开进科普基地活动，展示各类科普知识展板36块、科教展品15件。还为学生发放了《青少年科技创新知识》《未成年人科学素质知识手册》、食品安全、生活常识等科普书籍、资料1000余本。活动为传播现代农林科技知识、展示农业先进科技成果、提升青少年综合素质搭建了平台。

【举办贺兰县第四届校园科技节】 与县教育局联合，组织县城学校开展“创新引领”为主题的第四届校园科技节。贺兰一小开展手抄小报比赛，贺兰二小开展“创新引领我生活”主题活动，各中学组织开展了科技创新知识讲座、校园探究性学习展演。贺兰一中、二中、回民小学及贺兰四中举办了青少年科技创新大赛获奖作品展。各项活动的开展，调动了师生关注科技创新、参与科技创新的积极性，增强了学生的创新意识。

【召开贺兰县第十一届青少年科技创新大赛表彰大会】 大会由县科协、教育局、科技局、环保局和团委联合召开，会议对贺兰县第十一届青少年科技创新大赛参赛及评奖情况进行了通报，并筹资5万余元对在大赛中获奖的365件作品的作者和评选出的10名优秀科技辅导员、5名优秀组织个人、6个优秀组织单位进行了表彰奖励。会议还对贺兰县第十二届青少年科技创新大赛有关事宜进行了部署，并邀请宁夏大学部金龙副教授为与会师生举办了一场以“让梦想起飞，创意引领未来”为主题的辅导讲座。

【“走进基层、深入群众”实践活动】 组织党员干部5次深入欣荣村、旭光村13户包村户家中进行摸底排查，为18户结对帮扶户、马家寨社区的10户困难群众送去慰问品和慰问金共计2.68万元。为欣荣村8户建档立卡贫困户制订扶贫计划，协调5户与欣荣村景华肉鸽专业养殖合作社签订扶贫养鸽协议，每年为建档立卡贫困户分红850元。落实“千名干部带头抓整治、万名党员亲民抓整治”主题实践活动，组织党员干部职工每周五到朝阳路责任区进行卫生清理整治。参与马家寨社区组织的党员志愿服务活动。对没有物业管理的邮政小区家属院脏、乱、差的卫生环境进行清理整治。

贺兰县文学艺术界联合会

【概况】 2016年，召开文联全委扩大会议，选举产生了文联主席、副主席。全年积极组织开展各项活动，强化创作基地建设，部分作品获得奖励，县文联也连续7年被自治区文联评为先进集体。坚持开展传统节日和党建日、建军节诗歌朗诵及慰问演出等系列活动。创新开展作品征集与捐赠、展出、参赛活动。联合对2016年度全县获奖文学艺术作品个人和团体进行奖励，奖励金额18.6万元。成立3个摄影家协会创作基地，为摄影家协会搭建了新的创作平台。

【传统节日活动】 元旦、春节期间，组织文艺家深入社区、乡镇、企业等地，开展21场文艺演出及“送春联·传祝福”慰问活动。9月9日，参加“月圆中秋·德润贺兰”系列活动，作协、书协、摄影协会骨干会员以“经典诵读”“书写家风家训”“我眼中的贺兰”为主题共庆佳节，营造了诵读美文，立家规、守家训的良好氛围。

【诗歌朗诵及慰问演出】 7月1日，重温党的光辉历程，在欣兰广场举行“重读先烈诗章”诗歌朗诵会，纪念建党95周年。7月21日，在建军节来临之际，组织送文化进军营慰问演出系列活动。

【作品征集与捐赠】 4月21日，著名书画家、评论家、教授、《投资收藏》总编林俊先生向贺兰县捐赠包括《贺兰山赋》等在内的32件书法作品，县文联举行作品收藏仪式。5月28日，围绕贺兰县“赏万亩沙枣花文化旅游节”活动，开展“枣林赏景”书法美术摄影征文活动，夏玉琴、马彦鸣、陈晶、苏小桃等54人作品获奖。9月1日，中国第一部《慈善法》正式颁布实施，县文联在文化广场开展了书画作品义捐义卖义写活动，将收藏的一些名家作品进行装裱义卖，所得3000余元善款全部捐给贺兰县慈善总会，并将现场书写的50余幅作品无偿赠送给在场群众。

【作品展出】 12月17日，围绕县委、政府举办的2016中国·贺兰·洪广金山羊肉节文化旅游美食节，县文联组织举办“五个贺兰”主题摄影作品展，共展出作品40幅。同日，贺兰县书画院创作员戴春油画展在贺兰山1958创意园举行，共展出精品油画146幅。知名画家、作家马知遥，宁夏书画院院长周一新，宁夏美协副主席、宁夏油画学会主席孙立人，北方民族大学设计艺术学院副院长、著名画家杨占河到场祝贺。

【参赛获奖作品】 2月24日，在自治区文化厅主办的2016年迎新春第二届全区群众书法绘画摄影大赛”中，贺兰县吴艺贤、戴春分获书法类、绘画类一等奖，姬宇铎、杨海阔、马永成分获书法、美术三等奖，夏玉琴、王海成、张东胜、王庆民、桑立琴获优秀奖。7月22日，由中国老年书画家协会、贵州省老年书画家研究会、书画学报社主办的纪念中国工农红军长征胜利80周年首届全国书画精英展在贵阳市颁奖，贺兰县老年书法家协会主席张东胜，会员刘德新、桑立芹等5人代表贺兰老年书协获奖人员前往领奖。10月30日，由自治区文化厅主办的宁夏剪纸创意大赛落幕，贺兰县民间艺术家协会员王平作品《年年有鱼》、朱淼作品《金玉满堂》、刘慧芝作品《朝鲜族少女》喜获银剪子称号（银奖）。

【全县第三届器乐大赛】 8月1日，县文联举办全县第三届器乐大赛，此次比赛涵盖了西洋乐器、民族乐器、键盘乐器、重奏等多种器乐，吸引了全县近200名乐器爱好者参加。经过初赛、决赛激烈角逐，分别评出了少儿组、中青组一等奖3名，二等奖7名，三等奖11名及优秀奖16名。

【临帖点评交流】 12月6日，县文联邀请中国书法家协会教育委员会委员，中国书协会员，自治区著名书法家，银川市文联副主席、书协常务副主席刘志骋老师举办书法点评交流活动，现场为贺兰县书法会员指导书法理论知识和技巧，提升创作水平。

【文学艺术作品奖励】 12月12日，依照《贺兰县获奖文学艺术作品奖励办法》，由文联牵头，经县委宣传部、文广局、文联对2016年度全县获奖文学艺术作品个人和团体进行审核评定，符合奖励条件个人47人、团体4个，其中个人国家级奖励1名，省级16名，市级28名，县级2名，团体省级奖励3名，市级1名，奖励金额18.6万元。

【摄影家协会创作基地】 4月22日，县文联摄影家协会在宁夏园艺博览园、贺兰山1958创意产业休闲区举行创作基地揭牌仪式。5月23日，银川鸣翠湖国家湿地公园创作基地揭牌，为县境外的第一个创作基地。

【中国文联计划财务工作宁夏调研座谈会】 6月7日，中国文联计划财务工作宁夏调研座谈会在贺兰县文联召开。中国文联办公厅副主任鲁航、宁夏文联秘书长庾君，银川市文联党组书记张秉东及各市县文联负责人参加会议。鲁航对贺兰县文联工作予以肯定。

民主党派和工商联

Minzhudangpai He Gongshanglian

民革贺兰支部

【参政议政】 2016年，民革贺兰支部在贺兰县政协十届一次会议上，集体提案立案4份，个人提案立案1份，支部提案立案数占政协会议立案总数（23件）的22%，支部集体提案也是政协仅有的4件集体提案。征集参政议政材料38篇，党员参与面广，内容涉及市政道路建设、社工机构发展、社区矫正异地就业委托管理、小饭桌管理等多个方面。

【建言献策】 支部党员结合个人工作实际，撰写《贺兰县测土配方施肥现状及建议》《关于规范贺兰县法律服务市场的几点建议》等调研报告7篇，提出意见建议16条，得到了县委、政府领导和有关部门的充分肯定。

【提高提案质量】 在银川市、贺兰县政协历届全委会议上，民革贺兰支部共向大会提交集体提案16件，个人提案25件，大会发言4份，内容涉及工业、农业、文化卫生、教育体育等各个工作领域。其中，《关于加强社区宣传橱窗管理的建议》等4件提案被评为县政协优秀提案。支部党员积极撰写工作简报和社情民意信息，累计编发工作简报57期、社情民意48期，《关于在德胜工业园区建设卫生间的建议》等社情民意信息得到市领导的批示。

在参政议政活动中，不仅重视支部的整体作用和代表人士的引领作用，同时也注重发挥支部成员中特邀监督员、行风评议员的作用。民革贺兰支部中有6人被地税局、公安局、国土局、供电局等部门聘为特邀监察员、行风评议员。党员保剑君被交通运输部、人力资源和社会保障部评为全国劳动模范，党员李广成积极做好农业技术推广服务工作，被称赞为既搞科研又搞实践的专家型人才。

【社会服务】 开展义诊、法律咨询服务及农业种植技术培训活动，共计发放各类宣传资料2100余份，接待各类咨询720余人次。支部配合区、市委会，争取中华慈善总会捐赠贺兰县新建县医院、中医院1500万元医疗设备。

【党员发展】 2016年发展新党员4名，支部共36人。其中：大学学历23人、大专学历9人、中专学历4人；男17人，女19人；70岁以上4人，60岁以上1人。

根据民革贺兰县第十届支部委员会第一次会议民主讨论通过，钱瑞为支部主委，王紫燕、李广成为支部副主委，吕东为组统联谊委员、李锦为学习委员、杨金凤为组织委员、苏洁为宣传委员。

民建贺兰支部

【概况】 2016年7月3日，民建贺兰支部成立，共有会员12人。

【思想建设】 民建贺兰支部把加强学习中国共产党第十八届中央委员六中全会精神的文件作为

各项工作的重中之重，进一步加强会员的理论水平，提高参政党的履职能力。同时，要求会员学习民建的会章会史和优良传统等相关内容，达到会员对会的了解和热爱，继承会的光荣传统。

【组织建设】 通过集中学习、座谈、自学等多种学习方式，认真学习科学发展观，加深对科学发展观理论体系的学习和研究，进一步增强贯彻落实科学发展观的自觉性的坚定性，努力把对科学观的认识成果转化成为促进发展的科学思路，服务发展的实际能力，推动发展的自觉行为。

【领导班子建设】 领导班子带头加强学习，组织会内骨干参加培训，不断提高理论修养，努力培养和完善政治把握能力、参政议政能力、组织领导能力、合作共事能力等能力。

【参政议政】 2016年，向贺兰县政协十届一次会议提交了《关于加强贺兰县城车辆停放的规范化管理的建议》和《关于提升贺兰县小城镇建设品位的建议》提案。

【公益活动】 10月，通过上级主管部门的引导等途径参与社会公益事业，到贺兰县中心敬老院开展了“温暖重阳 关爱老人”重阳节慰问活动。

民进贺兰支部

【概况】 2016年，民进贺兰支部围绕民进市委会中心工作，以学习贯彻中共十八届三中全会、四中全会精神为主线，认真履行工作职责，牢牢把握大团结、大联合主题，强化统战工作沟通、协调、引导服务能力，为加快贺兰县社会经济发展积极进言献策，充分发挥参政党的职能作用。

【支部建设】 采取集体学习和个人学习两种形式不断加强会员政治和统战理论；学习市委统战部、市民进会组织的各类培训、贺兰两会精神以及政协、县委领导讲话，并要求在职会员写学习心得和笔记；参加市县统战部举办的培训学习班，增强会员的政治素质和理论修养。同时，还认真学习了《中国民主促进会章程》《中共中央关于进一步加强中国共产党领导的多党合作和政治协商制度建设的意见》，要求会员发扬爱国、民主、团结、求实的光荣传统，统一思想，提高认识。

【支部会务活动】 开展组织活动，全面推进会务工作，会员党派意识明显增强。年初，支部全体委员召开支部委员会，对支部委员的工作做了分工。要求健全支部档案，建立支部组织制度；全年支部活动不少于3次；委员会议不少于5次；慰问老会员不少于5人次；全年向市委会报送简报不少于6篇；送课活动2次；到部分在职会员所在单位了解会员工作情况3次。

【建言献策】 支部会员深入基层，调查研究，参政议政，建言献策，2名会员当选为人大代表，4名当选为政协委员。2016年会员谢什昕提出的《关于改造升级县城早市经营场所的提案》、何丽娟提出的《关于县城公交车辆较少，学生上放学高峰期乘车难的提案》、张晓燕提出的《关于打通贺兰县创业路与立通路最后一公里的提案》被县政协列为一般提案。在撰写提案的同时会员积极参加人大、政协、统战部、工商联组织的各类视察调研活动，深入了解贺兰县经济社会发展现状，并提出合理化的建议和意见。

【联谊活动】 4月底，与民盟贺兰总支部联合举行迎五一趣味体育运动会，促进了两个支部间的联谊。

【表彰奖励】 会员马秀梅老师被银川市人民政府评为“最美银川人”；罗淑莲老师被银川市教育局评为市级优秀教师；张晓燕被县委评为农业农村先进个人。

贺兰县工商业联合会

【概况】 2016年，贺兰县工商联加强自身队伍建设，积极开展各项工作。团结凝聚全县非公有制经济人士，加强教育引导，开展理想信念教育实践活动。完善组织建设，推进基层商会建设工作，全年共吸收会员企业20余家。会员数达482名，已相继成立6个基层商会。积极参政议政，做好非公有制经济人士的培养、推荐工作。推荐市人大代表1人、县人大代表13人、县政协委员26人。开展精准扶贫、招商引资、“三进”活动等重点工作，完成招商引资任务1.2亿元。完成县工商联第十届执委会换届选举。发挥非公经济作用，开展“百企帮百村”工作。

【第十次会员代表大会】 12月23日召开。银川市委统战部副部长、市工商联党组书记吴建龙，市工商联秘书长董进，县委副书记何建勃，县委常委、统战部部长秦建忠，县政协副主席钱瑞等领导应邀出席。县工商联秘书长赵立新代表第九届执委会向大会报告贺兰县工商联第九届执委会工作。会议选举产生县工商联第十届执委会委员54名，县工商联第十届执委会主席1名、副主席18名、秘书长1名，贺兰商会第一届会长1名，副会长9名、秘书长1名。郝向峰当选为县工商联第十届执委会主席、贺兰商会第一届会长，并代表新产生的班子成员做表态发言。会议审议通过了《关于贺兰县工商联第九届执委会工作报告的决议（草案）》。

【理想信念教育实践活动】 一是抓好教育实践活动总体部署。在对非公经济人士的思想情况进行调研的基础上，制订《贺兰县非公有制经济人士理想信念教育实践活动实施方案》，成立以县委常委、统战部部长为组长，县委统战部副部长、县工商联党组书记为副组长的领导小组，负责活动的部署和督导落实。5月上旬，召开动员大会。二是开展教育实践活动。组织部分非公有制经济人士赴香港、上海等地考察学习。与县武装部联系，组织部分非公有制经济人士参加“军事日”主题活动。6月，组织非公人士参加自治区工商联举办的以“企业管理”为主题的知名企业家大讲堂活动。下半年组织非公有制经济人士参加自治区银川市银企座谈会、债券发行讲座及滨河新区观摩活动。三是督促检查。与各会员企业做好对接工作，对理想信念教育实践活动开展情况进行督查，定期以简报的形式对活动情况进行反馈。

【会员队伍建设】 全年吸收中汽配世邦投资发展（宁夏有限公司）、宁夏沃尔丰葡萄酒有限公司、阿里巴巴集团（宁夏运营中心）等会员企业20余家。截至年底，全县工商联会员已达482名。

【基层商会】 组织召开基层商会建设推进会，解决商会成立过程中存在的问题和困难，贺兰县习岗街道商会、贺兰县习岗商会、贺兰县金贵商会、贺兰县立岗商会、贺兰县常信商会相继成立。

【搭建非公有制企业交流平台】 一是搭建融资服务平台。先后与建设银行、中国农业银行、回商银行等金融机构联系，多次参与组织召开政银企座谈会，推动银企对接，促成企业与银行达成贷款签约意向，缓解了非公有制企业融资难问题。同时，县工商联全年共完成招商引资2亿元。二是搭建法律服务平台。发挥工商联法律服务中心作用，做好为企业维权等法律服务工作。县工商联法律服务中心全年累计为非公有制企业提供法律咨询100余次，帮助解决经济纠纷20余起。三是搭建沟通协调平台。加强与政府有关部门的沟通合作，帮助协调解决了部分企业员工养老保险金缴纳过程中存在的困难和问题。针对房地产业面临的问题，推动出台了《关于促进房地产市场平稳健康发展的若干意见》。四是搭建建言献策平台。“两会”前夕，利用深入企业和短信平台的形式向会员企业征集意见、建议和提案，推荐艾尼集团总经理李军和东君乳业总经理赵祥为全区第三届非公有制经济人士优秀中国特色社会主义事业建设者。全年共推荐市人大代表1人、县人大代表13人、县政协委员26人。

【精准扶贫】 一是调查摸底，做好精准扶贫基础工作。为具体扶贫措施的制定提供了依据。二是细化措施，确保精准扶贫工作成效。健全组织机构，由单位领导牵头负责，干部职工配合完成扶贫人口建档立卡、动态管理、协调督查等工作，做好入户调查、表册填报、结对帮扶、政策解释、矛盾化解、助推发展等工作。初步确定以扶持养殖业的形式帮助脱贫的办法。三是定期回访，建立精准扶贫长效机制。每月定期走访农户，并为农户宣传政策和一些实用的生活小常识、小技巧。

【“三进”工作】 一是走访对口帮扶企业贺兰盛达联合收割机厂、宁夏双合隆保温材料有限公司、宁夏洁美塑业发展有限公司，了解3个企业在运行过程中遇到的困难。为贺兰县盛达联合收割机厂寻找意向投资的企业。针对宁夏双合隆保温材料有限公司料场露天存放的问题，与县环保局沟通，帮助企业尽早解决问题。二是进乡村、进社区，做好“送温暖献爱心”活动。春节及七夕前夕，对天鹅湖社区、移民村、红星村的部分群众进行慰问，共发放慰问金5000元。八一建军节，贺兰县工商联班子全体成员到军民共建结对单位雷达站，对官兵进行节日慰问并进行座谈交流，为官兵发放慰问金2000元。

【“百企帮百村”工作】 对帮扶村进行调查摸底，组织动员贺兰兆丰生态渔业有限公司、马伟餐饮经营管理有限公司等具有帮扶意愿的24家企业对接帮扶洪广镇金鑫村。各企业结合帮扶村实际，采取资金、物资、项目、信息帮扶等举措，帮助洪广镇金鑫村完善基础设施、发展富民产业、拓宽就业渠道、兴办民生实事等。亮化金鑫村庄点2000米，安装路灯63盏；硬化蔬菜加工聚集场地2000平方米；确定122个帮扶对象。

【劳动关系三方四部门会议】 2016年，县工商联作为贺兰县协调劳动关系三方四部门会议成员单位之一，借助贺兰县工商联法律服务中心，发挥协调作用，向领导小组提出可行性建议。主办贺兰县三季度三方四部门例会，就加强企业民主管理监督检查、工业园区及重点工业企业发展面临的突出问题、关停企业的职工利益保护问题等组织讨论，维护劳动者合法权益。

【百日招商工作】 10月，县工商联与相关部门组成招商小分队，对江苏省常州市、太仓市、南京市部分工业企业进行考察对接。分别走访科威天使环保集团、江苏旷达集团、扬州扬杰电子科技股份有限公司等12个企业。完成招商引资任务2亿元。

法治建设

Fazhi Jianshe

社会治安综合治理

【概况】 2016年，贺兰县社会治安综合治理委员会办公室围绕全县发展大局和促进社会公平正义、增进人民福祉的总要求，聚焦防控风险和补齐短板两条主线，全面做好维护社会稳定、推进平安建设、创新社会治理、服务经济发展、打造过硬队伍五项重点工作，开展7大专项行动，稳步推进11项重点工作。进一步完善县、乡、村三级矛盾纠纷排查化解、预警防控等工作机制，全县共排查出各类矛盾纠纷436件，化解422件，化解率97%；梳理信访积案22件，办结22件，办结率100%。加大拖欠职工（农民工）工资专项整治，落实属地管理、分级管理、“三清单”等制度，建立了建设项目农民工工资支付管理纪实制度及劳动保障监察员工作责任制，协调解决清欠工作，全县共受理劳资投诉案件341起，涉及3712人次，涉及金额2512万元，监督发放13个政府类工程项目农民工工资5479万元。开展平安医院、平安铁路、平安校园、平安企业、平安工地、平安交通等创建活动，以小平安促大平安。

【落实四个到位确保平安建设】 一是认识到位。县委、政府专题研究部署平安建设工作，解决创建经费、人员编制等困难和问题，明确和落实了各级各部门主要领导为平安建设的第一责任人。县、乡镇场（街道办、园区）分别组建了平安建设办公室，做到人员、场所、设施三落实。二是措施到位。县委、政府先后召开县委常委会、政府常务会、平安建设誓师大会和月分析会等会议，对平安建设工作安排部署、总结交流、推动提高。县人大、政协开展视察检查工作，对平安建设的薄弱环节提出意见建议。相关单位结合各自职能，对平安建设工作进行再部署、再细化。三是责任到位。年初，在平安建设誓师大会上，县委、府分别与各乡镇场（街道办、园区）、县直单位签订了目标责任书，明确了考核的具体指标和内容。各乡镇和与单位分别与下属单位签订了责任书，落实平安建设责任。四是经费到位。继续划拨巡防经费154万元，保障专业治安巡防队建设及全县平安建设工作的开展。

【矛盾纠纷排查化解】 全县共排查出各类矛盾纠纷436件，化解422件，化解率97%；梳理信访积案22件，办结22件，办结率100%。

【加强命案防控工作】 县综治办与县公安局对全县近三年发生的命案进行分析研判，梳理出了案发诱因、案发区域、嫌疑人情况及案发时段等特征，印发《贺兰县控制命案专项整治实施方案》，在全县范围内开展为期一年的“控制命案专项整治”行动，从不同渠道、不同层面搜集获取可能引发杀人、伤害、爆炸、投毒以及引发命案的矛盾纠纷线索，规范了肇事肇祸精神病人的管理，建立了流动人口常态管理机制，加大了重点单位和旅馆、歌舞娱乐场所的安全大检查力度。

【加大拖欠职工（农民工）工资专项整治】 县政府印发《贺兰县农民工工资支付管理暂行办法》《贺兰县全面治理拖欠农民工工资问题的实施意见》等，落实属地管理、分级管理、“三清单”等制度，建立建设项目农民工工资支付管理纪实制度及劳动保障监察员工作责任制，与部门签订目标责任书，成立清欠联合工作组，定期召开季度联席会议，协调解决清欠工作中的问题。全县共受理劳资投诉案件341起，涉及3712人次，涉及金额2512万元，监督发放13个政府类工程项目农民工工资5479万元。

【建设建筑领域专项整治】 建立工程质量动态巡查监管模式，从前期施工手续、农民工工资保证金、施工质量、安全防护措施等全方位着手，集中开展建筑领域突出问题专项整治行动。对全县在建的91个房屋市政工程、18个水利交通工程、39个园区工程、21个乡镇建设工程全面普查，共梳理出重点问题130个，下发整改（停工）通知单179份，对45个未办理施工许可的项目进行了处罚，对41家企业进行了诚信扣分，累计完成突出问题整改68项，全县建设建筑领域管理混乱的局面得到有效遏制。

【抓打击与重防控】 各级、各部门层层发动、政法机关密切配合，打击力度不断加大，“两抢一盗”“非法集资”等违法犯罪的发案势头得到遏制。刑事案件侦破和治安行政案件查处位居全市前列。强化隐蔽战线信息情报网络建设，加强重要时段和敏感节点的维稳安保工作及法轮功、门徒会、达瓦宣教团等重点人员的教育管控。推进智能图控工程，采用以租代建的形式，加大治安监控覆盖率，新建电子警察40处，确保全县重点地区、重点场所、重点部位的全覆盖、零盲区，进一步压缩违法犯罪空间。从人防、物防、技防入手，采取科技防控、村义务巡控、集镇社会管控、机关单位专人守控等防控措施，全面推进社会治安防控体系建设。

【抓管理与强整治】 深化社区网格化服务管理，全面落实“以房管人”模式，发挥社区网格员职能作用，摸清实有人口、实有房屋底数，通过对出租房屋信息的摸排，实现对流动人口信息的全面掌握，有效预防和打击流窜犯罪。

【特殊人群管控】 实施重点人员阳光工程，采取“1+10”的方式，建立1个县级过渡性安置帮教基地和10个村（居、企业）创业就业教育劳动基地，通过“法律＋行为＋技能＋心理＋就业”五位一体综合矫治模式，增加监管透明度，促进刑释解教人员回归社会。全县刑释解教登记在册人数612人，安置帮教612人；接收社区矫正825人，解除社区矫正604人，在册社区矫正221人。在吸毒人员管控方面，持续对全县登记在册的884名涉毒人员开展吸毒人员大收戒和缉毒执法工作。全县青少年毒品预防教育深入开展，已成功申报区级毒品预防教育示范学校1所、市级毒品预防教育示范学校3所。在精神障碍患者服务管理方面，加强了肇事肇祸等严重精神障碍患者的日常排查、集中排查、组织管理、风险评估等工作，为所有确诊的重性精神病患者建立了居民健康档案，并对320名贫困精神病患者进行免费药物治疗。

【平安建设创建活动】 完善整治、排调、防范、宣传、综合治理等工作机制，并对其创建目标任务逐一分解细化到乡镇及部门，对已达标的“平安乡镇”“平安村（社区）平安单位”实施滚动管理。开展“平安医院”“平安铁路”“平安校园”“平安企业”“平安工地”“平安交通”等多形式的平安细胞创建活动，以小平安促大平安。开展“法律六进”活动，提升干群的安全意识，堵塞治安漏洞。

【公共安全防范警示教育集中宣传活动】 4月13日上午，贺兰县综治办联合综治委各成员单位，在县政府门前两侧开展以“公共安全防范警示教育”为主题的集中宣传活动。活动共悬挂宣传横幅40余条，发放宣传单3万余份，围裙、手提袋等6000余份，开展咨询活动70余人次，各室外电子屏滚动式播放公安安全防范和平安建设宣传标语，各乡镇场（园区）综治办结合实际，在辖区也开展了宣传活动。

【全县平安建设推进会】 11月14日召开，总结2016年平安建设工作，研究分析平安建设形势，安排部署下阶段工作，全面推进2017年度平安建设工作。县委副书记何建勃参加会议并作出指示。县委政法委副书记、秘书长、综治办主任樊利宁主持会议。会议要求做到“三盯”（盯住信访事项、盯住信访人、盯住责任单位），降低刑事发案率和安全生产事故率，给全县群众营造一个喜庆祥和的“新年关”。

检　察

【概况】 2016年，贺兰县检察院全年共受理各类提请批捕案件108件170人，经审查批准逮捕102件136人，受理移送起诉案件233件292人。落实宽严相济刑事政策，依法对社会危害性不大、双方已达成谅解的轻微刑事案件落实从宽处理政策，决定不批捕6件30人，不起诉3件4人。深入推进社会矛盾化解，让来访群众感受到被尊重的理念。将检察文化建设与服务型窗口建设相结合，用文化建设熏陶出来的文明行为接待来访群众，真正实现让群众带着问题来，载着满意归的接访目标。

【加大查办和预防职务犯罪力度】 通过深入走访，仔细摸排，深挖涉及危害民生民利、群众反映强烈的职务犯罪案件。立案侦查贪污贿赂案件6件12人，立案侦查渎职侵权案件3件4人。深入县水务局、财政局、银川市委党校等单位开展职务犯罪预防警示教育15次，受教育3000余人。

【刑事诉讼法律监督】 一是加强刑事立案和刑事侦查监督。年初在县公安局挂牌设立驻公安局检察官办公室，监督撤案2件、监督立案2件；全年共监督公安机关应当立案而不立案8件8人；监督公安机关不应当立案而立案9件18人；纠正漏捕8人，追诉漏犯3人，纠正漏罪4件；向公安机关发出纠正违法通知书4份，发检察建议18份。5月，在贺兰县第十七届人大常委会第二十九次会议上，刑事立案监督及行政执法监督工作以全部满意票通过。二是加强刑事审判监督。全年共派员出庭支持公诉215次，全部提出量刑建议，采纳率96%；列席审委会59件次。重视对审判活动违反法定程序、裁判不公的监督，共提出抗诉4件7人，上级检察机关全部支持。

【民事行政诉讼监督实现新突破】 共办理案件75件，重点针对执行监督和对行政机关不当履职开展监督，立案69件，其中督促行政机关履行职责案件40件，督促收回排污费41万余元、建设规费1845万余元；执行监督类案件29件，提出检察建议29件（均采纳）；审判程序中审判人员违法行为监督案件5件，提出检察建议2件（均采纳）。

【亮点工作】 一是“轻刑快办”工作经验既被自治区政法委向全区推广，又被银川市政法委授予“轻刑快办”工作先进单位称号。二是行政执法监督工作有了新提升，7月在银川市委绩效考核通报中，“两法衔接”工作位列全市第一。三是扎实开展窗口建设，3月被银川市政法委授予“优秀窗口”称号，9月被自治区检察院授予2013—2015年度全区检察机关文明接待室称号。四是民政刑事检察关于“农村中小学撤并”排查工作被银川市检察院向全市检察机关推广，执行监督工作再次被自治区检察院确定在全区检察机关交流。

【“两法衔接”专项检查】 4月11—13日，以“3·15”受理的危害环境资源和食品药品安全、制售假冒伪劣商品等危害人民群众生命财产安全犯罪的案件为重点，由侦监科组织开展为期3天的“两法衔接”专项行政执法检查活动。

【检察长带案下访】 2月中旬，贺兰县检察院检察长张学信会同习岗镇党委书记韩廷锋带案下访习岗镇和平村三社、四社，会见陈某某等30余名信访人，实地了解情况并为信访群众宣讲法律。

【启用检察官监督办公室】 落实全区在县级公安机关设立检察官监督办公室的会议精神，3月7日与贺兰县公安局会签《关于在贺兰县公安局设立检察官监督办公室的实施意见》，正式启用驻贺兰县公安局检察官监督办公室。

【召开“检察官与司法行政人员及律师代表”座谈会】 7月29日召开，落实全国检察机关“基层民事行政检察工作推进年”专项活动的会议精神，拓宽了民行检察工作思路，拓展案源，提高了民行检察工作的知晓度。

【领导督查指导】 8月29日下午，自治区检察院检察长李定达到贺兰县检察院调研指导，针对部分业务数据下滑以及队伍管理中需要细化考核指标等问题，提出了具体要求。10月12日，银川市检察院副检察长魏永文一行3人到贺兰县检察院，就民事行政检察工作开展情况进行督察指导。

【警示教育】 11月4日下午，在贺兰一中报告厅，贺兰县检察院职务犯罪预防专干邱凌芳面向62个村的“三委”班子成员500余人进行预防职务犯罪警示教育专题讲座，使全县农村基层组织人员真正理解和把握了廉洁自律的行为规范，提高了对预防农村基层组织人员职务犯罪的自觉性。

【“检查开放日活动”】 12月16日上午，贺兰县检察院举办以“加强侦查监督，维护司法公正”为主题的“检察开放日”活动，邀请部分人大代表、政协委员以及律师代表等40余人走进检察机关，零距离了解检察机关侦查监督工作的举措和成效。

【法治宣传】 3月6日，组织女干警在县政府门口开展“妇女维权周”法律宣传活动。5月10日，在主要街道设宣传点，开展“全国未成年人检察工作30周年”宣传活动，发放未成年人保护法、预防未成年人犯罪法等宣传手册300余份，并由检察干警现场解答讲解。5月27日，组织干警在县政府门前开展“依法维护权益，合法表达诉求”法制宣传和法律咨询活动。12月4日，组织干警开展“国家宪法日暨全国法治宣传日”活动，散发宣传单近千份，接受法律咨询10余次。

【送法下基层活动】 3月5日，组织干警在太阳城社区开展“学雷锋送法进社区”活动。5月4日，联合常信乡开展送法下基层活动。常信乡机关干部、村干部、青少年、妇女等群众代表80余人聆听专题讲座。

【禁毒宣传】 3月29日，贺兰县检察院安排干警在贺兰县四中开展以“珍爱生命、拒绝毒品”为主题的法制宣讲课，向500多名青少年讲解毒品的渊源、分类、危害性及毒品预防知识常识。5月7日下午，与贺兰县禁毒委员会联合为贺兰县二小开展了以“明礼、守法、远离毒品、做合格好少年”为主题的法制宣传讲座，1000余名学生聆听讲座。6月26日，组织干警在县政府门口等人流较集中地段设置禁毒宣传点，以悬挂横幅、散发宣传海报等方式进行禁毒宣传。

司法行政

【概况】 2016年，贺兰县司法局深入推进“七五”普法、矛盾纠纷排查化解、安置帮教基地建设、公共法律服务体系建设、星级司法所建设等工作，不断提高基层司法行政工作整体水平。全年完成自治区司法厅过渡性安置帮教基地重点项目，建立“1+10+10”运行机制，建立县局中心基地500平方米，建立就业技能培训、监狱警示教育、公益劳动及乡镇、街道、园区创业就业基地12个，帮助就业12

人。小康社会“法治建设”万人拥有律师指标居全区各县前列，全县律师达到95名，万人拥有率3.9人。司法厅对平安建设工作年度考核中，在自治区与其他2个县区并列第一名。

【创新工作】一是“智慧司法”信息化建设。建立“互联网+”在线普法考试、人民调解、社区矫正、法律服务等网络系统，代表银川市在全区司法行政工作推进会交流经验。二是“百法千场”常态化普法。根据社会治安、矛盾纠纷规律特点，按月组织30余项法律法规及典型案例普法1450余场次，率先启动“七五”普法，培育选树先进集体和个人150余个。三是“2345”智慧调解体系。建立“双线”大网络基础、“三维”大数据分析、“四分”大指挥联动、“五快五防”大调解执行体系，通过研判总量、提高质量、控制变量、减少数量掌握主动权，完成了银川市政法综治“互联网+矛盾问题”重点项目。四是“电子警察”五道监管。设立社区服刑人员“司法E通”、网络视频点勤、人脸识别考勤、电子腕带定位、微信群等电子围栏，减少了重新犯罪。五是产业法律服务中心。探索“12348”法律服务模式，在优势主导产业分别建立1个法律服务中心，建设线上、线下2个服务平台，成立行业调委会、法援联络站、法律服务团3个组织，集中提供普法咨询、人民调解、法律援助、公证律师等4项服务，向企业辐射提供发展尊法、保障有法、维权守法、文化尚法、决策问法、管理靠法、经营依法、执行知法“八法治企”服务。

【特色工作】一是“法宣在线”无纸化学习考试全面推广。组织全县2900余名国家工作人员参加网络学习考试，及格率达到99%。二是开展矛盾纠纷排查化解专项行动。增派法院、派出所、工业园区及土地、物业、劳资、学校纠纷调解员15名，提高办案补助，组织全员培训，调解成功矛盾纠纷1023件，同比多办案490件，增加92%。三是开展监管执法百日整治专项行动。制定制度26项，规范文书19个，组织入矫、心理、未成年人等集中教育培训16期630余人次，警告10人，县人大代表视察评议满意度100%。四是开展“百名律师下基层”活动。探索县级组团、乡级联片、村级联点服务，律师与1058个村居校企结对，代理诉讼2300余件，免费法律咨询6806人次，免费法律讲座50余场次。五是实施司法惠民工程。办理法律援助1077件，同比增加84.7%，位居全区第三，减免费用120万元，帮助挽回经济损失1932万元。办理公证3600余件，同比增加43%，办案数位居县区第一。为“1·05”案提供司法鉴定、律师、公证等法律服务，民刑分离、快审快判的建议被中政委、最高法院采纳。

【亮点工作】一是“一工作一载体”。普法“十百千万”系列活动、依法治理单位创建活动、人民调解“双基双联双解”四张网、社区矫正“三个五”工作体系、法律援助“五应五援”，公证“五个服务”，律师事务所“百名律师服务村居校企”工程、法律服务所“四规范四公开”、司法所“五化”星级所创建活动。二是“一业务一项目”。争取区市资金242万元，超额完成年度任务60%，与2015年同比增加160万元，增长200%。组织实施各类项目50个280余万元，其中自治区法律援助中心建设项目1个、自治区安置帮教基地项目1个、银川市社区矫正心理咨询项目1个、自治区法律援助彩票补助项目1个、自治区人民调解以案定补项目1个、法律十进示范点项目15个、依法治理示范点项目10个、村司法行政工作室项目11个、乡镇街道社区矫正基地项目6个、产业法律服务中心项目3个、政法服务窗口提升项目7个。三是“一所一品牌”。推进城关所“全区第一智慧司法所”、习岗所“五线工作法”、金贵所“法治一号工程”、洪广所“法治精准扶贫”、立岗所“法治十佳美丽乡村”、常信所“现代农业法治园区”、南梁所“互联网法治快车”等工作，城关所、习岗所、金贵所、常信所被评为全区五星级司法所，金贵所、南梁所2个最差服务窗口整改验收摘牌并通过四星级司法所验收。

【开展以案释法活动】制定《关于实行普法责任制的实施意见》《关于在全县建立以案释法制度的实施方案》，将普法任务细化分解到全县57家单位，明确普法方式和目标效果。推动全县形成“谁执法谁普法、谁服务谁普法”的大普法格局。组织全县13个执纪执法单位、8个律师事务所、1个法律援助中心的业务骨干，编写以案释法典型案例集，同时在各乡镇（街道）、企业、学校开展以案释法宣讲活动。

【实施“互联网+普法”工程】与电视台合作，创作一批全新的法治电视节目《“七五”普法我们在行动》《我身边的法制故事》两档栏目，宣传各单位普法好经验好做法。利用普法《手机报》《今日头条》，《贺兰发布》《贺兰司法》2个微信平台，每期推送一个法制故事、微视频、典型案例和县司法行政工作动态，拓宽普法和司法行政工作的宣传覆盖面。举办法律知识微信竞赛活动，增强普法的互动性和娱乐性。

【法治文化阵地建设】打造如意“法律进企业”示范点。在如意集团打造一个法治文化广场、派一名法律服务工作人员入驻基地，协助如意做好法律顾问、参与法治创建、开展法治活动，培育法治文化。打造青少年法律服务基地。将“六五”普法期间打造的青少年法治教育基地进行升级改造，建立模拟法庭、法治教育资料室、青少年维权室，设立校园纠纷调解委员会，带动全县中小学开展法治活动。

【推进“三网三中心”项目建设】在全区率先推行“智慧司法”工作，组织开展自治区政法云“互联网+矛盾问题”“互联网+重点人员”等试点工作，典型经验做法在全区司法行政工作推进会进行交流推广。依托“智慧贺兰”和“政法云”建设司法行政业务内网、矛盾纠纷调解信息网、公共法律服务网，配套建设人民调解中心、法律服务中心、社区矫正监管指挥中心平台，开发司务通、矫务通、法治通信息系统，实现各项司法业务工作的网络全覆盖。该项目已进入到招投标阶段。

【建设律师产业园】在德胜园区建设律师港，引进北京京师、上海锦天城等全国十强所宁夏分所，引进中国政法大学继续教育学院和律师学院，打造面向全区的法律产业服务链，建立集律师事务所、会计师事务所、审计事务所、司法鉴定所、公证处、法援工作站、政法学院、保险公司、证券公司、投融资公司为一体的法律服务集群。

【法律援助】建立生态移民法律援助工作站，参与农民工工资专项整治行动。1—2月，共受理案件130件，结案8件，其中刑事案件1件，民事案件129件。县法律援助中心共接待来人来访人210次，电话咨询290次，免收费用13万元，挽回经济损失121万元，为630名弱势群体维护了其合法权益。

【矛盾纠纷化解】一是建立“五张网”调解工作体系。成立各级各类调委会139个，其中乡镇、街道、园区调委会8个，消费、劳资、交通、学校、婚姻等专业行业性调委会11个，清真寺调委会14个，村（社区、企业、学校）调委会106个，形成县、乡、村、组四级调解网络，做到了发生纠纷有人管、有人问、有人报、有人调的工作格局。在夯实人民调解“四张网”建设的基础上，做实第五张网—“互联网+人民调解”。依托自治区政法云“互联网+矛盾问题”信息管理系统优化升级，衔接网格化管理系统，开发人民调解移动办公系统（包括现场调解、案件查询、台账名册、统计分析等功能），建立人民调解qq群、微信群，实现全县人民调解案件信息的电子化管理。二是健全三张清单台账。通过拉网式排查、分类式研判、销号式管理，制定问题清单、责任清单、化解清单。落实村居周排查、乡镇街道半月排查分析、县级月排查分析制度。

【社区矫正】 编制社区矫正执法工作指南，规范调查评估、入矫管理、信息管理、请销假、审批流程权限等具体执法行为，建立干预刑罚执行登记制度。发挥司法E通全国社区矫正管理系统、视频点勤系统、人脸识别考勤仪、电子手铐脚镣、微信群五道电子警察监控围栏，确保联得上、接得通、看得见、找得到。对人员漏报、信息漏登、居住地变更、请销假、保外就医定期报告、重大节假日等容易发生虚管、脱管、漏管的情况加强督查，对1起请假不规范问题及时处置并对工作人员问责。对社区服刑人员违规问题警告处分2人，建议收监1人。1—2月，共新接收社区服刑人员9人，解矫21人。

【安置帮教】 制订《贺兰县刑满释放人员帮扶方案》，开展社区服刑、刑满释放人员“五送两减”活动。在如意集团设立安置帮教基地，与银川女子监狱签订就业协议出狱就安置，解决服刑人员生活、工作等方面问题。截至年底，共接收刑满释放人员23人，落实安置人员23人，安置率100%。

【表彰奖励】 2016年，贺兰县司法局分别获全国人民调解宣传工作先进集体、全区“六五”普法先进集体、全市“六五”普法先进集体、全市政法机关服务型窗口建设达标窗口、信访督办工作先进集体、全市依法治理示范单位等殊荣。

军　事

Junshi

人民武装

【概况】2016年，贺兰县人武部坚持抓基层打基础、抓重点带全盘、抓作风促落实，思想政治工作、作风建设、军事建设、双拥共建等工作有序开展，重点大项任务全面完成，保持了高度集中和安全稳定。严格首长机关训练，抓好队伍培训、民兵应急分队训练和应急分队战备演练，8月，在洪广镇金山一带发生特大泥石流灾情后，第一时间组织206名民兵，调运大型机械20余辆参加抗洪抢险，解救受灾群众70人，受到社会各界广泛好评。

【思想政治建设】对习近平主席系列重要讲话进行深入学习；落实进一步肃清郭伯雄徐才厚案件影响、改革强军主题教育和“两学一做”学习教育，开展“人人上讲台，人人讲党课”的群众性自我教育活动，开展“佩戴党徽、诵读党章”“争创先进国动单位，争当优秀国动干部”“让精武标兵红起来、让退伍军人香起来、让军人家属富起来”活动；制订下发2016年民兵政治教育计划，利用整组时机，以“带头履行国防义务，做政治建军改革强军依法治军的模范”为主题，进行了年度民兵整组季课教育；先后以“强军路上贺兰兵”家乡媒体进军营活动、拥军模范金贵镇陆秀英老奶奶、精武标兵事迹报告会、“1+1”助学活动、基层武装部长教导员宣布命令大会等为主要新闻线索，积极撰稿投稿，共采用30篇。

【军事活动】一是严格首长机关训练。以首长授课、个人自学等方式为主，组织民兵整组业务、后勤机关业务、年度工作计划、民兵军事训练专项计划的制定，以及办公自动化操作、多媒体制作、公文写作等内容的学习培训。二是抓好队伍培训。2月，依托军区教导大队，围绕3个方面16个课目内容，组织全县专武干部和民兵干部骨干进行业务集训。5月，组织5名新任职基层武装部长和1名现役人员参加宁夏军区专职部长暨民兵预备役教练员集训。11月3日，召开宣布命令大会，为新任命的各乡镇（街道）基层武装部长、教导员颁发任命状。三是抓好民兵应急分队训练。3月26日—4月2日，专门邀请独立团3名教练员，组织新入队民兵86人在银川陆军预备役高炮团进行集中训练，实现了由普通百姓向合格民兵的转变。11月14—19日、11月21—27日，分两批组织县民兵应急分队140人进行集中训练。四是抓好民兵整组工作。坚持“编为用、建为战”思想，针对往年乡镇编兵存在的人员流动大、关键时候人拉不出来的问题，将两个工业园区和轻纺城作为重点编兵单位，在编兵数量上给予侧重，基本达到了组织健全、布局合理、干部齐备、队伍纯洁、资料完善的要求。五抓好应急分队战备演练。7月，利用2天时间，组织民兵分队54余人参加了贺兰县抗震救灾演练。组织各基层武装部进行防汛演练，指导基层单位修改完善了防汛抢险救灾预案。承担“银川市退伍军人应急征召演练试点”任务，克服人少事多困难，坚持早筹划、早部署，确保内容科学合理，依据翔实准确，程序规范清晰。

【作风建设】全面落实从严治党要求，聚焦改革强军抓纪律、坚持预防为主抓教育、紧盯作风建设抓纠治、突出关键少数抓监督，正风肃纪的高压态势持续不减。严格学习考勤补课，确保学习理解消化转化。4月、11月，按照上级“关于进一步肃清郭伯雄、徐才厚案件影响”工作部署，召开部党委会，研究分析形势、细化落实措施、深入查找问题、严格整改落实，进一步统一了思想认识，肃清流毒影响。6月15日—6月23日，以“三严三实”为主题，紧密结合“两学一做”学习教育，召开部党委民主生活会，班子成员对照重点，查摆问题，剖析原因。持续开展“读书思廉、知责思为、见贤思齐”活动，坚持学习警备区印制的《廉政赠言》，阅读廉洁短信，党员干部签订廉政承诺书，提高了廉洁自律意识。

【国防动员和后备力量建设】转隶军委国防动员部后，县人武部党委一班人把履行“五部”职能使命作为一项重大课题，探索推进国防动员和后备力量建设创新发展途径。一是抓国防动员潜力数据统计，组织各国防动员委员会专业办公室和基层相关单位，对9个板块100多项近万条数据进行采集、统计和录入，摸清了全县国防动员潜力。二是抓国防动员基础建设。7月15日，部长、政委带队，对县域防洪设施进行现场勘察、现场办公，摸清底数、明确任务，修订完善了预案。落实宁夏军区、银川警备区关于做好国防动员样板工作的要求，完成了改造、扩建民兵训练基地工程的审批、立项工作，并开工建设。三是做好征兵工作，围绕“五率”要求，突出“两个优先”，严把“三个环节”，实现“四个确保、一个杜绝”的目标，组织了征兵工作业务培训活动，在街道和各乡镇开设兵役登记站6个，张贴《兵役登记通告》50余份。2016年，贺兰县“全国征兵网”网上共登记适龄青年4861名，共向部队输送优秀青年86名，其中大专以上文化程度24人，占总数的25.8%，新兵综合素质有了明显提高。

【双拥共建】制订《贺兰县人武部2016年精准扶贫工作方案》，对欣荣村、京星农场结对的11户贫困户进行帮扶。开展“学雷锋，在行动”活动，组织驻县部队和县人武部干部职工，到县敬老院帮助打扫卫生、提供便民服务。开展植树造林活动，组织干部职工和驻县部队25人、给水团220人植树3000多棵。宣传精武标兵（单位）和拥军模范，11月25日邀请海军东海舰队贺兰山舰官兵代表，以及来自不同部队、不同岗位的贺兰籍官兵共6名现役官兵介绍投身军营，争做新一代“四有”军人的突出事迹，激发适龄青年参军入伍光荣感，现役官兵矢志强军的自豪感，提升全县人民的国防意识。及时整理金贵镇陆秀英多年坚持自费缝制鞋垫慰问部队的拥军事迹以“‘鞋垫奶奶’的拥军遗愿”为主题，在《国防报》《全军政工网》《宁夏日报》等军地媒体进行宣传报道，在全县掀起拥军、参军、支前的新热潮。

经济事务管理

Jingji Shiwu Guanli

综　述

【概况】2016年，贺兰县经济发展和改革局实有行政编制人员16人，事业编制人员5人。所属价格监督检查所、节能监察中心、综合办、项目办、工信办、产业办、信息动员办公室、经济动员办公室、诚信建设领导小组办公室等。根据贺兰县“富民强县，跨越发展”的总目标，多措并举促进经济发展，全县实现地区生产总值134.23亿元，同比增长10.6%，增速位居全区第三、川区6县第一。其中，第一产业实现增加值16.39亿元，同比增长5.8%，增速位于全区第二，川区6县第一；第二产业实现增加值75.65亿元，同比增长12.2%，其中工业完成增加值59.63亿元，同比增长15.5%；第三产业完成增加值42.19亿元，同比增长9.6%，位居川区6县第二。

三次产业结构由2015年的13.1:55.8:31.1调整为12.2:56.4:31.4。全县完成固定资产投资207.1亿元，同比增长19.5%，增速位居全区第三、川区6县第一；完成社会消费品零售总额133.01亿元，同比增长8.2%。全年电子商务交易额实现175亿元，同比增长558.5%。4月，在2016年一季度全市经济形势分析大会上，贺兰县获全市2015年度工业经济发展先进县一等奖，获得奖资150万元。

【发挥县域经济宏观调控职能】密切关注11项重点经济指标增长动态，并对工业、投资、服务业、节能等相关指标按月分解任务，定期进行督查、调研、监测和分析。对经济运行中出现的问题和困难，及时协调解决，确保主要经济指标按照时间节点稳步持续推进。

【优化发展环境】将企业减负作为推进供给侧改革的切入点，先后印发实施《贺兰县关于进一步降低企业成本减轻企业负担的实施意见》（贺政发〔2016〕84号）、《贺兰县关于加快供给侧结构性改革实施意见》（贺政发〔2016〕85号）和《关于开展工业供给侧结构性改革十大专项行动的通知》（贺党办发〔2016〕57号），通过优化发展环境，助推企业做优做强。

【创新发展机制】在项目服务和管理上先后创新实施了重大项目绿色通道审批制度、项目“五零”服务制度、“模拟审批”和“并联审批”、“6+X”部门会商机制，提高了审批办结效率和难题破解效率。创新开展“双百”大会战和“三百”竞赛活动，建立项目台账，掌握进展情况。创新建立项目“五位一体”管理模式，形成从任务分解、组织协调、分析通报、难题破解、督查考核全方位覆盖的项目建设管理制度，确保项目建设按节点时序推进。

【实施“企业成长计划”】全年培育新增规模以上工业企业共计6家，培育产值过50亿元1家、10亿元企业2家。通过开展“下园区、联项目、解难题、送服务”工作，先后向9家企业发放自治区货运车辆普通公路道路通行费减征凭单500张，推荐11家企业的13个产品列入宁夏工业名优产品“目录”，帮助企业降低运输成本和销售成本。为企业申报自治区新型工业化、专精特新、高新技术产业等66个项目，争取工业奖励扶持资金7102万元。

【推行阳光招标方式】 进一步建立完善建设工程投标保证金管理、政府投资项目标后管理、招标代理机构和招标评标评委考核等相关办法和制度。实行招标交易流程办理制度、招标文件会审制度，采取投标企业不良记录扣分备案通报、招标代理“三方考核”和评标专家“双评价”、中标方信息公示制等方式，打击了围标、串标、挂靠资质等违规行为，杜绝了层层发包和无资质施工行为。开辟重点工程招标“绿色通道”，及时与建设单位沟通对接，合理压缩招投标工作时限，确保项目前期工作有序推进。全年完成建设工程招投标项目136项，中标金额7.24亿元，其中公开招标126项，邀请招标10项。

【价格调控与监管】 节假日期间，加强对农贸市场、商场超市、宾馆酒店的价格收费进行检查和监管。严格成本核算，制定合理的收费标准。对贺兰一中双语高中、艺术体育特长班和贺兰山东麓葡萄长廊贺兰片区扬水灌溉水价进行成本测算，核定收费价格。受理投诉举报调查处理，截至年底，举报中心受理价格共举报（咨询）58件，办结58件，办结率100%。率先推动开展农业蔬菜价格保险，确保生产供给，平抑市场菜价，保险蔬菜种植面积9952亩，总保费1862万元，参保率位于全区前列。

【转变工作思维】 围绕县委提出的贺兰发展“十大转变”，起草《关于促进贺兰生产向贺兰制造转变的实施方案》《关于实施贺兰产业链向产业集群转变的工作方案》等，立足实际，提出切实可行的工作思路。干部职工全年共发布工作动态130篇，完成课题研究10篇、调研报告66篇，发挥了“参谋助手”作用。

【推进公务用车制度改革】 制定符合县情的公车制度改革实施方案和相关配套制度。全县涉及车改的单位共53个，涉及车辆361辆，已保留170辆，封停处理191辆，后期陆续将对各单位封停的车辆进行分步骤的评估、拍卖。

市场监督管理

【概况】 2016年，市场监督管理局深入推进商事制度改革，重点推进企业“五证合一”、个体工商户“一照一码”核发工作。全年共发放“五证合一”“一证一码”营业执照3227份。同时，加强监管，严格执法，全力维护公平有序的市场环境，为企业发展提供优质高效服务。年内先后获银川市“依法治理示范单位”、全区“六五”普法先进集体称号。

【提高行政审批效率】 2016年，新办理企业设立登记1187户，同比增长74.64%，登记在册企业共5308户，注册资金430.36亿元，同比分别增长28.71%和14.88%。在册个体工商户10688户，同比增长42.83%。

【推进企业年报工作】 2016年应参加年报企业3723户，累计年报3334户，累计年报率89.6%；应参加年报农民专业合作社559户，累计年报434户，累计年报率77.6%；应参加年报个体工商户8013户，累计年报7959户，累计年报率99.3%。

【强化监管】 逐步建立失信主体“一处违法，处处受限”惩戒机制。完成112户企业、316户个体工商户年度报告公示抽查工作，对抽查结果进行审核录入公示。在国家工商总局红盾信息平台对272家企业进行吊销执照公告，及时清理了部分“僵尸”企业。

【为企业发展提供服务】 一是推进实施商标战略，开展“商标助企”工作。对贺兰山东麓23家葡萄酒生产企业的商标使用及注册情况进行走访调研；组织完成48家企业、53件商标参加宁夏第十届著名商标的认定和延续申报工作，培育第十届宁夏著名商标53件，比上届增长5件。二是通过开展银企对接，搭建助企融资平台。全年办理股权质押登记38件，出质股权42.18亿元，为企业担保融资近50亿元，办理动产押登记61件，实现融资16.8亿元。三是超额完成“个转企”任务。全年共完成“个转企”80户。四是做好银川市、国家工商总局“守合同重信用”企业公示工作。6家企业获得国家工商总局2014—2015年度“守合同重信用”企业。36家企业获得银川市2014—2015年度“守合同重信用”企业。五是扎实开展“质量强县”工作。先后对全县125家企业、18类工业产品的203个批次的产品质量进行监督抽样检查工作。建立健全企业档案，帮助企业完善企业标准化体系，有15家企业26个企业标准在公共服务平台上公开公示。

【行政执法】 以食品药品违法经营、假冒伪劣商品、虚假广告、商标侵权、不正当竞争行为、传销活动等为查处重点，加大行政执法力度，共查处各类违法违章案件137起，收缴罚没款98.9万元，查扣假冒西凤酒1086瓶，没收不合格食品包装袋1.1万条（袋），没收不合格食品454袋。

【构建“大安全”网络】 以“四品一械”（食品、药品、保健品、化妆品、医疗器械）安全、特种设备安全及产品质量安全为抓手，加强日常监督检查，确保监管责任落实到位。一是严厉打击“四品一械”违法行为。共抽检食品690个批次，抽检药品47批次、医疗器械10批次，对不合格产品均立案调查。共查处各类食品违法案件9件，罚没款25.5万元，查处药品违法案件4起，查扣问题药械6种，罚没款2.39万元；检查保健食品经营单位125家、化妆品经营单位498家，下发监督检查意见书76份，责令整改通知书21份。二是实施食品生产环节分级分类监管。先后对127家食品生产企业进行现场核查，清理取缔卫生环境不达标小作坊9家，确定低风险等级生产企业21家、较低风险等级32家、中等风险29家、高风险18家。三是强化餐饮环节食品监管。按照餐饮量化分级管理和“明厨亮灶”要求，对辖区重点区域1179户餐饮单位开展动态量化评定，全县已完成明厨亮灶餐饮户848户，完成率72%。四是加强清真食品市场监管。在专项整治工作中，共检查餐饮经营户156户，着重对71户未取得清真食品准营证的餐饮经营户进行检查，现场对6户门头字号不规范的经营户进行整改，对48户业主当场下发了警示通知书限期整改，拆除擅自打“清真”字样招牌16块。五是加强特种设备安全监察。共检查单位181家，发出《特种设备安全检查指令书》72份，检查锅炉、压力容器、索道、游乐设施、起重设备等特种设备1381台。

【消费维权】 通过电话、微博、12345政务平台等多种渠道受理群众投诉、咨询，及时回应公众关注的食品、药品、消费纠纷等方面的问题。全年共受理各类申诉举报共887件，处理887件，涉及金额186.7万元，为消费者挽回经济损失150.14万元。

【网络交易市场监管】 履行网络交易监管职责，开通“全国网络交易监管系统（平台）”，实施“以网管网”，对全县140家网站进行核查，将“名不符实”的31家网站被列入待注销名单；对63家“农村淘”网店进行走访指导，发“温馨提示”120份，接受咨询80余人次，纠正不规范经营行为10余起。

【打击传销】 开展打击传销专项整治行动，先后组织召开3次打击传销工作会议，协调抽调相关部门人员组织开展打击传销专项行动8次，共入户排查外来人员2500户，查获涉嫌传销人员1393余人，帮教劝返799人，取缔传销窝点93个，查处传销案件80起，没收黄金首饰232.76克，罚没款42.16万元。

【表彰奖励】 9月11日，在银川市召开的药械不良反应/事件监测工作会议中，贺兰县市场监督管理局获银川市药械不良反应、事件监测先进集体。同月，贺兰县市场监督管理局先后获银川市“依法治理示范单位”、全区“六五”普法先进集体。

审计工作

【概况】 2016年，计划审计项目26个，完成审计项目30个，完成计划任务的115.38%。审计共查出违规资金1422.46万元，管理不规范资金18 764.96万元，非金额计量问题28个，出具审计移送处理书11份。全年履行招标控制价审核117项，送审金额76455.55万元，审定金额71 460.98万元，审减金额4994.46万元。为解决县域重点投资审计项目遗留问题，受政府委托2016年出具专项审计报告330份，送审值166 763.03万元，累计审定值133 438.05万元，累计审减值33 324.98万元，为政府节约财政资金3.3亿元。

【预算执行审计】 完成县本级2015年预算执行和其他财政财务收支审计项目，并延伸审计了县住建局、地税局、民政局等有关单位。预算执行及其他财政财务收支审计查出违规资金714.65万元，管理不规范资金6263.99万元，非金额计量问题8个。针对审计查出的非税收入缴库不及时、违规出借财政专户资金的问题、拖欠税款11 671.58万元、卫生局违规签订合同等问题，依法下达审计决定并督促被审计单位限期整改。开展延伸审计工作，提出具有针对性和可操作性的意见，为政府加强预算管理提供了参考依据。

【经济责任审计】 加大离任领导干部经济责任审计力度。年初政府下达经济责任审计计划14个，受组织部委托临时增加审计项目4个。已完成环保局、统计局、县团委、县妇联、县党校、供销社、安监局等15家领导干部经济责任审计。其余3家已出征求意见稿，审计查出违规资金193.2万元，管理不规范资金1027.57万元，非金额计量问题4个。首次开展村级干部任期经济责任审计。对全县5个乡镇、31个行政村、43名村级主要负责人任期经济责任审计。审计查出白条付款452.012万元，侵占集体资金26.255万元，套取财政资金17.569万元，套取集体资金15.511万元，违规开支4.652万元，非金额计量问题9个。已对村级负责人任期经济责任审计出具审计报告30份。发挥五部门联席会议机制。年初制定审计项目计划征求成员单位组织部、纪委、人社局、财政局的意见，对全年经济责任项目进行讨论、确认，确保项目的确定符合规程和贺兰县实际情况。在审计过程中，不定期召开五部门联席会议，通报经济责任审计进展情况。对2015—2016年经济责任审计项目按照被审计单位存在的问题、整改情况、未整改原因、审计意见采纳等情况进行整理，并跟踪落实和情况反馈，已整改落实的收集整改资料，补充完善审计档案；对未整改的限期整改，直到整改到位。

【政府投资项目审计】 一是按照年度计划安排，审计局对全县政府投资的102个项目进行跟踪审计，主要包括项前期调研、勘察设计、招标及项目实施过程中的工程管理、资金拨付使用等情况。二是会同财政、发改等部门，就贺兰县政府投资工程开标过程进行现场审计监督，确保工程招投标过程符合招投标法，促进贺兰县经济健康有序发展。三是全年所有结算审核工作均采用办公自动化管理，单位购买了广联达软件，通过电子化管理的审核方式，提高审核的准确性，加强政府投资项目审计监督的效率。

【政策措施落实跟踪审计】 重点关注支农政策项目、扶贫项目、老旧小区改造项目、社区卫生服务中心建设项目等的实施情况，审计发现贺兰县未能及时出台符合本县实际情况的“去产能”措施，在“先照后证”改革后未严格实行行政审批事项目录管理及“双告知”制度等三个问题。“去产能”问题由银川市审计局对贺兰县下发整改函正在整改中，“先照后证”存在的两个问题待自治区监管条件成熟后逐步改善。

【政府临时交办事项】 一是解

决“一品中堂”建设项目遗留问题。委托陕西小小造价公司对该项目的实际造价及财务情况进行了清算，通过清算得出该项目总造价3.48亿元，已累计支付各项费用1.79亿元，尚未支付1.70亿元。二是解决金贵镇房屋拆迁和温棚安置工作遗留问题。审计中发现了虚假签订拆迁协议套取国家财政资金、虚报冒领拆迁征地补偿费、应收未收温棚款、低价出售温棚、温棚园区土地被无偿占用等重大违法违纪问题，已将相关问题及人员移交纪委、司法机关进行调查处理。

【**表彰奖励**】审计局实施的对县住房和城乡建设局2013年至2015年财政收支及竣工决算情况审计项目获2016年度全区审计机关表彰审计项目，此奖项填补了审计局多年未获区厅级奖励的空白。同时获银川市审计局优秀审计项目。审计局在银川市审计局全市审计质量考核中，获银川地区审计系统2016年度审计工作一等奖。

国土资源管理

【**概况**】2016年，贺兰县国土资源局完成了全年各项工作目标任务。重点超额完成“争资源”工作目标，加大土地供应力度。立案查处违法用地56宗，共计罚款410.3万元。落实耕地保护责任目标，将各乡镇耕地保护情况纳入年底目标考核。完成德胜工业园区21个项目调规工作。加强土地储备工作，化解征地拆迁遗留问题。

【**超额完成“争资源”工作目标**】2016年，自治区国土资源厅预下达贺兰县建设用地计划指标1400亩，经申请追加新增建设用地年度计划指标1500亩，保障了贺兰县重点项目及城市基础设施建设用地需求。全年共上报13个城镇批次、2个工业批次、4个单独选址项目，上报面积5333亩，占建设用地计划指标1824亩。其中，交通运输项目用地2981亩，同比增长402%；公共管理与公共服务用地577亩，同比增长45%；经营性用地463亩，同比下降56%；工业项目用地1312亩，同比下降50%。

【**加大土地供应力度**】全年供应土地共87宗，面积3280亩，增加土地出让收入3.5365亿元，其中，报交易中心挂牌成交63宗，面积2363亩；划拨国有建设用地24宗，面积917亩；调整容积率2宗，面积92.02亩，收缴土地出让金1581.46万元。在挂牌成交的2363亩土地中，房地产业366.8亩，供应面积同比增长13%，出让金收入同比增长11%；工业用地1290亩，供应面积同比下降46.1%，出让金收入同比下降38.3%；商业用地686.3亩，供应面积同比增长490%，出让金收入同比增长195%。

【**违法用地整治**】县国土局执法队三个中队进行动态巡查450余次，发现违法用地70多宗，下发停工通知70余份，制止违法用地70宗；立案查处违法用地56宗，已结案49宗，共计罚款410.3万元，没收非法建筑物35.53万平方米，拆除违法建筑物11.28万平方米，将违法占用耕地面积占新增建设用地占用耕地总面积的比例由10.54%降低至5.4%。

【**闲置土地处置**】全县共有闲置土地50宗，面积3850.51亩，已累计处置完毕49宗，面积3139.67亩。其中，督促企业建设完成竣工6宗，面积97.37亩；开工建设11宗，面积863.51亩；有偿收回土地使用权20宗，面积1543.99亩；无偿收回土地使用权11宗，面积614.8亩；征收土地闲置费1宗，面积20亩。剩余1宗涉及法院查封，面积710.84亩。闲置土地处置到位率98%，提高了土地节约集约利用水平。

【**建设用地管理**】一是执行土地利用总体规划。合理控制建设用地规模，核查项目地块投资强度、容积率、建设系数、行政办公及生活服务设施用地所占比重、绿化率5项控制指标。严把建设项目用地预审关，全年共对12个项目选址进行预审，总面积435亩，其中农用地302亩，未利用地40亩，建设用地93亩。二是调整完善《土地利用总体规划（2016版）》。与各园区、各乡镇、发改、住建、交通、水利等部门对接，与各用地部门联动，预测“十三五”期间贺兰县招商用地需求，调整新增建设用地2万亩，共调整184个建设项目，包括交通、电力、水利、民生、能源、旅游、工业、商住、商服等。《土地利用总体规划（2016调整完善版）》已通过自治区国土资源厅审核。三是局部调整土地利用总体规划。全年招商引资中有34个项目选址不符合土地利用总体规划，与自治区国土资源厅对接，局部调整4个批次，调整面积1330亩，保障了重点建设项目开工建设。四是对未挂牌出让先开工建设的经营性用地进行清理并完善用地手续。全年未挂牌出让先开工建设经营性用地67宗，面积5121.65亩。已立案查处52宗，共收缴罚款1916.26万元，依法追究行政责任7人。五是加快批而未供土地供应。2009—2015年，经批准贺兰县国有建设用地3053.8公顷，2016年已供应2713.8公顷，未供面积340公顷，供地率88.9%。针对征地补偿费未赔付到位造成无法供地的，协调各部门、各乡镇加快净地交付时限。六是加强设施农业项目用地的核实。共核查设施农业项目用地29宗，核查用地面积890亩。

【耕地保护责任目标】 全年共签订县对乡责任书9份、乡对村责任书58份，同时将各乡镇耕地保护情况纳入年底目标考核。在主要交通沿线、城市和村庄、集镇周边集中连片的基本农田保护区建立标识49处，做到保护面积、责任、制度、标识四落实。做好耕地占补平衡工作，建设占用耕地的，必须做到先补后占、占一补一、占优补优。

【永久基本农田划定】 国土资源部、农业部下达贺兰县城市周边划入永久基本农田划定任务3.86万亩。全年共对16个片区进行核实举证，可划为永久基本农田的耕地总面积1.92万亩，不能划定为永久基本农田面积为1.94万亩，实际现状地类非耕地不能划为永久基本农田的图斑面积为0.32万亩。完成《贺兰县永久基本农田划定方案》，并且纳入《土地利用总体规划（2016版）》。

【宁夏高标准基本农田建设土地整治项目】 2013—2016年，全县共争取高标准基本农田建设项目7个，建设规模13.36万亩，总投资1.7亿元，建成高标准基本农田10.5万亩，已完成全部工程建设任务项目8个，通过区级验收项目5个，受到自治区国土厅的表彰及各级部门的好评。四是开展耕地占补平衡土地开发项目。全年共组织实施耕地占补平衡项目2个，1个项目完成全部工程建设任务，1个项目进行招投标工作，2个项目新增耕地面积达到2029.35亩，全部可用于补充占补平衡指标库，确保全县耕地总量不减少，实现耕地总量动态平衡和农业、生态的可持续发展。

【非煤矿山安全生产监督】 对金山宰牛沟采矿区进行综合整治，重点监督7家砂石采矿企业和20个黏土砖厂安全生产工作，针对无证非法开采，下达停工通知书，责令停止违法行为，并对违法企业拆除工棚、扣押设备、停止供电，在企业配电室、配电箱、传送机等设备机器上进行查封。安排执法队员每天24小时轮流对宰牛沟砂石厂进行巡查，采取混凝土灌注桩封堵宰牛沟路口、沙坑路口和矿区部分通道，打击偷采盗采违法行为。

【汛期地质灾害群测群防】 结合防治工作特点，分别制定汛期值班、汛期巡查和汛期灾情速报3项制度，确保防治工作的严密性。加强监测，建立隐患核查和群测群防网络，成立地质灾害隐患巡查小组，开展汛前各地质灾害隐患区（点）核查工作，坚持平时每日一查，雨天一日两查。对可能发生地质灾害的重点隐患点，开展汛前排查、汛中检查和汛后核查，及时消除灾害隐患。

【土地征收与储备】 一是做好土地征收工作。全年配合银川市重点工程绕城高速公路北段正源街互通式立交改扩建项目，建设涉及的拆迁，建筑物、附着物拆除和拆迁户的安置等工作，该项目征地108.5亩，征地及附着物补偿费1187万元；京藏高速公路改扩建征地拆迁工作正在实施，项目预计征地3748.9395亩。二是做好土地储备工作。贺兰县土地储备中心全年收储土地9宗，面积489.47亩。三是对历年来遗留征地、拆迁，或因土地产生的各类矛盾以及信访转办件进行梳理，逐件调查核实。全年共接待涉及国土资源管理的整体访、个人访共30多件，其中多数为重复上访，涉及国土资源管理的矛盾问题共16件，其中：群体信访问题8件，个体信访问题8件。2016年共有8宗遗留突出矛盾问题，经提请县政府会议研究，有3宗得到了化解。

【**不动产登记**】贺兰县不动产登记局及不动产登记事务中心于2015年10月23日挂牌成立，2016年9月19日举行首证发证仪式。完成全县5个乡镇、58个行政村的宅基地航空拍摄和外业测量工作，测量宗地数34798宗，完成率100%。完成了全县53个行政村的宅基地权属调查工作，调查宗地数约34798宗，完成率100%。完成地籍分幅图1191幅、宗地图34798宗、界址点坐标及面积成果表34798份、地籍调查表34798份、土地登记审批表及登记簿及归户卡34798宗。完成全县5个乡镇53个行政村，34798宗宅基地的数据入库工作。全年共办理国有土地使用权登记发证（大宗配号）202宗，面积14606246.02平方米；办理城镇住宅土地使用权登记发证3615宗，面积105688.06平方米；办理他项权利登记发证345宗，面积6274329.8平方米，金额76977.044万元。县国土局共颁发不动产权证书1025本，不动产权证明1815本；办理调档查询业务5542件，开出唯一住房证明1729件，办理解封查封登记344件，办理注销登记业务502件。与技术单位沟通配合进行数据整合建库工作，其中原房管数据已完成全部房产档案扫描，登记信息已全部整合入库，楼盘信息整合83%，按揭及公积金档案补录30%；土地数据整合工作已完成全部国土档案扫描工作，宗地数据整理800余宗，自然幢整合2000余幢，已完成工作约占总工作量的75%。对2015年监测图斑477个，监测面积403.7亩，利用国家下发的遥感影像图，叠加遥感监测图斑、建设用地报备坐标、设施农用地、临时用地、土地开发整理项目，经过内业整理已上报2015土地利用变更调查数据库。

【**颁发首批不动产登记产权证书**】9月19日，贺兰县在政务中心举行首批不动产登记产权证书颁发仪式。自治区国土资源厅、自治区不动产登记事务中心、银川市国土资源局和县四套班子相关领导出席了仪式，并现场为6位权利人颁发贺兰县首批不动产权证书，也是银川市首批不动产权证书。

【**首个土地使用年限续期案例**】2006年，宁夏家园房地产开发有限公司取得“家园·小时代”项目用地使用权，使用年限约定为40年，业主入住后因土地使用年限不足70年多次上访。为解决该信访问题，县国土局次多次接受上级业务部门政策指导，委托宁夏恒正评估有限公司对宁夏家园房地产开发有限公司土地使用年限延长至70年需缴纳的土地出让金进行评估，并将原有国有土地使用证使用年限由40年变更为70年，成功化解了信访问题，成为贺兰县首个土地使用年限续期成功案例。

【**德胜工业园区21个项目调规工作完成**】县国土局与自治区国土厅对接，提前对德胜工业园区21个项目，进行土地利用总体规划局部调整，项目占地总面积891.1035亩，其中农用地862.8685亩（耕地700.055亩），未利用地8.405亩，建设用地19.83亩。

【**环保部第八督察组检查宰牛沟砂石厂环保工作**】7月27日，环保部第八督察组对宰牛沟砂石厂环境整治工作进行了实地检查，县长刘甲锋陪同。3月，宰牛沟砂石厂全面停业整治。督察组对宰牛沟砂石厂喷雾洒水装置、防尘护栏、防尘网等环保工作项目给予肯定，并强调宰牛沟砂石厂环境整治工作不能停息，还需加紧复垦工作。

【青海省考察组考察土地整治项目】 5月17日，青海省副秘书长张文华、水利厅副厅长赵雄、国土厅副厅长王磊等一行，到贺兰县考察观摩土地整治项目工程。自治区整治局局长方检、县常务副县长何建勃陪同。考察组一行听取了县国土局对土地整治项目建设情况以及管理经验介绍，并对洪广镇、立岗镇等项目区进行实地观摩。考察组认为贺兰县以保护资源、保障发展为出发点，以优化用地结构和集约节约用地为重点，土地综合整治工作组织协调得力，保障措施到位，切实改善了农村生产生活环境，为农民带来了实惠。

【自治区国土资源厅检查指导工作】 11月2日，自治区国土资源厅厅长王政一行到贺兰县检查指导闲置土地处置、违规征地、违法违规占地、违规设立园区等国土资源领域突出问题整改工作，贺兰县县长刘甲锋、副县长牛东学及县国土局局长常雪峰陪同。检查指导组亲临闲置土地和违规占地整改施工现场，对已经处置、整改到位的企业进行逐宗验收，对整改工作提出具体要求，对闲置土地、违法占地等整改还不到位的问题，要逐宗制定整改措施，要求在11月20日前全部完成整改；闲置土地在11月20日前开工面积达不到三分之一的，与企业签订延期竣工协议，继续督促开工建设；拟收回国有建设用地使用权的，尽快上报政府常务会研究收回；违法占地未拆除到位的，各责任部门必须在11月20日前拆除完毕。

【国家土地督察西安局对贺兰县2015年度土地变更调查图斑进行实地核查】 4月18日，国家土地督察西安局对贺兰县2015年度土地变更调查图斑进行实地核查。此次督察组随机抽查变更调查图斑，特别是对违法用地图斑整改情况进行督查，确保全面完成2015年度土地矿产卫片执法检查工作，并为下一步开展警示约谈和启动责任追究工作提供依据。

统计工作

【概况】 2016年，贺兰县统计局以“富民强县 跨越发展”为总目标，立足统计工作职能，坚持以“提高统计数据质量为核心，增强统计专业技术水平为基础，夯实统计基层队伍建设为根本”，以真实、准确、全面的数据，及时反映全县经济社会发展情况，为企业发展提供服务，为党政领导决策当好参谋，为加快建设“五个贺兰”、建成较高水平全面小康社会提供一定的数据保障。

【做好常规统计工作】 利用QQ群、电话、网上远程甚至到现场帮助基层解决网上直报中遇到的问题，及时对基层催报、业务注意事项等进行提醒。完成2015年各专业年报及1—10月统计月度、季度报表工作；采取分期、分专业、分场次对统计员加强业务培训，对电子台账进行现场操作演练，使统计员在报送报表中做到取数、报数有依据，切实提高源头数据质量；完成月度劳动力、工业成本费用、企业创新调查、文化产业、全县公路运输能源消费情况、公民科学素质和银川市基本侨情调查工作。完成全县2016年人口变动抽样调查结果汇总、审核和上报工作。

【提升统计服务水平】 编发《2014年贺兰统计年鉴》，分季度编印了全县经济手册，发布《2015年统计公报》，并对公报进行解读。《2015年贺兰县统计年鉴》已完成三稿校对工作。各专业围绕全县重点领域和热点问题撰写专题信息、分析报告，全方位解读普查数据内涵，多渠道宣传贺兰县经济社会发展情况。

【启动贺兰县第三次全国农业普查】 做好普查前期各项培训工作，优化两员选配。对各乡镇、场、园区、街道上报的两员名单进行详细审核，保证两员选聘从业务素质、工作能力以及年龄上都必须保证满足工作要求。全县79个普查区和388个普查小区，选配117个普查指导员和312个普查员开展农业普查工作。划分普查小区。及时召开贺兰县第三次全国农业普查小区划分培训会，让普查员对普查小区划分的对象、依据及划分原则有一个清晰的认识，并完成普查小区的划分，为下一步普查工作打下坚实基础。全县四镇一乡及乡镇场先后均召开培训会，重点就农业普查小区地图的绘制、农业普查清查摸底工作、农业普查表的填写等内容进行培训，县农普办对普查过程中可能遇到的特殊情况作解答。开通农业普查业务交流微信群，在第一时间将遇到的问题发至微信群，业务人员第一时间审核回复。

【统计分析研判】 发挥统计“智囊团、参谋部”的作用，做到科学准确分析。研判前，县统计局积极做好各项摸底调研工作，做到心中有数；研判中，及时从中发现问题、寻求规律，做到言之有物；研判后，不断加强监测，及时跟进，做到持之有据。每月在数据反馈之初，第一时间向县四套班子领导及相关部门负责人编发手机短信，汇报全县主要经济指标完成情况，编印月度卡片简析经济运行情况，每月深入撰写全县经济运行情况分析在全县进行通报。撰写政务动态149篇、统计专业信息88篇、统计调查分析报告、专报54篇，区市统计局网站刊登多篇，8篇被县领导批示。

【“小升规”工作】 按照年初县委、县政府确定的全年完成“小升规”30家的目标任务，前期在调研摸底的基础上，通过与发改委、园区对接，争取更多扶持政策和资金向拟“小升规”企业倾斜，共同培育企业发展壮大；根据小微企业升规入库工作流程，对园区、企业等部门负责“小升规”工作人员分类进行业务培训指导。上报30家“小升规”，经国家和自治区统计局审核通过完成“小升规”企业11家，其余19家企业正在审批中。

【统计局不在列为经济指标考核责任单位】 贺兰县委办公室、县政府办公室联合印发《关于开展数据造假以数谋私专项治理工作》的通知（贺党办发〔2016〕46号）。文件根据国家统计局关于开展“数据造假 以数谋私”专项治理工作通知要求，围绕“五项治理内容”，对2016年以来贺兰县出台的各类文件进行认真清理，查找出4项违反统计法精神的文件和做法，并以附件的形式详细进行说明、提出，从即日起，凡是正在生效的文件中将统计局列为责任单位的，全部调整为配合单位。此外，文件首次提出各单位党委、政府及有关部门和有关机构要认真学习贯彻《中华人民共和国统计法》，并进一步明确，统计局不在列为经济指标考核责任单位。

【电子商务统计监测】 为进一步规范贺兰县电子商务统计监测工作，真正摸清全县电子商务销售情况，切实做到底子清、数据明。举办全县电子商务统计监测培训会，全县各乡镇（场）、街道、企业约50名分管领导和统计人员参加培训会，专业人员对贺兰县电子商务统计监测各项统计指标和注意事项进行全面讲解，并就如何做好电子商务统计监测工作进行探讨和交流。制定全县《电子商务奖励办法》，对全县电子商务做出突出贡献的企业和个人进行表彰和奖励。1—10月，全县实现电子商务交易额14.07亿元，通过企业自营平台实现销售额0.02亿元，通过第三方电子平台实现交易额14.05亿元。

安全生产监督管理

【概况】 2016年，召开全县危化企业主体责任落实承诺会，签订并公示承诺书。注重宣传教育引领，提升公众安全素质。完成96家重点企业执法检查任务。加快企业安全生产风险防控体系建设，培训指导134家企业全部上线运行。修订安全生产综合及专项应急预案，开展应急管理专项执法检查和“应急演练周”活动。全县全年共发生各类事故86起，死亡17人，受伤83人，直接经济损失44.5万元。修订安全生产综合及专项应急预案，开展应急管理专项执法检查，指导危化等重点企业制定评审应急预案。开展“应急演练周”活动，加强突发事件预防预测，提出预防应对措施。全年事故起数、受伤人数、直接经济损失同比分别下降50.86%、17%、32.74%，死亡人数同比持平，四项指标呈现“三降一平”趋势。全县亿元GDP生产安全事故死亡率0.126%，在自治区下达控制指标（0.136%）之内。全县生产安全事故死亡6人，占银川市下达的控制考核指标的60%。全县没有发生较大及以上生产安全事故。在银川市安全生产责任目标考核中，贺兰县位列县市组考核第一。

【创新与亮点】 召开全县危化企业主体责任落实承诺会，签订并公示《危化企业2016年度主体责任落实承诺书》，8家危化企业负责人进行承诺发言。设立承诺监督电话。依据危化企业承诺事项实行清单化执法检查。银川市安全生产委员会办公室印发通知，向全市介绍推广贺兰县安全生产工作经验做法。建立安全生产与职业卫生一体化监管执法制度，建立行政执法、专家会诊、技术抽检、中介机构帮扶企业“四位一体”监管机制。于11月联合县委宣传部、总工会、司法局开展全县安全知识竞赛活动。在宁夏艾尼散热器有限公司召开企业安全风险防控和隐患排查治理系统建设推进会，通过观摩交流，推广系统建设先进做法和经验，推动企业落实安全风险控制和隐患排查治理主体责任，被自治区安监局门户网站市县快讯介绍推广。

【重点行业领域专项治理】 完成96家重点企业执法检查任务。做好烟花爆竹审核、培训、布点、销售、回收各环节管控工作。聘请专家对危化企业进行6次清单化执法检查，累计检查企业141家次。组织开展非煤矿山和职业卫生专项检查，加强重点领域、重点时段、重点节日隐患治理。推进规模以上企业标准化达标，开展高危企业安全生产费用专项检查，聘请第三方专业机构对全县29家高危企业开展专项检查。

【安全生产教育与培训】 5月，联合县总工会、教育体育局、邮政局等单位，开展安全生产知识竞赛答题活动，发放竞赛题卡2万份。联合凯添天然气公司开展燃气安全宣传。6月，组织开展安全生产月和安全生产万里行活动，制作宣传展板40块，印制宣传品3万份。部门联合推进安全文化“十进”活动。联合消防大队开展“11·9”消防安全宣传咨询活动，发放宣传资料和宣传品1万余份。加强冬季安全宣传，在贺兰电视台滚动播放《防火防煤气中毒防燃气泄漏公告》，编印《冬季安全知识宣传册》5万份。建立事故定期通报制度，做到一地出事故，全县受教育。组织召开危化企业安全警示教育大会，开展“你报我查”安全生产零容忍行动，建立事故隐患举报奖励机制，加强安全生产舆论监督。组织开展“两高司法解释”培训，提升企业主要负责人安全事故刑事追责法治意识。举办7期三类岗位人员安全教育培训班，培训企业人员526人次。加快企业安全生产风险防控体系建设，培训指导134家企业全部上线运行。举办1期安责险培训班，指导106家工矿企业缴纳安责险。

【特色工作】 制定《贺兰县安全生产“党政同责、一岗双责”实施细则》，建立健全“三级五覆盖”安全生产责任体系。组织开展“深化责任落实年活动”、安全生产十大专项整治、百日专项整治、大检查大整治等专项治理和节前岁末年初安全生产大检查，全面排查治理事故隐患。建立部门联合工作机制，县安委办牵头，组织开展20余次重点行业领域专项督查检查，印发通报，要求成员单位全面治理行业领域隐患。

社会经济调查

【概况】 贺兰县调查队是自治区统计局派出统计调查机构，主要开展“两项收入，两个产量”抽样调查和相关专项调查工作。2016年现有工作人员11人，正式在编职工8人。主要承担城乡一体化住户调查、农民工外出务工调查、生态移民收入、贫困村农民收入、水库移民生产生活、农作物播种面积、粮食产量、畜禽监测、农户固定资产投资和三农普面积遥感测量调查等10项国家及自治区抽样调查工作。各项调查工作在全县设置网点

83个，分布在全县7个乡镇（场），涉及64个行政村的1000多个农户家庭。

【常规调查】 每季度对城乡一体化住户调查网点基础工作进行逐一访查，在检查中对记账户漏记、错记、重记情况进行及时提醒与更正，提高了记账户的记账水平。采取集中培训与分散培训相结合的方式对全县7个乡镇的385户记账户进行全面系统培训。

【三农普面积遥感测量调查】 全体调查人员深入田间地头，现场操作找样方、测方位、分品种、拆分地、拍照片等步骤，切实做到“人到现场、实地查看、准确调查”，完成了第三次农业普查农作物面积遥感测量实地调查工作。

【生态移民收支调查】 全年分4次对全县生态移民调查记账户进行集中培训，从现金日记账本的封面、现金收入、实物收入、支出项目等方面对记账户开展面对面的培训，并对填写要求进行规范统一，确保生态移民统计监测工作的有序进行，真实准确反映全县生态移民生产生活变化情况。

【执行国家调查方案】 按照国家统计调查方案和报表制度的要求，始终坚持“独立调查，独立上报”的原则，各项常规制度性调查工作有序推进。各项统计调查任务数据上报及时、准确，评估分析真实、到位，全面反映了农村经济发展情况。

【统计调查服务】 围绕各级党委、政府和社会关心、关注的热点、难点问题，发挥调查队“轻骑兵”的优势，共撰写各类调查信息、分析、动态共计141篇，被地方领导批示4篇。

【表彰奖励】 2016年，贺兰县社会经济调查队被贺兰县委、政府授予2016年度农业农村工作先进集体称号，闵兴林获得农业农村工作先进个人称号。

社会民生

Shehuiminshen

人力资源管理

【概况】 2016年，贺兰县人社局印发《关于加强贺兰县水利人才队伍建设的实施意见》等，为人才工作开展奠定基础。落实人才经费300余万元，开展区市人才评优和招才引智活动。对接创意创新大赛优秀项目，配合县招才局引进新材料专家张麒博士项目及千人计划专家王玉建博士项目落地科创中心。加强事业单位人事管理，完成全县专业技术人员职称申报和公开招聘工作。加强公务员管理，全年先后选调15名学历层次高、工作经验丰富、年富力强的公务员。办理109名公务员和事业单位工作人员调动。开展机关公务员职务与职级并行工作，全年符合职级晋升条件职级待遇晋升29人。

【人才开发】 出台《贺兰县人才资金项目化管理办法》和《贺兰县人才资金项目申报指南》，制定《贺兰县2016年招才引智工作要点》，初步拟定了《贺兰县"十三五"人才发展规划》和《关于加强贺兰县水利人才队伍建设的实施意见》等，为人才工作开展奠定基础。做好2015年企业吸纳高学历人才补助、2016年专业技术及高技能人才补助、引进专业技术人才及高技能人才补助、贺兰县特殊津贴及突出贡献人才评选、考核，外国专家项目补助工作。参与科技创新团队评选，科技创新项目评选等一系列人才政策兑现落实工作，涉及30余家企业，7个科技创新团队，20个科技创新项目，129名人才，拨付人才经费300余万元。

【区市人才评优及项目申报】 申报2016年享受国务院政府特殊津贴人员1名、申报"塞上英才"1名、"青年拔尖人才"2名、银川市"突出贡献奖"8名，其中推荐的百瑞源公司郝向峰"塞上英才"已通过公示。申报自治区、银川市人才项目12个，配合申报的科技创新中心孵基地获得自治区人才办80万资金支持，配合申报的科技孵化器获得银川市人社局100万元资金支持，智慧农业项目获得银川市人才局14万元资金支持。申报自治区人社厅的5个项目获得支持，共支持经费177万元。

【招才引智活动】 拟订浙江人才贺兰县行方案，深化宁浙合作，配合县科技局对接浙江省阿里巴巴、浙江国家大学科技园联盟等企业及高校院所，与浙江大学科技园签订联盟战略合作框架协议，开展科技人才交流合作。组织200人次参加银川市"塞上骄子回乡行""北京化工大学—宁夏双边创新合作论坛""银川市创意创新大赛""千人计划专家银川行""银川人力资源协会"等各类活动16项。对接创意创新大赛优秀项目5项，配合县招才局引进新材料专家张麒博士项目及千人计划专家王玉建博士项目落地科创中心。

【事业单位人事管理】 完成2015年度机关事业单位科级以下人员年度考核工作。2015年度参加考核106个单位3192人。完成机关事业单位工勤技能人员岗位晋级工作。2016年，全县共审核申报中级工1人、高级工5人、技师1人，已完成岗位聘用工作。完成全县专业技术人员职称申报工作。共审核推荐中高级职称221人、初级职称159人，涉及农牧、工程、卫生、教育等4个系列。完成2016年事业单位公开招聘工作。在宁夏人事考试中心网站发布招聘公告，对报名人员进行网上资格初审，共审核通过2000余人。完成资格复审工作，按照面试1:3的比例确定资格复审人数。

【工资福利工作】一是根据2015年度考核结果，对全县符合正常晋级的3953人进行工资的增资核定及批复工作，月增资共计90563元。二是完成全县机关事业单位在职及退休6200人的艰边津贴调整以及增资补发，以及人民警察175人的警衔津贴增资及补发。三是完成全县职务、职称、岗位变动等正常变动工资人员共549人，月增资共201804元。四是对108名符合享受住房补贴的退休人员的1998年工资及人员各项信息进行查阅审核。五是对全县机关事业单位退休人员的工资数据库基本信息进行了修改和完善并且全部移交社保，由社保进行工资发放。六是对全县3869名在职人员的基本工资标准进行调整，共计月增资761425元；对16名离休人员的离休费进行调整，共计月增资6980元。七是完成2016年全县43个事业单位共2891人的奖励性绩效工资的批复工作。八是对2016年新招录的14名公务员、116名事业单位工作人员、104名特岗转正老师以及12名免费师范生的工资各项信息进行录入及核定其工资。九是完成调往外县市20人的工资信息转移和工资的核减工作；完成外县调入10人的工资信息入库和工资核定工作；审核20名科级干部的退休工资；审核审批86名科级以下工作人员的退休工资。十是完成41名死亡人员的丧葬费、抚恤金和遗属生活费的审核批复工作。

【公务员管理工作】一是对全县机关科级以下公务员及事业单位工作人员2015年度考核审核备案工作。2015年，全县机关事业单位科级以下工作人员参加年度考核3779人，其中行政机关科级以下公务员参加考核393人，62人为优秀等次，占参加考核人数的15.7%，330人确定为称职等次。参加2015年度考核的机关事业单位工作人员3人（公务员1人，事业单位2人）被确定为基本称职（基本合格）等次，给予批评教育并不予发放年终奖金处理。二是公务员考录和选调工作顺利实施。经审核汇总，并经县政府会议审议同意，上报14名公务员（参照管理人员）招录计划。完成2016年贺兰县招聘公务员初审报名、指导、资格复审、体检、考察、录用审批等工作。加大公开选调公务员力度，做好县级及乡镇机关面向全区公开选调公务员工作。全年先后选调15名学历层次高、工作经验丰富、年富力强的公务员。三是事业单位参照管理登记正常申报。银川德胜工业园区管委会、贺兰县劳动人事仲裁院、贺兰县城市管理监察大队、贺兰县统计普查中心4家单位申报参公管理。四是落实2015年以来受党纪政纪处分的11名机关事业单位工作人员的年度考核、降职、降低工资级别档次、停发工资等措施。五是公务员教育培训工作的管理进一步加强。制订《贺兰县公务员2016年度培训工作计划》《关于做好公务员参加2016年度网络培训学习的通知》和《新录用公务员初任培训方案》。选派公务员参加区、市举办的各类培训班，培训科级以下公务员200余名；组织358名公务员参加全区干部网络培训学习，对机关单位的科级以下公务员培训学分进行审验，将公务员完成学分情况作为当年年度考核的重要依据。六是完成2016年县编委会资料审核及人员考察工作。办理109名公务员和事业单位工作人员调动，其中县内调整调动28人、县外调入65人、调到县外16人。七是机关公务员职务与职级并行工作扎实开展。全年符合职级晋升条件职级待遇晋升29人，其中科员晋升副科级16人，副科级晋升正科级8人，正科级晋升副处级5人。八是公务员管理服务日常工作进一步强化。在全县机关事业单位开展在编不在岗人员清理工作，向用人单位下发责任整改公函16份，共清理在编不在岗人员15人，其中公务员5人，事业单位工作人员10人。开展机关事业单位编外聘用人员核查工作。

劳动就业

【概况】 2016年，全县实现城镇新增就业6460人，实现农村富余劳动力转移就业33364人。加大失业保险征缴，全县参保人数25520人，失业保险费征缴1000万元。培养小老板378人，培育小企业236人，创造新岗位1974个。率先在全市开展城乡劳动力职业培训补贴直补个人培训。完成城乡劳动力就业技能培训3000人。实施创业示范点与试点地区建设，德胜村电商企业枸杞嘛嘛被自治区就业与创业服务局评为全区微商创业示范点。联合宁夏大学就业创业指导服务中心举办贺兰县企业进校园专场招聘暨首届创新创业基地政策推介会。参加宁夏大学2016年夏季“双选”招聘会，提供电子商务、市场营销、商贸物流、人力资源等就业岗位近2000个。

【城镇新增就业】 全县实现城镇新增就业6460人，完成区下达全年目标任务5100人的127%，完成县全年目标任务6000人的108%；城镇就业困难人员实现就业411人，完成区下达全年目标任务370人的111%，完成县全年目标任务400人的103%；城镇登记失业2089人，城镇失业率控制在3.6%。

【农村劳动力转移】 农村富余劳动力转移就业33 364人，完成区下达全年目标任务23 000人的145%，实现劳务收入2.89亿元，完成区全年目标任务1.96亿元的147%；完成县全年目标任务30 000人的111%，完成县全年目标任务收入2.58亿元的112%。“一卡通”实名制管理率100%。

【失业保险征缴】 全县参保人数25520人，完成区下达全年目标任务25230人的101%，覆盖率达85%，失业保险费征缴1000万元，完成区下达全年目标任务1564万的64%。任务未完成原因是国家下调了失业保险的征缴比例。

【全民创业】 培养小老板378人，完成区下达全年目标任务350人的108%；培育小企业236人，完成区下达全年目标任务200人的118%；创造新岗位1974个，完成区下达全年目标任务1900人的103.8%；创业带动就业人数3073人，完成区下达全年年任务3000人的102%；大学生引领计划47人，扶持贷款30万完成年任务40人的117.5%；生态移民创业25人，完成区下达全年目标任务25人的100%；举办跨境电商暨创业政策扶持培训11期，培训人数680人；创业培训5期（1期IYB、4期SYB）培训人数145人，完成目标任务145人的100%。

【人才培训】 率先在全市开展城乡劳动力职业培训补贴直补个人培训，创新了培训模式，提高了政府职业技能培训补贴资金使用效益。积极助推全县电子商务产业发展，为现有和即将引进的电商企业、物流企业和创业园入住企业培养电商人才。在宁夏中阿幸福里举办贺兰县首期跨境电商培训班，来自全区150余名高等院校的电商人才参加了培训，50名人员应聘到贺兰县跨境电商企业就业。

【职业技能培训】 城乡劳动力就业技能培训3000人，完成银川市下达全年培训任务2700人的111%，完成县下达全年培训目标任务3000人的100%。率先在全区开展“互联网+线上餐饮管理服务”职业技能培训班，来自贺兰县知名餐饮企业的管理人员和一线员工100余人参加了培训。 5月5日，举办IYB创业培训班。县域小微企业及孵化基地入驻企业共25名企业负责人进行为期6天的IYB（改善你的企业）培训，培训内容包括开发和实施市场营销计划、产品和服务成本核算、库存控制、企业财务计划和人力资源管理等。

【创业示范点与试点地区建设】2016年，贺兰县德胜村电商企业枸杞嘛嘛被自治区就业与创业服务局评为全区微商创业示范点。以返乡创业园区建设为载体，引导外出务工农民返乡就业创业，促进农民增收。贺兰县因此被评为全国结合新型城镇化开展支持农民工等人员返乡创业试点地区。

【招聘推介会】5月11日下午，联合宁夏大学就业创业指导服务中心在宁夏大学C区大学生活动中心举办2016年贺兰县企业进校园专场招聘暨首届创新创业基地政策推介会。此次招聘会和推介会以“深化贺兰校企合作，共建人才交流平台”为主题，共有55家来自银川德胜工业园区、宁夏生态纺织产业示范园区、银川生物科技园知名企业进行现场招聘，提供了电子商务、商贸物流、人力资源、网络技术服务、业务咨询等就业岗位1413个。宁夏大学、北方民族大学等10余所高校及职业院校5000余名应往届毕业生参加，初步达成就业意向近1000人。招聘会发放招聘简章和宣传彩页6000余份、创业政策推介资料1000余份。5月18日下午，贺兰县多家知名企业走进宁夏大学，参加宁夏大学怀远校区金波湖畔举办的宁夏大学2016年夏季“双选”招聘会。来自贺兰县宁夏生态纺织产业示范园区和中阿幸福里跨境电商产业园的12家知名企业进行现场招聘，提供了电子商务、市场营销、商贸物流、人力资源等就业岗位近2000个。

【表彰奖励】2016年，银川市人力资源和社会保障局对各县区人事人才、劳动保障、就业创业、社会保险等工作进行综合评比，贺兰县人社系统获得第二名。贺兰县就业创业和人才服务局被自治区就业局授予全区就业创业统计工作先进集体称号。贺兰县被评为全国结合新型城镇化开展支持农民工等人员返乡创业试点地区。

医疗保险

【概况】2016年，贺兰县以打造“阳光医保、廉洁医保、数字医保、服务医保、责任医保”为主线，以为民、务实、清廉为目标，贯彻落实区、市级统筹政策，积极扩面征缴，努力提高医保经办服务能力，推进医疗保险各项工作的顺利完成。截至年底，城镇职工基本医疗保险参保人员23046人，完成年度目标2万人的115%；工伤保险参保人员17769人，完成目标人数1.56万人的114%；生育保险参保人员16395人，完成目标人数的1.4万人的117%；城乡居民参保人员171278人，完成年度目标1.67万人的102%；新生儿落地参保登记2113人。

【各项医疗保险基金收支结余】一是职工医疗保险。截至12月31日，基金当期基金收入11739万元，其中征收当期医疗保险基金8371万元，利息收入7.1万元，上级补助收入4039万元。二是大额医保基金。当期收入244万元，历年基金结余59万元。三是公务员医疗保险金。当期收入1850万元，历年基金结余2398万元。四是离休干部医疗保障金。当年收入51.5万元，历年基金结余16万元。五是工伤保险基金。征收工伤保险基金603.43万元，历年基金结余720.31万元。六是生育保险基金。当期基金收入861.15万元，其中当期基金收入421.15万元，上级补助收入440万元，上解上级支出381.79万元，历年基金结余85.17万元。七是居民医疗保险基金。2016年，居民医保基金收入5491.91万元，其中个人缴纳1930.58万元，上级补助收入3548.06万元。历年基金结余2275.49万元。

【医保待遇政策落实】认真落实基本医疗保险自治区级统筹、门诊大病统筹、转诊转院、职工普通门诊统筹等政策和城乡居民大病保险政策以及贺兰县公务员医疗补助政策和离休干部医疗补助规定，审核各项保险医疗费用，及时支付“两定机构”符合规定的医疗费用，确保全县参保对象及时准确享受医保待遇。实行定点医疗机构和定点零售药店以及村卫生室全部联网结算，严格执行市级统筹有关文件规定，全面实行“六统一”，做好异地就医结算工作。配合县卫生局做好50岁以上参保城乡居民和企业退休人员普惠性健康体检费用支付工作。

【构建“阳光医保”氛围】 一是为抓好扩面工作，医保中心年初制订宣传工作计划，通过电台、报纸、承办银行和两定机构电子屏幕、悬挂横幅、张贴宣传标语及制作宣传流动车和展板，以及利用社会保险法宣传日、短信、微信和政务微博等形式，对2016年各项医保政策和缴费标准进行广泛宣传，不断扩大群众医保政策知晓率。二是由县人社局统一安排在文化广场进行基本医疗保险、工伤保险、生育保险和社会保障卡综合应用及分级诊疗集中宣传5次。三是利用“三进”活动，深入了解基层群众医保需求，改进医保服务质量，简化医保工作流程，通过政务公开，接受群众监督，不断提高医保经办服务质量。四是深入企业，对城镇职工基本医疗保险、工伤保险、生育保险情况进行稽核登记，耐心讲解，增强用人单位和广大职工遵法学法守法和权益意识，推动企业职工医保征缴。五是落实银川市人社局关于建立社会保险信息披露制度，保障参保群众享有知情权、参与权、表达权、监督权的需要。六是县医保中心举办两定机构经办人员分级诊疗转诊转院制度和按病种分值结算暨医保政策培训班2期。七是撰写宣传工作信息51期。八是结合“百法千场万人”法治文化集中宣传活动，开展社会保险法、生育保险、工伤保险等法律法规的宣传23场，开展以案讲法24场。全年共印制医保政策宣传单6万份、缴费宣传公告2000份、社会保障卡综合应用宣传折页1.3万份、分级诊疗宣传单1万份。

【基本医疗保险待遇支付】 截至12月月底，城镇职工门诊统筹享受11861人，统筹基金支出398854.9元；城乡居民门诊统筹享受167355人，统筹基金支出3536953.23元。职工门诊大病享受7155人，统筹基金支出1468787.34元；城乡居民门诊大病享受14757人，统筹基金支出1516714.16元。城镇职工个人账户支出：定点药店就医251090人，账户支出17269142.69元；定点医院普通门诊就医46985人，账户支出5088340.95元，合计职工个人账户就医人次298075，账户支出22357483.6元。

截至年底，职工住院人次1152人，总费用4231034.48元，统筹支付3160355.72元（含大额支付20044.07元），公务员补助支付159312.19元，个人账户支付83097.05元。结算金额3075093.82元（含未达实际报销比例、预留金），预留款130953.05元。居民住院人次9078人，总费用29756917.05元，统筹应支付21588283.85元，结算金额19284130.46元（含未达实际报销比例、预留金），预留款763959.92元。

【异地就医结算】 省内开通74家定点医疗机构，实现了区内异地就医即时结算。因跨省联网结算目前尚未开通，跨省就医在贺兰县医保中心1—12月手工报销职工住院人次139人，总费用3799902.31元，统筹支出额为1540188.25元，大额支出额为861215.16元，公务员补助支出为368472.32元。居民住院人次445人，总费用6148885.22元，统筹支出额为75934936.09元。

【普惠性健康体检支付】 全年健康体检人数4786人，支付金额47.86万元。其中，职工为75人，统筹支付7500元；居民为4711人，支付金额47.11万元。

【工伤保险待遇支付】 截至12月月底，享受工伤医疗一次性待遇支付120人，支付基金费用254.5万元；享受工亡及丧葬补助2人，支付基金131万元；享受一至四级伤残津贴待遇和供养亲属及护理补助257人次，支付基金33余万元。全年累计支付基金418.5余万元。

【生育保险待遇支付】 截至12月月底，生育保险参保职工16395人，享受生育保险待遇604人，支付基金432万元。

【离休干部医疗费核报】 截至12月月底，在册离休干部21人、伤残军人6人，共27人，报销医疗门诊费、住院费53万元。

【工伤保险“同舟计划”】为规范和统一全县建筑业按项目参加工伤保险，县医保中心自5月起联合贺兰县劳动检查大队、安监局、县住建局4家单位组成工作小组，对辖区内2016年在建项目28家、新建项目18家建筑企业进行联合检查，在建项目参保率100%，新建项目参保率100%，保证了“同舟计划”工作全面完成。

【推行银川市医院医保协管员备案制度】6月，按照银川市人社局推行医保协管员制度要求，确定各定点医疗机构医保协管员25名，报备并建立协管员管理库。为确保医保协管员制度落到实处，县医保中心对各医疗机构协管员进行医保相关政策及业务培训，使协管员各尽其责，真正发挥“协助”“管理”医保的作用。

【完善协议医疗机构管理】一是完善2016年服务协议，与各医疗机构签订服务协议138家，通过协议管理的方式，规范医疗服务行为，同时采取对定点医疗机构实行总额控费下的按病种分值付费结算模式，即控制住院费用，又控制了门诊医疗费用的不合理增长，确保了参保群众利益和基金安全。二是成立网监稽核科，加强医保监控，先后对县内60家“两定”机构违规情况进行处罚，罚金330941.1元。其中，通过基本医疗保险医保服务网络监控系统，立案713件，核实确认303件，处罚“两定”机构9家，扣回违规支出基金256429.3元，行政处罚74511.80元。同时，加强诚信医师的管理工作。全年审核并录入诚信医师档案198人，违规扣分涉及26名医师。完成了133家定点药店、4家诊所，2家定点医疗机构，1家社区服务站的申请资料收取、审核、现场考察、上报、审批、开通网络授权等工作。

【“五险合一”】一是为加快实现银川市“五险合一”经办管理系统上线运行，确保“五险合一”经办工作顺利推进，县医保中心通过数据比对清理、整合，认真进行管理信息系统修改、完善社保数据，确保存储数据符合上线应用标准。二是按照《贺兰县2016年行政事业单位国有资产清查工作实施方案》要求，对单位国有资产进行全面摸底，核查固定资产共计689141.01元，完善资产管理信息系统数据，建卡129张，做到账账相符、账实相符，为“五险合一”奠定基础。

【基金监督管理】一是实行收支两条线，专款专用。建立健全财务、会计制度，进一步健全了财务管理制度，实行收支两条线，对征缴的各项社会保险费均单独核算，分开管理，按时上交、专款专用。二是建立内部监督制度。在基金征缴和支付方面建立了科室间相互监督机制，建立初审、复审、终审制。同时，县医保中心征缴科、待遇核算科和财务科每天将收支款项进行核对，保证了票款账相符。建立基金及时对账制度，定期与财政专户及税务部门对账，保证了账账相符。三是建立投诉举报制度。为维护参保人员的切身利益，建立投诉举报制度，公开投诉举报电话号码，设举报箱，随时接受社会各界监督。对举报的问题进行调查，一经查实，实行责任追究制度，严肃处理。

【档案管理】成立档案管理工作领导小组，将档案管理纳入年度重点工作。中心安排2名专职、3名兼职人员进行各项业务档案的日常管理工作和录入。截至12月月底，中心2016年医保业务档案收集、整理共立卷归档106卷，8884件，其中社会保险管理类23卷3205件，社会保险费征缴类31卷4652件，医疗保险类37卷649件，工伤保险待遇类5卷100件，生育保险待遇类10卷278件全部整理上架。同时，中心对自2012年至2015年文书档案进行了收集整理。

【“一亮三比四评五提升”活动】县医保中心以“方便、快捷、高效”为目标，推进便民利民举措。开展亮形象，比学习、比作风、比服务，个人自评、党员互评、群众测评、领导点评，提升思想境界、提升政治素质、提升业务水平、提升工作层次、提升整体形象活动，锻造了一批业务能力强、素质高、品德优的医保队伍。

民政工作

【概况】2016年，贺兰县民政局认真开展社会救助、双拥优抚安置、救灾救济等工作。为城乡低保7635户10335人，累计发放城乡低保金及各类补贴4721.5万元。积极做好核实工作，共发放社会核实资金169.4万元。为175名重点优抚对象发放抚恤金69.7万元。同时，做好老龄工作和慈善工作，加强基层民主建设，推进村级治理规范化和法制化进程。开展专项整治行动，加强社会组织规范化建设。地名管理工作为区内有关市县民政部门提供了经验。

【社会救助】2016年，为城乡低保7635户10335人，累计发放城乡低保金及各类补贴4721.5万元；为城乡80岁以上高龄对象1685户1719人，累计发放高龄津贴1013.6万元；为75–79岁高龄老人1130户1160人，发放高龄补贴396万元。进一步落实城乡医疗救助制度，共救助2773人，发放医疗救助金607万元，其中一站式医疗救助1861人，支出101.14万元。稳步推进临时救助制度，对有特殊困难的城乡居民实施临时救助，累计救助6408人次，发放资金501.75万元，较好地解决了困难群众因灾、因学、因祸等突发性、特殊性原因造成的家庭困难。为农村五保供养对象282人（其中集中供养对象199人，分散供养对象87人）发放五保供养金485.7万元；为城市三无人员44人发放生活救济34.49万元。为128名孤儿（其中事实无人抚养的孤儿115人，父母双亡的13人），共计发放孤儿养育津贴82.46万元；救助流浪乞讨人员69人，发放救助金19.8万元。

【基层民主建设】加大社区建设力度，新建、改扩建城乡标准化社区4个，潘昶村阵地已购买，并投入使用；江南村与开发商协调进行购买；如意湖、花园社区租用阵地，已投入使用，进行协商购买事宜。落实2016年全区城乡社区治理“全面提升年”活动和社区星级评定工作，评定三星级以上社区5个，转变社区职能，推动社区减负增效，强化社区综合服务，提升社区治理能力。落实村民代表会议制度，推进村级治理规范化和法制化进程。

【婚姻登记】加强婚姻登记工作的标准化、规范化、网络化建设，改善服务环境。实施在线登记，完善婚姻登记管理制度，规范婚姻登记程序，坚持依法办证，提高婚姻服务质量。婚姻登记工作步入了制度化、科学化的发展轨道，登记合格率始终保持在100%。开展人性化服务，针对“2·14”“5·20”等节日小高峰，采取叫号排队、延时服务、增加临时办证人员等措施，确保婚姻登记工作高效运转。全年共计依法办理各类登记3839件，其中结婚登记1796对，离婚登记770对，补办结婚证1273对。

【区划地名工作】落实自治区第二次全国地名普查试点工作，全年核查县城门牌号7000余条；野外采集地名地理信息、属性信息及多媒体信息11大类地名及标志信息5300余条；整理录入地名数据库词条5000余条；完成资料收集、外业核查、地理实体及地名标志位置测量工作。因地名工作先后迎来石嘴山市、吴忠市、中卫市等多家作业单位学习考察。

【双拥优抚安置】推进各项双拥特色活动，春节、八一期间对1088名优抚对象进行走访慰问，共发放慰问品、慰问金合计54.4万元；五四青年节在雷达站开展军民联谊活动；协同武装部，为“拥军模范”陆秀英老人召开追悼会。落实各项优抚政策，全年为175名重点优抚对象发放抚恤金69.7万元，为51名伤残军人发放抚恤金60.3万元；为65名重点优抚对象和伤残军人发放医疗救助金14.84万元；为322名60岁以上农村籍退役士兵发放生活补助26.35万元；为69名退役军人发放临时生活救助金17.85万元。开展涉军维稳工作，共受理现役、退役军人以及军人家属涉军咨询及信访问题95件。做好退伍士兵安置接收工作，扶持退役士兵就业，完成103名退役士兵的接收报到工作，对第一批符合条件的97名退役士兵发放一次性经济补助388万元；为2名转业士官安置了工作；组织65名退役士兵参加自治区退役士兵专场招聘会；对参加驾驶培训的50名退役士兵，给予2500元/人的培训补助，合计补助12.5万。

【救灾救济】做好汛期防灾减灾工作，制定2016年汛期值班安排，完善汛期值班制度，做好突发性灾情处理和信息报送工作，确保信息畅通。做好自然灾害应急救助应急准备，确保救灾工作有力、有序、有效开展。全年共发放救灾资金169.4万元。

做好“5·12”防灾减灾宣传活动，集中宣传发放减灾宣传资料1万余份，制作展板2块，出动宣传车1辆，开展全县巡回宣传28天。开展全国综合减灾示范社区创建，创建全国综合减灾示范社区7个。

【救助核实】加大低保申请人家庭经经状况核对力度，对社保系统调取的3个批次7000余条信息，与城乡已享受低保政策人员进行人工比对，及时取消了领取退休金和养老金的12人低保资格。对新申请低保人员及已享受人员的银行信息进行核对，核对新增城乡低保216户252人，取消221户299人，提标14户26人，降标62户73人。印发《贺兰县未成人社会保护工作实施方案》，并在习岗街道办事处马家寨社区，金贵镇银河村开展试点，共核对26名未成年困境儿童。做好农村三留守人员调查摸底工作，排摸出重点留守妇女15人，留守儿童25人，留守老人25人，将洪广镇联系村作为全市留守儿童联系点。做好贫困户精准扶贫工作，共核查自治区级15户69人，县级35户88人。

【老龄工作】加强养老基础设施建设，日间照料中心工程全面推进，截至年底，德胜日间照料中心项目全面完成，金河社区日间照料中心、欣荣村社区日间照料中心已完成三层浇筑，广荣、暖泉、马家寨社区日间照料中心已完成招标。新建15个老饭桌，均已完成主体建设投入运营。完成第二敬老院建设、老年人活动中心主体工程建设。加强电子呼叫平台建设，完成1000部服务呼叫器用户及服务团队信息采集，配齐平台工作人员，信息化平台健康运行。《老年人权益保障法》宣传到位，共发放资料5000份。落实殡葬救助政策，对157名高龄老人实行殡葬救助，发放救助金16万元。提高养老机构服务能力，安排养老机构服务人员9人次外出培训。开展“敬老文明号”创建系列活动，组织300名老年人参加第二届老年人家乡游公益活动。做好老年优待证办理工作，全年办理1214本。扎实推进老年人意外伤害保险工作，全年为1.5万余名老年人投保。开展民办养老机构集中慰问活动，送去节日慰问金2.2万元，送慰问物资5000余元。为全县134名90岁高龄老人每人送慰问物资300元，共计4.02万元。下基层到结对帮扶金河社区走访慰问高龄老人20名，送慰问物资6000元，春节走访慰问220名困难老年人，送去价值10万元的慰问品及慰问金。开展健身体育活动喜庆节日，组织80名老年乒乓球爱好者举行3次老年人乒乓球友谊赛。

【慈善事业】多渠道开展慈善宣传，在县城大型商场、大型饭店和银行网点等公共场合，设置捐赠箱20个，接受社会的慈心善款1500余元。开设“慈善药店”“慈善超市”“慈善幼儿园”“慈善饭馆”等实体店揭牌仪式，全年为特定群体实施慈善救助优惠让利20万元。开展慈善助学活动，共发放助学金30多万元；为“1·05”公交车纵火案募集善款213万元，用于灾后救助。争取东阳市佳盛塑胶有限公司慈善项目1个，捐赠助学10万元。

【社会事务管理】全年共办理收养登记6件。制定《关于进一步加强社会组织规范化发展的意见建议》，开展社会组织专项整治行动；抓好社会组织“红顶中介”、社会组织与行政机关脱钩试点工作；组织开展社会组织履行社会责任评估；申报自治区星级社会组织。全年发放全国统一信用代码法人证75家，民办非企业换证12家，年检社会组织和民办非企业89家。

【公益活动】2月5日，在中心敬老院开展“不老梦想”迎新春联欢会。5月6日，在欣荣村举行“三留守人员”关爱行动文艺演出。5月10日，举行贺兰县第二届特困老人家乡游公益活动。

【表彰奖励】1月，贺兰县民政局被县委、政府评为2015年度效绩考核二等奖。6月，县民政局中心敬老院党支部被自治区党委组织部评为全区社会组织先进基层党组织。8月，贺兰县民政局被自治区民政厅评为2015年度最低生活保障工作绩效考核优秀等次。9月，马家寨、太阳城社区获全国综合减灾示范社区称号。12月，中心敬老院被自治区民政厅评估为3A级以上等级社会组织。12月，通昌南寺被自治区双拥工作领导小组评为全区军（警）寺共建促和谐活动示范单位。6月，王秀花、张海军被贺兰县民政局评为兵沟黄河大桥拆迁项目先进个人。

扶贫开发

【概况】全县脱贫攻坚任务主要集中在欣荣、广荣2个移民新村，共有建档立卡贫困户998户4999人。采取不同培训模式，开展农村实用技术培训和职业教育，加大技术扶贫力度。以“双到”资金作为建档立卡贫困户的入股资金，投入200万元作为扶贫担保基金，为贫困户发展产业提供资金保障。支持电商企业在贫困村拓展农产品销售业务，帮助群众增加收入。2016年实际完成脱贫1301人，超额5.7%。移民村农民人均可支配收入6423.5元，比上年增加513.5元，增长8个百分点。

【欣荣村扶贫】在欣荣村投入2200万元，对移动温棚进行全面维修和改造提升，新建8栋智能化温棚，带动100户贫困户种植黑木耳或香菇；建设长毛兔、肉鸽养殖区4000平方米，带动100户贫困户发展养殖业；建设冷库1000平方米，提供农产品储存保障；协调力农集团欣荣村肉羊养殖基地，通过“基地+农户”模式，用“双到”资金和扶贫贷款吸收300户贫困户发展养羊业。

【广荣村扶贫】广荣村征地2000亩，建设油玫瑰、食用菌种植、加工及设施农业旅游观光基地，移民以土地入股的形式参与经营，每年获得2000元的分红。

【综合扶贫】党支部牵头，协会运作，力争实现每户1～2人长期稳定就业，使劳务收入为移民群众增收致富。以“双到”资金作为建档立卡贫困户的入股资金，扩大互助社资金规模300万元。投入200万元作为扶贫担保基金，100万元作为贴息资金，贷款规模500万元，为贫困户发展产业提供资金保障。支持电商企业在贫困村拓展业务，拓宽农产品销售渠道，帮助群众增加收入。将丧失劳动能力、无法通过产业扶持和就业转移的符合低保政策的建档立卡贫困人口全部纳入农村最低生活保障政策兜底范围，实现低保与精准扶贫政策有效衔接。采取“企业订单、培训机构列单、培训对象选单、政府买单”的培训模式，开展农村实用技术培训和职业教育，完成2090人次培训任务。

工业和园区建设

Gongye He Yuanqu Jianshe

银川德胜工业园区

【概况】 德胜工业园区始建于2002年3月，位于贺兰县中心地带，南接银川市区，东临石中高速公路，北至银川市北环高速公路，西与银川市新区相连，109国道贯通园区南北。园区规划用地面积16.32平方公里，经过多年建设，园区道路、供水、排水、供气、供电、供暖、通讯和建设用地等基础配套设施实现了“七通一平”，并形成了以农副产品加工、商贸物流、机电制造、新型建材、生物制药产业群，成为贺兰县财政收入的重要支柱和宁夏最具投资、创业、发展的工业园区之一。2016年，园区总投资16.4亿元，新建项目16个。集中开展百日攻坚项目3个。

【重点项目建设】 3月，德胜园区集中开工的建设项目有23家，其中新建项目16个，技改项目6个，基础设施建设项目1个，项目涵盖了农副产品、机械电气、医药加工、市政建设等领域。总投资16.4亿元的新建项目16个，投资过亿元有丽秋玻璃、艾尼科技、达美医药、宇盛隆、宁远消防、天心医药等7个项目，投资5000万元至1亿元有富琦瑞家纺、渝陵食品、巨腾电力等7个项目，年底计划竣工投产项目14家。总投资3.24亿元的技改项目有福之源、立恒电气、西夏啤酒、新华书店、爱伊塞上明月大酒店、雄牛酒业6个，年底全部投产达效。

【百日攻坚项目建设】 百日攻坚项目指银川电商物流园、银川艾尼工业科技开发有限公司清洁能源智能一体化产学研基地项目、中国汽车工业配件销售有限公司汽车配件集散交易中心项目。8月4日上午，银川市委常委、贺兰县委书记李郁华带领县发改委、财政局等部门负责人到园区视察，听取了企业负责人和园区领导的汇报，对企业急需解决的问题现场做了安排，并对园区“百日攻坚”工作给予了肯定，要求园区管委会继续做好项目协调服务工作。

【河南省代表团来园区参观考察】 5月26日上午，河南省原省长李成玉带领河南省副省长张维宁、政协副主席史济春等党政企代表团一行60多人，参观考察了德胜园区农产品加工产业。代表团参观了百瑞源公司枸杞加工车间、博物馆，参观了厚生记公司。

【杭州市考察团到园区考察学习】 9月22日，杭州市市长张鸿铭带领考察团一行到贺兰中国枸杞馆、宁浙电商创业园等地，对贺兰电子商务发展情况进行考察。在累计投资约570亿元的宁浙电商创业园，张鸿铭等了解到已经有义乌购、东作云等42家电商创业企业入驻时，认为贺兰电子商务发展的思路清晰、发展速度快、线上线下互动良好。座谈会上，杭州市还向贺兰县捐赠了帮扶资金。

宁夏生态纺织产业示范园区

【概况】2016年，宁夏生态纺织产业示范园区以“扩大有效投资年”为主线，以建设“纺织新城”为目标，加快基础设施建设步伐，加大招商引资力度，强力推进园区提速增容。截至年底，园区累计完成投资119.37亿元，实现工业产值50.51亿元，用工3500余人。与安徽富煌集团公司和宁夏路桥公司合作，采用PPP融资模式，引进资金16.4亿元，开工建设了宁夏服装中小企业孵化园、宁夏纺织服装研发中心、生态纺织园8条道路及供排水、绿化工程。

银川生物科技园

【概况】2016年，银川生物科技园围绕各项指标增长30%以上的目标，全年完成工业总产值48.46亿元，同比下降10%，占任务60亿元的80.76%；完成工业增加值10.56亿元，同比下降10%，占任务13亿元的81.23%；完成固定资产投资20.39亿元，同比增长35%，占任务30亿元的67.97%；完成税收6000万元，同比下降31.8%，占任务8874万元的67.61%；完成招商引资22.45亿元，同比增长58.8%，占任务20亿元的112.2%。新增规模以上企业1家。

【重点项目推进】一是公共设施建设有序推进。暖通街、暖荣街道路延伸工程完工，洪胜东路排水管网工程开工建设，公共服务中心项目主体工程完成。二是“211”工程建设项目进展顺利，已投产项目3个，即宁夏恒康制药科技有限公司恒康制药年产20000吨盐酸二甲双胍生产项目，宁夏常龙新型建材有限公司年产30万吨普通干粉砂浆、5万吨特种干混砂浆、年产50万立方米/年加气混凝土砌块项目，光华深加工生产线改造项目。竣工项目2个，即宁夏威仕柏涂料科技有限公司6000平米真石漆环氧地坪漆项目、卡瑞尔研磨材料太阳能釉料的副产品深加工项目。新开工项目3个，即宁夏泰益欣公司综合管架建设项目、宁夏宏程新材料公司玻镁复合岩棉板生产项目、宁夏虎城防水公司年产800万平方米建筑用防水卷材产品扩建项目。

【招商引资】围绕全县开展的“扩大有效投资年”活动，结合4—6月开展的“百日推进”活动和7—9月开展的“百日攻坚”活动，开展针对性招商。全年坚持招大引强、招高引新、招群引链，招商引资计划投资23.4亿元，实际到位资金22.5亿元。

【项目对接】一是对接中冶集团规划建设园区地下综合管廊项目。主要对银川生物科技园17公里路网建设地下综合管廊，包括污水、废气、给排水等管网的建设。二是对接浙江永宁药业股份有限公司医药中间体项目。该公司是国内首家从头孢侧链到制剂为一体的医药生产公司，主要生产医药中间体和中成药。三是对接杭州晨基住工科技有限公司生产高档涂料、塑胶研发项目。四是对接杭州吉华化工有限公司染料中间体项目。该企业是中国民营500强企业，全球主要染料生产基地之一。五是对接杭州新龙化工有限公司生产硝酸、硝盐项目。该公司是萧山10强企业原料来源于青海，占用地理位置优势。六是对接宁夏城建集团与杭萧钢构集团合作建设预制混凝土加工项目。

【招才引智】一是申报招才引智专项资金。对园区各企业各领域人才进行摸底统计。组织园区企业申报2016年引进人才和培养人才项目资金。二是确定科技创新型企业清单。从新材料、装备制造、生物医药、精细化工四大主导产业入手，确定泰益欣、恒康制药、庆丰丰达、卡瑞尔、希望田野、保利等企业作为2016年重点培育的科技型企业，鼓励企业根据自身产业发展需要和人才需求，开展产学研对接。三是与兰州大学化工学院建立产学研联系。4月，泰益欣、联森2家医药企业组成代表团，赴兰州大学化学化工学院对校企产学研合作进行交流洽谈。通过双方协商，兰州大学为园区提供了化学化工领域内的专利技术成果清单。四是建立涂永强院士工作站。工作站下设办公室、研发技术创新服务室、分析测试室、知识产权咨询和科技成果转化室4个科室，并预引进兰州大学及各大学的先进技术成果，在园区实现技术成果转化并最终实现产业化生产。五是培育壮大园区区级技术中心企业。为推动园区企业技术创新的质量和水平，围绕企业中心工作，在推动技术创新、促进科技交流、提高员工科学素质、举荐创新人才、激发创新热情和创造活力等方面发挥作用，计划培育双玉、光华等5家区级技术中心企业。六是不断吸纳优秀人才入园。2016年以来，园区企业吸纳、聘请一批高层管理人才以及专业技术人才。双玉防水、共享生物、百泓新材料等8家公司聘请20名高层次管理人员。希望田野、盛达等5家企业聘请10名专业技术人员，其中1人享受国务院政府特殊津贴。

【争项目争资金】 组织泰益欣等10家企业申报银川市振兴工业奖励资金，已有7家企业享受补贴。组织保利节能等5家申报自治区新型工业化发展资金，协助恒康制药申报国家第三批专项建设资金，组织卡瑞尔、共享等6家企业申报自治区“专精特新”中小企业及示范企业，培育泰益欣、恒康、兄弟等10家企业争创“三名”企业。组织双玉、保利、卡瑞尔3家企业申报自治区质量百强企业。全年共争取项目资金1700.48万元，完成年度目标任务4200万元的40%，其中泰益欣争取技术研发项目等资金共计1600万元。

【环境整治】 重点对34家涉水企业、25家排烟异味企业进行排查，强令整改。对6家岩棉企业采取断电等措施，强制关停整改。对固（危）废企业实行“一厂一档”管理制度，对危险废物重点源单位进行规范化管理，从源头上杜绝“工业三废”对环境造成的二次污染危害，倒逼企业走出一条“转、并、停、破、立”的结构调整之路。新增投资600余万元，对蓝星水务公司建设的污水处理厂进行改造提升，同时完成了拟建质保功能区（工业固废处理中心）规划选址工作。11月19日，生物科技园建立领导干部包干制度和环境整治问题清单，对园区85家企业进行排查摸底，清理僵尸企业27家，下发强制断电通知书16家，组织58家企业对私搭乱建、乱堆乱放等现象进行集中清理整治。

【安全生产】 督导企业按要求完成安全生产“五级五覆盖”“六化”及“三级化达标”工作，落实安全生产责任制企业84家，指导企业规范安全生产资料归档工作，配合县安监局开展企业安全生产检查督导工作，督促企业定期对自身存在的事故频发、隐患突出的环节进行自查自报自改，将各项安全生产措施落到实处，织密安全生产工作的监管体系建设。

【闲置土地清理】 引导18家企业实施技改项目，提升装置产能和生产工艺水平。对15家长期停产企业实施“腾笼换鸟”，对3家租赁企业进行强制性关停，倒逼转型。推进10家企业空间换地。治理低效用地企业15家。采取转让、股份合作等形式实施“腾笼换鸟”工程。

农林经济

Nonglin Jingji

综 述

【概况】 2016年，贺兰县农牧渔业局围绕“从严管理落实年”和“扩大有效投资年”活动，以农业大县向农业强县转变为总纲，推进农业“八化”战略，农业经济保持平稳较快发展。全年完成农业总产值33.61亿元，农业增加值17.52亿元，较上年同期分别增长5.3%和5.2%。优势特色优势产业占总产业的比重98%。农民人均可支配收入12620元，同比增长8.5%。全年争取项目共10大类39个，到位资金1.85亿元，完成任务数的128%。争取固定资产投资项目9个，入库资金5亿元，完成年度任务的125%。争取招商引资项目7个，到位资金6.6亿元，完成年度任务的132%，农业各项指标全面完成。作为全国首批20个试点县之一，率先推广草畜产业种养结合循环发展模式；10月，获批农业部38个第二批政府购买农业公益性服务机制创新试点县之一；在西北地区率先开展政策性渔业保险试点和生鲜牛奶价格保险试点。

【农业产业化建设】 2016年，全县农业经济保持平稳较快发展，全年完成农业总产值33.61亿元，农业增加值17.52亿元，较上年同期分别增长5.3%和5.2%。优势特色优势产业占总产业的比重达98%，其中：优质粮产业总产值5.09亿元，占农业总产值15.1%；蔬菜产业总产值15.68亿元，占农业总产值的46.6%；适水产业总产值4.35亿元，占农业总产值的12.9%；草畜产业总产值7.9亿元，占农业总产值的23.5%，其它产业0.59亿元，占农业总产值的1.8%。优势特色优势产业占总产业的比重为98.2%。

全县农业产业化龙头企业达到54家，其中国家级农业产业化重点龙头企业3家，自治区级龙头企业28家，银川市级龙头企业23家，年产值过3亿元的龙头企业4家，过亿元的龙头企业6家。资产总额81.64亿元，固定资产36.46亿元，带动农户12万多户。全县发展一村一品专业村9个，其中时令鲜蔬专业村4个、甜瓜专业村1个、西瓜专业村1个、番茄专业村3个。一村一品专业村的快速发展，有力地推动了特色产业培育和现代农业发展进程，促进了特色产业基地的形成及农业增效、农民增收和农村经济的持续、健康发展。

【提升农业机械化水平】 2016年，贺兰县以保障国家粮食安全、改善农田生态环境、增加农民收入、促进农业可持续发展为目标，以农机农艺融合、机械化信息化融合为路径，以农机作业补贴为抓手，以社会化服务为手段，凝聚政府推动和市场拉动的力量，调动农民、农机手和农机服务组织的积极性，科学高效的推进各项工作。全年拥有各类农业机械总动力36.2239万千瓦，各类农业动力机械2.54万台（件），其中大、中、小型拖拉机累计1.5506万台，拖拉机配套农具2.0282万台，各类联合收割机0.1057万台，激光平地设备117台（套），畜牧养殖机械

1267台，大型挤奶台56套，渔业机械2460台，设施农业卷帘机5026台；农机维修网点32个，农机从业人员3万余人。贺兰县三大粮食作物综合机械化水平95.1%，其中机械化耕整地作业水平100%，机械化播栽水平96.7%，机械化收获水平87%。

【农业“八化”战略】 一是运营资本化。农业产业化发展融资担保引导基金发放贷款8150万元，贺兰县融信担保责任有限公司注入（1+4）担保基金发放贷款1350万元，协调贺兰县黄河银行和回商银行发放土地经营权抵押贷款受理贷款213笔，发放贷款1289.1万元。二是销售电商化。组织厚生记等20家农产品加工企业加入贺兰县电商产业发展协会，配合“阿里巴巴农村淘宝”项目线下体验店布展，拓宽农产品销售渠道。三是经营规模化。新建设施农业599.8亩，新增供外蔬菜基地1.4万亩。水产养殖总面积保持在10.5万亩，水产品总产量4.1万吨，奶牛存栏4.02万头，多年生牧草种植面积达到3.3万亩，肉、蛋、奶总产量分别达到10561吨、7911吨、189102吨。四是装备设施化。全年拥有各类农业机械总动力36.2239万千瓦，各类农业动力机械2.54万台（件）。五是主体企业化。成立渔业、蔬菜、粮食产业联合体3家，新增农民专业合作社10家，累计达到164家。新培育发展家庭农场24个，累计达到75个。六是产品品牌化。培育敬义泰、西夏啤酒、金河乳业3国家驰名商标，培育“厚生记”杞动力等4个宁夏著名商标。新认证无公害农产品和绿色食品企业各1家。七是生产生态化。新建5家智能化配肥站，指导农户按需用肥。完成“阳光沐浴”太阳能热水器安装10000台。八是产业旅游化。新增休闲农业旅游点2个，全县休闲农业旅游点累计达到78个，创建自治区级休闲农业观光示范点3个。

【“互联网+”思维】 运用“互联网+”思维，以项目为支撑，重点实施“互联网+生产”“互联网+经营”“互联网+服务”“互联网+品质”“互联网+特色”。推进农业综合信息服务平台建设。与北京大北农集团农信互联公司合作，加快推进农业综合信息服务平台建设。建立农产品质量安全追溯体系。农业生产基地加快安装智能化监控管理设备进度，实现了对产前、产中、产后信息进行动态采集和生产全过程可视监控。构建农业物联网生产体系。在天缘种业等农业示范基地推进智能精准化作业，提升农业生产效率和效益。推进投入品在线监管体系建设。将全县148家农资经营经营门店纳入农业投入品在线监管平台，实时监控销售数据，硬件安装调试。

【日常工作】 提升农业科技水平。与北京大北农农信互联公司、国家农业智能装备中心开展合作，推进“互联网+现代农业”应用。组建“院县合作”专家服务团队，解决农技推广最后一公里问题。加大农业纠纷调处力度。对66家种子代销点、57家化肥经营网点、87家农药经营门店开展春季农资市场专项检查及打假整治，共受理农资纠纷投诉案件23起，案件办结率100%，为农户直接挽回经济损失22.8万余元。强化农产品质量安全监管。依法查处禁用和限用农业投入品的经营行为，抽检农产品样品2928份，抽检合格率达98%以上。抓好动物疫病防治。共屠宰检疫生猪5.19万头，禽51.25万只，牛羊0.37万头（只），检出不合格动物1041头（只），全部按规定进行无害化处理。全县应免畜禽的免疫率、建档率均达100%。开展技术宣传和培训。广泛宣传测土配方施肥、专业化统防统治、土壤有机质提升、秆秸生物反应堆、水稻品质提升措施等技术。

【土地确权颁证】 全县开展农村土地承包经营权确权登记颁证工作共涉及7个乡镇（场）58个村，已全部完成档案整理工作及数据入库工作，已通过自治区确权办的评估验收，颁发了农村土地承包经营权证58个村33045本，达到91%。

【土地承包经营权入股试点】 通过在立岗镇先进村、常信乡四十里店村开展土地承包经营权入股试点，挖掘和培育一批以土地经营权入股发展农业产业化经营的龙头企业、合作社，由农民共同共有的产权制度转变为农民按股份共有的产权制度，使农民变股民，并按股份享受收益的分配制度。全年入股面积3500亩，涉及农户1165户。

【农业社会化服务体系】承担自治区党委“现代农业社会化服务体系”试点工作，开展水稻(有机水稻)生产、水产养殖、农机作业、水稻加工、产品销售等综合服务，逐步形成利益共享、风险共担的现代农业经营服务组织。建立粮食银行服务平台，通过粮源集并、加工存贮、现货销售、电子交易等业务联动，使粮食在公共物品属性的基础上，发挥商品属性，减少农民储粮成本，规避粮食市场风险，实现市场一体化。

【农业风险防范机制】在全区率先开展政策性渔业保险试点和生鲜牛奶价格保险试点。淡水鱼政策性保险参保场点达33个，参保面积2310亩，较上年增加2165亩。保费总额125万元，其中农户自缴25万元，政府补贴100万元。2016年，渔业保险共出险53起，合计赔付金额94.7万元。已赔付32起，赔案金额63.5万元，待结案件21起，待赔付金额31.2万元。筛选出8家奶牛场开展试点工作，投保奶牛1562头，投保生鲜牛奶1.25万吨。

【成立渔业、蔬菜、粮食产业联合体】通过龙头企业引导，将产业链中产、供、销、运、加、研等相关企业和合作社串联和聚集起来，形成跨行业、多领域的强强联合，以应对日益激烈的市场竞争，解决当前产品质量不高、市场品牌不响、社会影响不大、带动能力不强、服务领域不宽、信息流通不畅等突出问题，达到优势互补，合作共赢，一二三产业深度融合。

【第二批政府购买农业公益性服务机制创新试点】2016年，贺兰县被农业部批复为38个第二批政府购买农业公益性服务机制创新试点县之一，创新试点内容重点围绕动植物保护及统防统治服务、农业综合信息化服务、农村产权流转服务及村级财务会计委托代理服务4个方面展开。

【新增国家级农业产业化重点龙头企业和水产健康养殖示范场】2016年，贺兰县的百瑞源枸杞股份有限公司跻身全国110家农业产业化国家重点龙头企业名单中。至此全县已有国家级龙头企业4家。同时，贺兰县灏祥渔业专业合作社、宁夏海永生态渔业有限公司2家企业也位列农业部公布的第10批国家级水产健康养殖示范场，截至年底，全县已连续6批累计成功申报了国家级水产健康养殖示范场13家，申报面积6200余亩。

【农业行政执法案卷获全区优秀案卷二等奖】经自治区农牧厅对2016年全区农业行政处罚优秀案卷进行评查，由贺兰县农牧渔业局推荐，贺兰县农业综合执法大队承办的“xx种子公司经营未经审种子案”被评为全区农业行政处罚优秀案卷二等奖。这是贺兰县继2015年获得银川市农业行政处罚优秀案卷三等奖以来又一次获得优秀案卷奖。

【承办农业现场观摩会】先后承办国家大宗淡水鱼产业体系技术需求座谈会、全国农村实用人才座谈会现场观摩会、全区农业社会化综合服务推进培训会现场观摩会、全区渔业转方式调结构促增收现场观摩会等现场会8场次，接待农业部相关领导视察5次。

【表彰奖励】先后获2016年全区农村全面小康建设先进集体一等奖、全区农业现代化建设先进集体奖、银川市农民增收先进集体一等奖，获贺兰县绩效考核综合部门一等奖、农业农村工作先进集体一等奖、“职工之家”建设先进单位、庆祝建党95周年暨“两学一做”学习教育知识竞赛二等奖、新闻宣传工作先进单位、志愿服务“十佳志愿服务团队”称号。1月，黄月香被贺兰县委、政府评为“贺兰好人”敬业奉献奖。6月，年建东被贺兰县委评为全县优秀党务工作者。8月，刘岩、邸静被银川市总工会、银川市农牧局评为兽医实验室技术标兵，王伟强被评为防疫技术标兵。8月，苏健、徐莹被银川市农牧局评为“三品一标”农产品认证和监管先进工作者。12月，苏健被农业部评为全国农业先进个人。刘欣获得自治区政府特殊津贴。

【农业综合开发】2016年，贺兰县农业综合开发办公室落实“扩大有效投资年”和“从严管理落实年”各项举措，围绕城乡发展一体化总目标，全面完成各项目标任务。全年共争取项目16个，建设高标准农田4.52万亩，争取资金1.4亿元，招商引资2000万元，完成固定投资2.15亿元，完成4个高标准农田建设续建工程项目、1个外资项目年度建设，争取1个高标准农田建设创新试点，实施高标准农田建设与产业化发展暨“一县一特”龙头企业带动相结合项目，促进全县一二三产业融合发展。完成人大代表议案工程1项，完成县委交办的2项重点工作。对工程建设资金、进度和质量进行全面监管，组成工程质量检查验收小组，与县验收五部门、监理公司一起进行工程检查验收，确保工程质量过关。

种植业

【概况】2016年，全县完成粮食播种面积50.3万亩，粮食总产为28.04万吨，水稻亩产以858.9公斤的记录再创历史新高。其中优质粮食总产值5.09亿元，占农业总产值15.1%。顺利通过全国有机农业（水稻）示范基地复查验收，丁北村蔬菜产业布局合理，设施蔬菜、露地蔬菜种植经营步伐加快，推动了建设蔬菜产业强县目标进程。全年蔬菜产业总产值15.68亿元，占农业总产值的46.6%。

【粮食生产】2016年，贺兰县完成粮食播种面积50.3万亩，其中春小麦12.3万亩，玉米17.8万亩，水稻20.2万亩（农业部中绿华夏认证有机稻面积1.5万亩）。粮食总产为28.04万吨，其中，春小麦平均亩产为402.8公斤，较上年增长3.2%，总产4.95万吨，较上年增长24.4%；玉米平均亩产667.6公斤，较上年增长2%，总产量11.88万吨，较上年下降8.3%。完成小麦无垄栽培新技术示范1600亩；实施农作物侧条施肥、控施肥技术，兰星村小麦最高单产达到638.8公斤/亩，创历史新高；完成水稻工厂化大棚育秧213栋，示范水稻钵育摆栽2000亩、精量穴播3000亩；完成水稻、玉米、蔬菜前茬冬牧70黑麦草示范推广6200亩。推广粮食作物主导品种及主推技术15项面积43万亩，推广粮食作物全程机械化12万亩。

【通过全国有机农业（水稻）示范基地复查验收】按照《有机农业示范县创建与管理办法（试行）》要求，顺利通过农业部5名专家同自治区农牧厅绿色食品办公室对贺兰县全国有机农业（水稻）示范县的复查验收，并建议农业部绿色食品管理办公室批准续展。

【水稻亩产创历史最高】经专家对常信乡丁北村水稻绿色高产高效创建示范片实收测产，测产地块面积3.87亩，平均亩产858.9公斤，较贺兰县水稻实收测产历史纪录（2015年丁北村亩产787.8公斤）增产71.1公斤，再次打破贺兰县水稻单产历史纪录。

【鲁宁玉米遗传育种博士科研工作站落户习岗镇】9月6日上午，山东农业科学院“宁夏玉米育种博士科研工作站”揭牌仪式在习岗镇西夏种业园区举行。同时，山东农科院玉米研究所宁夏中试良繁基地挂牌落户贺兰。这是继自治区种子工作站与山东农科院玉米研究所签订《玉米种业科技战略合作协议》后，鲁宁合作的进一步深化。

【蔬菜产业布局】围绕建设蔬菜产业强县目标，打造以沿汉延渠、唐徕渠系为主的绿色瓜菜产业带；以实施“现代科技、设施装备、生产能力、组织化水平、综合效益”大提升五大行动和提高瓜菜园区“科技转化与应用、专业标准化生产、瓜菜综合生产、农民抗风险、园区经济增长、园区辐射带动”六大能力为抓手，稳步推进设施、露地瓜菜产业发展规模和档次，进一步优化瓜菜茬口及布局；重点扶持农业新型经营主体以蔬菜规模化经营方式走“一特三高”之路，努力提升西部四季鲜菜之乡水平。

【设施蔬菜】推进集中流转土地规模化、集约化经营步伐；重点示范以番茄为主，黄瓜、西甜瓜、芹菜等品种为搭配的种植模式。2016年，番茄种植面积5.2万亩，占设施种植的43.7%，作为外销的主打品牌，硬质番茄品种占到80%，通过商贩集中到银川市北环批发市场，再销往新疆、内蒙古、西安等地；温室瓜类、叶菜类以满足银川及当地市场为主；黄瓜、甜瓜、芹菜、辣椒等蔬菜占56.3%，种植面积6.7万亩。

【露地蔬菜】以越夏番茄、黄瓜、茄子、辣椒等为主，定植面积3.5万亩，占露地种植面积的19.3%；以芥蓝、菜心为主的供港蔬菜面积2.7万亩，比去年新增1.4万亩，占露地种植的14.9%；越夏蔬菜上市高峰期为7月下旬至8月下旬，90%以上销往上海、西安、郑州、厦门等地。

【两地签订蔬菜种植销售战略合作协议】12月26日，由贺兰县农牧渔业局牵头，宁夏蔬菜产销协会协助主办的贺兰县蔬菜产业联合体与深圳蔬菜批发协会蔬菜种植销售对接签约仪式在天缘种业种植基地举行，农牧渔业局局长吴志军代表贺兰县与对方签订蔬菜种植销售战略合作协议。协议的签署为进一步扩宽贺兰县蔬菜销售渠道、发挥产业优势、做强蔬菜产业创造了条件。

畜牧业

【概况】2016年，全县畜牧业呈现良好发展态势，标准化、专业化和规模化水平逐步提升。全年肉产量10561吨，蛋产量7911吨，奶产量189102吨。全年完成畜牧业产值9.69亿元。多年生牧草种植面积3.3万亩。全年完成草畜产业总产值7.9亿元，占农业总产值的23.5%。

【畜禽养殖】全县牛存栏54165头，其中奶牛存栏40282头。肉牛饲养量达到36587头，其中存栏13883头，出栏22704头。生猪饲养量70789头，其中存栏25563头，出栏45226头，能繁母猪存栏2533头。羊饲养量238659只，其中存栏121222只，出栏117437只。家禽饲养量达到1454137只，其中存栏723924只，出栏730213只。

【率先推广草畜产业种养结合循环发展模式】作为全国首批20个试点县之一，作为种养结合整县推进试点项目，获批中央资金2000万元，重点围绕粪污处理利用、饲草料基地配套、奶牛场设施设备标准化改造提升等进行建设，通过项目建设与实施，最终实现粪污污水深度处理再利用、饲草料基地建设配套完善，养殖设施设备标准化，促进农牧循环的绿色生态农业发展。

水产业

【概况】渔业是贺兰县重要的农业优势特色产业之一，全县初步形成了观光休闲渔业产业带，以石中高速公路两侧、寇家湖万亩生态渔业示范园区为主的大水面标准化高效渔业生产区，以三丁湖为主的湖泊湿地保护区，以金河大道、黄河金岸渔业资源修复和养护为主的生态渔业产业带，渔业经济取得了显著成效。2016年，全县水产养殖面积10.5万亩，水产品产量4.1万吨，同比增长7.9%。渔业经济总产值4.5亿元，同比增长9.7%，从渔农民人均纯收入1.2万元。

【巩固渔业外向型产业格局】2016年，全县无公害水产品产地认定面积10万亩，6个养殖产品通过无公害农产品认证，已创建国家级水产健康养殖示范场15个。全县80%的水产品外销周边省区，渔业外向型产业格局进一步巩固。全县水产品总量的80%稳定外销周边省区，渔业外向型产业格局进一步巩固。

【名优水产养殖】贺兰县立足渔业资源特点和优势，加大产业结构调整力度，转变渔业发展方式，推广名特优新水产品养殖。在巩固草鱼、团头鲂等本地品种的基础上，放养南美白对虾、丁桂、斑点叉尾鮰、鲟鱼、鲈鱼、河豚等名优品种4200余亩。开展“池塘南美白对虾生态高效套养”技术示范。该技术模式的示范应用，将使渔业经济效益和社会效益得到明显提升。名特优新水产品的引进和大力推广，顺应了市场消费需求，提高了水产养殖效益和竞争力，加快了产业转型升级步伐，有力促进了渔业经济质效提升，为渔业供给侧结构性改革和一二三产业融合发展起到了积极的推进作用。全年名优水产养殖面积8.8万亩，水产养殖品种结构明显改善。

【国家级水产健康养殖示范区】 按照全国水产健康养殖示范创建活动总体安排，贺兰县东湖丰谷源养殖专业合作社通过第十一批农业部水产健康养殖示范场省级考核验收和农业部审核。同时，宁夏第六批农业部水产养殖健康养殖示范场贺兰县科海渔业专业合作社、贺兰县晶诚水产养殖有限公司2家水产养殖场通过复查和农业部审核，“农业部水产健康养殖示范场（第六批）”称号继续有效。截至年底，宁夏共有农业部水产健康养殖示范场75家，面积19.02万亩，占全区水产养殖面积的26.7%。全县创建国家级水产健康养殖示范区15个，无公害水产品产地认定面积10万亩，6个养殖产品通过无公害农产品认证。

林　业

【概况】 2016年，全县规划实施人工造林10400亩，其中美丽乡村庄点绿化18个面积500亩，通道绿化2000亩，农田林网2500亩，以葡萄、枸杞和红枣为主的经济林4000亩，补植造林面积1400亩。经自治区林业厅和银川市林业局验收，全县完成合格造林面积4285亩，超额完成年初4000亩任务。贺兰县林业局被评为全国生态建设突出贡献先进集体、全区种苗工作先进集体。在全区重大林业有害生物防控责任制落实、植物检疫执法、基础设施和综合管理等方面，经自治区林业厅全面考核成绩为优秀。

【春季造林】 春季组织全县机关单位职工在正源北街延伸段植树，完成义务植树面积500亩，全民义务植树尽责率95%以上。春季造林期间，为县城各机关单位、学校、医院、社区和企业无偿提供绿化所需部分苗木。将丰庆路两侧绿化工程作为义务植树基地，完成义务植树500亩10万株。

【秋季造林】 全县计划完成秋季造林绿化面积3000亩，其中新造林2000亩，主干道路林带、美丽乡村、农田林网补植1000亩。完成新造林1000亩，补植600亩，林地整治1500亩，林木管护1800亩，涂红刷白200万株。全县秋季造林投资887.33万元（数据作为参考），其中：苗木费367.33万元；林地平整、栽植及管护费520万元，其中以资代劳投入160万元。

【重点项目】 一是发展优质经果林产业基地。按照自治区6个百万亩产业发展规划，开发建设贺兰山东麓优质葡萄、枸杞、红枣基地项目，栽植经济林4000亩，发展沿山以葡萄试验区为主的防风林带建设700亩，全力发展沿山特色经济林产业。目前实施完成葡萄基地种植面积2811亩，枸杞、红枣共栽植完成1205亩；防护林造林面积700亩。二是围绕全县重点工程建设抓好绿化工作。实施完成丰庆路北侧绿化造林面积140亩。完成四十里店叉路口至滨河大道（山河大道）绿化工程、正源北街延伸段绿化工程。

【县城及园区绿化工程】 一是县城绿化工作围绕奥特莱斯停车场、东一环西侧绿地、新幼儿园南门东侧绿地、县城行道树补植、居住区等绿化改造提升为重点，今春完成造林175亩。德胜、宁夏生态纺织园区重点做好园区行道树、宽幅林带及企业厂区新植和补植工作，全县两个园区实施完成主干道路新造林及绿化提升面积459亩。

【通道绿化工程】 结合主干道路大整治大绿化工程，对110国道、石中高速、109国道、爱伊河、黄河、滨河大道、北环绕城高速及县乡主干道路实施绿化提升工程，全县完成新造林及绿化提升面积3010亩。

【农田林网建设工程】 继续坚

持大网格、宽林带的建设模式，坚持适地适树原则，切实提高造林成活率和保存率，做到栽一片、成一片、绿一片，完成造林712亩。

【美丽乡村精品绿化工程】结合村庄整治、小城镇建设和中心村建设规划，按照村在林中、林在村中庄点绿化目标，重点做好金贵镇江南村、关渠村，洪广镇北庙生态移民新村等村庄绿化工程，每个乡镇精心选取2个村（社），做好规划设计和绿化美化提升工作，确保工程实施成效显著。全县实施完成造林面积2500亩。

【沟道护坡治理工程】以二排沟、三排沟、红旗沟三条县内主要沟道为主，完成沿线沟道两侧生物护坡治理工程，按照适地适树的原则，做好绿化规划设计，提前完成需栽植苗木的采购工作，已完成9000米，面积109.5亩。

【红酒一条街建设】截至年底，已落实9家线上线下体验店开张营业，引进红酒品牌15家，通过进一步加大招商引资力度，引进知名度高的红酒企业入驻体验店，扩大红葡萄酒的知名度，将贺兰山东麓红葡萄酒推向国际国内市场，打造红酒一条街特色品牌。

【景观绿化】为县城出入口节点、生态纺织园区、109国道、110国道等进行景观绿化提升工作。在市民休闲森林公园建设中，共建有休闲公园广场11个，改造和提升市民休闲森林公园道路2255米、环城带状公园1278亩，集旅游观赏、物种保护、休闲娱乐、森林生态、应急避难等多功能于一体，成为市民和游客休闲娱乐的胜地。在全区市民休闲森林公园观摩会上，贺兰经验得以推广。

【成立全区首家林权管理服务中心】成立全区首家林权管理服务中心，帮助林农抵押贷款、流转交易，还为林农提供林权信息咨询、林地林木权属管理、森林保险、林权纠纷调处等多种服务。年内，为4家企业办理林权证1000余亩，进行林权抵押贷款2652万元。

【森林资源管理】一是开展森林资源管护，加大对违法行为的打击力度。上半年受理各类报警案件30起，依法立案查处5起，处理违法人员5人。二是封山禁牧常抓不懈，继续开展封山禁牧专项整治行动，严厉打击放牧、偷牧等违法行为，巩固封山禁牧成果。三是严格执行《行政许可法》，认真办理行政许可手续。严格限额采伐管理，上半年受理林木采伐申请22件，采伐树木4749株、采伐蓄积量2782.2立方米，其中限额采伐483.5立方米；受理移植申请14件。四是森林防火工作扎实有效开展。发放森林防火宣传挂历、扑克牌、围裙等宣传材料3000多份。实行节假日休息期间无空隙值班制度，定期组织开展防火巡查巡视和检查，发现火灾隐患，及时下发限期整改通知书进行处置，将森林火灾消灭在萌芽状态，确保全县不发生大的森林火灾。五是开展林业有害生物防治工作，全年共完成杨树打孔注药4.02万株，沟眶象根灌药综合防治1500亩，人工捕捉沟眶象成虫28.8万只，臭椿打孔注药8.8万株，食叶类虫害防治1.21万亩，鼠害防治0.45万亩，苹果蠹蛾监测防控0.6万亩。完成春季丰庆路、山河大道及正源北街等重点工程造林绿化种苗产地检疫2.012万亩，办理调运检疫证苗木80.37万株，花卉29.38万株，种子3吨，苗木复检0.73株；开展网络森林医院服务，实现为民诊治服务23人次。

水 务

【概况】贺兰县水务局属全额拨款事业单位，2016年共有编制51名，其中：行政编制9名，事业编制42名。设行政办公室、水资源管理办公室、水利规划站、水利工程质量监督站、灌排管理所、防汛水保站、人饮管理站7个室站所，东部、中部和西部3个水利工作站。2016年，贺兰县水务局围绕“富民强县、跨越发展”总目标，强化重点项目实施，着力在夯实农业发展基础，促进产业结构调整，改善农村人居环境等方面下工夫。全年累计完成水利工程项目15个，总投资2.4亿元。重点实施项目12个，总投资1.4亿元。

【工程建设与管理】投资2200万元，完成2016年度高效节水灌溉项目；投资2000万元，实施2014年度第六批小型农田水利重点县建设项目；投资39.9万元，完成立岗镇兰星村盐碱地节水灌溉示范工程；投资170万元，实施贺兰县南梁台子铁东村节水灌溉工程；投资678万元，完成2016年灌区配套续建项目；投资854万元，完成常信盐碱地改造农田水利配套项目；投资998万元，完成2016年全国新增千亿斤粮食生产能力规划田间工程；投资1600万元，完成黄河二期京星农场河道整治第二批工程；投资3000万元，实施黄河二期防洪民乐电排治河工程；投资261万元，完成2015年大型水库移民后期扶持结余资金项目；投资1300万元，实施“8·21”防汛应急抢险工程，为保障群众生命财产安全“保驾护航”；投资1035.34万元，维修抗旱机井278眼，新打抗旱机井66眼，维修支斗渠25.1公里，维修泵站7座。

【灌溉管理】一是结合作物种植结构，依据各支渠往年同期实际引水量，及时调整分配各渠道计划引水量，合理利用贺兰县的计划水权。二是根据黄河水情，编制《贺兰县2016年抗旱应急预案》，加强在全县范围内突发性干旱灾害的预防和应急处置。三是成立抗旱保灌工作小组，深入干渠、乡村、协会，收集水情，督促进度，指导用水，确保农作物适时灌溉，均衡受益。为各乡镇调配混流泵20台、柴油机和电机共18台，利用机井、泵站等进行补灌，缓解紧张的用水局面。根据自治区水利厅2016年水量分配及调预案，贺兰县夏秋灌计划用水量3.08亿立方米，实际用水量2.96亿立方米；与上年同期的3.61亿立方米相比，减少了18.1%。自治区水利厅奖励贺兰县节约用水资金15万元。

【农田水利基本建设】全年建设重点片区14个，完成建设面积14.4万亩，完成率119%，其中建设高标准农田面积6.15万亩，改造中低产田8.25万亩，建设畦田4.64万亩，超额完成区市下达的各项任务指标。

【防汛防凌抗旱】一是召开全县防汛抗旱工作会议，部署2016年防汛抗旱工作，并签订《防汛目标责任书》。二是做好汛期检查工作，完善防汛预案，修订健全防汛制度，做好抢险物资储备工作。三是执行夏秋季24小时防汛值班制度，做好讯息上传下达。四是开展山洪灾害应急系统培训工作，提升干部职工应对处理突发灾害的能力。五是实施拜寺口沟清淤工程、葡萄长廊二号泵站导洪堤工程、银新干沟溢流堰拆除和新胜段清淤工程，提高重要区域的防汛应急能力。六是在防汛“七下八上”的关键时期，严格执行各项防汛制度，在“8·21”特大山洪灾害发生时，科学应对，紧急部署，群众安全撤离，洪水有效控制，无一人员伤亡。

【农村饮水安全】5月，贺兰县农村饮水安全工程水质监测中心全部建成运行。每月下旬定期开展饮用水水质33项指标检测，每季度定期向银川市水务局及自治区水利厅上报，确保水质检测结果准确无误。

【水政与水资源管理】一是加大水资源费征收力度，对取水户建立账册，全部安装计量水表，按季度抄表、收费、结算，确保水资源费按时足额到账。全年水资源费征收达到350万元，比去年同期增长75%。二是开展自备井查封。联合银川市水务局水政监察支队，查封金贵镇东郊水源地内非法打井9眼，关闭暖泉园区自备井8眼。三是推进节水型社会建设。投入资金5万余元，为贺兰回中学生公寓楼安装节水用具130套，推广感应式水龙头和感应水阀，并进行水平衡测试。四是全面开展安全生产大检查。全年组织30次120人参加了水利工程安全大检查，实行全覆盖、零容忍、不留死角，防范安全事故发生。五是开展“世界水日”“中国水周”宣传活动。

联合县境内四大干渠管理所，对水情、水利普查节水知识、保护水资源等进行综合宣传。

【高效节水先建后补】在全区率先提出《贺兰县高效节水先建后补管理办法》，进一步深化水利改革，为高效节水的运行管理和持续发展指引了新方向，也为全区高效节水先建后补总结了经验，得到自治区水利厅的认可。

【盐碱地探索实施高效项目】将盐碱地改良和高效节水灌溉相结合，实施立岗镇兰星村盐碱地节水灌溉示范工程和常信盐碱地改造农田水利配套项目。在习岗镇新平村1560亩的盐碱地上，新建排水泵站1座并配套设备，开挖排水沟道1条2公里，新建生产桥3座，水利基础设施条件改善后，将土地流转种植蔬菜、水果玉米，建设新平蔬菜标准化产销示范园，建立蔬菜生产、加工、销售全程溯源体系，亩均产量2500公斤，亩均收益1.1万元，将“锅底坑”变为了“聚宝盆”。

金山自然保护区

【概况】金山自然保护区管理局（金山林场）为公益一类副科级差额拨款事业单位。2016年核定编制15人，内设管理岗位8人，专业技术岗位5人，工勤岗位2人。年内实施自然保护区春季造林工程，共完成造林300亩，实施滴灌节水项目1000亩，完成森林抚育2000亩，建立樟子松种子采摘园100亩，培育优质苗圃200亩200万株，发展以酿酒葡萄为主的特色经果林1000亩。全年累计争取各类项目资金506.54万元，超额完成了贺兰县下达的目标任务。

【创新发展】2016年初，修订完善了《金山自然保护区公益林带管护承包方案》，将辖区公益林带按照林木品种、林木地段、灌溉方式等进行分类，向社会公开发包，实行承包管护。4月18日，成立贺兰县国有林场改革领导小组，在金山自然保护区管理局设办公室，全面指导和具体开展改革工作。改革后明确金山林场现有经营总面积3.14万亩，其中成片林0.72万亩，疏林地0.72万亩，经果林0.12万亩，宜林地1.1万亩，苗圃0.3万亩，其他用地0.18万亩。森林覆盖率达59%。活立木蓄积量达到7.2万立方米。累计形成国有固定资产20033995.44元。

【抗洪救灾】8月21日夜间，贺兰山突发山洪造成金山林场不同程度受害。经过实地核查，辖区4311亩农作物、1125亩经济林、6637.4亩苗地受损；141间农户住房进水，其中3间倒塌；3380只家禽、290只羊、60头野猪被洪水冲走；损失其他物品642件、倒塌围墙650米、损毁路面6公里、水利设施15处，初步估算经济损失1740余万元。灾情发生后，金山林场迅速启动防汛应急预案，全体干部职工紧急集合。一是向防洪堤坝薄弱地段运送防洪物资编织袋2000条、铅丝300公斤、柴草4吨、木桩1500根。雇佣铲车2台、挖掘机2台、运输车3台，对病险堤坝进行加固。二是组织居民撤离，逐户告知《关于防范暴雨天气引发灾害的通知》，组织滞洪区住户及私营个体企业迅速撤离，辖区无人员伤亡。三是调集挖掘机2台，装载机2台，对山洪造成的15处决口及水毁道路进行修复加固，修复水毁道路560米，防洪沟堤坝2处230米，累计动用土方560立方米。四是针对洪水来势猛受灾面积大的现状，该局组织干部深入到田间地头帮助农户进行生产自救，安抚稳定农户情绪，尽力挽回损失。

城乡建设与环境保护

Chengxiang Jianshe Yu Huanjing Baohu

城乡规划与建设

【**概况**】2016年，贺兰县住房和城乡建设局高起点规划、高标准建设、高效能管理，强力推进项目建设，为全生态文明、全要素发展，实现“四个贺兰”建设任务作出了新的成绩。实施德胜商住区兴业路、新风路等9条道路及给排水工程。加大基础设施建设，完成丰庆东路延伸段，以及朔方街、银河路、富兴街路面补休。实施11个美丽乡村整治改造工程，其中立岗镇美丽小城镇建设共完成投资1900万元。推进抗震设防、加强震害防御工作，基本建成了覆盖全县范围的地震动物宏观观测网络。修订《贺兰县防空袭预案》《人防工程应急预案》，加强指挥通信建设，提高人防建设水平。

【**完善城乡规划体系**】县住建局发挥规划的先导作用，坚持整体与重点结合，县城与乡镇同步，完善了城乡规划编制体系。“三规合一”及“多规融合”编制工作已与自治区同步进行；《贺兰县地下管线综合规划》《贺兰县域产业空间布局发展战略研究及特色小镇中长期发展建设规划》已着手编制；《银川市德胜片区控制性详细规划》已通过专家评审。完成《贺兰县旧城改造（七片区）规划控制策略与导引》编制；完成《贺兰县城市供热专项规划》编制，并报政府审批；完成《贺兰县排水（雨水）防涝专项规划》初稿；完成《贺兰县县城5分钟体育健身圈建设规划》初稿。开展乡镇总体规划修编工作，洪广镇总规修编已完成初步评审，启动立岗镇总体规划修编。坚持美丽乡村规划引领原则，完成常信乡五渠村、洪广镇高荣村等10个美丽村庄建设规划编制并最终审批。

【**建设规划管理**】严把项目审核关，按照相关技术规定，对报建的各类建设工程规划方案通过初审、专家审核、县规划方案审查领导小组审查程序进行。全年召开建设工程规划方案专家评审会6次，审核规划方案38项；召开“规委会”9次，审核规划方案109项；提交银川市规划局审查项目12项，并已全部取得批复；审批建设项目选址意见书22项，办理建设用地规划许可证79项、建设工程规划许可证78项、乡村规划许可证7项，建设工程项目“一书两证”审批覆盖率和规划监管率100%；出具建设用地规划设计条件119项；工程定位放线、验线40项，规划竣工验收审查46项；审核各类工程管线项目8项；建立城市地下管线信息管理系统，对地下综合管线进行普查，完成测绘各类管线长度866.249公里。共查处32起违章违规建设行为，下达行政处罚通知书32份。

【**城市建设**】全年各项项目建设有序推进。投资8441万元实施德胜商住区兴业路、新风路等9条道路及给排水工程，总长6.67公里，花园路、新风路已完成全部建设内容，其他7条道路完成工程量的80%；投资308万元实施月湖名邸及亲水嘉苑停车场工程，设置停车位271个，亲水嘉苑停车场工程投入使用；投资297万元实施了意湖路小公园景观工程，建设园路、广场、篮球场、廊架、健身设施、公厕等，已完成全部建设内容；投资573.13万元实施欣兰广场维修改造工程，主要对广场内的石材、喷泉、路灯等设施进行维修改造；投资6000万元实施贺兰县人民医院错层式立体停车楼项目，采用PPP模式，引进企业投资建设，设置停车位340个，正在进行土地划拨手续；投资350万元实施虹桥路人行道改造工程，主要对道路两侧人行道进行维修改造，总长3.5公里；投资863.56万元实施贺兰县朔方南街延伸段道路改造项目，主要进行人行道砖拆除、道路、排水、路灯、交通设施及其他附属工程，预计9月月底开工建设；投资1314.45万元实施和平街（原东二环丰庆路—金河大道）道路改造工程，工程内容包括拆除工程、道路工程、管涵工程、给排水工程、交通设施及其他附属工程；投资4000万元实施同城化污水管网工程，目前处于立项报批阶段。

【基础设施建设】 完成丰庆东路延伸段、文苑路、如意湖中学西路、环湖路257杆路灯安装，以及朔方街、银河路、富兴街路面补休；维修更换排水设施457套、路灯1514盏，调整路灯开关时间12次；完成县城主要道路雨水井及各泵站污水泵的检修及基坑的清淤，清理淤泥300余方；维修县城规划区12条破损道路、人行道约6100平方米。

【人防建设】 加强指挥通信建设，提高人防建设水平。修订《贺兰县防空袭预案》《人防工程应急预案》。及时摸清人防工程、人防易地建设费缴纳情况和底数，办理人防审批项目3项，收缴人防易地建设费7.9万元，追缴易地建设费3.8万元。

城镇管理

【概况】 2016年，贺兰县住房和城乡建设局把城镇管理工作的重点放在治理环境上。整治私搭乱建，拆除违法违规建筑，改造老旧小区，进一步规范物业管理和健全监督考核机制，并推进抗震设防、加强震害防御工作，执行抗震设防标准。

【整治私搭乱建】 加大私搭乱建整治力度，拆除一品尚都违建售楼部、和平社区建筑工地违建彩钢房、宏基花园违建鸽棚、尚贤世家焦点KTV南侧主墙私建门等违法构筑物；对一品尚都违建车棚、中心小区私改营业房等下发限期整改通知书2份。监督落实各建筑工地围挡破损、建筑垃圾随意堆放、道路硬化等环境整治问题，对影响环境的30处工地进行整改。

【物业管理】 努力规范物业管理，建立健全物管监督和考核机制，以开展“物业管理规范年”活动为抓手，开展评星定级活动。投资2280万元对惠泽园、体苑小区等10个老旧小区实施综合改造，并对部分小区实施供热二级管网改造。结合“爱国卫生日”活动，开展5次专题知识宣传，制作物业知识展板、悬挂宣传标语30余副，发放“物业法规”宣传册、物业管理条例宣传单1000余份；组织燃气检查9次，督促2家液化气公司更换钢瓶，收缴非法钢瓶96个，下发安全生产检查停业整改意见书3份，取缔液化气非法充装窝点1处。对小区规划、绿化、物业用房等进行综合验收，共办理交付使用证5家。

【抗震设防】 推进抗震设防、加强震害防御工作，执行抗震设防标准，共确认审批建设项82项。加大地震监测管理力度，做好仪器设备维护、前兆观测、异常核实和震情信息传递工作，建设应急避难场所8处，总面积484 787平方米。调整完善动物宏观观测网点，新增观测点2个，基本建成了覆盖全县范围的地震动物宏观观测网络。

美丽乡村建设

【概况】 全年共实施11个美丽乡村整治改造。习岗镇新胜村实施了四、五、六社贺新公路两侧排水主管网、过路管网铺设、向东延伸至规划路排水管网铺设、习新公路1336米道路建设，安装太阳能热水器220台和太阳能路灯72盏；和平村主要实施了七、八、九社道路两侧给排水、人饮工程管网铺设、道牙砖铺设以及墙面粉刷工程。立岗镇银星村实施十一社上、下水管网铺设、道路硬化、入户口砼硬化67户、修整树池1560平方米，安装节能路灯99盏；兰星村主要实施十里长街两侧面包砖铺设、树池整治、巷道绿化和墙面美化工程，安装节能路灯132盏。金贵镇雄英村铺设排水管网6.3公里，铺设道牙砖7000平方米，硬化道路1公里，安装太阳能热水器156台和安装道路两侧路灯72盏；金贵村主要实施下水管网铺设、沿街墙面粉刷美化、面包砖铺设和道路硬化，安装太阳能热水器427台，新建厕所2座、大型垃圾池1处。洪广镇金沙村实施村庄环境综合整治及金沙九社道路硬化项目，修建荷花池微景公园1处，安装太阳能路灯8盏、健身器材1套；高荣村实施道路硬化项目2处，高荣七社、十二社下水管网铺设、面包砖铺设、道路硬化工程，新建十二社600平方米小广场一个，并安装健身器材及太阳能路灯。常信乡谭渠村建设休闲广场1处，实施下水管网、面包砖铺设、道路硬化工程，安装路灯73盏，实施改水改厕试点1户；五渠村实施下水管网铺设、真石漆墙面粉刷、面包砖铺设、道路硬化工程，安装节能路灯195盏，改造提升休闲广场1个；团结村主要实施农宅山墙粉刷彩绘和清真造型喷绘。

【美丽小城镇建设】 立岗镇美丽小城镇建设共完成投资1900万元，铺设排水管925米、安装排水检查井21座、安装雨水井12座；铺设给水管道1314米、安装阀门井7座、安装消火栓井4座；公共区域铺砖12 490平方米、砌筑道牙540米、围墙加高463立方米、墙面抹灰3000平方米；新建市场一、二号路580米；新建公共卫生间1座；新建垃圾收集站1座；地埋供电线路4.69千米；新增垃圾箱30个。文化广场铺装1400平方米、铺道牙386米；搭建景观木质走廊；新建28×15标准塑胶篮球场；新建公共卫生间1座。

建筑与房地产开发

【概况】 2016年，住房和城乡建设局着力建设房地产去库存平台，商品房销售量达2439套（面积280 411.28平方米)，其中住宅2320套（面积264 817.98平方米），商业119套（面积15 593.3平方米）。加强建筑市场管理，执行工程建设基本程序、建筑抗震设防、建筑节能和设计施工规范等强制性标准，建立工程质量动态巡查监管模式。并组织相关工作人员对未缴规费和建设行业拖欠农民工工资等问题进行清理。

【房地产去库存平台建设】 继续推进保障性住房货币化安置，加快发展住房租赁市场，制定《贺兰县人民政府关于促进房地产市场平稳健康发展的若干意见》（贺政发〔2016〕10号）和《贺兰县新建商品房购房补贴实施细则》，商品房销售量达2439套（面积280 411.28平方米），其中住宅2320套（面积264 817.98平方米)，商业119套（面积15 593.3平方米）。通过贺兰电视台开设房产栏目，开展第2届贺兰奥特莱斯房车节，策划房产宣传，4家房产公司月均销售房屋100套。共收缴物业基金1856.71万元；办理商品房预售许可13件，新投入市场的商品住宅654套（面积69 660.9平方米）、商铺97套（面积9339.1平方米）；办理房屋登记7690件，其中初始登记1563件（面积78.25万平方米）、转移登记3128件（面积42.63万平方米）、变更登记156件（面积8.86万平方米）、房屋所有权抵押登记3639件（面积88.14万平方米），抵押金额22.41亿元；在建工程16件（面积25.29万平方米），金额4.49亿元；预购商品房设定抵押权预告件2635（面积37.45万平方米），抵押金额12.49亿元；为单位和个人查询房产档案14 526余件次，房屋租赁备案登记365件。

【建筑市场管理】 强化对重点工程的质量监管，执行工程建设基本程序、建筑抗震设防、建筑节能和设计施工规范等强制性标准，建立工程质量动态巡查监管模式，分别在君临天下和苏荷阳光小区召开自治区建筑工程质量安全标准化工地观摩会。推行开工前质量安全承诺和竣工后永久性标牌制度，210项工程补签授权书、承诺书，35个在建工程项目均已签署授权书、承诺书，永久性标牌设置率100%。共办理施工许可证159本、安全生产许可证初审12份。集中开展建筑领域突出问题专项整治行动，对全县53个在建工程进行综合排查，下发整改通知单85份、停工通知单112份；对48项未办理施工许可证已开工建设的违法行为进行行政处罚。在全县开展春季复工建筑市场和施工质量安全执法大检查，对存在问题的15家建筑企业进行信用扣分。

【清收规费】 县住建局组织人员对应缴未缴规费的情况进行梳理，清收工作稳步推进，通过处理三角债务和收取现金等形式，实收规费41200891.5元。新开工项目规费收缴率100%。

【农民工工资发放】 着力清欠建设领域农民工工资，处理信访件42份，接访462人次。制订并落实《关于贺兰县建筑领域农民工工资支付一卡通实施方案》，20个项目已办理农民工工资发放卡并安装考勤机，涉及农民工5200余人；22个项目在银行开设了工资发放专户，20个项目已向工资支付专户打款1200万元，发放农民工工资4617万元。

住房保障与公积金管理

【保障性住房建设】 全年争取住建厅棚户区改造专项补助资金8621万元、棚户区改造项目基金2.76亿元、棚户区暖网和锅炉改造1540万元。县城（城中村）棚户区改造祥和家苑安置房项目，主体已完工，建成后可安置2940户居民；县城棚户区改造涉及5个小区499户，完成了调查摸底，公示了《贺兰县城棚户区改造征收补偿安置方案（征求意见稿）》；习岗镇棚户区改造涉及6个村24个庄点2339户，已完成入户调查，正在进行拆迁前宅基地、房屋面积、评估等工作；公示退休干部住房补贴人数169名，发放住房补贴资金254万元；公共租赁住房新增租赁补贴共169户。

生态建设

【“四力”助推生态环境改善】 一是力推农村环保项目进度。争取农村环境整治项目资金1780万元，主要用于常信乡四十里店、金贵镇通昌村、洪广镇移民三期垃圾中转站、常信乡新民村生活污水管网、金贵镇小城镇生活污水管网项目建设，均已通过县级自验。习岗镇新胜村生活污水管网及污水处理站项目已建设完成，进行设备调试运行。此外，采购了垃圾车和电动三轮车58辆、单双格垃圾箱601个，均以发放至各乡镇场。全县累计建设垃圾中转站10个，配备垃圾车367辆，垃圾箱7900多个，垃圾集中处理率达到60%以上。二是力抓水源地监管及保护。制订《贺兰县城市集中式饮用水水源地存在问题整改方案》，对城市集中式饮用水水源地内企业、小加工作坊等排污情况进行核查并取缔，建立完善水源地保护的长效机制。同时，将金贵镇、立岗镇水源地纳入农村饮水安全工程，开展农村集中式饮用水水源环境状况评估。三是力保治理大气高压姿态。全年共拆除56台燃煤小锅炉，5家供暖公司已有4家建成封闭式堆煤场。由贺兰县市场监督管理局抽测5家供热公司煤质情况，其中3家存在煤质超标问题，已立案予以处罚。责令银川百泓新材料科技有限公司、宁夏塞尚乳业有限公司对锅炉进行改造，改造已完成。四是力绘生态贺兰绿水蓝天。制订《贺兰县环境整治大会战实施方案》等一系列行动方案，指导全县环境整治工作开展。将全县分成县城、农村、工业园区、贺兰山东麓4大整治片区，做到周督导、月通报、月推进、季考核，严格实行目标责任管理。全年栽植各类树种48.5万株；完成沿线9000米沟道两侧生物护坡治理工程；清理乱搭乱建5250多处、乱堆乱放1.2万处、乱涂乱画1.7万处；拆除违章建筑物502处；清理各类煤场45处、堆场127处；改造提升美丽乡村示范点11个，整治庄点96个。2015年以来，共完成美丽乡村建设点21个，力争到2017年完成全县所有保留村庄整治，实现美丽乡村建设全覆盖。

环境保护

【概况】 2016年，贺兰县环境保护下设监察大队、固废中队、项目办、行政办公室、监测站、信访办、环境综合整治办公室7个股室，共有在编人员20人。全县环境保护工作坚持以减少污染排放、保护生态环境、保障群众健康为目标，认真落实建设项目环评制度，严格污染物总量控制，强化污染源监督管理，切实推进“五个贺兰”建设。环境保护各项工作目标进展顺利，全年共办理建设项目环境影响评价176件，其中报告书10件、报告表100件、登记表66件。办理建设项目环境保护竣工验收（包括验收卡）42件。认真抓好排污申报登记与核定工作，全年共征收排污费257万元。并完成46家企业、26家乡镇以上医疗机构的危险废物申报登记工作，完成55家4S店的调查申报工作。明确专人负责政务信息公开工作，及时在政府政务公开网站的共性公开栏目和环保专项栏目公开每周空气质量数据、建设项目环境影响评价批复、行政处罚、排污费征收等信息。

【水污染防治专项整治】 对企业水污染处理设施及在线监测数据的运行情况进行专项检查，对23家企业进行现场执法并下达《污染源现场监察记录》。同时，对西北督查中心反馈的银川生物科技园21家企业问题进行核实督促，确保各项整改问题落实到位。

【贺兰山东麓专项整治】 对贺兰山东麓葡萄酒种植基地范围内的养殖场、砂石场进行联合检查，督促宁夏汇丰源牧业股份有限公司和宁夏银川市忠良农业开发股份有限公司新上粪污分离、污水处理设施。宰牛沟砂石厂生产设备绝大部分已拆除，其他设备与当事人签订协议由所有人自行拆除，督促其绿化复垦。

【土壤污染源专项核查】 按照环保部要求，开展土壤污染重点行业企业空间位置遥感核实工作，核实58家土壤污染源企业信息，新增4家重点企业信息，并在高分遥感影像图上准确标注其空间位置。

【工业扬尘源专项整治】 开展对辖区企业堆煤、堆渣封闭库建设专项督查，力求做到“进度快，效果好”。银川兄弟彩兴化工有限公司、宁夏贺兰山化肥有限公司、宁夏共享生物化工有限公司、宁夏天雄碳材料有限公司等11家企业的渣场封闭库均已建成。

【黄标车淘汰专项行动】 配合相关部门继续推进黄标车提前淘汰工作，全年共淘汰黄标车340辆，发放补助资金3 160 500元。

【中央督办件专项整治】 对督办件中涉及的问题，制定了整改方案，建立工作台账，明确责任时限和整改效果。一是对非工业类采取立行立改，由责任部门实地检查验收后进行销号。二是对工业类转办件，采取先由企业制订整改方案，整改完毕后由企业形成自查报告申请复产验收，由环保、安监、消防、发改、市场监管、园区6部门联合验收，同时邀请环保专家参与并提出意见，通过验收后报县政府审批，同意后通知企业试产1个月，在试产期内达到环保要求的正式投入生产，达不到要求的立即停产整改。三是对于宁夏希望田野有限公司、银新干沟等整改整治条件不成熟的中央督办件，要求企业、园区、牵头部门制定整改方案，积极筹措资金，逐年实施加以解决。全年41.5个督办件已经销号26件，未销号15.5件。

【环境现场督察清理】 一是对二排沟沿线的8家豆腐制品店进行环境现场监察，要求8家豆制品店全部限期搬离，不再向二排沟排放废水。同时，对5家现有的小锅炉进行了拆除。联合市场监督管理局、公安局对二排沟上的一家生产土豆淀粉的黑加工作坊进行查处，并强制取缔。二是配合习岗镇、市场监督管理局、农牧局、土地局等对红旗养殖区的加工小作坊进行全面清理，共清理洗塑料作坊3家，轮胎橡胶加工2家，腻子粉、砂浆添加剂建筑材料加工作坊8家，苯板加工作坊4家，以及其他不符合养殖区规划性质的作坊10余家。对新胜村的2家堆煤场、6家废旧塑料收购站进行清理，全部实施搬迁。三是对北方乳业有限公司欣荣奶牛养殖专业合作社经排水沟排粪水一事进行监察，对其排污管道区内的井口用水泥砂浆封堵，责令其尽快完善污水处理设施。四是对辖区汽修厂、4S店废机油、废旧铅酸蓄电池开展专项检查执法工作，查清辖区内废矿物油、废旧铅酸蓄电池产生数量及其去向，以及回收利用单位实际经营规模及资质情况。五是开展地毯式检查，严格执行危险废物转移联单制度。对发现非法转移、处置废机油行为，依法予以处罚，涉嫌犯罪的移交公安部门处理。

【银川生物科技园环境整治】 自贺兰县环境整治大会战工作开展以来，环保局监察大队对银川生物科技园各企业先后开展摸底调查、自查、自改、集中整治、限期整改等各项工作。6月1日，根据县委关于银川生物科技园工作推进的安排，再次对银川生物科技园20余家企业的环境整治工作完成情况进行督查。银川兄弟彩兴化工有限公司、贺兰县宁鑫工贸责任有限公司、宁夏共享生物科技有限公司等几家企业环境整治工作较为突出，对前期所发现的未按环评要求建设封闭式堆煤场、无烟气在线监测系统、污水处理设施不正常运行等问题都进行了整改。

【环保宣传】 以“6·5”世界环境日、法制宣传月等活动为契机，县环保局向广大市民群众赠送环保围裙100多条、环保知识扑克牌500副、漫画环保记事本200余本、“美丽贺兰 大家行动”宣传手册1500份，并发放《农村环保科普知识100问》《环保知识手册》等相关环保书籍1000余份，在全社会营造了“同呼吸、共奋斗”的良好氛围。6月12日，县环保局开展以“节能领跑 绿色发展”为主题的集中宣传活动。主要围绕生态文明建设，宣传现修订的《中华人民共和国环境保护法》，发放“美丽贺兰 大家行动”宣传手册800份，并向广大市民群众赠送了印有“保护环境、人人有责”字样的环保知识扑克牌50副、《环保知识150问》等其他环保宣传资料300多份。此次活动，增强了人民群众的环境保护意识、节能减排意识，提高了环境道德水平。

【热难点投诉处理】 全年共收到局内电话投诉件340件，区市转办件78件，微信微博投诉94件，12345平台119件，市长热线23件，信访局转办件6件，回复率100%。

【表彰奖励】 11月，贺兰县环保局被评为全区环境执法大练兵先进集体，12月被评为全区排污收费工作先进单位、全区环保政务信息上报工作先进单位。徐靖欣获2015年度全县农村工作先进个人称号，马维新获全县优秀共产党员称号。

交通 通信 邮政

Jiaotong Tongxin Youzheng

交 通

【概况】完成《贺兰县交通运输“十三五”发展规划》评估工作。2016年，全县境内公路总里程1137.498公里，公路密度及公路通车里程位居银川地区前列，其中高速公路41.348公里、国省干线公路111.878公里、农村公路984.272公里。由贺兰县交通运输局局列养的农村公路905.587公里，其中县道2条38.611公里、乡道37条374.297公里、村道240条472.629公里、专用公路1条滨河大道20.05公里，形成了以高速公路为骨架、国省干线公路为依托、县乡农村公路为纽带，覆盖全县所有行政村，纵横交错、干支结合、四通八达、布局合理的公路网，县境内“六纵十横”公路框架已基本形成，实现所有行政村通公路、通班车的目标。全年累计完成投资83783万元。向上级交通部门争取建设到位资金1.15亿元，全面完成年度1亿元争取资金任务。招商引资引进宁夏海鑫砼业有限公司投资3000万元，全面完成招商引资任务。

【公路建设】一是丰庆路至滨河大道连接线辅线工程建设。该项目全长6.2公里，路基宽32米，路面宽31.5米，按一级公路标准建设，概算总投资1亿元，2016年完成2.6公里的路基工程。二是县城北出口优化提升工程。该项目路线全长1.9公里，采用二级公路标准进行建设，路基宽25米（其中路面宽19米，两侧各设3米人行道），路面结构为沥青混凝土路面，路线起点位于朔方路与意湖路交叉口，终点位于原种场红旗沟桥，估算投资2887万元。于7月月底完工。三是国道109改扩建项目。该项目按二级公路标准建设，全长10公里，路基宽12米，估算投资4700万元，于6月完工通车。四是贺兰县新平村至金河路连接线和平银新干沟桥项目，于7月完工。五是完成人大议案、政协提案涉路工程项目。全年共负责建设农村公路13.18公里，其中包括人大议案3件、政协提案1件。人大议案、政协提案均已办结。

【高速公路建设】一是银川绕城高速公路正源街互通式立交改扩建工程，2016年完成部分路基工程和桥梁下部构造工程，计划2017年7月月底完成。二是完成京藏高速石嘴山（蒙宁界）至中宁段（贺兰段）改线项目建设部分路基工程。于4月月底开工建设，2016年完成部分路基施工。

【公交客运服务】2月5日，全县启动春运业务。县交通局加强对车站等车辆、人员密集地方的监管力度，增派执法人员巡查布控，及时掌握违章动态，重点查处非法营运、不按规定站点上下客、不按核定线路行驶、超限超载等违规经营行为。

2月6日，辖区内2015年度城乡道路客运燃油消耗统计申报工作，此次燃油补贴发放对象为2015年度12月31日前登记在册的车辆及船舶，全县共计75台农村客车、1辆城市公交车、2艘船舶将受益于燃油补贴发放政策。3月7日，在贺兰县政务中心增加“城市交通卡售卡充值年检”工作窗口，方便市民办理城市交通卡的售卡、充值、年检、挂失、退卡等业务。8月20日，323（银川奥特莱斯—银川奥特莱斯）公交环线开通试运行。以北京路正源街口为节点，分为上行路与下行路。该线路全程33公里，计划配置车辆6台，全程运行时间120分钟，发车间隔20～25分钟，全天计划运行36个班次。

【“公交先行”战略】落实“公交先行”战略，延长部分公交线路的营运时间，将311线路发车时间调整为6:30～19:30；319线路运行时间调整为6:40～19:00，并更新车长为8.5米的大型车；延伸301路至和平社区，将401、512线路进行合理优化，切实增加公交线网的覆盖面。协调银川公交公司增加公交车辆配置，为301、311、313增加12辆新型公交车。年内共有301等9条公交线路，公交车辆176辆，日发758班次，平均每天运送乘客84038人次。

【海事管理】配合区、市海事局开展7次联合大检查，常规性检查32次，发放交通安全留言32份、发放禁航通知书2份、解禁航通知书1份，确保辖区水上交通安全形势的稳定，实现辖区水域安全无事故目标。

【平安贺兰建设】一是以安保工程为重点，完成沿黄等10条122.811公里农村公路安保工程任务。补充完善各类标志标牌66套，划设热熔分道标线4182平方米，热熔斑马线286平方米，栽设示警桩627根；设置防撞墩86块、减速带54米、轮廓标130根，确保了公路沿线设施完整。二是争取县政府专项资金30万元，完成滨河大道交通安全隐患整治任务。安装单悬臂警告标志29套；单柱式矩形警告标志15套；单柱式三角形警告标志3套；单柱式警告及禁令标志10套；单柱式禁令标志10套；附着式禁令及警告标志2套；附着式矩形禁令标志10套；热熔标线978平方米；减速震荡标线207.4平方米；限宽柱16组；减速带16道；爆闪灯29套；柱式轮廓标140根；突起路标2300块。三是开展公路设施维修补充及更换，完成路面灌缝、站房和基础设施维修改造、生产基地和卸货场围栏、标志标牌换膜维修、示警桩、百米桩、里程碑零星补充更换，龙门架维修、标志标牌零星补充等零星工程21项。四是部署公路段联合交警、城管部门开展超限超载集中整治行动。主要以查处车货总重10吨以上车辆通行广源路、丰庆路、山河路、滨河路、金河路等一级路为重点，采取源头管控、固定检测、流动稽查等措施，整治组打破常规作息时间，重点在清晨、午饭、夜间等间隙间断设点稽查严禁装载高于马槽和未加盖篷布的车辆上路行驶，对超限超载和易抛洒车辆进行拍照取证和有效查处。针对山河大道安渠段、银王公路汉佐段、潘昶段，村民在公路及公路用地上设置加水点、广告牌的行为，联合乡政府、公安、城管等部门将8处违法加水点依法取缔，24块非公路广告牌全部拆除。重点治理了习佐公路红旗段的煤炭市场、边沟内倾倒垃圾等违法行为。加强了兰丰公路、五通公路、雄英公路村民在公路上打场晒粮、金河路和平段、广源路产业园段摆摊设点违法行为的管理工作，清理违法堆放物123处3212.5平方米。

【依法行政】一是加强执法培训。组织36名路政执法人员开展路政业务知识培训和军事训练活动。二是着力开展治超治洒工作。印发《贺兰县2016年治超治洒工作实施方案》，召开全县治超治洒成员单位联席会议，签订目标责任书。突出重点，由运管所负责强抓源头管理，把好企业出厂关，交警部门协同公路段做好路面治理工作。通过整治，55吨以上超限货车明显减少，降低了超限车辆对公路造成的损害。三是健全机构，严格执法，不断加大路面稽查力度。增设金贵路政治超站，使贺兰县路政治超站达到4处。落实“定线路、定人员、定职责、定目标”以及“包线、包片、包段”责任制。四是开展贺兰县“环境整治大会战”“路域环境综合治理”专项整治行动。针对山河大道安渠段，银王公路汉佐段、潘昶段，村民在公路及公路用地上设置加水点、广告牌的行为，联合乡政府、公安、城管等部门依法取缔8处违法加水点，拆除24块非公路广告牌。重点治理习佐公路红旗段的煤炭市场、边沟内倾倒垃圾等违法行为。加强对兰丰公路、五通公路、雄英公路打场晒粮，金河路和平段、广源路产业园段摆摊设点违法行为的管理，清理违法堆放物123处3212.5平方米。全年农村公路共发现和查处各类路政案件11起，收取公路赔（补）偿费1.13万元；审批涉路许可40件，收取公路许可占利用费5.99万元；路政案件查处率100%、结案率100%。治超检测站共检测车辆166875辆，劝返车辆1250辆，处罚车辆115辆，超限率低于3%，收取货运车辆超限超载处罚款4.42万元，收取污染公路赔（补）偿费211.6万元。

【精神文明建设】 以“敬业奉献”“孝老爱亲”“助人为乐”为主题，开展3期道德讲堂，参加活动70人。围绕“三个倡导”要求，在单位楼梯间张贴“讲文明、树新风、尊德守礼”广告2张，开展“人人讲道德”教育活动，增强传播力和感染力，积极倡导精神文明正能量。开展网络文明传播志愿者活动，志愿者们通过电子邮件、QQ等方式传播文明，倡导文明新风。以诚信建设为重点，继续深入贯彻落实《公民道德建设实施纲要》，开展社会公德、职业道德、家庭美德实践活动。

【表彰奖励】 2016年1月，贺兰县交通运输局被评为2015年度全区农村公路建设先进集体、2015年度全区农村公路养护管理先进集体、黄河金岸滨河大道养护管理先进集体。1月，贺兰县交通运输局被评为2015年银川市交通运输工作先进集体。1月，贺兰县交通运输局被贺兰县委、政府评为2015年绩效考核先进集体，4月被县委保密委员会评为2015年度保密工作先进集体，6月被县委评为全县先进基层党组织。

公路管理

【概况】 截至年底，贺兰县公路管理段管养全县公路943.206公里，其中农村公路923.156公里（县道71.353公里、乡道374.197公里、村道477.606公里），滨河大道20.05公里。年内，贺兰县公路管理段在全区农村公路年终养护管理考核排名第一，在黄河金岸滨河大道养护检查考核中排名第二，被宁夏公路管理局评为农村公路养护管理先进单位。贺兰县公路管理段连续4年获全区公路养护先进单位称号。

【养护生产和大中修工程】 全年投入资金172.87万元，完成养护小修任务22项。其主要工程量：一是完成春秋季路面病害13681.281平方米；二是完成沿黄公路等10条共计122.811公里农村公路安保工程，补充完善各类标志标牌66套，划设热熔分道标线4182平方米、热熔斑马线286平方米、载设示警桩627根，设置防撞墩86块、减速带54米、轮廓标130根；三是完成滨河大道交通安全隐患整治任务，设置安装单悬臂警告标志29套、单柱式矩形警告标志15套、单柱式三角形警告标志3套、单柱式警告及禁令标志10套、单柱式禁令标志10套、附着式禁令及警告标志2套、附着式矩形禁令标志10套、热熔标线978平方米、减速震荡标线207.4平方米、限宽柱16组、减速带16道、爆闪灯29套、柱式轮廓标140根、突起路标2300块。

【应急抢通】 8月22日，强降雨引发的贺兰山山洪灾害，造成贺兰山东麓葡萄园区内的县道陈华公路、旅游专线公路、陈插公路和主干乡道通山公路出现不同程度的滑坡、塌方和路面淤积，部分路段交通中断受阻。灾害发生后，县公路管理段积极组织机械设备和人员，共清理路面砂石淤泥13处9213.8立方米，修复路基坍塌1050米6635立方米，砌护浆砌片石护坡220米80立方米、浆砌片石边沟200米50立方米；更换示警桩706根、标志16套；全段投入应急抢险及抢修机械39台班，人员300人次，投入抢险资金29.15万元。

【安全生产】 坚持安全生产“一岗双责”制度和安全生产

“一票否决”制度，与各站、所、室签订安全生产责任书。建立节假日值班制度，填写值班记录。围绕重大节假日开展安全生产大检查工作，重视安全生产宣传工作，加大安全隐患排查和整治力度。全年组织安全生产大检查4次，开展安全生产培训6场次，整治安全隐患6处，下发安全生产整改通知书2次。全年无重大安全生产事故发生。

【路政管理】 全年开展专项宣传活动26次，出动宣传车212余车次，发放宣传资料6560余份，张贴、悬挂宣传标语142幅；发现和查处各类路政案件11起，审批涉路许可40件，路政案件查处率100%、结案率100%。路政治超检测站共检测车辆166875辆，劝返车辆1250辆，处罚车辆24辆，超限率低于4%。全年无行政复议被撤销、行政诉讼败诉的情况发生。

【精神文明建设】 一是通过文明单位的创建，将精神文明建设工作列入全段重要议事日程，与其他工作同安排、同检查、同考核，形成了良好的工作机制。二是通过学雷锋活动月、民族团结月、安全生产宣传月、敬老月等活动的开展，使党团员志愿服务活动形成长效机制。三是通过“三进”活动和环卫体验日活动，把精神文明建设引向深入。四是通过“道德讲堂”教育活动，进一步提高了党员干部和职工的政治品德。五是通过“贺兰好人”“文明餐桌”“讲文明树新风”等公益性活动，丰富了全段精神文明建设活动内容。六是通过职工运动会、贺兰书屋等活动，丰富了干部职工的业余文化生活。全段共评选文明科（股）1个、“五好家庭”3户。

【平安贺兰活动】 加强矛盾纠纷排查调处，在办公场所及各公路站、治超站点安装电子监控设施，加强车辆管理安装电子监控设备，落实人防、物防、技防措施，确保单位不发生案件事故。开展“大教育、大排查、大整治”活动，开展道路交通隐患专项排查治理，加强对节假日、春运、两会及恶劣天气期间的安全管控工作，全力保障农村公路通行安全和单位内部平安。

贺兰县邮政分公司

【概况】 2016年，贺兰县邮政分公司围绕全区“邮政转型升级大发展”的整体发展战略，贯彻落实银川市分公司各项工作要求，深化改革创新，加快转型升级，强化管理效能，提升服务质量，全年各项业务均取得较快发展。全共完成收入1454.57万元，同比增长18.05%，完成市分公司计划的71.07%，其中代理金融业务收入完成1050.11万元，同比增长9.38%，完成计划进度的75.09%。邮务类收入完成303.22万元，同比增长26.97%，完成计划进度的61.91%，其中集邮收入完成156.96万元，同比增长41.69%，完成计划进度的74.04%。

【金融项目】 年初，县分公司对金融项目开发重新进行定位和部署，有重点的开发金融项目，成立以“一把手”为带头人的项目小组，从信息捕捉、营销策略、重点公关人物、沟通协调、服务支撑等都有专人负责，并将贺兰县各乡镇作为重点区域，围绕“征地市场、失地补偿资金、商业市场、代发工资市场”，主要项目有习岗镇失地农民补偿款代发1400万元、习岗镇青苗赔偿款600万元、贺兰县计生局代发医疗补助款260万元。

【厅堂活动】 统一组织开展提升存款“砸金蛋”营销活动，针对下发的万元以下存量客户、到期转存客户、厅堂到访客户等存量客户进行营销提升。二三季度两个半月时间提升客户2300余户，提升金额4500万元。跨赛期间提升客户2700余户，金额超过4500万元。定期占比超过90%。

【手机银行业务】 加大手机银行业务宣传力度。一方面重点突出手机银行转账全免费优势，通过各网点LED显示屏、荧光板、电视、宣传海报、厅堂宣传彩页等方式对网点到访客户进行手机银行优势宣传；另一方面加强“亿路有你”手机银行专项活动厅堂宣传力度，特别是手机银行“扫码特惠购”活动厅堂宣传，通过活动让客户体验手机银行业务，从而达到吸引客户咨询办理手机银行，提升高柜营销手机银行成功率的目的。加强手机银行业务培训。县分公司组织网点所有人员开展手机银行业务再培训，对手机银行业务基础知识、各大模块功能、开通激活操作流程进行实操培训，确保网点所有人员全面掌握手机银行功能和操作流程。同时网点按照下发的营销话术，通过培训、晨夕会演练等方法组织开展网点手机银行话术培训，统一网点手机银行客户营销话术，规范开办、激活、使用流程，提高手机银行发展效率。抓网点落实，通过“1+3”营销模式捆绑客户。统一网点新开户渠道业务“1+3”营销模式，每新开一张卡，注册一个手机银行、加办一个短信、绑定一个基金定投，规定话术组合营销一套渠道产品绑定客户，同时要落实大堂转介制，严格要求手机银行“新增一户，激活一户”的标准，建立电子银行注册激活的转介机制，并每日通报加办激活情况，激活率低于100%由金融部主管直接问责网点大堂经理。

【网点外拓】 分公司全年外拓次数超过550次，人次超700人次。2月通过春节前工作部署、外拓安排、元宵节主题营销活动，借助邮储网点节日不间断服务优势，在网点大搞店庆及与社区开展理财知识进万家等主题丰富的营销活动吸引大量商户、农户、职工福利资金回笼、新增。3月后紧抓“三八”妇女节、五一劳动节、端午节、六一儿童节、中秋节、国庆节等主题营销活动宣传“主题存单”活动，每月都有统一主题 、统一组织、统一话术的营销活动，网点每月都有网点的销售亮点。针对老年客户、外来务工客户、商户等客户群体开展“夕阳红”“夏季风暴”等活动。

【多措并举创收】 全年旅游联票销售累计达到1000套，实现收入7.63万元。开展“集邮品品鉴会”“节日邮品展销会”等邮品销售活动带动集邮业务发展，实现业务收入117.3万元。全年开展儿童剧商演两场，实现业务收入7.35万元；开展状元大讲堂活动一场，实现收入3000元。开展报刊专项营销活动，利用周六、周日组织投递部开展“七进”活动，重点做好商务期刊、校园期刊、党报党刊的征订工作。电商业务发展后劲十足，短信业务形成长效、引领发展趋势。截至10月月底储蓄短信收入累计实现7.36万元，同比增长7.45%，实现收入11.76万元；代售机票截至10月月底累计收入3.5万元；有序发展分销业务，“粽情端午”劳动竞赛实现了9.98万元的销售、“思乡月”专项营销活动实现15.92万元的销售额。同时，加大对邮政小包营销力度，由市场部设立专职的小包客户经理，针对贺兰境内的小包客户签订协议，签订的小包协议客户达到6户，日均发寄量120件，预计年收入达到11.2万元。

【加强客户管理】 一是着力推进个人客户营销管理系统的应用，要求网点对各自的储蓄优质客户不断加大管理维系手段，通过“电子化的+管理责任制”模式扎扎实实把客户管理工作具体化、精细化、长效化；二是每月就网点中高端客户做相关分析，要求网点每月对中高端客户和资产的变化做出分析，并有“增员”措施。三是金融部在每个网点选取一名骨干人员（理财经理为主）组成“客户管理专员团队”，进一步加大客户管理的督导推进力度。

【网点转型】 开展“标准版网点转型固化提升”和“简化版网点转型”活动，在县城6个网点继续深推网点转型，在第一批标杆网点银河东路西支行的带动下，各网点从服务质量、营销技巧、开口率、精细化管理等方面全面提升。

【营销体系建设】 一是根据市场部现有人员进行营销分组，制定全年营销计划，做到专业业务发展和专项项目营销由专人负责，明确责任，逐步实现全员营销向专业化营销转变；二是加强营销人员的专业培训，提升专业知识、营销技巧和综合能力；三是做好“邮务类营销转型”工作，每天坚持召开晨夕会；四是建立完善营销员淘汰制度，针对年底未达到分公司营销业务和相关要求的营销员进行淘汰制，从而促进相关管理工作及业务发展的联动性。

【储汇稽查】 全年共检查班组、支局所180次，检查频次128%。其中，检查档案管理11次，邮路22次，检查邮政、储汇资金147次，发现问题81处，填写报告书110份，发出整改通知单81份，整改率97%。在日常的监督检查中，把基础工作作为一项重要的检查内容，重点从各项记录是否能够发挥其应有的作用，各类记录是否及时准确，内容是否真实、具体等方面进行监督检查，突出基础工作在日常生产中的作用和地位；全年共开展商函专项检查、档案专项检查、银监局合规专项检查、代理速递邮件投递服务质量专项检查、案件风险专项排查、省际间投递服务质量专项检查、储汇资金专项检查、安全消防专项检查、民间借贷专项排查、报刊资金专项检查、人民币现金业务专项检查、银行服务收费相关自律制度执行情况专项检查、合规大行动专项检查；进行邮政金融内控自评价及金融网点安全评估活动，通过重点抽查，突击检查，半年和年终检查等方式；加强储汇差错制度执行，以降低差错。并对当月无差错人员及差错较多人员进行公示，对无差错人员按季度进行奖励。

【员工培训】 按照市分公司的培训计划，组织进行市公司的培训工作，做好人员组织、签到工作。制订培训计划，挑选相关人员、业务能手定期组织职工每月参加业务制度的培训，培训内容包括安防及保险、金融安全、消防知识、绩效管理办法及规范服务等，对新进公司的职工进行了岗前培训。

财政税务

Caizheng Shuiwu

财　政

【概况】2016年，贺兰县进一步转变理财观念，拓宽理财视野，创新理财思路，以开展“从严管理落实年”“扩大有效投资年”等活动为契机，落实“稳增长、调结构、促改革、惠民生、防风险”各项政策措施，切实发挥财政职能，促进全县经济社会平稳健康发展。全年全县完成公共财政预算收入150809万元，同口径增长12.29%。其中，税收收入完成88344万元，同比下降13.54%；非税收入完成62465万元，同比增长14.98%。收入总量位居全自治区各县（区）第一，增幅位居川区县第一，银川市第一（不含宁东）。从执行部门看，国税完成24999万元，同比增长79.56%；地税完成71315万元，同比下降21.71%；财政完成54495万元，同比增长5.82%。政府性基金收入完成33894万元，同比增长39.67%。全县一般公共预算支出完成322507万元，同比增长18.63%，支出总量及增幅位居川区县第一，其中8项重点民生支出达18.1亿元，同比增长29.8%。政府性基金预算支出完成43037万元，同比增长9.83%。

【五项措施抓好财政收入】一是建立健全县领导抓收入责任机制，按季度和月分解任务，挂图作战保进度，增强了抓收入的合力。二是推进综合治税，强化综合治税平台建设，进一步完善以信息化为依托的现代税收征管体系，有效堵塞了税收征管漏洞。三是在宁夏率先推行新建商品房和出租房“先税后备案”契税征管模式，通过创新征管方式促进税收增长。四是开展税费清收活动，针对欠税费企业逐步建立集中约谈和依法追缴机制，促进所欠税（费）回收。全年收回欠税（费）2.3亿元。五是合法合规盘活各行政事业单位闲置办公楼和土地资产，增加了国有资产处置收益。

【突出重点服务经济社会】一是筹措和调度资金，保证民生领域的投入水平。全年8项重点民生支出达18.1亿元，为公共财政预算支出的57.4%，同比增长21.6%。二是统筹用好用活财政政策和资金，支持实体经济发展，促进房地产和电商产业发展。全年落实工业扶持资金24295万元、农业扶持资金41000万元、购房补贴资金800万元、电商扶持资金4167万元。三是加大争取资金和融资力度，支持棚户区改造、农村公路建设等重点基础设施项目实施，全年争取到位资金26亿元，同比增长20%，争取到位融资15.2亿元，同比增长15%。四是筹措资金化解遗留问题，维护社会稳定。全年解决征地拆迁安置资金20625万元、解决农民工工资3.2亿元、解决失地（被征地）农民社保缴费配套资金7200多万元。

【推进财政改革】一是完善预算信息公开制度，全部按规定时间和内容进行公开，公开内容更加细化规范，方便公众查阅和监督。二是推进“营改增”，实现征管工作顺利衔接。三是实现了政府性债务限额管理制度，通过预算安排和申报争取自治区地方政府置换债券资金等途径，化解存量政府债务15.54亿元，缓解偿债压力。四是改革政府采购、工程评审中介机构管理机制，通过机器“摇号”公开选择代理项目，接受媒体和中介机构的监督，体现了公开、公平、公正的原则，节约了财政资金。全年完成采购项目164个，采购预算9523.3万元，实现合同金额8459.3万元，节约资金1064万元，节约率11%；审结基建项目195项，送审金额15054万元，审定金额12975.4万元，节约资金2078.6万元，综合审减率13.8%。五是创新财政支农方式，变“直接补贴”为“产业担保基金”“风险补偿”及“贷款贴息”等模式，通过财政注入担保资金撬动金融投资，扶持涉农企业、种养大户、家庭农场，全年撬动贷款1亿元。

【提升依法理财能力】 一是推进内部控制机制建设，以规范财政资金管理、提高资金使用效益、确保资金运行安全为目标，将制衡机制嵌入财政管理和业务流程，完善内部控制各项制度，有效避免财政政策制定和资金分配过程中的行政风险、法律风险与廉政风险。二是开展会计联动检查、资金安全检查及“三公经费”专项检查，查摆和整改财政财务管理中存在的问题，堵塞漏洞，提高规范管理水平。三是开展资产清理工作，组织102家单位开展账务与实物核对和网络上报工作，摸清行政事业单位国有资产数量、分布、结构等基本情况，完善了资产信息数据库基础数据。四是举办财政支农政策培训，开展“财政法规政策宣传周”等活动，宣传与群众切身利益相关的财政法规政策知识，为财政法制建设营造良好氛围。

【表彰奖励】 1月，贺兰县财政局被县委、政府评为全县绩效考核先进集体二等奖，被自治区财政厅评为2015年度全区财政监督工作先进单位二等奖。2月，被银川市妇联评为全市三八红旗集体。3月，被贺兰县总工会评为2015年度工会工作先进集体，贺兰县委、政府评为2015年度人口和计划生育工作先进集体，被银川市处理信访突出问题及群体性事件联席会议办公室评为2015年度信访督办工作先进集体。6月，被自治区财政厅评为全区财政“十三五”规划编制评比三等奖。10月，被贺兰县委、政府评为全县“六五”普法先进集体。11月，被自治区财政厅评为2015年度全区财政总决算工作先进单位一等奖、2015年度全区部门决算工作先进单位二等奖、2016年度全区预算执行旬月报及分析工作先进单位二等奖。

国家税务

【概况】 2016年，贺兰县国税局设10个内设科室、1个稽查局、2个税务分局和1个税务所。有在职干部职工78人，担负着12656户各类纳税人的国税税款征收工作。全年共组织入库税收7.93亿元，同比增长34.41%，增收2.03亿元；县级收入入库2.49亿元，同比增长79.33%，增收1.1亿元。超额完成市局和贺兰县政府下达的税收任务。落实税收优惠政策，全年减免及办理退税1.03亿元，支持了企业的发展。在深化巡视整改和全面自查自纠工作中对照检查发现问题28项问题，已整改25项问题。针对自治区国税局关于党建自查自纠通报的7个方面28个问题和自治区国税局督导组检查出的5个方面12项问题进行了自查和整改。

【创建“全国百佳国地税合作县级示范区”】 按照创建国地税合作县级示范区要求，贺兰县国税局积极推动40项县级税务机关合作事项落地生根。12月28日，被国家税务总局评选为“全国百佳国地税合作县级示范区”。连续11年受到了贺兰县政府的通令嘉奖，连续3年在群众评议机关和干部作风活动中位居第一名。

【完成税收任务】 2016年，银川市国税局下达税收任务5.5亿元；贺兰县政府下达税收任务1.45亿元，比上年增加581万元。为了确保税收任务的完成，县国税局全面落实组织收入工作责任制，结合辖区税源分布情况，及时把任务分解到各分局（所），分解到税收管理员，落实到重点行业和重点税源企业，提前72天超额完成市局和贺兰县政府下达的税收任务。全年共组织入库税收7.93亿元，同比增长34.41%，增收2.03亿元；县级收入入库2.49亿元，同比增长

79.33%，增收1.1亿元。

【税收优惠】通过税企座谈会、税企QQ群等多种形式开展税收优惠政策宣传，进一步提高纳税人的办税能力，对重点一般纳税人企业，尤其是建筑业和房地产企业，确保适用简易征收办法、差额征税以及税收优惠政策的项目及时备案，不影响企业6月申报。组织开展法治税务示范基地建设工作，并开展自查验收和申请工作。建立依法行政工作领导小组及其办公室，定期开展执法督察工作，全年共完成执法督察工作6次，下达《税收执法督察通知书》6份、《税收执法督察处理意见书》5份、《税收执法督察结论书》1份，发现10类27个问题，提出追究责任人10人次。全年共审理重大案件3件。

【打击违法犯罪】发挥税务稽查"查税必查票、查账必查票、查案必查票"工作原则，全年共安排检查纳税人38户，其中稽查日常检查企业11户，查补各类税款1355.79万元，入库税款1215.10万元，滞纳金104.90万元，罚款35.79万元，合计入库1355.79万元。完成年度查补收入任务550万元的246.51%，实现户均查补收入123.25万元。选案准确率、案件结案率、查补收入入库率、协查信息完整率、协查准期回复率均达100%。

【推进国税地税合作】按照《国地税合作工作规范》和创建国地税合作县级示范区工作要求，推动县级税务机关31项基本合作事项和9项创新合作事项落地生根。先后明确17个信息交换需求点，在合作过程中，坚持"先易后难，先部分后整体，先试点后推广"的工作思路，分步选取纳税服务、信息交换、税收执法、税源管理等方面作为切入点，不断尝试合作新模式，拓宽合作新领域。全年联合办理税务登记4048户，变更税务登记7451户次，联合注销税务登记445户；联合采集财务报表15273户次，协同开展定额核定7843户次，协同认定非正常户232户，联合清理各类欠税4380.10万元；建立境内非居民企业信息档案和"走出去"企业被投资外国企业信息档案，互相传递优惠备案资料2次共13户，互相传递非居民纳税人信息1套，协同开展反避税调查，共补缴企业所得税35927.4元，代扣代缴企业所得税3.59万元，加收滞纳金10257.27元。

【优化资源配置】联合办税服务厅，通过采取"一窗双机双系统"模式，在联合办税服务厅共设置4类25个窗口、12个综合业务窗口、3个税务登记窗口、3个行政审批事项受理窗口和7个契税窗口，窗口办事效率提高了20%。全面落实全区通办、同城通办工作，共设置11个同城通办窗口，1个全区通办窗口。落实《全国税务机关纳税服务规范》，梳理62项即办事项与85项限时办事项，明确了办理流程，更新了相应的表证单书，实现了代开增值税普通发票免填单服务。通过限时办理事项流转单，既实现了涉税业务的"统一受理"，又明确了各业务部门之间的衔接与协调，保证限时事项按时办结。

【拓展服务业务】一是全年共预约办理各类业务460余户次，延时为纳税人办理各类业务1870余件。二是做好网上申报缴税系统推行工作，先后开展18场网上申报操作流程培训，确保辖区内一般纳税人全覆盖，组织20场"税易办"手机APP培训，提高小规模纳税人网报率。三是通过官方微博、税企QQ群、办税服务厅电子显示屏、发放纸质资料等形式向纳税人进行宣传，鼓励和引导纳税人主动使用网上办税方式进行纳税申报。四是利用金税三期平台完成2015年度纳税信用等级评定，共评定A级151户，B级152户，C级678户，D级91户，联合对外发布评定结果，向辖区金融机构提供纳税信用等级名单，帮助34户纳税人办理信用贷款1.68亿元。五是承接完成自治区国税局"简并纳税人申报缴税次数"试点任务，按时完成县国税局2015年存量的5729户个体纳税人、2064户小规模纳税人的征期简并工作，有效减少纳税人的办税负担。做好委托邮政部门"双代业务"，贺兰县邮政局自4—12月代征入库增值税、代征个人所得税及附加合计320.87万元。

【“营改增”任务】一是对营改增的相关企业信息进行确认，全年共完成确认3550户纳税人，其中建筑业277户，房地产业172户，金融业71户，生活服务业3030户；共管户958户，纯地税户2592户；企业纳税人1397户，个体工商户2153户。二是以纳税服务科为核心，抽调各部门业务骨干，及时成立网上申报服务团队。先后组织1058户次纳税人和全体干部参加区市局组织的业务知识和系统操作培训，确保参训率100%。

【完成整改任务】完善“金三”系统运维机制，确定1名专职人员负责金税三期各业务系统运维工作，纠正不规范的操作行为；一季度数据质量共下发13类数据，涉及纳税人22215户次，均已整改完毕并回馈整改报告。执法督察共下发6类数据，涉及纳税人469户次，均已整改完毕。下发医保数据涉及纳税人29户次，应补缴税款72.35万元，纳税人通过自查实际补缴税款90.97万元，缴纳滞纳金11.80万元。对总局推送的41户次增值税风险企业信息开展核查，补缴税款38.1万元，调减留抵税额52.29万元。对375份失控发票展开核实，补缴、查补税款111.98万元，调减留抵税额32.57万元。增值税抵扣凭证审核检查系统共接收异常发票核查123份，通过核查共转出进项税47.33万元。确定28户次风险企业，经排查及评估，共调增应纳税所得额4546.76万元，补缴企业所得税2157.66万元，补缴增值税14.52万元，加收滞纳金73.39万元。

【加强欠税管理】参与贺兰县清理税费协调领导小组日常工作，利用贺兰县综合治税平台，着手开展企业欠税清缴工作。通过梳理辖区企业的欠税情况，建立欠税企业档案，制定清欠目标，制发欠税公告，坚持以欠抵退，通过停供发票、冻结账户以及部门配合、申请法院强制执行等清理措施，推动了县局清欠工作的开展。全年清理欠税企业269户次，清缴税款4836.08万元。

【税种管理】在增值税管理上，强化和规范一般纳税人认定和管理工作，每月征收期结束后，及时从综合征管系统中导出达标需认定的小规模纳税人及个体工商户名单，纳入一般纳税人管理；开展发票使用情况专项检查，涉及企业209户，增值税发票7678份，排除37份代开发票疑点信息，对5户企业81份地税发票进行剪角作废；推进营改增企业增值税发票升级版推行工作今年共推行升级版纳税人1236户（其中一般纳税人313户，小规模纳税人923户）。在企业所得税管理上，完成324户企业所得税征收方式鉴定工作；开展汇算清缴培训，2015年度实际参加汇算清缴2448户，汇算面100%；加强所得税税收优惠后续管理，对1户不符合西部大开发税收优惠的企业，补缴企业所得税1108万元，加收滞纳金72.06万元。对8户企业消费税信息进行采集，每月25日之前准确将消费税数据上传至消费税涉税信息采集平台。

【非居民企业和出口退税管理】强化非居民企业的管理，加强对跨境关联交易的监控，认真审核企业年度关联业务往来报告表，建立“走出去”企业清册和“一带一路”发展战略统计清册。对境内机构和个人提交的申请开具税务证明资料的完整性、真实性以及政策适用的准确性进行审核。

【信息安全管理】在营改增工作期间，及时对办税服务厅14个前台窗口计算机类设备和各类应用系统的升级维护工作；充分利用360桌面防护系统的强大功能，为87台PC机安装360杀毒软件，并对每一台计算机设备进行严密监控，确保税收征管数据安全。

【大练兵大比武活动】召开“岗位大练兵 业务大比武”活动动员会，成立以“一把手”为组长，班子成员为副组长的活动领导小组，部署“大练兵大比武”活动。3—4月，重点开展通用知识和能力内容的学习，并组织测试2次。在全区国税系统大练兵大比武活动中，县局1人获全区国税系统业务骨干荣誉称号，7人获全区国税系统岗位能手称号，入围人数位列全区国税系统县级局第一名。

金融保险

Jinrong Baoxian

工商银行贺兰支行

【概况】 2016年，工商银行贺兰支行利润完成情况继续保持向上态势，同业综合竞争力大幅提升。全年实现拨备前利润2766万元，完成计划任务的113.36%；净利润2128万元，完成计划任务的118.35%；中间业务收入808万元，完成计划任务的126%。

【存贷款业务】 截至年末，各项存款余额89536.72万元，较年初增加12590万元。其中，储蓄存款余额82110万元，净增11191万元；对公存款余额7426万元，减少3628万元。两项贷款余额减少4228万元，其中，公司贷款余额29901.88万元，减少6971万元，无不良贷款；个人贷款余额44301万元，净增2688万元，创支行个人贷款业务发展新高。

【电子银行业务】 年内成立以青年员工为主力的营销小组，以竞赛形式加大电子银行产品营销力度，分层、分级、分包，全面促进个人电子银行产品的快速增长。全年实现企业网银证书客户、融E行客户、工银E支付客户分别新增80户、15775户、15095户，任务完成率分别为142.86%、235.45%、225.30%，均居于全区各类支行首位，并实现电子银行中间业务收入133.19万元，完成指标任务的110.99%，同样居于全区各类支行之首。

【个人金融业务】 截至年末，个人金融资产较年初增加11829.02万元，人均增量268.84万元，在全区排第五名；借记卡存量77305张，人均办理514张，在全区排第八名；客户数较年初增加17788户，其中日均1万元以上客户增加531户，在全区排第五名；个人理财产品余额净增6135万元，人均排全区第三名；代理销售保险1028.3万元。

【信用卡业务】 全年新增信用卡3567张，任务完成率101.9%，全区排第九名；商户增加93户，任务完成率106.7%，全区排第七名；信用卡消费额33135.7万元，任务完成率110.5%，全区排第四名；POS收单46712.9万元，完成全年任务的77.9%；分期付款1454.5万元，完成全年任务的36.4%。

【质量管理】 一季度，支行运行专业排名位居网点支行首位，营业室在“三星明星”网点中排名第十，是唯一一家进入明星网点行列的网点类支行，并有4名员工获得分行级“明星柜员”，在网点运营风险分级考核中被评为A级，居网点支行首位。二季度，支行下辖的太阳城支行获得“三星明星”网点的称号，为唯一一家进入到“明星网点”前十名行列的网点类支行。三季度，支行运行专业在全区各类支行中排第1位，营业室获得“三星明星”网点称号，有3名员工被评为“明星柜员”，1名员工被评为“明星现场主管”，在网点运营标准化改革中被总行评为“先进单位”三等奖，被分行评为“先进单位”二等奖。四季度，支行运行专业排名全区第一。

建设银行贺兰支行

【概况】 2016年，建设银行贺兰支行全面对标，扬长补短，狠抓管理，严控风险，各项工作顺利开展。截至年末，全行全口径存款余额10.5亿元，较年初新增0.18亿元；各项贷款余额11.52亿元，较年初新增-1.11亿元；全年实现中间业务收入1131.7万元，完成年初计划任务的84.2%。全年实现税前利润3826万元，计划完成率为84%。

【存款业务】 截至年末，全行全口径存款余额10.5亿元，较年初新增0.18亿元；一般性存款时点余额10.37亿元，较年初新增0.1亿元。其中，个人存款时点余额7.44亿元，较年初新增0.8亿元，日均存款余额为7.72亿元，较年初新增1.51亿元；对公存款时点余额2.93亿元，较年初新增-0.69亿元，日均存款余额3.27亿元，较年初新增-0.51亿元；同业存款时点余额为0.12亿元，较年初新增0.07亿元。

【贷款业务】 截至年末，各项贷款余额为11.52亿元，较年初新增-1.11亿元。其中，对公贷款余额4.4亿元，较年初新增-1.87亿元；个人贷款余额7.12亿元，余额较年初新增0.75亿元。各项贷款余额和新增额均位居当地四行第2位。

【中间业务】 截至年末，全年实现中间业务收入1131.7万元，完成年初计划任务的84.2%，全行排名第10位，中间业务收入位居当地四行第2位。其中，个人中间业务收入720万元，较上年增长21.7%。

【对公结算与客户基础】 截至年末，全行全量对公结算账户新增399户，其中基本结算账户新增318户，非基本结算账户新增81户。全行个人全量客户数83475户，当年新增8296户。个人有效客户3870户，完成全年计划任务125%。企业网银活客户、手机银行活跃客户、短信银行客户、微信银行客户新增均超额完成全年任务。

【不良贷款】 12月月末，不良贷款额420万元，控制在年度计划的610万元之内；不良率为0.36%，完成年度计划；成功回收宁夏原野物流有限责任公司不良贷款350万元，全年不良贷款处置额965万元，完成计划任务的643%。

【旺季营销】 制定《贺兰支行2016年旺季营销活动实施方案》，上下级、部门间强化联动营销。一季度末，一般性存款、储蓄存款、个人贷款新增额分别完成“旺季营销”计划任务的170 %、304%、90.5%，实现了开门红，并在当地国有银行存款新增占位中取得全口径存款新增、个人存款新增占位第一的好成绩。同时，贺兰支行被分行授予“个人存款突出贡献奖”“个人存款市场拓展突出贡献奖”“住房金融与个人信贷业务‘开门红’活动优胜奖”。

农业银行贺兰县支行

【概况】 2016年，农业银行贺兰县支行较好地完成了各项经营计划。年末，综合绩效考评排名居第11位，等级为C+级，比2015年提升11个名次，等级上升8个档次。各项存款余额248815万元，较上年增加29726万元。其中，对公存款余额67029万元，较上年增加13566万元；个人存款余额181746万元，较上年增加16832万元。各项贷款余额183942万元，较上年下降18943万元。其中，法人贷款余额91911万元，较上年下降25814万元；个人贷款余额92030万元，较上年增加6871万元。实现中间业务收入3607万元，较同期增加1282万元，计划完成率139%，居全区第一。资产管理业务收入、对公理财业务收入、对公国际结算业务收入分别为770万元、993万元、0.4万元，完成率均居全区第一。不良贷款余额11267万元（含信用卡不良），比年初下降89万元。收回自营不良贷款601万元，收回委托贷款613万元，实现委托资产处置清零目标。实现拨备前利润9230万元，计划完成率97.7%；拨备后利润8916万元，排名居全区首位。

【存款立行意识强化】坚持存款立行，树立“流量经营”理念，做实日均存款。着力控风险、稳增长、补短板、调结构、增效益，各项存款稳定增长，个人基础客户价值贡献逐步提升，存量信贷客户、类信贷客户日均存款贡献较大。一是狠抓个人存款。牢牢抓住储源丰富、资金回笼的有利时机，加强个人资金吸存工作。走出银行，面向社区居民、专业市场商户、私营企业主等客户群，发挥网点辐射功能，目标到户，责任到人，提高对储蓄资金的揽存力。同时，以产品引存、以产品促存，组织开展进社区、进校园、进证券公司、进保险公司、进村部、进市场等“六进”活动，做好金融IC卡、个人大额存单、对私理财产品、基金定投、存金通及账户贵金属等零售产品的宣传营销，紧扣客户投资理财和消费信贷需求，增强资金吸存黏性，以金穗商惠通卡、个人资金归集、自动转账等产品为依托，积极营销专业市场商户、私营企业等客户群，加强客户资金沉淀，提高客户资金归行率。运用CFE系统对储蓄存款大户和个人优质客户开展精细化管理和跟踪，进一步加强与中高端客户的沟通与交流，及时掌握客户资金流向流量，精准服务、吸收存款。在医保缴费期间，利用宣传车走乡串镇、集市宣传，推广社保IC卡金融功能的知名度、美誉度，提高社保IC卡的使用率。加强与县社保局、医保管理中心的合作关系，共发行社保卡17余万张。二是加强对公存款归集。加大对存量信贷客户、类信贷客户的投后、贷后管理，增加对大客户、好客户的维护营销工作，做实存量客户资金监管工作，增加资金归行率。银川市产业基金管理有限公司及其关联公司2016年日均存款9437万元。抓住POS机具费改机遇，灵活掌握客户特性，重新营销已流失的4S店存款业务，对公存款得到改善。营销银川中铁水务集团贺兰供水公司存款及对公理财业务，使得该笔业务实现了定期存款中的活期业务的功效。

【资金投放渠道拓宽】一是加大个人资产业务营销力度。年初，面对市场经济继续下行，房地产开工率不足，库存现房销售滞缓困境，积极调整个人贷款结构，采取加强个人购房贷款营销、拼抢个人二手住房信贷市场、做优非购房个贷业务、开展个贷客户产品交叉营销等措施，提高放贷效率。通过政府增信项目，加大贷款投放力度。全年累计发放个人贷款2246笔，累计金额23310万元。二是积极营销法人资产业务。坚持防范风险，将每一笔收回再贷视为新增贷款，在受理贷款时逐条审核用信条件，贷款发放后做好每一户贷后管理。全年累放法人贷款53笔，累放金额64550万元。三是帮助辖内企业开辟新的融资渠道。经过两年的营销服务，开创了农业银行宁夏分行短融业务先河，打响了5.3亿公司债、3亿短融业务营销的“双响炮”。宁夏远高实业集团有限公司5.3亿公司债、3亿短融业务成功落地，实现中间业务收入297万元，增加日均对公存款4646万元。四是拓展新型业务发展，实现产业基金业务零突破。发挥团队精神，迅速出击，在2个月时间完成10亿元产业基金业务的调查、审查、审批及投放，未来5年每年可实现中间业务收入1300万元，带来对公业务的多元化收入。开立银川市产业基金管理有限公司及其关联公司银川助企助贷基金合伙企业（有限合伙）的等9家公司结算账户，增加日均对公存款9437万元。五是通过政府增信贷业务，拓宽信贷业务渠道。根据自治区财政厅、金融工作局、人民银行银川中心支行关于《加快发展农业特色优势产业贷款风险补偿基金管理办法》《加快发展农业特色有限产业贷款担保基金管理办法》的精神，引入政府增信机制拓宽信贷支持范围。与贺兰县人民政府签订《贺兰县农业特色优势产业贷款风险补偿基金合作协议》，为2017年农户贷款储备工作奠定基础。

【共促中间业务发展】一是零售业务各项指标均衡发展。全员行动，全员营销，开展信用卡“学卡、用卡、营销卡”活动。全行员工围绕个人优质客户、优质住房按揭客户、网银优质客户、贺兰县域各企事业单位及个体工商户等客户群体发放信用卡2317张，计划完成率91.5%，排名全区第9。二是加大电子银行业务。继续开展“六走进”活动，主动走出去，先后走进企业、事业单位、学校、专业市场、商场、村镇等20余家，现场开卡、现场办理网银、掌银并体验交易，并将网银、掌银、K码、金市通、账户金、三方存管等作为主打产品捆邦营销，开展优惠促销和客户回馈活动，促进了零售产品的综合营销。三是利用多渠道实现贵金属业务收入大幅增加。以春节、元宵节、妇女节等节日为契机，主打羊年生肖金、银手镯、平安银瓶等应季新品，实现对私贵金属销售收入42.19万元，计划完成率75.74%，排名全区第1。四是做大、做强代理保险业务工作，实现代理保险市场份额及收入有效增加。各机构通过举办保险产说会、“精品网沙”等活动，以优质客户为重点营销对象，全年新增寿险手续费收入165.88万元，计划完成率165.88%，排名全区第九。五是开展基金宣传促销活动，以微信、短信等渠道及时督导网点加大基金定投的办理，全年共实现基金申购额2670万元，实现手续费收入33.06万元，计划完成率54.19%，排名全区第3。六是新型业务促进中间业务发展。成功营销产业基金10亿元、办理短融3亿元、发行公司债5.3亿元，实现资产管理中间业务收入770.44万元，计划完成率546.41%，排名全区第一。实现托管业务收入195.55万元，计划完成率488.88%，排名全区第3。七是服务民生项目创佳绩。完成贺兰县天然气自助缴费业务，已代收1000多笔手工天然气抄表代收业务，带来1000多户全渠道产品营销的客户。同时增加供水、供热系统的代收费。首次与地方税务、国家税务、社保合作，完成财税国银系统完整上线运行。代理收缴实地农民养老保险1600户，沉淀社保账户对公日均存款4000万，创历史新高。首期代发社保类工资9000户，代发金额900万元。

【委托资产工作】坚持“退出一批、压缩一批、清收核销一批”的原则，按照“一企一策”要求，逐户研究处置化解方案，落实化解工作。截至年末，累计收回各类委托贷款614万元，其中通过转让收回自然人委托贷款603.4万元，实现了委托资产处置清零目标。

【基础管理】一是实施《柜面业务差错治理工作实施方案》，加大差错考核奖惩力度，降低柜面业务差错率。开展运营风险防控专项检查，强化对账管理，夯实管理基础。同时，加大反洗钱工作力度，提高风险防控能力，使运营基础管理考评稳步提升，考核排名全区第8。年末，支行获中国农业银行2015年度运营基础管理先进单位，德胜园区支行和众一分理处获中国农业银行2015年度运营基础管理“三铁”单位。二是开展“两加强、两遏制”检查及电信网络诈骗治理和保护客户个人信息安全工作，提高检查质量和整改效果。三是制订《2016年度员工行为排查实施方案》，持续开展员工行为排查，强化员工思想和行为管控，教育引导员工远离非法集资。四是全面启动“七五”普法工作，制定《“七五”普法规划》《“七五”普法依法治理考核评价方案》。组织开展“3·15消费者权益保护日”“4·15国家安全教育日”“4·26知识产权宣传周”“12·4国家宪法日”“学刑法、明底线、知敬畏”等专题活动。

【信用风险化解】全年有效化解信用风险贷款1.99亿元。加强诉讼，收回不良贷款1900万元。提前预警，提早准备，果断出手，收回风险贷款3645万元。多措并举，成功缓释并收回风险贷款9000万元。加强清收力度，收回不良贷款351万元。

【表彰奖励】全年先后有9人次获总行分行级先进个人称号，其中赵力刚获全国三农优秀客户经理、马彦林获2016年度宁夏银行业文明规范服务标兵。组织青年员工参加农业银行宁夏分行“我是农行人 我讲农行事”主题征文活动，刘宇龙、王晓慧分获二、三等奖，另有4人获优秀奖。组织青年员工参加总行第四届“读书强素质 实践圆梦想”青年读书活动，李丹阳获优秀奖。组织员工参加总行“培育好家风”征文活动，王晓慧获优秀奖。

贺兰农商行

【概况】 2016年，贺兰农商行认真贯彻落实“三个银行”战略要求，扎根“三农”、聚焦“小微”、服务“县域”，以“调结构、提质量、优服务、强执行、控风险、夯基础”为主线，坚持支农支小，加快改革创新。截至年末，各项存款时点余额达到40.02亿元，较年初增加4.09亿元，增幅11.38%；各项贷款余额35亿元，较年初增加2.30亿元，增长7%。实现各项经营收入23198万元，较去年同期减少3838万元，降幅14.20%；实现经营利润11844万元，同比减少466万元，降幅3.79%；实现净利润6971万元，同比下降3546万元，降幅33.72%。全行拨备覆盖率218.2%，较上年下降52.4%，高于监管标准68.2%；资本充足率16.06%，较上年下降0.11%，高于监管标准5.56%；核心资本充足率14.98%，较上年下降0.12%，高于监管标准6.48%。

【营销活动】 先后制订下发《一季度“赢在春天”旺季营销工作方案》《贺兰联社2016年营销工作安排》《2016年机关员工存款任务分配及考核方法》等方案，合理分解存款任务，提升增量。对存款客户和存款营销方案进行调整，制定《客户细分及营销维护工作指引》《存量个人客户提升活动方案》《“百日营销”竞赛活动方案》等，提升网点综合功能。组织开展“赢在春天”“扫楼扫街”等形式多样的营销活动。充分发挥电子银行、理财等个人金融产品对储蓄存款的黏性作用，提升个人存款业务的竞争力；用好用活“随心存”“协议存”等产品。截至11月月末，全行各项存款中：储蓄存款余额33.04亿元，较年初增加27257万元，增幅9%;对公存款余额余额6.79亿元，较年初增加11930万元，增幅21.25%；活期存款余额15.68亿元，较年初增加21391万元，增幅15.80%；定期存款余额22.48亿元，较年初增加15596万元，增幅7.46%，存款结构有所优化。

【支农支小】 加大对“三农”、小微企业、城市优质个人客户、涉农企业以及家庭农场等客户的信贷支持力度。全力支持春耕备耕，制订《2016年春耕备耕信贷支农实施方案》，全年累计发放春耕备耕专项贷款4.79万元。先后推出“随薪贷”“微贷通”“联保贷”“循环贷”等小微客户专属产品。截至年末，累计办理“随薪贷”1240户，授信总额13392万元，用信6220万元。从担保方式看，全行抵质押贷款余额19.94亿元，较年初增加17952万元，占比58.31%，增幅9.89%；信用贷款余额3063万元，较年初增加3063万元，占比0.90%；保证担保贷款余额13.95亿元，较年初减少516万元，占比40.80%，降幅0.4%；投放涉农贷款22.7亿元，投放小微企业贷款134户7.41亿元。从增户拓面看，全行贷款户数达到10408户，较年初增加1827户，增幅21.29%，其中：农户户数达到8897户，较年初增加1174户，增幅15.2%。

【产品创新】 推出“金土地”“电商贷”“林权贷”等特色信贷产品。截至年末，已办理金土地贷款80户，金额560万元；电商贷款2户，金额400万元。建立与第三方的合作，先后完成与18家机构贷款担保业务合作事宜，签订及续签协议22份，合作产品涵盖公司贷款、个人贷款、汽车按揭贷款、出租车辆抵押贷款、房屋按揭贷款等；与贺兰县政府、贺兰县融信担保公司洽谈签订《贺兰县农业特色优势产业贷款担保业务合作协议》《贺兰县一优三特贷款担保合作协议》《电商贷合作协议》，并收集个人及企业推荐名单，助力基层精准营销。第四，开展“阳光信贷”和“千村信贷”工程，同时，积极探索开展金融扶贫工作。截至年末，累计发放发放

"生态移民贷款""全民创业贷款""妇女创业贷款"等创业贷款1.01亿元，支持创业人数达2万余人；发放建档立卡户扶贫贷款48户，100万元。

【完善内控制度】顺利完成改制工作，实现了由信用社到农商行的蜕变，完善股东大会、董事会、监事会及其下设各委员会议事规则；清晰界定"三会一层"职责边界。截至年末，共召开社员代表大会（股东大会）2次，审议决策事项27个；召开董（理）事会11次，审议决策事项47个；召开监事会7次，审议决策事项65个。

【贷款风险控制】一是严控新增。做实正常类贷款贷后管理，掌握客户经营和生产情况，密切关注客户资金往来，保证贷款按时正常清息、到期还本。同时，健全完善信贷风险防控机制，建立贷前风险评价、贷中风险控制、贷后风险监测的风险体系，进一步加强大额贷款限额管理，从严控制新增大额贷款的授信审批。二是优化存量。一方面，合理调整贷款结构，坚持抵、质押贷款优先的原则；另一方面，创新化解措施，全力发起清非攻坚，对还款意愿强，暂时不能还贷的客户运用借新还旧、续贷、展期等政策，帮助客户缓解压力，支持其发展；对已形成的不良贷款，除运用"借新还旧、黑名单退出"等贷款政策进行转化、盘活外，逐户分类制定清收化解处置策略和处置预案，通过"现金清收一批、还息降本清收一批、法院清理执行一批、责任追究赔偿一批、信贷退出进入黑名单管理一批和核销一批"的"六个一批"清收措施，全力清收化解。三是严格考核。一方面，对季末没有完成清收任务的，扣发原贷款第一责任人、管户客户经理、支行行长、包片部门负责人、清收中心清收责任人、清收中心负责人、包片领导绩效。截至年末，在经济持续下行的态势下，已收回全口径不良贷款13153万元，五级不良贷款1554万元，使不良贷款额率控制在可控范围内。

【拓宽业务渠道】一是电子银行提质增效。截至年末，全行电子银行客户达到2.55万户，较年初增加1.19万户，增长88%。客户通过电子银行渠道办理业务111.40万笔，交易金额447.45亿元，同比增长116%和29%。电子银行对柜面业务的替代率达17.56%，同比上升8.46%。二是银行卡业务增势强劲。截至11月月末，新增发行黄河借记卡26774张，存量达到104475张，卡余额7.71亿元，卡余额较年初增加1.36亿元，增幅21.4%；新增黄河贷记卡2321张，存量有效卡、激活卡分别达到5893张、5508张，激活率93.46%，授信额度13802.3万元，用信额度8029万元，实现收入277万，较上年增加了105万元，增幅164.36%。三是新兴业务不断发展。制定同业存单、存放同业、同业拆借、债券交易、同业投资等相关管理办法，并确定2016年同业授信对象及授信额度；与建行贺兰支行签订《人民币现钞业务合作协议》，办理同业存款3000万元；成功认购同业理财业务和同业存单业务，金额分别为1600万元和5000万元。四是电子机具布放持续推进。年内新增离行式自助银行6处，POS机440台，电话自助结算终端76台。全行共有物理营业网点16个，社区银行2个，建设开通运行ATM机66台，布放各类便民自助终端58台，布放POS机具1390台，布设助农取款服务点60个，覆盖全县四镇一乡64个行政村，实现了村级金融全覆盖。配合硬件建设，目前已开展"金融夜校"宣传活动77场次，发放宣传折页9000余份，辐射贺兰县27个行政村近万户农户。

【企业文化建设】一是改善工作环境。年内，完成沙渠支行、西湖支行、清分及监控中心的装修改造，完成欣兰街、电商物流园等5家离行式ATM机室选址设计和装修；完成洪广支行翻建论证、审批工作。二是强化员工教育培训。制订《2016年员工教育培训实施方案》《员工教育培训管理办法》《"微培训"实施方案》等培训制度，全年共举办中层以上干部、客户经理、柜员等各类培训52期、参训人员达6006人次。三是强化执行力建设。全面梳理和压缩各类会议种类和会议时间；建立机关服务承诺制并上网公布，形成服务承诺117件。四是开展关怀慰问。全年共组织各种形式的员工慰问332人次，发放慰问金共计44.35万元；为患病职工捐款8.08万元。五是履行社会责任。向黄河银行助学基金会捐款38.31万元；向“1·05”公交车纵火案受害群众捐款12.85万元。同时，在中秋、古尔邦等传统节日期间积极走访慰问各类普通群众。六是组建业余文体队。制订《贺兰农村商业银行业余文体队组建方案》，组织开展各类活动6场次，并为机关和支行新建了健身房、活动室，配置各类活动器材。七是组织开展业务技能大赛，进一步提高员工专业知识和业务技能。

中国人寿贺兰支公司

【概况】 2016年，贺兰中国人寿贺兰支公司全面贯彻落实分公司各类会议精神，以市场为导向，以业务发展为突破口，以产说会为平台，以首年期交业务为支撑点，以10年期业务为增长点，抓团队举绩率和团队人员增长率及基础管理，开拓城乡市场，巩固老客户，挖掘新资源。全年共实现总保费收入7955.7万元，同比增长60%。其中：长险首年保费实现5260.7万元，同比增长136.17%；首年期交保费实现2258.8万元，完成率146.25%，同比增长136%；趸交保费实现2130.2万元；短期险保费实现882.89万元，完成率为175.18%，同比增长23%；续期保费实现2257.7万元。

【指标完成】 个险渠道：实现总保费收入4225.32万元，同比增长50.82%。其中：标准保费实现921.79万元，完成年度计划指标的175.91%，同比增长97.1%；首年期交保费实现1748.19万元，完成年度计划指标的150.63%，同比增长138.48%；10年期及以上期交保费实现1213.97万元，完成年度计划指标172.13%，同比增长177.13%；短期险保费实现268.66万元，完成年度计划指标的104.13%，同比增长9.61%。

银保渠道：实现总保费收入3137.54万元，同比增长84.72%。其中：标准保费实现94.72万元，完成年度计划指标的154.37%，同比增长183.13%；趸交保费2130.2万元，完成年度计划指标的140.81%；首年期交保费实现496.56万元，完成计划指标的128.54%，同比增长123.77%；10年期及以上期交保费完成122.5万元，完成计划指标的237%，同比增长405.64%；短期险保费24.43万元，完成年度计划指标的162.87%。

团险渠道：实现短期险保费578.66万元，完成年度计划指标的109.18%，同比增长25.23%。其中：意外险保费359.09万元，完成年度计划的93.8%，同比增长12.66%。

【队伍壮大】 个险渠道：12月月末，贺兰支公司实现在册人力328人，其中营销系列主管28人，收展系列主管11人。2016年度累计新增人力289人，当月举绩134人，新人举绩率46.4%，5、6、7三个月月均三晋率达到56.6%。月均长举人力135人，月均长险举绩率120%，月均增员39人，月均增员率140%。

银保渠道：银保理财规划师人力37人，客户经理人力6人，其中主管5人。2016年累计新增人力19人。

团险渠道：团险渠道客户经理人力14人，净增5人。

【多措并举】 调动营销主管及销售人员的增员热情，落实增员方案，增强个险渠道人力；设定每月1号和10号举绩方案以及活动量拜访管理等形式提高业务员展业激情。注重A级销售人员的培养，倡导大家做优质保单，利用E宝账功能实现客户在家里就能办理保全、转账、理赔等业务。

【新人育成体系】 建立新人、初级主管育成系统运作机制，确保新人育成体系各项目标的达成。2016年度新育营入营人员150人，入营率34.8%；年度初管营入营人员35人，19人季度晋组，晋组达成率54.29%。

【老客户回访活动】 利用养生

枕、台历、抱枕被、车载工具包等拜访工具开展老客户大回访活动，同时召开感恩客户答谢会、户外运动会、户外烧烤、港澳游等多方面客户经营活动，为全年业务启动积累了有效的准客户资源。

【**营销活动**】根据宁夏地区经济发展水平现状及贺兰地域环境，公司在不同阶段确定不同的主销险种，全年兼顾销售十年期“新康终、瑞鑫、防癌、如意随行”等以上产品。围绕中端客户宣导家庭投资理财产品，充分释放理财产品的活力。

【**宣传活动**】采用“新产品推介会、保单年检会、客户权益增值服务会、客户答谢会、财富升级报告会、小说会”等多样形式宣传保险理念，邀请新老客户参加公司组织的产说会，扩大公司对市场的影响力和品牌宣传力。

【**提升管理**】年初修订《营销员参会管理办法》，并严格执行《宁夏分公司主管品质管理办法》，建立功能组，实施分职场经营。使团队经营管理从公司管理逐步转变为主管自身管理，逐步达到团队自主经营。创费创佣方面，严格执行2016年宁夏分公司财务费用佣金相关制度。

商贸流通

Shangmao Liutong

招商引资

【概况】2016年，全县招商引资工作实现历史性突破，在银川市9个县区、开发区实际到位资金排名第一。全县实施招商引资项目157个，概算总投资301.3亿元，实际到位资金134.5亿元，完成区市下达的75亿元招商任务的179.3%，完成县委、政府下达的115亿元招商任务的117%，到位资金同比增长151.8%。其中，新引进、新开工项目99个（亿元以上项目24个），实际到位资金65亿元，总实际到资金的48.3%；结转项目58个，实际到位资金69.5亿元。

【对接项目领域数量增加】县委、政府确定了六大招商重点区域，即北京市、上海市、浙江省、江苏省、山东省、广东省深圳和福建省福州地区。县处级领导分区域负责，带领小分队积极外出招商，外出招商100多次，联系对接知名企业300多家。对接企业有工业、农业、商贸物流3种业态，扩展到金融保险、电子商务、文创医养和智慧城市等多种领域和新型业态产业。招商引资项目逐步由传统型经济向新经济、新业态转变，从重固定资产投资型向重税收效益型和科技质量型转变。

【"三百"竞争活动】全县24个单位在百日招商活动中，共对接招商引资项目105个。其中，已签约项目12个，协议投资67.62亿元；正在对接项目80个。昊晶新材料、杭萧钢构等大项目落户贺兰。

【发挥招商主体作用】细化全县全年招商引资目标任务，根据工业园区、乡镇场、重点责任单位、一般责任单位职能和工作性质，定目标、定任务、定时限。县委、政府逐月下达任务指标跟进项目进度，逐月召开招商引资工作例会，通报项目到位资金和对接情况。各招商主体责任单位把招商引资工作摆在重要议事日程，亲自参与谋划招商、对接项目、解决问题，形成了全县招商引资的主力。通过以月保季，以季保年，确保三大园区、四镇一乡、农牧、文广、教育、卫生等11个重点责任单位超额完成招商任务。

【拓展招引项目空间】宁夏生态纺织示范园完成吉祥路等8条道路工程建设，研发中心进展顺利，投资3.54亿元建设的宁夏服装中小企业孵化园建成开园，达利丝绸、麦蒙民族服饰等企业入驻。银川德胜工业园区加紧清真食品园区二期规划，引进全国五百强企业中汽配一期封顶。银川生物科技园加大园区环境整治，关停16家污染企业，规划精细化工产业区，做大生物医药产业，恒康制药项目试车生产。推进电子商务企业从有到强转变，宁浙电商创业园建成33个进口商品馆正式投入运营，规划建设31个省会馆正在装修中。银川电商物流园顺丰速运、申通速递、韵达快递等知名企业全部投入运营。跨境电商产业园引进跨境电商企业15家，实现外汇

5000美金。县科创中心引进科技型企业41家，金域医学检测、舒友医疗器械、光宝智能等一批科技型企业和项目入驻。

【构建招引项目人脉】 探索招商新模式，组织银川·杭州经济合作交流推介会和浙商总会座谈会，邀请参会企业80余家，实地走访企业32家，对接重点项目19个，与杭萧钢构、浙江建工集团等企业协商在银川投资项目事宜。建立以杭州市组织部、发改委、旅委、经信委等8个部门为框架，通过浙商总会、上海浙江商会、杭州商会以及诸暨小企业发展中心为纽带，联系与贺兰县产业特点相关联的招商引资人脉圈。确定了杭州湾上虞经济开发区、临海经济开发区、萧山等重点对接区域和企业，建立了挂职干部驻点对接招引项目的机制，不断加大跟踪对接力度，提升对接效率。

【扩大招商引资影响】 编制《贺兰县投资指南》《贺兰县产业投资政策汇编》《贺兰县项目投资手册》，根据产业特点谋划项目，围绕资源、能源、市场、服务宣传推介贺兰。组织开展百日招商活动，参加银川市"一带一路"高峰论坛、自治区南京招商推介会、广东重庆经济技术合作交流活动。

电子商务

【概况】 2016年，网络经济发展局围绕建设全区"跨境电商先行区、网货交易体验区、新型业态孵化区、创业创新示范区、互联网金融集聚区"的目标，继续深化"一区三园多点"的电商发展体系，加快完善电商产业布局，全县电子商务交易规模继续扩张，电商应用持续深化，运行质量明显优化，社会效益显著提升，并列入全国电子商务进农村综合示范县。全县实现电子商务交易额17.5亿。全县从事电子商务交易的企业133家，其中从事汽车电商销售的企业47家，从事跨境电商交易的企业27家。另外，个体从事电商经营活动164家。

【电子商务产业发展政策】 一是出台贺兰县电子商务十三五规划，融合新农村建设、产业转型升级、文化旅游发展要素，找准适应本地实际的电商发展模式，打造适应本地发展的电商生态系统，推动全县电子商务发展。二是组建由县长任组长的指挥协调机构，以及由各乡镇、二十三个部门负责人为成员的组织实施机构，实行部门联动；镇村两级一把手负责责任机制，统筹各级力量形成电商发展的合力。三是根据职责，由相关部门落实落细《贺兰县电子商务企业考核办法（试行）》《贺兰县电子商务示范镇（街道）、示范村（社区）考核办法（试行）》等政策措施，鼓励电商创新发展，改善电子商务的发展环境，促进电子商务产业本地化。11月24日—12月5日，对全县电商企业电商工作推进情况进行考核。

【打造"三大园区"】 宁浙电商创业园、银川电商物流园、中阿跨境电商产业园入驻企业百余家。宁浙电商创业园总建筑面积7.6万平方米，各项配套设施日趋完善，以电子商务为突破口，与浙江全面开展合作。已有百瑞源、厚生记、淘宁夏等69家电商企业在园区创业。进口商品展示展销中心内设30个"一带一路"沿线国别商品馆、1个日用品超市，近万种优质进口商品，集商品展示、交易、文化交流为一体，是西北地区首个全球进口商品集散中心。园区设立1年，电商交易额2.55亿元。

银川电商物流园总占地218亩，总建筑面积14万平方米，总投资3.5亿元，已建成电商仓储、快递分拣和互联网体验区11万平方米。采用供应链管理的理念，为电商平台、快递物流、电商企业提供仓储、分拣、配送、金融、创业、培训、服务一体化运营模式。快递企业集聚区已集聚了顺丰、申通等全国知名快递企业，实现快递与电商的零距离对接。农村电商服务基地引进阿里巴巴、苏宁、京东、供销e家、淘宁夏等区内外知名电商企业，实现实体与网络的零距离对接。投产运营后，可实现日处理快递包裹30万件，年新增网络营业额3.5亿元，实现年利润3000万元，新增就业岗位3000个。中阿跨境电商产业园规划建设面积8000平方米，已引进电商企业45家，从业人员190人，实现境内交易额4633万元，境外交易额4860万美元，实现了贺兰县对外贸易“零突破”。

【农业产业电商化】 推进“互联网+农业”发展。实现家用电器、农资化肥等商品网购进村，促进当地的大米、香瓜、枸杞等农副产品网上外销，瓜菜的同城配送。

【农村电商推进】 开展“电子商务进万村”工作。已建成淘宝中国特色贺兰馆、“嘉言民生”、农村淘宝县级服务中心、京东县级服务中心、供销E家5个县级电商服务中心，2个电商镇（街道）、1条电商特色街和22个电商村（社区），41个农村淘宝村级服务站点，155个京东服务站点。

【项目带动电商产业发展】 加大“阿里巴巴农村淘宝”“京东帮”“智慧城市”“千村电商”“电子商务进农村示范县”等项目的推进力度，借助项目落地，带动全县农村电商产业发展。截至年底，全县94家农村电商企业（包括村淘）电子商务交易额累计1.2亿元，与农业相关的网络创业及从业人员超过2000余人。其中，线上交易额为5959.25万元，线下交易额为6289.89万元。

【电商服务】 一是开展智慧城市、智慧县域工程，逐步实现以电信、移动、联通、广电等四大运营商为核心，以光纤通信、数据通信、无线通信等多种技术手段的立体化现代通信网络。通过淘宝特色中国贺兰馆、京东特产中国贺兰馆、苏宁易购贺兰旗舰店等平台的建设、引入、运营，鼓励多平台共存共营，融合发展，为更多企业及农村电商从业者搭建平台，力争实现“贺兰产品卖全国”。二是举办电子商务基础普及培训班、技能培训班、跨境电商培训班、农村电商培训班等各类各层次培训班20余次，培训1000人次。三是利用广播、电视、广告等传统媒体和微博、微信、网站、论坛等新媒体，加强电子商务的宣传、普及。举办网络创业大赛，举办购物节、年货节，营造全民触网、全民创业的氛围。

供销合作

【概况】 贺兰县供销社成立于1952年3月，现有在职干部职工12人。内设党政办公室、市场管理办公室、合作指导办公室。截至2016年，累计有农民专业合作社86个，基层网点54个。建设蔬菜外销窗口29个，产地批发市场5个，保鲜冷库5个，面积3848平方米，成为贺兰县蔬菜销售的主导力量。同时，供销社承担部分商务职能，开展招商引资和项目资金争取工作；认真做好生活必需品企业和重点流通企业样本数据上报工作；抓好酒类流通备案登记管理工作；加强全县大型商场、超市、住宿、餐饮、加油（气）站等行业安全生产工作。同时，做好全县电子商务相关工作。先后成功创建了全区农村电子商务综合示范县和全国农村电子商务综合示范县，为贺兰县农村电子商务产业发展提供有力支撑。全年实施新开工项目7个，概算总投资1.23亿元，开工项目7个，开工率100%，实际完成投资1.37亿元。

【招商引资】 全年落实招商引资项6个，实际到位资金2.25亿元，完成年初目标任务的112.5%。争取项目资金3408.61万元，完成年初目标任务的170.4%。上报鲜活农产品流通体系、现代物流业、电子商务产业等各类项目12个。

【完成消费品零售预期目标】 对我县内贸流通企业进行摸底排查，年内新增限额以上商贸流通企业4家。与工商、税务、统计部门的协调沟通，增加限上企业数量，扩大社会消费品零售总额的统计范围。建设社区便民超市3个、标准化菜市场2个、综合超市5个，在区外设立29个蔬菜外销窗口。在宁浙电商创业园连续举办3届房车节，8月举办银川国际美食节，拉动消费。本年度超前完成年度社会消费品零售总额增速8%的目标任务。

【推进供销社综合改革】 提出

改革实施方案。8月28日经县政府常务会议研究后提交县委常委会审议，10月6日经县委常委会议审议通过。按照《方案》结合全国供销总社《关于加快推进电子商务发展的意见》精神，投资100万元成立贺兰县供销社电子商务有限公司，组建专业的电商运营团队，并依托总社“供销e家”电商平台，投资200万元建成497平方米的“供销e家”农产品电商运营中心，已上线农产品110余种，通过审核的有70个商品。

【发挥农资供应主渠道作用】协调各农资配送中心组织货源，严把进货质量关，加强农资市场监管，积极配合农牧等部门，开展农业生产资料市场专项检查，维护农资市场经营秩序，保证农民用上“放心肥”。截至11月月底，共销售各种化肥2.5万吨，销售额6100万元。

【农民专业合作社服务】加强农民专业合作社建设。全年，新增注册专业合作社6个，累计注册专业合作社86个。成功创建国家级示范社1个、区级示范社1个、市级示范社2个，在外省区大中型农产品批发市场设立蔬菜外销窗口4个，累计29个。推荐5个专业合作社法人作为自治区农村优秀实用人才参加全区高级农产品经纪人培训并结业，及时兑付2015年8个农民专业合作社获得自治区财政扶持的组织发展项目资金51万。截至11月，由供销社领办的农民专业合作社和农产品经纪人销售各类农产品8.946万吨，销售额2.389亿元。

【市场运行监测】安排专人加强商务预报平台监管及维护工作，督促各企业及时上报生活必需品，监测上、中、下旬市场运行情况及重点流通样本企业每旬、月、年的市场运行情况，做好数据分析工作。截至年底，上报监测分析35期。同时，按照黄金周的日报及周报制度，做好上报工作，避免出现迟报、漏报、误报等现象。

【安全生产】推进领导责任体系，签订安全生产目标责任书。完善预案和各项制度，严格执行节假日值班备勤制度。加强对要害部位的防控，确保事故信息及其他重要信息及时准确上报。全年共检查商场超市90余家次，加油站80余家次，大型宾馆40余家次，举办安全生产培训班6期，参加培训人员500人余次，利用“3·15”和“安全宣传月”等活动发放宣传资料1200余份，接受群众咨询300余人次。

【加油加气站安全检查】1月29日，县公安、消防、安监、商务以及市场监管部门联合对109国道沿线的中石化德诚、德胜、德信、光明，中石油旭光加油站，以及贺银加油站，进行联合检查。重点对6家加油站的安全生产规章制度、消防设施、加油机及储油罐等设施、作业人员执行相关操作规程、散装汽油销售进行检查。检查中发现个别加油站存在散装汽油销售记录不规范的问题，责令加油站立即整改。要求散装汽油销售记录由专人负责、专人登记。对没有出示公安部门证明的，散装汽油一概不予销售。

【商场超市安全检查】2月2日，县委常委、副县长李云带领县商务局、供销社负责人，对贺兰县物美大卖场、永泰商业广场等大中型商场超市进行春节前安全生产大检查，重点对人员密集型场所安全疏散通道出口畅通，春节促销是否制定活动安全预案、活动期间有无醒目安全告示，消防设施配备，消防控制室及人员培训上岗，防范恐怖袭击事件以及春节期间生活用品供应情况进行检查。李云明确要求各大商场超市要做好春节期间安全生产相关工作，全面排查企业自身安全生产隐患，落实安全生产主体责任，防范春节期间安全事故的发生。

【法治学习宣传】2月17日，贺兰县供销社组织机关全体干部职工开展集中学习活动，专题学习县法制办印发的《行政复议法》《行政诉讼法》《预防职务犯罪》《政府采购法》《审计法》的讲稿和“行政诉讼案例、审计法案例、招投标案例典型案例分析”等法规和案例。

2月19日，对商贸、农产品重点流通企业负责人进行法治文化集中学习宣传活动，35人参加。

【商贸流通企业安全生产研讨会议】 2月18—19日，县供销社召开全县商贸流通企业安全生产研讨会议。全县41家加油站、商场、超市、酒店、餐饮企业参加。会上学习最新修订的《中华人民共和国安全生产法》《宁夏回族自治区安全生产条例》，并传达《贺兰县2016年安全生产工作要点》通报全县2016年商贸领域安全生产工作。各企业安全生产负责人汇报了本企业安全生产监管机构设置、企业标准化建设及"六化"建设、企业安全生产隐患排查治理体系和应急管理体系建设情况。会议对本行业领域安全生产工作存在的问题、对策措施及建议进行了研讨。

粮食流通

【概况】 2016年，贺兰县粮食局加强对粮油市场价格变动情况的监测和分析，抓好"放心粮油店"与"应急供应网点"的监督检查工作。抓好粮食仓储设施和粮食流通基础设施建设，确保应急成品粮油储备数量真实，储存管理规范。在秋粮收购中遵守"五要五不准"收购守则，让农民卖"明白粮""舒心粮"。完成样品采样工作，确保水稻、小麦、玉米样品的代表性，样品覆盖全县的4镇1乡1场。

【数据调查统计】 一是完成2015年度粮食收购许可证年检工作，共年检企业42家，未进行年检企业3家。二是开展2015年度社会粮油供需平衡调查分析工作。对采集的数据进行审核、汇总分析，撰写粮油供需平衡调查报告。三是开展2015年粮油加工业统计工作。四是抓好农户存粮专项调查工作。调查结果显示，辖区内粮食播种面积保持平稳，供给充足，使得农户饮食需求多样化，对各种小杂粮、蔬菜及副食品的需求加大，口粮存储量在逐年减少，又因季节性外出务工人员增多，农户粮食需求量也在逐渐减少。

【粮食流通监管】 一是加强粮食流通监督检查法制建设，按时完成监督检查相关配套制度、行政审批及日常管理服务事项等规范性文件的登记、编号、备案工作。及时做好辖区内企业粮食收购许可工作和粮食收购许可证续期换证等工作。二是规范粮食流通统计。完成县辖各类粮油企业流通和全县粮油加工上报工作，整理全社会粮食流通统计报表和资料。

【粮食市场监测】 加强对粮油市场价格变动情况的监测和分析，及时掌握辖区内的粮食产销和价格情况，准确上报粮油价格分析报告。全年共上报粮食信息38期，自治区粮食局采用22期。

【粮食供给保障】 一是制定贺兰县粮食应急保障预案。完成《贺兰县粮食应急保障预案》起草上报工作。二是抓好"放心粮油店"与"应急供应网点"的监督检查工作。主动开展节日前"放心粮油店"与应急供应网点监、粮油加工、收储企业监督检查2次，对发现的问题及时提出整改意见。

【粮油仓储建设】 一是抓好粮食仓储设施和粮食流通基础设施建设。与银川市粮食局对接，对辖区内14家粮油企业仓储和油罐相关情况进行专项调查，其中粮食加工企业6个，食用油加工企业6个，饲料加工企业1个，杂粮加工企业1个，并对调查的所有信息进行网上系统的录入。二是确保应急成品粮油储备数量真实，储存管理规范。全年已检查承储应急成品粮油的企业18次。从检查情况看，银川市军粮供应站和宁夏昊裕油脂有限公司承储的县应急成品粮（油）的数量真实、质量合格，仓储环境良好，管理规范到位。三是做好粮食库存监督检查工作。按照自治区、银川市粮食主管部门要求，在储备企业自查的同时，同步进行督促检查，主要对5家粮食加工企业和2家收储企业及中央储备粮银川直库贺兰县6个库13个库存点7.67万吨库储粮库存数量、质量、安全和安全生产、管理制度进行检查。落实储粮安全和安全生产的企业主体责任，避免因监管不到位发生严重霉粮、坏粮和特重的安全生产事故。

【夏秋粮收购及监督检查】 在秋粮收购中遵守“五要五不准”收购守则，让农民卖“明白粮”“舒心粮”。为准确对水稻、小麦、玉米样品的采样数量进行计划实施，以村为单位设点进行采样，在采样同时做好亩数、产量等情况调查，认真填写样品标签，确保水稻、小麦、玉米样品的代表性，样品覆盖全县的4镇1乡1场。

【社会服务】 一是组织粮食收储加工企业与种植户签订订单合同。订单涵盖17066户种植户的17.4万亩9.4万吨（小麦0.6万吨，水稻4.5万吨，玉米4.3万吨）粮食。利用粮食订单引导种植户按照市场需求安排生产，合理调整种植结构，将分散的种植户与粮食生产销售企业有机结合起来，形成经济利益共同体，解决种植户销售难题。二是做好粮油科普知识宣传教育工作。针对辖区内的涉粮企业进行宣传，推动“四合一”技术应用，提升科学储粮减损能力，发展“四散”（散装、散运、散卸、散存）化运输，减少运输损耗。

【粮食安全及消防安全演练】 6月30日，贺兰县粮食局在中储粮银川直属库贺兰分库举行粮食安全及消防安全应急演练活动。以初期火灾的扑救、控制、火场协调指挥人员疏散、伤员救护为主要内容，参加人员分为灭火抢救组、通信联络组、疏散引导组、保卫防护组、医疗救护组。现场模拟开展一处露天堆垛灭火事故。粮食熏蒸及消防安全演练活动达到预期效果。

【世界粮食日和爱粮节粮宣传周】 10月17日，县粮食局与农牧渔业局共同成立2016年世界粮食日和爱粮节粮宣传周领导小组，举办2016年世界粮食日暨全国爱粮节粮宣传周活动。世界粮食日的主题是“气候在变化、粮食和农业也在变化”，全国爱粮节粮宣传周的主题是“积极应对气候变化，促进粮食减损增效”。围绕宣传主题，主要通过摆放宣传板、悬挂宣传条幅、组织专家讲解、开展咨询服务、展示粮油产品以及惠民让利展销等多种形式，宣传气候变化给粮食和农业领域带来的不利影响。在活动中，共向社区居民、涉粮企业、农村居民发放农村科学储粮指导手册、宁夏爱粮节粮知识读本系列丛书、爱粮节粮宣传手册、宁夏中小学生“爱粮节粮”优秀作品选等宣传册1200册，引导城乡居民树立节俭意识、营养意识。

教育科技体育

Jiaoyu Keji Tiyu

教 育

【概况】全县共有中小学幼儿园81所，教职工1991人，在校学生42269人。其中，幼儿园41所（含民办园33所），在园幼儿9005名；小学35所，教学班438个，在校生19938人；九年一贯制学校1所，初级中学2所，完全中学1所，普通高中1所，教学班232个，在校学生13326人。小学适龄儿童入学率100%，初中适龄少年入学率99.43%，初中毕业生升入高中阶段的升学率95.09%。加强民办幼儿园、农村学前班建设，城市学前三年入园率99.23%，农村学前一年入园率99.7%。学前三年毛入园率，小学六年巩固率、初中三年巩固率，在自治区农业现代化和农村全面小康综合考核中位居全区第一。高考二本上线率39.7%，实现八连升，提升至全区中上水平。中考600分以上315人，中高考成绩均创历史最好水平。

【教师培训】8月24—26日，对新招聘的120名特岗教师进行岗前培训。9月、12月，对贺兰一小、暖泉小学、如意湖中学、贺兰三中等14所学校2015年、2016年新招聘的146名特岗教师的培养情况和备课、上课、作业批改等情况进行调研和指导，共听课580多节，参加教研活动和备课组活动40多次，开展评课、议课等交流研讨活动136次，举办专题讲座18场次。在实施“国培计划”项目中，组织参加了2个项目类别的7个子项目的培训，共培训2000人次。涌现出560名优秀学员、8名学科坊主、4名优秀管理员。参加幼师国培项目118人，其中幼儿园园长助理短期集中培训6人，幼儿园教师访名园短期集中培训8人，特殊教育资源教师送教下乡短期集中培训4人，网络远程培训100人。在中西部项目中培训1882人，其中网络远程培训114人，小学语文、数学教师工作坊第二年度递进网络研修400人，中小学信息技术能力提升工程网络远程培训1368人。

【教学改革】开展“课堂教学变革”活动，聚焦课堂教学，开展集体备课、议课、研课、磨课等教研活动，促进教师改变教学方式，提升教学效率。县教研室组织开展初评活动，选择、推荐优秀教师，组织小学、初中、高中各学科103名优秀教师参加银川市“推进课堂变革 提升教学效率”课堂教学评比活动。首次开设2个国际班和2个特长班。10月月底，与马来西亚彭亨大学、韩国又松大学对接洽谈。12月中旬，韩国班在贺兰一中开班授课。

【教研活动】3月，按照区、市关于“一师一优课，一课一名师”活动要求，成立贺兰县“一师一优课、一课一名师”活动工作领导小组和指导小组。经过宣传动员、试教磨课、精心上课、细心录制等环节，顺利完成了2015—2016年度课程任务。贺兰县在国家教育资源公共平台注册1398人，晒课958节，其中县级优课136节，市级优课100节，区级优课10节，部级优课3节。全县有自治区级第二批“信息技术教学应用名师”3名。10月9—10日，举办全县2016年教师教学基本功大赛，共有中小学各学段各学科52名教师参加。本次基本功大赛包括“三字一画”“演示文稿PPT制作”和“我的教育故事演讲”3个部分。由评委根据选手“三字一画”、教学演示文稿PPT设计制作、演讲比赛3项内容完成情况，按照总分累计排列名次，贺兰二小王萍等14名教师获得一等奖，并代表贺兰县参加银川市教学基本功大赛，贺兰一小张建荣教师获二等奖，并获得银川市教师教学基本功大赛个人全能奖。12月，参加自治区教育厅组织的“立思辰银山杯”全区基础教育微课大赛暨网络空间评选活动，共有6件微课作品获奖，4个网络空间获奖，教育体育局参评的机构空间获二等奖。

【课题研究】 10月，全县中小学、幼儿园教师参加的银川市教育学会和市教育科学研究所举办的第20届优秀教育科研成果(论文)评选活动，共有65篇作品获奖，其中一等奖9篇，二等奖16篇，三等奖40篇；国家级课题立项1项；市级“十二五”规划课题立项27项；区级课题研究结题6项。

【招生工作】 按照“划片就近、免试入学、计划招生、合理调剂”的招生政策，保障辖区内每个适龄儿童、少年拥有一个相对就近的学校学位。全面推进“阳光招生”，自觉接受社会监督。严格审核新生入学条件，把好新生“入籍”关，严禁违规招生。全县共有小学适龄儿童3795名，计划招收小学一年级新生3795名，计88个教学班（含教学点）；全县小学六年级毕业班66个，毕业生3196名，计划招收初中一年级新生3196名，计58个教学班，初一新生入学率为100%。

【创建全区教育信息化达标县】 以信息化推进教育现代化，实现宽带网络覆盖全县所有中小学，“班班通”覆盖中小学所有班级。在贺兰一小、二小、回小等学校开设信息化试验班，开通家校沟通平台，逐步完善学生、家长、社会评价教育体系。投资600余万元对学校信息化设备进行提档升级，完成“三通两平台”建设。

11—12月中旬，县教研室组织教研员和部分骨干教师对全县中小学、幼儿园教师信息技术应用能力进修县级测评。抽测主要包括教师实践操作和课堂实施两个方面。抽测涉及16所县直中小学、4所乡镇中心小学，10所幼儿园（公办1所，民办9所）。被抽测教师400人，占教师总数的20%，抽测全部为合格以上等次，其中优秀等次62人，良好等次252人，合格等次86人。全县专任教师1786人，在宁夏教育资源公共服务平台开通应用的教师空间数为1873个，开通比例为100%，有效率为85%；开通应用的学生空间数为16519个；开通应用的家长空间数为5106个。10月25日，贺兰县教育体育局顺利迎接了自治区教育厅的验收。11月1日，自治区教育厅网站公布全区第一批教育信息化达标县验收结果，贺兰县通过验收，被确定为全区首批教育信息化达标县。12月8日，自治区教育厅信息办授予贺兰县“宁夏首批教育信息化达标县”牌匾。

【心理健康教育】 鼓励教师进行在职心理健康方面的学历进修，并对教师进行心理辅导基础知识培训，不断完善学校心理健康教育工作机制。3月10日，举办全县各中小学、幼儿园班主任网络培训班。参与培训教师35人，于11月参加国家三级心理咨询师的考试。6月22—24日，组织开展全县中小学班主任心理健康教育主题班会展示评比活动，各中小学共选派21名班主任参加评比活动，其中获一等奖5人，二等奖7人，三等奖8人。11月3日下午，在贺兰一小组织开展全县中小学心理健康教育专题培训会。各中小学校长、主管心理健康教育的副校长、政教主任、少先大队辅导员、团委书记及各校心理健康教育专（兼）职教师等100多人参加培训。

【送教下乡】全年邀请区、市级专家、名师为本县中小学、幼儿园送示范课96节，同课异构28节。12月8日上午，中国教师研修网在自治区教育厅和“国培计划”项目办统一组织下，与贺兰县共同开展“技术为我所用，教学因我而变”线下教学指导及送教下乡活动，贺兰县参加“国培计划”项目的学科坊主代表、语文教师、贺兰县各名师工作室成员共100多人齐聚贺兰一小参加了这次活动。活动主要分为“同课异构+点评指导+成果展示”3个环节。

【艺术教育】举办贺兰回小、洪广镇欣荣小学校园文化建设现场观摩会，举办第三届中小学合唱节。如意湖中学被评为“银川市书香校园”，如意湖中学、金贵镇汉佐小学被评为“银川市绿色学校”，贺兰回小、县幼儿园被评为“银川市学校文化建设示范校”，贺兰一小获全区第六届合唱艺术节小学组二等奖。参加全区中小学音乐欣赏教学课件网络评选，获一等奖2个、二等奖3个、三等奖4个。贺兰二小获全区第六届合唱艺术节小学组二等奖。

【学科竞赛】组织学生参加全国数学、物理、生物、英语、语文等科目竞赛，获全国一等奖53名、二等奖85名、三等奖225名；获自治区一、二、三等奖的共110名。

【科普活动与科技创新】全县青少年科普工作成效显著，在银川市级“青创”赛中取得一等奖20个、二等奖36个、三等奖43个；自治区级“青创”赛中一等奖5个、二等奖7个、三等奖13个；在全国“青创”赛中，贺兰四中获基层优秀学校称号，民乐小学获科技创意优秀奖。贺兰四中成立的航模兴趣小组，在欣兰广场、太阳城小学进行了3次专场表演。全年在青少年科技创新大赛、机器人大赛等活动中有120人获奖，其中获全国奖项2个、自治区奖项25个、银川市奖项99个。3月，组织全县中小学生参加优秀自制教具评选活动，评选出教师、学生获奖作品上报参加自治区优秀自制教具评选。贺兰一中李小梅教师指导的学生张涛制作的“DNA分子双螺旋结构模型”代表宁夏参加6月在上海举办的第九届全国优秀自制教具展评。贺兰县教育体育局被评为全区优秀组织奖单位。

【艺术体育活动】5月29日，贺兰县庆祝六一国际儿童节暨第三届全县中小学生合唱比赛在贺兰一小西校区举行。来自全县中小学19支代表队1000余名学生参加，贺兰一中获中学组一等奖，贺兰一小、太阳城小学获小学组一等奖。9月9日，组织庆祝第32个教师节专场文艺演出，贺兰一中、贺兰回中获一等奖，县幼儿园、贺兰一小、西夏德胜幼儿园荣获二等奖，贺兰回小、贺兰二小、贺兰四中、如意湖中学、太阳城小学荣获三等奖。

按照开展“亿万学生阳光体育运动”要求，3月31日—5月13日，举办了2016年贺兰县中小学生运动会，设排球、足球、乒乓球、田径、篮球5个项目，有19支代表队1000余名学生参加。另外，积极参加区、市推进阳光体育校本化工作，贺兰一中代表队获全区“三好杯”团体第一名，田径队获银川市中学生运动会团体总分“十连冠”。如意湖中学、贺兰四中学生篮球队分获银川市中学生篮球赛男女冠军，创造了贺兰县此项赛事最好成绩。

【普法教育】开展“七五”普法工作，依托“互联网+法治宣传”平台，利用第二课堂和社会实践活动开展青少年法治教育，开展122场次“百法千场万人”法治教育专题讲座，发放宣传材料2.8万余份。

【平安校园建设】全年开展各类安全主题教育300多场次，发放宣传资料3.2万份，1.1万人登陆宁夏学校安全教育平台学习。更新升级全县中小学、幼儿园监控设备，将县城学校监控系统与城关公安派出所联网。投资为学校保安配置服装器械、购置巡逻车，切实做好护送学生“离校一公里”工作。

针对季节特点，开展以防溺水、防拐骗为主要内容的“护宝行动”，印发《致学生家长的一封信》，确保家长签收率100%。承办由自治区教育厅组织的创建全区安全管理规范创建工作推进会。组织防溺水专题宣传活动，在学校邻近水域设置提示标语100余条，建立濒临河塘湖水域学校午间巡查制。加强安全节点教育，针对相关节点开展防火、防震、防溺水、防交通事故等专题教育。通过邀请家长进校，组织安全演练，开展专题讲座、征文等活动，将安全教育融入日常教学中，全面提高家长及学生的安全意识和防范能力。联合公安、卫生、消防、市场监督等部门对全县中小学、幼儿园进行7次联合行动，对学校食堂、周边环境、道路交通、消防安保等进行拉网式排查，共排查治理安全隐患35处。对15所民办幼儿园下发整改通知书，关停2所存在较大安全隐患的幼儿园，依法取缔3所不符合办学条件的幼儿园。举办2期民办幼儿园安全专题培训班，参加196人次。对学校晚自习管理、假期值班、学校门口安全管理等进行6次暗访。贺兰四中、贺兰二小成功创建为银川市毒品预防教育示范学校。

【社会服务】 县教育体育局班子成员结对帮扶欣荣村15户贫困户，已脱贫8户。并免除残疾人家庭学生、残疾学生等五大类学生的学费、课本费和住宿费。资助家庭经济困难学前儿童和普通高中生2684名，资助资金227万元。发放大学生助学贷款725万元，缓解1157名经济困难大学生的就学压力。

【“秦永贵工作室”】 2016年，工作室共有成员15名，分别来自宁夏银川市实验小学，银川市兴庆区、金凤区、西夏区，灵武市、贺兰县和永宁县，平均年龄为36岁。

“秦永贵工作室”规定每月组织成员召开一次会议，并建立工作室QQ群和微信群，于2016年11月向自治区教育厅申请开通了“特级教师、凤城名师秦永贵工作室”空间网页。秦永贵带领团队走进银川地区成员所在学校及贺兰县所有小学，共听课300余节，现场指导教师1600余人次，参与学校教研组活动110余场次，义务为贺兰县及银川市部分小学进行专题讲座26场次，培训教师2000余人次；送课达22次，并参加所到学校的教研组活动，组织教师看课、说课、议课、评课，指导教师磨课、录课、晒课，帮助教师制作微课，促使小学数学教师教学质量不断提升。

2016年3月18日上午，“秦永贵工作室”在贺兰六小组织召开全县小学数学观摩研讨活动，殷月萍、马彩梅和陈波3名教师承担（2015）“国培”“跟进式”培训任务，各校推荐的50名“国培”学员接受培训。

【表彰奖励】 4月，贺兰县教育体育局被自治区教育厅、国家开发银行宁夏分行评为2015年全区生源地贷款工作先进单位，获自治区教育工委全区教育系统基层服务型党组织建设典型案例征集评选组织奖。5月获银川市教育局“我的未来 我的梦”全市少年儿童图文创作大赛优秀组织奖。9月被自治区党委宣传部、教育厅、法制办授予全区青少年法治书画竞赛优秀组织奖。9月获银川市县区人民政府教育工作考核奖、全市中小学教育质量综合评价试验工作奖、教育信息化建设优秀奖。12月被自治区教育厅评为全区教育信息化达标县，获“立思辰银山杯”全区基础教育微课大赛暨网络空间评选机构空间二等奖。

科　技

【概况】 2016年，贺兰县科技局建立“科技+平台、科技+金融、科技+人才、科技+服务”的创新体系，实施科技项目带动战略，各项工作任务按预定目标顺利进行。累计争取国家、自治区、银川市科技项目资金1861万元。完成招商引资任务8100万元，位居一般招商引资单位首位。贺兰县科创中心被命名为“银川市创业孵化示范基地”，并通过自治区级创业企业孵化器及科技部“星创天地”的资质认定。天缘种业被科技部认定为“星创天地”单位。年内，贺兰县科技局被评为全县“绩效考核三等奖”和“农业农村考核三等奖”。

【招商引资】对接长春、北京、山东及浙江等高等院校及相关企业，共引进企业45家，带来发明专利57项。完成招商引资任务8100万元，位居一般招商引资单位首位。引进广州金域检测、光宝智能科技浙江有限公司、光宝智能科技深圳有限公司等健康智能化企业。

【“三院一站”建设】先后与浙江省大学科技园联盟及多所区内外大学签订合作协议。设立宁夏清真食品研究院、宁夏生物医药研究院、宁夏现代纺织研究院三大研究院。建立浙江国家大学科技园分园，“国家千人计划”赵岳星博士工作站入驻科创中心。

【人才引进】落实西安电子科技大学全面战略合作协议事宜，18名实习生到科创中心企业实习。柔性引进张麒博士、朱廷恒博士、国家“百人计划”牛利博士团队入驻科创中心，引进宁夏大学农学院、宁夏大学机械工程学院、宁夏大学土木工程学院刘敦华、赖惠鸽、杨树川、杨文伟、剧柠5名科技人员服务于裕凌丰、天佳能源、洪栋农业机械等5家工业企业，全部签订了科技服务协议书或服务合同书。

【“科创中心”认定】贺兰县科创中心顺利通过银川市人社局、就业局牵头组成的专家评审验收组的评审验收，评分位列申报的9家单位第一，被银川市命名为“银川市创业孵化示范基地”，并获100万元的创业孵化基地补贴资金。同时，通过自治区级创业企业孵化器及科技部“星创天地”的资质认定。市科技局在参加银川市委办公厅举办的“首届大学生创意创新在银川”活动中获“优秀组织奖”。另外天缘种业被科技部认定为“星创天地”单位。

【科技创新人才政策扶持项目评审】组织专家对2016年贺兰县科技创新人才政策扶持项目进行评审并给予奖励。其中，7名创新创业青年通过评审，5个项目获得科技创新创业项目，奖励经费总计149万元。新增国家级高新技术企业1家、自治区技术创新中心1家、自治区科技型中小企业12家、院士工作站2家。

【重点项目】重点督促企业完成黑木耳设施化栽培技术种植项目、清真肉食品研发中心建设、科技孵化器建设、绿色番茄产业联盟基地建设4项重点工作。累计完成固定资产投资1.05亿元，完成指标任务的105%。科技孵化器建设已累计完成7286万元的固定资产投资。

【技术应用和推广】引进黑龙江科学院生物研究所培育的食用菌新品种3个，实施了设施化香菇生产技术的示范项目2个，共培训移民360人次。共引进示范农业新技术21项、试验示范新品种28个。与宁夏农林科学院合作建立枸杞生物病虫害防治技术示范基地1处。引进辽宁省水产专家吴昊在常信乡永海生态养殖有限公司做了三个不同的高产高效高密度养殖技术试验示范科研计划专项。与凯里学院达成合作意向，引进一名发酵专家解决辣椒、西红柿深加工难题。引进中国科学院长春应用化学研究所研究员李成宇博士，从事稀土发光材料的研发及植物照明设备的研发。引进中科电气集团LED植物生长灯在全县科技特派员设施农业温棚中进行试验示范。从中国农业大学柔性引进何雄奎教授实施水稻无人机植保机具技术。联合高等院校、科研院所，重点引导西夏种业有限公司、丰平育苗合作社、天缘种业等种苗繁育企业，筛选出了一批优质、高产、抗病、抗逆新品种等技术应用与推广。

体　育

【概况】2016年，贺兰县体育中心以增强全县人民体质和提高健康水平为目标，以培养优秀体育后备人才为着眼点，以培育体育品牌为突破口，推进群众体育、竞技体育和体育产业协调发展，成功创建自治区级基本公共体育服务体系示范县，不断夯实体育基础设施建设，全县体育事业迈上了新台阶。竞技体育综合成绩在全区继续名列前茅。成功创建自治区基本公共体育服务体系示范县，制定印发《贺兰县全民健身实施计划（2016—

2020年）》。

【群众体育】全年举办“百乡千村”农民体育活动月、庆“三八”全县女职工运动会、全县中小学生运动会、全县老年人运动会、全县庆“五一”职工运动会等群众体育活动近20场次。同时，相继承办了全国第五届自然水域冰钓赛、全区职工钓鱼比赛、全国毽球西部行活动等大型活动。

【竞技体育】规划布局训练方案和训练项目，采取体教结合的方式，在贺兰一中、贺兰四中、如意湖中学等学校组织开展田径、举重、摔跤、射击等训练项目的训练，在自治区开展的12个项目中，贺兰县开展的训练项目有田径、摔跤、举重、射击、足球、篮球、乒乓球、跆拳道、羽毛球、跆拳道、武术等11个。全年在参加区市各项目比赛中共取得金牌64枚、银牌44个、铜牌39个，达国家一级运动员10人、二级运动员12人，向宁夏体校输送优秀运动员6人。

【基础设施建设】全年争取到自治区体育局专项资金998万元，建设了体育中心田径训练长廊、南梁台子农民健身工程、京星农牧场农民健身工程、三鑫如意苑社区多功能运动场，实施了30个行政村农民健身工程提档升级工程，配置篮球架、乒乓球台、羽毛球网架、健身路径等体育器材。维修了体育中心球类活动场地，安装了体育馆电子显示屏，争取到自治区体育局健身路径16套。

【打造“西部休闲垂钓之都”】利用西北第一渔业大县和湖泊湿地资源优势，发展地方体育品牌，计划利用3年时间将贺兰县打造成为“西部休闲垂钓之都”。投资近5000万元建设了马莲湖休闲农庄和桃林又一村垂钓中心，举办了“龙王恨杯”第五届全国自然水域冰钓赛和全区职工钓鱼比赛，每季度都举办一次较大规模的钓鱼比赛。通过比赛，将贺兰县渔业与休闲农业、垂钓、旅游观光等产业有机结合，科学规划，不断探索休闲渔业新领域，推动“西部休闲垂钓之都”的打造进程。

【“三进”工作】成立美丽贺兰和“三进”工作办公室，开展环卫体验日和爱国卫生日活动，做好卫生督导、检查、考核、评比和连心结对进村入户等工作。坚持每月19日、20日带领干部职工到常信乡张亮村进行联合办公。开展结对帮扶工作，与洪广镇欣荣村13户困难群众分别签订《精准扶贫结对帮扶协议书》，通过养殖、外出务工等形式帮助脱贫。全年帮助8户群众实现脱贫。

气象服务

【概况】2016年，贺兰县气象局坚持以提高天气预测预报准确率和服务水平为中心，提高综合气象防灾减灾能力，依靠科技创新，不断推动气象事业发展。全年重点工作进展顺利，基础业务工作稳中有升。组织地面测报人员学习技术，同时抓好预报服务人员的学习培训，全年测报质量为100，报表质量100，常规观测资料、大监自动站资料传输及时率达标。区域站传输率均在99.90%以上，处于全区传输率排名前列。着力提升气象依法行政能力，仅上半年共开展彩球监管执法4次，查处违法施放气球3家，防雷安全检查6次，检查企业32家。

【气象预测预报】汛期前调整充实汛期气象服务领导小组，及时安排汛期工作检查，修订完善各项业务规章制度。入汛后，执行各项汛期服务工作制度。坚持汛期24小时值班制度，坚持重要天气会商制、局长签发制、值班登记制，抓住灾害性、关建性、转折性天气做好预测预报及资料服务工作。根据天气变化及时分析制作天气快报，专题服务，按时发布长、中、短期天气预报和森林火险等级、地质灾害等级预报等服务产品，通过电话、短信、传真、互联网络等手段服务到5个乡镇及相关单位。通过发布各类气象灾害预警信号、编辑《气象信息专报》《农用天气预报》，以及手机短信、显示屏、大喇叭、微博微信等平台发布各类信息。

【气象防灾减灾】6月2日，县政府组织召开2016年气象服务暨灾害防御联席会议，对全年气象防灾减灾工作和汛期气象服务工作作了部署。与发改、国土、农牧、水务、林业部门签订部门气象应急联动合作协议，并对气象信息员进行气象灾害防御专题培训。遇有灾害性天气过程，在发布预报预警后，及时对各乡镇及相关单位进行电话叫应。县气象局主要负责人与政府应急办、水务局、建设局、洪广镇等单位主要负责人建立电话会商机制。六是紧盯重大灾害性天气过程，全力做好防灾减灾服务工作。面对春季发生的干旱、“2·20”暴雪、5月初持续大风沙尘天气，以及“6·4”暴雨、“6·6”冰雹等灾害性天气，全局全力抓好防灾减灾气象服务各项工作。同时，与农牧、保险等建立联合灾情调查机制，做到灾后快速、准确理赔。

【气象预警信息化建设】与移动公司合作，开发升级云MAS短信平台，实现信息三网发布；联络、走访政府各单位、乡镇、园区，及时掌握各级政府部门人员变动情况，对预警发布系统决策层、预警信息接收责任人、气象信息员等联系人及时进行核实更新。同时，将全县26所中小学校负责人、48个在建施工项目负责人和监理、150家危化企业责任人以及地质灾害群测群防员、防汛责任人、应急救灾小队等人员纳入预警发布系统，确保预警信息第一时间传递到最需要的人手中。

【人工影响天气作业】面对春季发生的严峻旱情，认真做好人工增雨和防雹减灾和森林防火工作，有效地遏制了旱情蔓延、预防减轻冰雹灾害和森林火灾，使灾害损失降到最低程度。完善贺兰县人工影响天气作业安全事故应急处理预案、作业流程等相关规章流程。3月20日前，完成了全县两门人影作业火箭发射架的检修和维护，确保作业安全。5月中旬，对全县人工影响天气作业人员进行年度培训。汛前与常信乡签订《人工影响天气工作目标责任书》。上半年共计人工影响天气作业3次、发射火箭15枚、增雨防雹待命18次。

【农业气象服务】与常信乡广银稻渔产业联合体合作，了解气象服务需求和基地的建设规划，召开专题会议研究服务方案，进一步将气象预报预警、稻田蟹、田螺养殖气象技术研究、优质粮专题气象服务信息等与基地农业社会化试点建设有机结合起来，做好“一优四特”气象服务特别是优质粮气象服务工作，探索建立农业社会化气象服务新模式。加强与农牧局、科技局、水务局、教育局合作，共同做好农村气象科普工作。开展下乡实地调查农情活动，向宁夏气象局农业气象中心提供小麦发育、水稻育秧、插播、生长状况等信息。

【气象宣传】先后利用“3·23”气象日、“5·12”防灾减灾日、6月安全生产宣传咨询月等节日，开展防灾减灾知识进社区、进学校、进农村宣传活动。采用设置展位，展示展板、向市民发放传单、接受现场咨询、发送科普短信等形式，对气象法律法规、防雷减灾知识、探测环境保护、气象科技服务等内容进行宣传。

卫生与计划生育

Weisheng Yu Jihuashengyu

综 述

【概况】2016年，贺兰县卫生和计划生育局贯彻区市卫生计生工作会议精神，进一步提升基本医疗、公共卫生服务质量，深化县级公立医院改革和机构改革，率先在全区开展医院去行政化，公开招聘公立医院院长工作。取消县乡医院行政化级别，施行院长年薪制，建立院长年薪动态调整机制和奖惩机制。推动流动人口服务管理均等化，在习岗镇新平村打造流动人口均等化试点。开展全县各村居育龄妇女 “两癌”筛查、已婚育龄群众“三查”，术后随访率95.6%；完成孕前检查1458对、风险评估1458对，完成自治区下达任务的100.6%。全年拨付到基层医疗机构959万元。完成乡村医生全科转岗培训11人，注册11人。各乡镇卫生院派遣5名全科医师完成全科医师培训。组织81名大专以上学历乡村医生报名参加国家乡村全科助理医师资格考试，安置16名通过考试毕业的大专村医。家庭医生签约服务113367人，签约率75.7%。全年上报信息155期。接到区纪委第二巡视组反馈件1件、12345专线14件、医疗投诉6件、电话投诉20件，均予以答复。

【计划生育】落实计划生育政策法规，宣传人口和计划生育政策，制作政策宣传折页，举办政策法规培训班。全年发放一孩生育服务证1798件、二孩生育登记1147件、三孩再生育审批25件，办理独生子女证1245人。全县总人口24.1万人，已婚育龄妇女47622名，出生3410人，人口出生率14.47‰；死亡1292人，死亡率5.48‰；人口自然增长率8.99‰；出生政策符合率98.18%；男女出生性别比100:109；出生缺陷发生率20.01/万；婴幼儿死亡率3.95‰；传染病报告发病率41.625/万。

【流动人口生育管理】将流动人口计划生育管理和服务经费纳入财政预算，落实流动人口“市民化”待遇。为5075名流动人口建立居民健康档案，建档率为36.69%，为流动儿童累计接种11种疫苗共15012剂次，开展健康教育大课堂99场次、咨询13073人次、制作宣传栏77期次、开展卫生日宣传36场次。孕前优生检查人数344对，两筛149人；流动已婚育龄夫妇咨询服务率、流入已婚育龄妇女免费孕检率分别为85%、95%以上，免费避孕药具获得率100%。免费开展流入已婚育龄妇女“三查”服务5429人次，流入成年育龄妇女查证率和建档率分别为98%、100%。流动人口卫生计生服务综合覆盖率达90%，网上信息办理及时率达99%。

【计划生育家庭奖励与扶助】2016年享受奖励扶助人数507人，兑现资金60.84万元；享受国家特扶56人，兑现资金45.84万元，自治区40～48周岁特扶享受人数48人，兑现资金37.44万元，共计兑现资金144.12万元。少生快富提前奖扶622人，兑现资金74.96万元。

对考入大学本科的独生子女发放助学金4.3万元；对独生子女父母伤残的家庭发放扶助金9.59万元；对新增的11户少生快富家庭兑现帮扶资金5.5万元；对符合城乡居民基本医疗保险的计生家庭26794人每人补助84元，发放资金225.07万元。发放独生子女费159.55万元。

【基层卫生机构建设】 以创建群众满意的基层医疗机构活动为契机，推动完善计划生育利益导向立岗、洪广、常信卫生院环境改造、人才队伍建设、中医服务能力提升、乡村一体化管理等综合服务能力的提升工作。立岗、常信、洪广3家卫生院及8个村卫生室为建设群众满意乡镇机构创建单位，已由市级卫计委验收。

【医院对口支援管理】 结合实际制订《贺兰县分级诊疗实施方案》《贺兰县县级医院对口支援乡镇卫生院、社区卫生服务站项目工作方案》，转发自治区卫计委关于卫生专业技术人员职称晋升凡晋必下的文件。严格执行县级医院医生聘用中高级职称必须下社区、乡镇卫生院工作半年以上的政策。要求县级医院为乡镇卫生院、社区卫生服务站安排中级以上职称医生坐诊或技术帮扶。目前对口支援医院已相互签订帮扶协议，并按照协议约定安排专家下基层坐诊。加强县外医疗机构的合作，贺兰县中医院与中卫市中医医院、银川市中医院分别签订对口支援协议。

【离岗乡村医生补助】 落实自治区政府办公厅及区卫计委材医政策相关文件精神，联合县财政局、人社局制订《贺兰县落实离岗乡村医生生活补助实施方案》，对贺兰县离岗乡村医生进行统计，最终核查确认288名离岗乡村医生符合补助政策，需补助120余万元，已报县政府。政府常务会议研究下发《贺兰县进一步落实乡村医生队伍建设实施意见》，为村医队伍管理、财政保障、队伍建设提供了保障。

【岗位练兵】 早安排、早布置，前期通过摸底调查，筛查出210名符合条件的专业卫生技术人员参与岗位技能培训。依托宁医总院，贺兰县第一人民医院与宁医总院技术托管的师资优势，对专业技术人员进行为期15天的理论培训考核，合格率93.3%。选拔出50名专业技术人员参加全项目、高规格的统一培训。

【普惠性健康体检】 2016年，贺兰县普惠性体检任务数为14192人，完成体检10504人，体检率74%；拨付体检经费59.45万元，拨付体检工作经费3.2万元。

【拓展中医运营建设】 加快中医馆建设工作。完成洪广镇中心卫生院、常信卫生院的建设任务，中医馆占地面积200～400平方米，设置中医诊室、针灸室、推拿室、理疗室、熏蒸室、康复室等科室，开展20余种中医适宜技术，日门诊量30余人次。贺兰县中医医院回归公立医院后，积极开展中医治未病工作，以“未病先防、小病先治”为重点，推进中医药“治未病”，采购更新中医治未病设备，扩大诊疗范围，全院中医药服务人次25000余人次、中医康复理疗人次10000余人次。

【规范药品管理】 全县7家乡镇卫生院和59个村卫生室全部配备使用基本药物，实行零差率销售，未发现使用基本药物目录外药品的情况。贺兰县人民医院基本药物使用金额占医院用药总费用42%，贺兰县第一人民医院基本药物使用金额占医院用药总费用37%。结合季度对各级公立医疗机构基本药物制度执行情况进行督导检查，县乡级公立医疗机构规定目录药品和医用耗材的申购率、使用率均达到100%。加强对医疗机构、配送企业药品和医用耗材网上交易的监管，针对部分医疗机构存在网下交易的行为，县卫计局下发通报督促整改。基层公立医疗机构配送到货率为94.70%，县级公立医疗机构配送到货率为92.17%，30天合同履约期内回款率为100%。开展国家基本药物等政策宣传培训，落实药品质量供应保障购储管理。县卫计局以集中培训为主、网络和自学为辅，在县乡各医疗机构层层举办培训班，确保培训对象全部进行轮训。加强麻醉药品和第一类精神药品的法律法规执行和监督管控工作。医院均能严格遵守《麻醉药品、精神药品管理条例》等相关法律法规，并组织临床医务人员认真学习《麻醉、精神药品法律法规汇编》，严格把握临床适应症，做到无药品流失、遗失、差错事故。各级医院均成立以院长为首的管理小组，制定相关的管理制度，设立专柜储存，建立专用账册，实行专人保管。

【传染病预防控制】 2016年，全县累计报告乙丙类传染病19种，962例，报告发病率为401.63‰。传染病漏报率为1.79%，达到国家规范国家标准。无确诊麻疹病例报告。全县各类疫苗报告接种率均在95%以上；新生儿乙肝疫苗首针及时接种率为99.48%。实施春秋两次学校和托幼机构查验预防接种证和传染病防控督导工作，督导覆盖率和查验率均为100%；补证率和补种率分别为100%、96.83%。

【慢性病防治】 2016年，全县居民电子健康档案累计建档198058份，建档率78.83%，健康档案合格率为60.53%；65岁以上老年人健康管理率56.88%，体检表完整率71%；高血压和Ⅱ型糖尿病规范管理率分别为64.5%、69.85%，控制率分别为79.0%、75.10%。重性精神疾病管理方面，累计初筛疑似患者1272例，累计确诊940例（2016年确诊入组88例），登记管理853例，病人检出率3.92‰，病人管理率和稳定率分别为90.74%、97.23%。年度报告死亡病例1423例，报告死亡率达到5.66‰。

【结核病与艾滋病防治】 2016年，登记活动性肺结核88例，活动性肺结核登记患病率较2015年下降4.35%；新发结核病患者治愈率为91.41%，涂阳肺结核密切接触者筛查率100%。强化高危人群性病艾滋病干预工作，经性传播干预措施月均覆盖暗娼人群比例达到61.5%；HIV/AIDS随访干预比例达到91.11%。

【地方病防治】 全年采集食用盐样本300份，其中：合格碘盐食用率为81%，碘盐合格率为89.67%，碘盐覆盖率为90.33%。包虫病防治项目完成5000人的B超及血清学监测；现管理包虫病病人15人，完成棘球蚴抗原监测800份；完成犬驱虫治疗3轮次，累计驱虫1.5万只。国家级包虫病监测项目完成人群B超筛查2000人，血清监测200人，中间宿主调查500只。完成4家定点医院食源性疾病监测工作培训1次，督导2次。2起食源性疾病事件均得到及时调查和报告。农村饮水监测覆盖率以乡为单位达到100%。

【妇幼卫生工作】 2016年，全县免费婚检2610人，结婚登记2942人，婚检率88.72%。产妇总数1238人，活产数1243人，住院分娩率99.92%。县级两家助产机构新生儿四种先天性疾病筛查1005人，听力筛查1004人，两家助产机构活产数1050人，筛查率分别为95.71%和95.62%，在县域外分娩的新生儿，调查显示均已做新生儿5种先天性疾病筛查。完成农村妇女“两癌”检查项目：乳腺癌筛查1500人，其中结案800人：宫颈癌筛查2256人，结案1048人，其余未结案。增补叶酸预防神经管缺陷项目，多途径发放叶酸，叶酸应服1578人，实际服用1578人，服用率100%。提高救治能力，控制死亡率。5岁以下儿童死亡6人，死亡率4.83‰；婴儿死亡4人，死亡率3.22‰；新生儿死亡1人，死亡率为0.8‰；三个死亡率均低于《两纲》中的指标。孕产妇死亡3例，死亡率16.9/10万。出生缺陷发生2例，出生缺陷监测医疗机构出生人数1050人，发生率为19.05/万。

【医疗监督】 推行医疗机构量化分级管理和信息公示，信息公示率达到100%。对三家县级医疗机构、县城及周边个体诊所的医疗机构个人执业资质、传染病管理、医疗废弃物处置等进行监督检查；开展医疗机构不良执业积分行为，对全县135家医疗机构、个体诊所进行第一轮不良执业积分活动；对县疾控中心和各疫苗接种点开展为期一周的二类疫苗预防接种监督检查工作；继续开展打击非法行医专项行动，对8家医疗机构、个体诊所的违法行为进行立案处罚；联合县市场监督管理局，对辖区内47家生活美容机构进行专项监督检查；认真开展两轮药械供应保障监督检查。

【公共场所卫生监督】 对全县范围内的11家大中型商场和12家大中型歌厅等公共聚集场开展了一次卫生安全专项监督检查，针对存在的问题，责令限期整改；对辖区内7家公共场所集中空调使用单位进行专项监督检查，下达卫生监督意见书7份；继续开展公共场所量化分级管理工作，全县公共场所量化分级管理率达90%以上。加强集中式供水单位饮水卫生管理和二次供水单位监督检查。安排监督人员52人次对全县的73所学校、托幼机构开展春季学校传染病防治专项监督检查，监督覆盖率100%。

【职业病防治宣传】 为保护劳动者健康权益，提高用人单位、劳动者对职业病防治的法制意识，组织开展《职业病防治法》宣传周活动间，出动宣传车2台次、卫生监督员6人次，发放宣传材料1500余份、发放宣传品500余份、接受咨询200余人。

【乡镇卫生监督】 举办月度例会培训10次、集中培训1次，卫生监督协管员培训率达100%，协管巡查覆盖率达100%。

【卫生许可证办理】 规范行政许可流程，严格许可审核把关，全年办理各类卫生许可证185件，复核83件。

【打击医疗违法】 加大对公共场所和非法行医的行政执法力度，严厉打击违法行为，立案处罚45起，执行罚款5.5万元。调查处理各类投诉举报，上半年妥善处置各类投诉举报事件14起，对2家违法情节严重、证据确凿的单位立案并进行处罚。

【突发公共卫生事件应对】 修订完善《突发公共卫生事件应急预案》《贺兰县地震灾害医疗卫生救援工作应急预案》，及时印发到各医疗卫生单位学习执行。开展应急演练及应急宣传周系列活动。各医疗卫生单位，结合本单位实际，组织开展了多种形式的应急活动。县级医疗单位组织开展急诊急救应急演练1次，与县消防队联合举办消防演练1次，开展消防安全知识讲座5场次，电梯安全知识讲座1次，开展“让应急常识走进千家万户”宣传活动1次，开展医院人员集中场所安全隐患大排查1次，应急物资储备自查1次。开展贺兰县大型活动应急救护保障，出动医护人员80人次，救护车辆23车次。严格执行24小时值班制，及时、快速处置应急事件，2016年报送突发事件4起。加强120急救建设，打造银川市120急救中心贺兰县120急救分站，规范配置救护车辆及急救用品，其他县级医院、各乡镇卫生院均配置1辆救护车，努力实现15分钟医疗救护圈。

【实施编制备案制】 核定县第一人民医院编制数280名，县中医院82名，新引进人员为备案编制人员，与原有事业在编人员统一纳入合同制管理。在岗位聘用、收入分配、职称评定等方面，对编内外人员统筹考虑，按照国家规定为医务人员办理社会保险。财政经费来源方式保持不变，经费核定基数为原核定编制数和备案编制数总和。全县招聘的100余名卫生专业技术人员均采取编制备案管理。

【院长年薪制】 确定2016年县级公立医院院长税后年薪20.5万元。建立院长年薪动态调整机制和奖惩机制，出台《贺兰县中医医院院长绩效考核方案》（贺卫计发〔2016〕131号）、《贺兰县第一人民医院综合目标管理实施方案（试行）》《贺兰县第一人民医院奖励性工资计提比例（试行）》（贺县一医发〔2016〕56号）。县第一人民医院实行自治区三级甲等医院技术第三方托管运营区县一体化管理模式，县中医院采取法人治理结构模式。全面落实公立医院去行政化，聘任宁医总院副院长夏鹤春为贺兰县第一人民医院法人，面向全区为县中医院选聘院长，为县第一人民医院选聘副院长。

【招才引智】面向全国选调、招录医疗专业技术人才28人，安排到宁医大总院轮训，县财政为轮训人员每月提供2000元生活补贴，并对选调人员一次性解决安家费5000元。同时，政府每年拨付不低于50万元的招才引智专项经费。面向全国为县第一人民医院招聘学科带头人，县财政提供每人30万元年薪。

【环境卫生综合整治】政府组织召开爱国卫生工作会议，研究制定《关于加强新时期爱国卫生工作意见》等六项规范性文件，成立环境整治大会战领导小组。3月17日，召开全县卫计系统环境整治大会战动员会议，安排部署工作。每月对各单位爱国卫生日活动开展情况进行督导检查，下发督查通报9期。集中开展爱国卫生日集中宣传活动2次，悬挂宣传条幅120条，制作宣传展板20余块，发放爱卫宣传资料10000余张，电视台播放公益广告36次，整治居民小区12个，集贸市场3个，参家公共区域集中劳动的单位56个，参加劳动人数近4000余人。

【技能竞赛】联合举办银川市基层卫生岗位练兵和技能竞赛活动，争取专项经费近10万元，设置联合授奖的最高奖励，培训部署早、周期长，提高了基层卫生人员学习的积极性，在全市获得团体二等奖，3人获个人技能三等奖，1人获组织工作先进个人奖。

【疫苗流通管理】在全市率先制定《贺兰县二类疫苗管理办法》，对疫苗采购实行报备制度，采购疫苗二人以上、出入库三人核实等制度，并在全区率先完成二类疫苗集中采购公开招标工作。

【表彰奖励】2016年2月26日，贺兰县疾控中心获2015年银川市公共卫生工作先进集体称号；3月24日，贺兰县获自治区财政厅2015年度卫生计生工作综合目标管理责任考核奖励二等奖；4月28日，贺兰县疾控中心获“3·24世界防治结核病日”“凯杰杯”科普宣传大赛基层宣传奖；9月8日，贺兰县卫计局获2016年银川市基层卫生岗位练兵和技能竞赛团体二等奖，3名个人获个人技能三等奖。

疾病预防控制

【概况】2016年，贺兰县疾病预防控制中心通过自治区实验室资质认定复审，启动银川市全国精神卫生综合管理试点创建，推进银川市第三轮艾滋病综合防控示范区工作。年内，疾控中心被评为银川市公共卫生工作先进集体。获全国“3·24”世界防治结核病日“凯杰杯”科普大赛基层宣传奖。中心党支部被县委组织部评为“三星级”服务型支部。盛春宁被县委、政府评为“贺兰好人”孝德爱亲模范。

【业务培训】制订《2016年疾控中心继续教育工作计划》，坚持每月专题学习；举办寨卡病毒病防控、黄热病防治、艾滋病防治知识等专题培训12期。同时结合“百法千场万人”活动，进行《职业病防治法》《食品安全法》等卫生法律法规宣传10次。选派业务骨干前往宁夏中卫市、青海西宁市城西区学习基本公共卫生服务、慢性病管理。专业技术人员参加国家、区、市专题培训32期166人次，下基层指导260次。对基层业务人员培训18期1500余人次，县乡村三级工作人员业务受训率100%。

【卫生应急】完善卫生应急机制、应急预案与监测预警体系。传染病暴发疫情、公共卫生安全应急事件处置规范，有效地防控和降低了突发卫生事件的发生和危害。规范开展金山地区洪水灾后卫生防疫和消杀指导，防控了灾后疫情的发生。累计报告聚集性疫情7起，调查率和处置率均为100%，全年未发生突发公共卫生事件和暴发疫情。

【公共卫生服务项目管理】执行项目实施方案和绩效考核方案，严格对各基层医疗卫生单位的督导、绩效考核和效果评估等。落实县级技术机构职能，提升基层医务人员专业技术水平，开展项目综合培训2次、单项培训15次，专业人员下乡培训5次，累计培训县、乡、村卫生人员800余人次。专业技术人员累计下基层指导300余人次。通过努力，基层医疗机构的卫生服务能力逐步提高，病人管理、随访、建档和数据报送逐渐规范。

【免疫规划】 全县接种一类疫苗8种53582剂次，接种率99.64%；免疫接种6种16932剂次，报告接种率99.59%。开展了8月龄至6周岁儿童麻疹类疫苗查漏补种。完成全县36所小学和61所托幼机构春季及秋季新生预防接种证查验工作，查验率100%，补证率、补种率均达到98%以上；卡证符合率、各种疫苗基础免疫接种率及加强免疫接种率均达到98%以上。同时，不定期开展流动儿童免疫规划专题调查，并将该工作纳入常态化预防接种管理。全县共上报疑似预防接种异常反应13例，AEFI48小时内报告率、48小时内调查率、3天内录入率、个案填写完整率、调查报告上传率、分类率等各项指标均为100%。报告疑似麻疹2例，均已排除病例，排除麻疹风疹报告发病率为0.84/10万。IPV疫苗试点项目和BOPV回收转换认证工作规范有序，统一回收销毁TOPV13418粒。全县共接种IPV3818剂次，BOPV7164剂次，均未出现异常反应。

【传染病报告管理】 年内无甲类传染病报告。全县累计报告乙丙类传染病19种1184例，报告发病率为494.32/10万。其中，报告乙类传染病642例，报告发病率268.04/10万；报告丙类传染病542例，报告发病率226.29/10万。传染病报告及时率和准确率均为100%，漏报率为1.79%。强化学校、建筑工地、医疗机构等重点场所、环节专项督查，对不明原因肺炎、中东呼吸综合征、埃博拉出血热、人感染高致病禽流感、黄热病、脊髓灰质炎、麻疹、手足口病、流感等重点传染病开展监测。累计报告AFP病例1例，手足口病190例，共采集手足口病咽拭子标本61份。组织对62名朝觐回国人员进行为期14天居家医学观察，未发现中东呼吸综合征疑似病例。

【结核病防治】 年内累计接诊可疑肺结核患者517人，初诊拍片率100%，可疑患者查痰率99.4%；肺结核患者密切接触者检查率96.7%；新登记患者总化疗率100%；新发现涂阳结核病患者治愈率100%。筛查学生3755人，检查率99.13%，强阳性率5.01%，发现活动性肺结核1例，结核性胸膜炎1例。均给予规范治疗，并按照休、复学制度暂行休学。

【艾滋病防控】 年内完成HIV自愿咨询检测638人次，累计开展高危和重点人群干预、检测350人次。艾滋病感染者/病人随访管理率93.7%，CD4检测率93.7%，抗病毒治疗71.7%。

【银川市第三轮全国艾滋病示范区】 召开全县创建工作会议，签订成员单位《2016年工作目标责任书》，印发年度工作计划。开展科级干部、公安干警、妇女干部、基层工会骨干、青年志愿者等艾滋病防治骨干培训，举办社区居民、农民工、老年人等大众人群的常态培训活动。

【慢病综合管理】 截至年底，全县居民电子健康档案累计建档205697份，建档率达83.41%，健康档案合格率稳步提升；65岁以上老年人健康管理率和体检表完整率分别为38.9%、67.09%；高血压和Ⅱ型糖尿病管理率分别达到89.39%、89.11%，控制率分别达到75.7%、74.14%。死亡病例报告数量和质量不断提高，死亡报告1354例，报告率528.9/10万。恶性肿瘤共报告533例。恶性肿瘤新发病例报告333例，恶性肿瘤死亡病例报告254例。恶性肿瘤发病率为148.19/10万，恶性肿瘤死亡率为113.03/10万。全县医疗卫生机构35岁以上人群首诊测血压覆盖率100%，首诊测血压率98.5%。全县设立的34个健康指标自助检测点，30个慢性病自我管理小组持续运转，自治区慢性病示范区成果得到进一步巩固。

【精神卫生综合管理试点】 落实国家精神卫生综合管理试点工

作，建立部门联动、齐抓共管的机制；实施精神疾病患者免费治疗全覆盖，病人发现、治疗、管理在全市领先，代表银川市接受国家级专项督导，受到专家认可。全年累计初筛疑似重型精神病患者1272例，确诊946例登记管理856例，病人检出率3.57‰，病人管理率和稳定率分别为98.74%、96.59%。

【地方病防治】全年共采集辖区内居民户食用盐300份，其中：合格碘盐243份，不合格碘盐28份，非碘盐29份；合格碘盐食用率为81%，碘盐合格率为89.67%，碘盐覆盖率为90.33%；碘盐中位数为215mg/kg。完成洪广镇金沙村九社生活用水改水后采样监测及病情调查工作，共采集水样1份，水砷含量0.001mg/L；病情调查30人，检出4人；尿砷含量检测30份，几何均值为0.014mg/L。完成布病高危人群检测200人次，诊断布病患者14人，重点职业人群筛查200人，诊断布病患者2人，完成了病人的流行病学调查及网络报告。

【包虫病防治】完成成人包虫病B超筛查5000人，患病率0.02%；完成学生包虫病B超筛查1004人，未发现疑似包虫病病例。包虫病血清抗体检测5000份，感染率1.84%。全县建档管理包虫病病例16例，其中已手术治愈病例4例，服药病例12例。完成国家级包虫病监测2000人份B超筛查，确诊包虫病病人1例，共采集血清200人份进行包虫病抗体检测，感染率0.5%。全县登记管理家犬数11835只，累计驱虫10轮次，驱虫治疗家犬数10156只，驱虫治疗率85.81%，完成犬粪抗体检测820份，阳性15份，阳性率为1.83%。

【重点寄生虫病流行病学调查】共检测粪样1003份，人群感染率1.06%，均为蛔虫卵；土壤监测样品25份，未检出虫卵；完成问卷调查240份，防治知识知晓率46%，防治行为形成率78.85%，防治态度正确率73.75%。

【公共卫生监测】年内共对全县45家公共场所进行采样监测，共采样147份。完成3家游泳场馆每季度一次监测工作，共监测水样120份。完成枯、丰水期安全饮水工程水质采样监测工作，共采集水样72份，检测项次2444项次，项数合格率95.21%。全年共对10所中小学校教室卫生进行监测评价工作，并对学校开展学生常见病防治、环境卫生等进行2轮次工作督导。全年共对县乡医疗单位农药中毒报告管理工作进行督导检查2次，全县报告农药中毒病例2例，均为生活性自服。完成全县11家医疗机构31名放射诊疗人员个人剂量监测4次。年内共报告食源性疾病病例105例，未构成突发公共卫生事件，及时进行了数据审核及工作督导。

【医疗及托幼机构消毒质量监测】对全县58家医疗卫生单位及个体诊所的医疗消毒用品进行采样监测，监测覆盖率100%。对34家托幼机构进行采样监测，监测覆盖率100%。

【病媒生物监测】全年完成病媒生物监测12次，举办病媒生物防制培训班1次，对病媒生物危害严重的地区，给予指导消杀，对监测结果及时分析并报告相关部门。

【健康教育和健康促进】开展以重大传染病、慢性病、地方病防控及公共卫生安全为重点的卫生防病知识宣传。开展针对农民工、环卫工人、在校学生、宗教人士等重点人群的专题宣传。通过媒体专栏、短信平台、“三进”服务、专业信息交流群、《贺兰疾控信息》期刊及多层次疾控机构双向交流等多样化、信息化宣传模式，提高了群体健康教育与健康促进成效，扩大了宣传覆盖面。全年共印刷宣传资料8种10万余份，制作宣传展板20块，悬挂标语30条，发送宣传短信3.5万条，发放宣传品6万余份。年度获全国“凯杰杯”世界防治结核病日科普大赛基层宣传奖，成为宁夏唯一获奖机构。

【县人大代表团视察基本公共卫生服务建设】11月11日，由县人大常委会主任俞学华带队，县人大常委会组成人员及部分人大代表共30余人，到中心视察疾病预防控制工作及基本公共卫生服务体系建设情况，观摩中心实验室建设，实地查看了中心业务科室、冷链库房等基础设施建设，重点了解中心重大传染病防控、免疫规划实施、慢性病防治等工作。

【县长刘甲锋调研疾控中心公共卫生信息化建设】 11月22日，县长刘甲锋、副县长陈娜、微医集团董事长廖杰远一行调研疾控中心公共卫生信息化建设，调研组一行实地查看了中心业务科室、冷链库房、实验室等基础设施和网络信息平台建设，对新形势下疾控工作提出了指导意见。

卫生监督

【概况】 2016年，县卫生监督所规范卫生监督执法行为，各项工作稳步推进。加大医疗机构日常监管力度，推行医疗机构量化分级管理。重点对县级三家二级医疗机构、县城及周边的个体诊所个人执业资质、传染病管理、医疗废弃物处置等进行监督检查。加强公共场所卫生监管，全县公共场所量化分级管理率达到90%以上。加强对二类疫苗流通监管。

加强集中式供水单位饮水卫生管理，保障群众用水安全。落实《学校卫生责任清单》，对10所中小学校进行教学环境检测。加强法规宣传和立案处罚力度，全年共立案处罚56起，其中医疗机构行政处罚23起，公共场所33起，共执行罚款7.4万元。

【医疗机构监管】 加大医疗机构日常监管力度，推行医疗机构量化分级管理和信息公示，信息公示率100%。通过日常监督检查和专项行动，维护了医疗市场秩序，加强对传染病管理和医疗废弃物处置。2月下旬，重点对县级三家二级医疗机构、县城及周边的个体诊所个人执业资质、传染病管理、医疗废弃物处置等进行监督检查，下达监督意见书，立行立改。3月下旬，卫生监督所联合县市场监督管理局，对辖区47家生活美容机构超范围从事针灸、纹眉、纹唇、割双眼皮等医疗美容服务活动进行专项监督检查。全年对全县143家医疗机构、个体诊所进行了两轮不良执业积分活动，其中77家医疗机构因不良执业行为被积分，累计积分296分，涉及不良执业行为4类13种，监督覆盖率100%。开展了两轮药品供应保障监督检查。

【公共场所卫生监管】 春节期间，对全县范围内的大中型商场等公共聚集场所开展卫生安全专项监督检查。检查重点是商场通风换气、控制吸烟措施落实。继续开展公共场所量化分级管理工作，对全县500余家公共场所室内环境卫生状况、卫生许可证、从业人员健康证持有情况等进行全面监督检查，全县公共场所量化分级管理率达到90%以上，公共场所经营单位卫生状况较以往明显好转。对52家公共场所采样137份，对3家采样不合格的单位进行立案处罚。

【疫苗流通监管】 3月上旬，对县疾病控制中心和各疫苗接种点开展为期一周的二类疫苗预防接种监督检查工作。检查的重点是二类疫苗的采购途径、疫苗生产或批发企业的资质、每批次疫苗是否均索取检验合格证、进口疫苗是否索取药品通关单复印件及二类疫苗的购进、分发供应等登记记录 、接种点有没有预防接种资质证书、从业人员是否持有预防接种上岗证、二类疫苗接种前是否签订知情同意书、二类疫苗的采购途径及购进、分发登记记录等内容。

【生活饮用水监管】 一是加强集中式供水单位饮水卫生管理，保障群众用水安全，对县城及农村集中式供水单位从卫生许可证、人员健康证、卫生管理制度、水源地卫生管理、饮用水消毒及周边环境卫生等方面进行了检查。检查发现：县城集中供水单位各项管理制度落实到位，水源地及周边环境卫生符合要求，人员健康证齐全，水质日常消毒落实到位；农村集中式供水单位大部分消毒不到位，周边环境卫生不符合要求，供水人员未办理健康证上岗工作。卫生监督员下达卫生监督意见书，要求存在问题的单位立即整改，落实各项供水卫生管理制度，保障饮用水卫生安全。二是开展县域内二次供水单位摸底调查和专项监督检查。二次供水单位总体卫生环境良好，有专人管理，基本卫生安全设施齐全，对投入使用的二次供水水箱能够定期消毒。存在的主要问题是部分二次供水单位未办理卫生许可证供水，消毒设备运行不正常，水箱消毒记录不全，水质卫生管理制度不健全，不能提供年度水质检测报告。针对存在问题提出整改意见，并督促落实整改。

【学校卫生监管】 落实《学校卫生责任清单》，出动监督人员52人次对全县的73所学校、托幼机构开展了春季、秋季传染病防治专项监督检查，监督覆盖率100%。检查的重点内容包括学校传染病防控组织机构的建立、传染病等突发公共卫生事件应急预案的制定、传染病防控各项制度的制定及防控措施落实等。并对10所中小学校开展了教学环境检测。

【重大活动保障】 在元旦、五一、中秋节和国庆节等节假日及中高考、“两会”期间出动监督员54人次，开展节日卫生安全专项监督检查活动，规范公共场所、医疗机构、个体诊所经营行为。

【卫生行政许可办理和复检】 严格行政许可制度，对卫生许可申请严格审核，及时审验，对达到许可条件的及时办理许可证，达到年检期限进行年检复核。全年办理并审核各类许可证393件，其中公共场所卫生许可证382件，生活饮用水卫生许可证8件，放射卫生许可3件。办理公共场所卫生许可复核92件。

【案件查处】 卫生监督所全年共立案处罚56起，其中医疗机构行政处罚23起，公共场所33起，共执行罚款7.4万元。全年处置各类投诉举报事件14起，对2家违法情节严重、证据确凿的单位立案并进行处罚。

【法规宣传】 一是利用LED显示屏和展板对办证群众开展卫生法律法规和卫生知识宣传。二是利用卫生监督信息网站发布卫生监督检查专项整治工作动态。三是参加县上举办的“依法行政集中宣传日”“政法综治宣传月”“依法维权”“防灾减灾”“公共安全防范警示教育”等大型宣传活动6次，发放各种宣传材料2万余份，义务咨询500人次。活动中，通过悬挂条幅、发放宣传材料、发放宣传图册、现场解答群众问题等多种方式，宣传《传染病防治法》《行政许可法》《职业病防治法》《公共场所卫生管理条例》等法律法规。四是安排乡镇卫生监督协管员开展乡镇卫生法律法规和卫生知识宣传活动。五是深入被监管单位开展从业人员卫生法律法规和卫生知识培训。

【队伍建设】 修订《卫生监督所绩效工资分配和奖励制度》，实行奖勤罚懒，遏制了“庸、懒、散、软”现象。以“三好一满意”活动为载体，开展党性教育、亮牌示范、岗位奉献、服务群众等活动。

【卫生监督协管】 全年共举办月度例会培训10次、集中培训1次，卫生监督协管员培训率100%。各乡镇及社区卫生监督协管工作逐步规范，协管巡查覆盖率100%。

【内涵建设】 通过举办趣味运动会、组织户外运动等活动，增强队伍内涵建设。群口快板《更扬风帆保安全》在银川市卫生监督系统纪念建党95周年文艺汇演中获二等奖。

文化旅游与广播影视

Wenhua Lüyou Yu Guangboyingshi

文化事业

【概况】2016年，全县集中开展了“文化惠春”文化、卫生、科技、法律下乡、“花开四季，金猴启春”春节联欢晚会、“欢乐迎春”春节七天乐、贺兰县第七届农民文艺会演、“激情放歌”广场文艺展演、“锣鼓闹春”首届社火表演大赛等17项春节系列文体活动，共组织开展广场演出62场次；送戏下乡30余场次发放杂志1000多册为群众赠送春联385副动漫电影天天看放映60场次。开展“四送六进”活动。全年共配送图书期刊12670册，送演出653场次、送培训60场次。同时，在文化广场、欣兰广场、润园广场等村（社区）广场开展以歌曲、歌舞、器乐、小品等形式的广场演出120场。全年举办各类培训班60余期。整合农家书屋、党员远程教育、共享工程资源和体育活动场所，试点建设村文化活动中心16个；完成南梁台子文化站基础设施建设，并投入使用；完成立岗镇兰光村标准化文化室建设。协调居安、马家寨、太阳城社区创办大手牵小手“社区四点半课堂”。全年共计开展文化艺术交流演出30场。

【基础建设】整合农家书屋、党员远程教育、共享工程资源和体育活动场所，试点建设村文化活动中心16个；完成南梁台子文化站基础设施建设，并投入使用；完成立岗镇兰光村标准化文化室建设。协调居安、马家寨、太阳城社区创办大手牵小手“社区四点半课堂”，并向已建成“社区四点半学堂”的3个社区各捐赠图书100本、网络数字播放器一台。

【“文化惠春”活动】1—3月，集中开展“文化惠春”文化、卫生、科技、法律下乡，“花开四季，金猴启春”春节联欢晚会，“欢乐迎春”春节七天乐、贺兰县第七届农民文艺汇演，“激情放歌”广场文艺展演，“锣鼓闹春”首届社火表演大赛等17项春节系列文体活动，共组织开展广场演出62场次、送戏下乡30余场次。发放期刊杂志1000多册，为群众赠送春联385副，动漫电影天天看放映60场次。

【“四送六进”活动】全年共配送图书期刊12670册，送演出653场次、送培训60场次。同时，在文化广场、欣兰广场、润园广场等村（社区）广场开展歌曲、歌舞、器乐、小品等广场演出120场。全年举办各类培训班60余期。其中文化馆共开设40个班次，培训内容有民乐、架子鼓、古筝、电子琴、吉他、合唱、舞蹈、美术、书画，培训1800余人次。图书馆与相关单位举办各类讲座、培训班20期，小学生手绘作品大赛一次。

【产业名录】12月，开展规模以下文化及相关产业名录库核实工作，共核实库内文化企业203家，其中查实停业、注销、原地无该企业的共49家。新增名录库外规模以下文化企业8家。

【非物质文化遗产】做好非遗传承人档案和非遗数据库的录入和完善以及非遗项目名录的编辑工作，对自治区级非遗传承人王德贤所唱的100多首花儿进行全程录制，新挖掘了2个非遗项目——糖塑、面塑，呈报了第四批自治区级代表性传承人，公布了贺兰县第三批代表性传承人和第四批代表性项目。

【电影放映】全县农村（社区）数字电影放映工作由贺兰县大众影视文化服务公司承担，目前共组建11支放映队，其中5个乡镇放映队、3个广场社区放映队、1个农林牧场放映队和2个直属放映队。按照“每月每村放映1.5场数字电影的目标要求”全年共放映电影1340场次，其中行政村809场、移民村80场、广场社区353场、农林牧场70场、固定点28场，完成了全年放映任务的105%，观众达127030人次。

【文化市场管理】文化管理部门加大文化市场执法检查力度，全年共检查网吧270次，歌舞娱乐场所200余次，分别对13家网吧违规接纳未成年人上网及不按规定登记上网人员信息进行关停及罚款处理。全年共查出无证无照经营和超范围经营场所66家，发放停业整改通知书66份，收缴各类盗版音像制品1200张、非法书刊100册，散发各类宣传资料4000份。联合公安、消防等部门，针对文化市场无证无照，超范围经营，游商地摊经营盗版、淫秽光盘等行为，共开展8次联合执法行动，检查各类经营场所90家。

【文化市场执法检查】全年共检查网吧270次，歌舞娱乐场所200余次，分别对13家网吧违规接纳未成年人上网及不按规定登记上网人员信息进行关停及罚款处理。

【扫黄打非】全年共查出无证无照经营和超范围经营场所66家，发放停业整改通知书66份，收缴各类盗版音像制品1200张、非法书刊100册，散发各类宣传资料4000份。联合公安、消防等部门，针对文化市场无证无照，超范围经营，游商地摊经营盗版、淫秽光盘等行为，共开展8次联合执法行动，检查各类经营场所90家。

【表彰奖励】年内，贺兰县文化旅游广电局被评为自治区文明单位，获得银川市公共文化服务体系建设综合考评一等奖，并获得“以奖代补”资金40万元。同时，贺兰县农民文艺会演活动被评为2015年度银川市公共文化服务品牌项目。获第十二届全区少儿“希望杯”舞蹈大赛暨第九届“小荷风采”全国少儿舞蹈展演选拔赛优秀组织奖。获中国·宁夏第四届回族舞蹈展演荣获优秀组织奖。贺兰县文化馆被评为2016新春乐第十二届全区社火大赛优秀组织单位、2016年迎新春第二届全区群众书法绘画摄影大赛优秀组织单位，并荣获全市2016年“黄河外滩杯”红红火火闹新春社火展演大赛优秀组织奖。

文化馆

【概况】2016年，贺兰县文化馆集中开展“文化惠春”“花开四季，金猴启春”春节联欢晚会，“欢乐迎春”春节七天乐、贺兰县第七届农民文艺会演，“激情放歌”广场文艺展演，“锣鼓闹春”首届社火表演大赛等17项春节系列文体活动，共组织开展广场演出62场次、送戏下乡30余场次，发放期刊杂志1000多册，为群众赠送春联385副，动漫电影天天看放映60场次。开展“四送六进”活动，全年共配送图书期刊12670册，送演出653场次、送培训60场次。新挖掘整理非物质文化遗产，公布贺兰县第三批代表性传承人和第四批代表性项目。

【非物质文化遗产保护】对自治区级非遗传承人王德贤所唱的100多首花儿进行全程录制，新挖掘糖塑、面塑2个非遗项目，呈报第四批自治区级代表性传承人，公布贺兰县第三批代表性传承人和第四批代表性项目。坚持“保护为主、抢救第一、合理利用、传承发展”的指导方针，坚持“政府主导、社会参与、明确职责、形成合力、长远规划、分步实施、点面结合、讲究实效”的工作原则，在已有工作成果和研究成果的基础上，建立非物质文化遗产普查电子数据库。在“文化遗产日”举办非物质文化遗产展示活动。截至年底，完成辖区非遗排查工作，整理摄像资料25盘2000余分钟、相片2000余张、录音300多分钟、征集实物10余件。全县有自治区级非遗保护项目3个、市级非遗保护项目16个、县级非遗保护项目29个，并录入数据库。

【举办培训学习班】 全年共举办成人古筝、声乐、民乐、书法、国画、舞蹈等学习班12期，受众800余人次；利用2个假期开展未成年人古筝、架子鼓、吉他、少儿舞蹈、声乐、书法等免费培训班10个班次，培训学员600余人次；开展2期民族民间舞蹈培训，培训学员120人次；开展3期广场舞培训，培训学院160人次。

【巡回演出活动】 全年共开展文化艺术交流演出30场，其中到山东济宁参加如意集团交流演出，第二届“欢乐宁夏 幸福银川”全区群众文艺汇演暨首届银川市民文化节贺兰站巡演12场次，开展文化大集与中西部送戏下乡共15场次。

采取“请进来、走出去”方式，开展与区内外文化交流演出活动。“走出去”到永宁县、灵武市参加全区文艺巡演。邀请“美好银川·欢乐乡村”银川农民文化大集银川市管弦乐队到贺兰交流演出。

【文艺创作】 6月23日，在宁夏人民会堂举行“中国·宁夏第四届回族舞蹈展演”总决赛，由贺兰县文广局选送，贺兰县文化馆创作表演的舞蹈《念想》获中国·宁夏第四届回族舞蹈展演“马兰花”奖。女声独唱《飞了》获2016“欢乐宁夏”全区群众文艺会演荣获表演一等奖、广场舞《回乡姑娘》《走嘞走嘞去宁夏》获2016“欢乐宁夏”全区群众文艺会演荣获创作三等奖。

【美丽乡村农民文化大院建设】 做好示范性农民文化大院的创建工作，在建设布局上，设有图书室、卡拉OK室、电影放映室、电子阅览室等室内文化阵地，以及开展广场舞、健身秧歌、体育比赛的室外活动场所。根据建设和管理同步的原则，建立日常管理档案，健全各项规章制度和管理办法，努力形成一套较完善的后续管理制度。同时，各乡镇场文化大院还自主开展卡拉OK演唱、图书借阅、免费上网、体育比赛、秧歌表演、棋牌娱乐等文体活动。全县共建设26家农民文化大院，雄英村文化大院还成立了文艺协会。

【民间文艺社团扶持】 把“送文化”变为“种文化”，扶持民间文艺社团发展，加强管理，提高演出水平和竞争意识。全县发展建立民间文艺社团23个，已全部建设完成并投入使用。贺兰县文化馆每年组织艺术团舞蹈编导老师下基层进行文化辅导培训，培训基层文化教学骨干。

【“美丽贺兰、炫彩喷泉”小学生手绘作品大赛】 6月23日，由贺兰县教育体育局、图书馆、文化馆、团委联合举办了“美丽贺兰、炫彩喷泉”小学生手绘作品大赛。共收小学生美术作品132件，评选出获奖作品33件，其中一等奖3件、二等奖10件、三等奖20件。

图书馆

【概况】 2016年，贺兰县图书馆有在编职工11人，设10个服务窗口。图书馆纸媒图书总藏量21.2万册。在建标准化电子阅览室1个，有终端电脑66台，计算机培训教室1个，有终端电脑54台，120M光纤宽带接入。共享工程数字资源累计达到4TB，其中自购资源2TB，光盘资源（存档）1000多张。开通移动数字图书馆APP和“书香贺兰”微信订阅号，实现了在线资源共享。

【读者服务成效显著】 采用超高频智能管理系统和24小时街区自助图书馆，实现图书24小时自助借还、免费上网、3D动漫体验、智能查询、共享资源展播、免费培训等功能。

创新读者推荐并兼顾大众化

需求，采用公开采购图书供应商新形式，全年新增图书5800多种，12257册，订阅期刊514种6868册，报纸60种。全年统计图书馆门禁人数34.5万人次，月均2.87万人次，累计办理有效借书证7498个，图书外借14.9万册次。与相关单位举办各类讲座、培训班20期，培训1050多人次。举办书画培训老年班、少儿班，每周到馆活动人数45人以上。

【主要指标】贺兰县图书馆于2013年获得国家县级一级图书馆，每周开放时间56小时，人均占有藏书1.06册，是区市考核标准0.6册的1.77倍；平均每册藏书年流通率0.5次，达到区市考核标准；人均年增新书0.18册，是区市考核标准0.02册的9倍；人均到馆次数1.51次，是区市考核标准0.2次的7.55倍。

【项目奖励】图书馆获银川市委宣传部“书香银川、银川书香”全民阅读活动优秀项目奖，奖励3万元；文化部文化发展中心创新案例奖；争取国家文化部公共数字文化服务推广项目资金25万元。

【开通APP（移动阅读）平台】10月，贺兰县图书馆开通移动阅读APP，为数字图书馆及公共数字文化服务推广再添新亮点。

【“四送六进”活动】图书馆共开展“四送六进”活动24次，为各学校图书室、图书流动点配送图书7400多册、期刊3600册，还为部分图书室配送电脑、桌椅等设备，先后建立了银川奥莱电商创业园党群活动中心图书室、如意产业园职工书屋、德胜汽车销售行业党群服务中心图书室、立岗镇兰光村文化图书室、如意湖社区、南梁台子文化中心图书室。为全县62个农家书屋各配送价值6.6万元的图书5270册。5月20日下午，由贺兰县总工会和贺兰县图书联合举办的“书香进社区进企业活动启动仪式”在上陵汽车4S店举行，为上陵汽车4S店、百瑞源、泰益欣3家企业及如意湖社区配送图书1568册，价值3万多元。同时向上陵汽车4S店党员活动中心赠送期刊800册。8月4日上午，开展“图书进企业”活动，向银川奥特莱斯电商创业园党员活动服务中心赠送图书1300册、期刊300册。9月17日，免费为宁夏生态纺织园如意集团“职工之家”活动室赠送电脑20台和价值1.5万元的图书700余册、期刊300多册。

【“五下乡”活动】1月25—27日，图书馆职工携带下架期刊、种养殖技术资料、新春对联到立岗镇、洪广镇、常信乡集市开展“迎新春送书送福送春联”活动。共发放期刊、杂志1000多册、光盘120张，为群众赠送春联860副。

【“书香贺兰”品牌活动】按照“书香贺兰”全民阅读活动安排，协调组织，先后与居安社区、马家寨社区、光明社区、团结社区开展全民读书活动，同时在县武警中队、雷达站开展书法培训进军营活动。

【卫星数字农家书屋升级整改】5月20—6月20日，对全县62个卫星数字农家书屋进行整改，现已成功升级整改48个，因机顶盒丢失等原因不能整改的14个。其中洪广镇整改100%，习岗镇整改90.9%，立岗镇整改73.3%，全县总体整改77.4%。

【万亩沙枣花乡村文化旅游节有奖猜谜】5月28—6月1日，由贺兰县政府、县委宣传部等多家单位联合举办的“2016中国·贺兰赏万亩沙枣花乡村文化旅游节”在立岗镇沙枣林举行。期间，县图书馆开展了“沙枣飘香猜谜有奖”，以及关注“书香贺兰”微信订阅号赠送礼品活动。共发放有奖猜谜奖品180多份，关注订阅号读者发放礼品152份。

【暑期“小馆员”志愿服务活动】7月24日，来自贺兰各中学的4名志愿者在县图书馆参加了协助图书管理员新书整理上架、读者引导的志愿服务活动，体验图书馆管理人员的工作。

【“四点半课堂”活动】4月3日，协调居安、马家寨、太阳城社区创办大手牵小手“社区四点半课堂”。给每个社区捐赠图书100本、网络数字播放器一台。各社区于每周一至周五下午4点半到6点，安排专人为社区内适龄学生免费提供家庭作业辅导、兴趣班辅导、图书阅读等服务。

【“少儿悦读会”活动】11月12日，联合优博源托管教育培训班共同举办“少儿悦读会”活动，有40名学生参加。

【多彩文化】10月20—25日，由县文化旅游广电局主办，县文化馆、图书馆、文联承办的“美好银川·幸福贺兰·美丽乡村”2016农民文化大集活动在全县各乡镇举行。活动中图书馆共赠送期刊500册，为群众书写书法作品100余幅。

【图书馆中老年国画学习班】12月8日，图书馆中老年国画学习交流班开班。学习班活动时间为每周一、三、五下午，有12人报名参加。

【2016新春读者座谈会】2月2日下午，召开2016新春读者座谈会。县委宣传部、文广局等单位领导、图书馆全体干部职工及26名读者代表参加座谈。

【国家图书馆无偿调拨图书】3月2日，由国家图书馆无偿调拨的图书1万册运抵贺兰，价值23.5万元。

【世界读书日活动】4月23日上午，由贺兰县文广局、教育局、文联、图书馆、新华书店、银川商务书店、京东贺兰服务中心联合举办的“让阅读成为风尚”世界读书日阅读宣传活动在欣兰广场举行。活动当天，图书馆向贺兰一小、二小等6所小学捐赠图书1500本，向已建成社区“四点半”学堂的马家寨、居安、太阳城社区各捐赠图书100本、赠送网络数字播放器一台。同时还开展了图书漂流、期刊赠送、移动图书馆体验、关注“书香贺兰”公众订阅号等活动，共赠期刊600本，其中关注订阅号的人数达176人。

【文化部驻外文化参赞等到馆考察】8月24日上午，文化部驻外文化参赞及文化中心主任一行14人到贺兰县图书馆考察。双方就社区公共服务、数字图书馆服务等方面进行交流。

旅游管理与服务

【概况】2016年，全县共有星级饭店3家，其中四星级2家，三星级1家，全年接待51752人次，全年营业总收入3762.5万元。全县共有星级农家乐25家，其中四星级2家，二星级12家，新增三星级4家。全县共有旅游景区4家，其中4A景区1家，3A景区2家，全年接待总人数达到210.5万人次，总收入7034.4万元。阿拉伯马术文化休闲旅游产业园等8个重点旅游项目建设进展顺利，全年完成招商引资实际到位资金5.99亿元，超额完成县政府下达4亿元的目标任务。中国枸杞馆全年接待650166人次，全年营业收入5090.4万元。

【星级饭店】全县共有星级饭店3家，其中四星级饭店2家，分别是贺兰国际饭店和昊王国际饭店；三星级饭店1家，是宁夏银大湖城旅游饭店。共有客房总数416间，床位总数753张，接待总人数51752人，全年营业总收入3762.5万元，客房日均出租价格147.9元，客房出租率达到44.7%。

【星级农家乐】全县共有星级农家乐25家，其中四星级农家乐2家，分别是新明庄园、马莲湖农庄；三星级农家乐10家，二星级农家乐12家。年内新增三星级农家乐4家，分别是成元渔村、宋家大院、小熊饭庄、富贵农庄。

【星级旅游景区】全县共有旅游景区4家，其中4A景区1家，是贺兰山岩画遗址公园；3A景区2家，分别是中国枸杞馆、宁夏园艺产业园。全年接待总人数达到210.5万人次，总收入7034.4万元。

【招商引资】阿拉伯马术文化休闲旅游产业园、宁夏银川奥特莱斯旅游集散中心、贺兰山·1958旅游开发项目、天源达金山生态园、宁夏九龙旅游度假山庄项目、月亮湾生态农业旅游观光园、宁夏天缘休闲农业项目、马莲湖休闲旅游庄园等8个重点旅游项目建设进展顺利，全年完成招商引资实际到位资金5.99亿元，超额完成县政府下达4亿元的目标任务。

【特色旅游文化节】 5月，县文化馆举办“2016年首届赏万亩沙枣花乡村文化旅游节”。7月，举办首届宁夏·贺兰·洪广金山西瓜文化旅游节。8月，举办2016首届银川国际美食节。10月，举办“美好银川·幸福贺兰·美丽乡村”2016贺兰农民文化大集活动。

景区景点建设

【贺兰山·1958旅游开发】 贺兰山·1958创意产业休闲区为国家AAA级旅游景区，位于贺兰山苏峪口，该项目由宁夏玺月旅游文化产业发展有限公司投资建设，将其打造成为贺兰山·1958旅游景区，项目总投资5.9亿元，占地（或流转）1800亩。2016年，贺兰山·1958创意产业休闲区主要完成快乐工厂区内的于庆成美术馆、HAYA音乐厅、贺兰山艺术酒店、景区东大门建设工作；完成自驾车营地运动区内露营营地、赛车营地、房车营地、国际专业化汽车越野赛道建设；完成主题商务休闲区的贺兰山东麓旅游集散中心，汽车旅馆建设；按照规划完成四星级旅游厕所建设工作；完成景区内廊步道、水系、景观小品及导览系统建设。其中，自驾车营地区共建设4个分区露营地，18个自驾车房车营位区，建设各类自驾车房车营位500个，日计划接待游客1500余人。其中4个分区为特色露营区、机车文化主题乐园、赛车竞技区、户外休闲运动区。特色露营区包括汽车旅馆、自驾车营地、综合服务站、机车休闲吧、生态木屋营位区、帐篷营位区、房车营位区、集装箱房屋营位区8类营位区等。

【宁夏银川(北)奥莱旅游集散中心】 该中心位于贺兰县园艺路18号。该项目由宁夏奥特莱斯旅游文化发展有限公司投资建设，项目总投资5000万元，占地（或流转）7.5亩，游客集散与信息服务中心建设主要包括主题建筑及内部服务设施，主体建筑面积5000平方米，以及旅游交易推广中心、旅游商品购物中心、旅游咨询服务中心。建设面积约1万平方米的停车场，可供停车约400辆。2016年完成项目的整体规划工作及旅游集散中心房屋内外装修工作。

【贺兰县月亮湾生态农业旅游观光园】 该园位于贺兰县南梁台子铁东艾依河畔。该项目由宁夏海辰生态农业旅游开发有限公司投资建设，项目总投资2.85亿元，占地（或流转）2600亩，2016年完成湿地保护和环境整治，建设887亩芦苇湿地，1363亩生态培育(564.8亩防风固沙、景观生态林、695.4亩适水产业、102.8亩荷花池)和350亩艾依生态河岸与景观水系、葡萄园与苗木花卉基地。

【贺兰山东麓九龙古堡生态葡萄酒庄】 该酒庄位于贺兰山东麓洪广镇葡萄产业试验区内。该项目由宁夏九龙旅游开发有限公司投资建设，项目总投资3.8亿元，占地（或流转）1400亩，计划将其打造为百万亩国际品质酝酿葡萄生产基地。2016年完成葡萄园、道路硬化、绿化、防风林带及水系、电力设施、生活用房建设，园区内的植树、种草的建设以及600亩葡萄种植园。

【贺兰县南美白对虾养殖基地】 该基地位于贺兰县常信乡谭渠村。该项目由宁夏蓝湾生态农业有限公司投资建设，总投资5000万元，占地（或流转）1500亩，2016年建设完成西北地区最大1217亩生态虾养殖加工销售一体示范园区，融合1500平方米海洋生物科普馆及5000平方米植物科普馆，提升园区产业附加值，4000平方米养殖培训中心。以订单回购和农民入股的合作模式精准扶贫1000户，带动农民人均年收入增加5万元。

【宁夏马莲湖乡村文化旅游】 该基地位于贺兰县常信乡四十里店村六组。该项目由宁夏马莲湖文化旅游有限公司投资建设，项目总投资2300万元，占地（或流转）土地900亩，2016年已完成基础设施建设、演艺大厅的装修工程。

【宁夏天源达金山生态产业园】该园位于贺兰县洪广镇金山村。该项目由宁夏天源达生态旅游有限公司投资建设，项目总投资6亿元，占地（或流转）6491亩，3年内建成“平原中”的大漠旅游区，主要建设假日酒店、餐饮中心、旅游度假休闲中心、生态观光园、葡萄种植示范园等。2016年完成一期建设，重点改造原有的12栋贺兰山房，约7200平方米及周边环境景观的改造，以及绿化、道路、给排水工程及葡萄苗木的种植和滴灌工程，以及配套设施的建设、绿化工程及葡萄基地的建设。

【生态牧场产业园区】该园区位于贺兰县习岗镇朔方北街原种场东侧。该项目由宁夏银山马会有限公司投资建设，项目总投资2.67亿元，占地（或流转）200亩，2016年已完成第一期的全部任务，第一期为基础设施建设和马匹及移植等配套设备的引进，引进了国外先进的胚胎繁育技术和移植设备，同时在基地建设了移植实验室、胚胎培养实验室和繁育中心，建立了中国运动竞技马基因交易平台。基础建设有现代国际标准马场一个、互联网+牧场配套竞技场、调教场、训练场、比赛场、看台及辅助设施，马厩4座共4000平方米，教练、学员等职工宿舍一座1500平方米，教学多媒体厅、商务大厅、接待厅各一套800平方米。

【宁夏缘能达智慧农业采摘园】该园位于贺兰县习岗镇新平园区七社。该项目由宁夏缘能达智慧农业有限公司投资建设，项目总投资 7000万元，占地（或流转）260亩，2016年建设高标准日光温室34栋，建设绿色、文化、动漫长廊350米，建设农耕文化展示馆1400平方米，建设农家柴火炖鸡特色美食餐厅1400平方米，建设无土立体式种植樱桃番茄、香瓜、甜瓜、乳瓜采摘园7000平方米，建设常规土壤栽培园2.8万平方米，栽培桑葚、草莓、人参果等本地稀缺果菜，建设蔬菜种苗繁育、蔬菜种植科普观光、体验区1.4万平方米，建设生态科普培训教室1000平方米，建设芽苗及菌菇、示范、科普、观光区1400平方米。

【宁夏园艺产业园】为国家AAA级旅游景区，位于银川市以北，贺兰县西北，坐落于京藏高速公路东、西两侧，占地面积3000多亩，距银川市15公里、银川火车站20公里、河东机场30公里。园区融旅游观光、生态采摘、休闲娱乐、会展博览、科技创新为一体，分为科研开发、生产示范、会议展览、休闲农业、综合服务5大功能区。2016年接待424486人次，全年营业收入501.47万元。

【中国枸杞馆】为国家AAA级旅游景区，位于银川德胜工业园区，由宁夏百瑞源枸杞产业发展有限公司于2009年筹划，2011年建成并投入使用，总建筑面积4000平方米。馆内分为杞福馆、文化馆、养生馆三大部分及公共服务区，2016年接待650166人次，全年营业收入5090.4万元。

广播电视

【概况】2016年，贺兰广播电视台始终坚持“创新驱动”，主动适应新常态，加快与新兴媒体融合力度，持续保持发展动力和效果。年总产值超过800万，经营收入主要来源为活动赞助、栏目赞助、宣传代理、活动赞助等。贺兰广播电视台覆盖人口200万人，贺兰城乡覆盖25万人，银川、平罗等周边覆盖175万人，覆盖半径25公里，收视有效到达率70%以上，拥有12档电视节目。有职工94人，其中一线采编人员60名。有电视频道（新闻综合频道）、广播频率（93.8）各1个，新媒体中心有微信公众号6个、官方微博2个、手机APP1个。2016年1月，贺兰广播电视台被国家新闻出版广电总局确定为2015—2016年度公益广告传播机构二类扶持项目。2月，马贤获中国广播电视协会城市广播电视台工作委员会2015年度广电实战台长风云人物创新大奖。

【基础设备】贺兰电视台有高清摄像机25台、高清非编19套、高清存储设备2套、高清播出系统一套，从采编到播出所有设备都已实现高清化。贺兰电视台影视公司有航拍器2台、摇臂2套、斯坦尼康2套、4K摄像机2台、5D3摄像机3台、电控滑轨一套，其他影视辅助设备均齐全，技术设备在宁夏县、市级电视台中优势明显。

【新媒体研发】新媒体方面主要有“贺兰广播电视台微信公众号”“今日宁夏微信公众号”“贺兰发布”微信公众号、官方微博“贺兰微距”“贺兰发布”“魅力贺兰”手机APP客户端等。其中，“贺兰广播电视台微信公众号”点击率等指标在宁夏新媒体榜“媒体排行榜”稳居前十名。

【新闻综合节目】一是新闻综合频道每天播出时长18个小时，主打节目有《贺兰新闻》《零距离》《开拓创新的贺兰人》等自办类节目和《观点致胜》《鲁豫有约》《有话直说》《记者再报告》等引进节目。二是广播93.8与湖南金鹰955电台合作，全天候播出。主打节目有《新闻天天说》《博闻天下》《天天喜洋洋》《八颗牙齿晒太阳》《最美时光》《天生快活人》《OK音乐》等。93.8广播频率平均收听率位居银川地区前四名。三是《贺兰新闻》《零距离》共播发新闻稿件4000余条，其中《贺兰新闻》播发稿件2300余条。开设以“城乡环境综合整治大会战”“扩大有效投资年”“从严管理落实年”“倾听模范事，致敬劳动者”“访民情、惠民生、聚民心”“不忘初心，感念恩师”“聚焦两会展蓝图、群策群力补短板”为主题的专题版块，共播出专题新闻58条。策划县“两会”“党代会”在《贺兰新闻》《零距离》、贺兰电视台微信公众号报道60余期。四是配合县委和县纪委录制《走进直播间》访谈栏目40余期、《双百大会战项目责任人走进直播间》32期。策划电商产业发展系列报道60条。《零距离》栏目播出民生节目240期。突发事件深度报道10期。《开拓创新贺兰人》《乡约贺兰》《生活360》《贺兰天气预报》等自办栏目共播出210余期。对外宣传省级媒体采用100条，市级媒体采用230条，其他媒体采用300余条。五是围绕社会主义核心价值观、共筑“中国梦”、安全教育、助贫扶困、拒绝传销、禁毒、生态文明、税收等18个主题，共播出公益广告52条1万多次。

【改革创新】一是率先在宁夏及周边电视台里实施完全频道制改革，以频道为单元，优化频道内资源支配。提升节目质量及创新能力，自办及引进节目由3个增至14个，日均节目生产量由15分钟增至200分钟，日人均节目生产量为1.5分钟左右。二是率先在宁夏县级台探索媒体融合发展之路，已经形成了电视、广播、“两微一端”、户外为一体的融合传播格局，牵头成立宁夏县级电视台联盟，与长三角、鲁豫皖苏等电视联盟初步达成合作意向。按照“中央厨房”模式，由采访中心、编播中心、运营中心组成，整合电视、广播、微信、手机APP、户外广告资源五大“互助”媒介平台，构成全媒体传播矩阵。三是成立宁夏广泰恒业传媒有限公司，率先在宁夏地区县级台实现了完全企业化运作机制。四是率先在宁夏各级电视台探索“广电+产业”“广电+项目”模式，布局多元发展模式。注册成立兰山映画影视传媒有限公司、兰山广电旅游会展有限公司、众信合招投标有限公司等多个子公司，拓展文化、旅游、劳务、招投标代理、工程服务等产业及业务，开辟具有广电特色的产业发展道路。

【“贺兰广电+旅游”项目启动】全力推行“广电+旅游”的产业发展思路。与长三角广电旅游联盟达成“广电+旅游”产业发展意向，开展旅游专机、专列和组团地接业务。同时，对接山东、上海、东北等广电联盟加大旅游产业合作力度。依托自办《广游天下》联盟旅游栏目，进行线上旅游节目在全区和全国各广电联盟合作台播出，依托贺兰广电旅行社线下促进客源输入和输出。10月9日，兰广电携手长三角广电旅游联盟的首批82人包机游客落地银川，标志着“贺兰广电+旅游”产业项目正式落地启动。

【大学生社会实践基地揭牌】7月13日，贺兰县广播电视台与中国传媒大学共建大学生社会实践基地揭牌仪式在贺兰县电视台举行。贺兰电视台先后与中央电视台、中国传媒大学、湖南卫视、中国广播电视协会广电实战专家团等开展合作，加大“招才引智”力度，推进媒体融合发展。

【13家县级电视台共谋广电联合发展】4月24日，由贺兰电视台牵头举行第一届“宁夏县级广播电视台联盟合作论坛”暨优质节目联供签约仪式，这标志着宁夏乃至西北第一个县级广播电视台联盟体正式成立。

【贺兰电视台被评为公益广告二类优秀播出机构】贺兰县广播电视台被国家广电总局评为公益广告二类优秀播出机构，是2016年宁夏唯一获奖的播出机构。

【禁毒公益广告《远行》获全区公益广告大赛二等奖】8月，由贺兰县禁毒委员会办公室、贺兰县广播电视台联合制作的以禁毒为题材的公益广告《远行》，荣获了“2016年宁夏公益广告大赛”视频类二等奖。

【省外交流】3月22日，山东临沂临港经济开发区宣传部部长邵明典、临沂临港广播电视台台长朱孟群、临沂临港广播电视台办公室主任邵翔宇赴贺兰电视台参观考察学习，交流媒体行业发展经验。邵明典等认为贺兰电视台开展的城市媒体联合及打造传媒产业链的先进做法，具有借鉴意义。交流结束后，邵明典一行观看了贺兰电视台制作的部分优秀作品。

【国家广电总局专家团调研机制创新】8月30日，国家广电总局发展研究中心专家团成员李岚等一行到贺兰电视台，就电视台管理机制手段创新工作进行调研。专家团听取汇报后，肯定了贺兰县广播电视台的改革创新工作。

乡镇(场)与街道

Xiangzhen Chang Yu Jiedao

习岗镇

【概况】 2016年，习岗镇实现农民人均可支配收入13140元，较上年增长11%；完成固定资产投资2.5亿元，招商引资2.4亿元，双双超额完成考核目标任务，先后获得市委、政府平安建设工作先进集体、全市创业示范乡镇、全县宣传工作先进集体等荣誉称号。

【组织建设】 对全镇13个党组织883名党员信息进行集中整理，建立健全党员评星定级与党员公开承诺考核体系。完成党委、人大、政府换届。完成中共习岗镇第十五次代表大会、十五届人民代表会议各项工作，选举产生新一届党委委员11名，纪委委员5名；镇党代表92名，人大代表57名。完成11个村“两委”换届选举工作。

【电商小镇建设】 研究制定习岗镇电商发展三年(2016年—2018年)规划，实施基层党组织争先发展电商、村级活动场所优先服务电商、党员骨干率先实践电商、大学生村官领先融入电商的“四先”工程，建成村淘服务站11个，在全县率先实现了村淘建设全覆盖。依托设施农业优势，创新“互联网+农业”模式，支持瑞信公司建成新平村“支部+基地+电商+产业”大学生村官创业基地，支持发展特色采摘、亲子观光、发展定向瓜菜配送业务，拓宽电子商务发展渠道。2016年，全镇电商销售额突破3785万元，比上年增长62%。工作经验被市委组织部作为典型在全市推广。通过组织召开第二届电商大会，建成电商一条街等举措，宣传电商产业发展思路。

【现代农业建设】 重点支持天缘、天骏、瑞信等企业建成集育苗、采摘、观光等多种服务项目为一体的都市休闲旅游产业项目，统筹引导辖区农家庭院同发展共造势，初步形成高低搭配、适合不同消费群众的汉延渠系都市休闲观光带。与宁夏大学农学院合作，在新平园区天缘、瑞信建成3处产学研合作基地，加大新品种引进和新技术推广力度，以现代化的科学技术和管理经验提升设施农业发展水平。

【农田水利建设】 争取县水务局抗旱防汛资金60余万元，开挖排水沟980米，新建抢排泵站一座，调整喷灌布控机井的井位，落实完成新打机井9眼。争取“村上为民致富资金”等项目，兴建一批小型水利工程，做好防汛、抗旱、灌溉工作。大搞秋冬农田水利基本建设，规划建设新平、和平、新胜和五星片区，建设面积1.1万亩。项目分2个标段，一标段为新平村、五星村，二标段为新胜村，项目总金额360万元。共计投入车辆240台次、人力3446人次、砌护斗渠6.4公里、清淤斗沟10.6公里、农沟16.1公里、配套建筑物73座、生产桥5座，整地118.1亩，修复农田路52条26.3公里、主干路8条3.3公里，整修树池111亩，实施秸秆还田0.9万亩，秋翻地1.4万亩，激光平地1700亩，秋施肥1万亩。

【环境整治】 在镇域范围内共清理、整治，清运垃圾4300余方，协调相关部门对34处违法建设进行集中清理。强化土地动态巡查，制止违规加盖30余起，拆除违章建筑9处1.25万余平方米，复垦耕地38亩，取缔、搬离违法、违规经营的废品回收站7家。整合、争取资金607万元在和平村、新平村实施美丽乡村建设项目，解决了多年来困扰群众的出行、供水及排水问题。推进蓝天工程，全力做好镇域范围内的秸秆禁焚工作。

【惠农政策】 全年享受水库移民直补资金的补贴人数为547人，发放移民补贴32.82万元。粮食补贴面积34128.62亩，发放粮食直补资金51.19万元，农资补贴资金225.25万元。良种水稻补贴面积9600亩，发放补贴资金14.4万元。良种玉米补贴面积11840亩，发放补贴资金11.84万元。良种小麦补贴面积9520亩，发放补贴资金9.52万元。

争取第二批村级公益事业“一事一议”项目资金242.54万元，其中新胜村四社庄点道路硬化工程项目48.53万元；和平村八社美丽乡村建设工程项目48.24万元；黎明村三社道路硬化工程项目48.02万元；和平村农村基础设施和环境建设项目49.25万元；新平村农村基础设施和环境建设项目48.5万元。争取产量大县项目奖励资金项目4个，资金183.5万元，习岗镇黎明村渠道砌护改造工程批复49.11万元；五星村渠道砌护改造工程批复资金45.26万元；红旗村道路硬化工程批复资金45.01万元；新平村道路硬化工程批复资金44.12万元。

争取农村基础设施和环境建设项目资金607.91万元，其中一、二、三标段分别争取项目资金249.27万元、197.36万元、161.28万元。

【社会事业】 及时足额发放粮食独生子女等各类补贴资金349万元。核拨房屋拆迁款27365万元，完成11244名被征地农民养老保险信息初核，缴费参保880人。开展免费孕前检查及妇女健康优质服务，落实农村妇女创业小额担保贷款124户791万元。棚户区改造及京藏高速改线征地拆迁等重点工程建设项目用地保障工作稳步推进。开展送戏下乡、农民文艺汇演等文化活动，组织民间文艺社团进行文化巡演20余场次，获得了全县社火大赛一等奖等称号。加大矛盾纠纷排查化解工作，建立信访领导接访、定期例会分析研判、包案和包村责任制，切实抓好信访维稳工作。开展打击治理电信网络新型违法犯罪、打击传销工作。加强吸毒人员、易肇事肇祸精神病人及邪教人员的管理。争取上级部门的支持，成立“军、警、民”联防组织，并为德胜花园、永胜花园等失地农民安置小区安装监控摄像头240个。创新推行安全生产网格化和“一书一表两册”监管制度，共组织开展生产经营企业、食品加工企业、消防责任单位、宗教活动场所、水域安全隐患排查12次，累计排查辖区各类企业及场所570余家，查出存在各类隐患180余条，督促整改170条。对5家隐患较大的无证经营小作坊联合土地部门下发限期搬离通知书，督促限期搬离；对6家灭火器压力不足、工人防护措施不到位、用电线路混乱的企业下发整改通知书，督促限期整改隐患。

金贵镇

【概况】 2016年，金贵镇不断完善基础设施建设，突出一二三产业融合发展。镇领导班子突出践行“一线工作法”（情况在一线掌握、问题在一线解决、矛盾在一线化解、措施在一线落实、成效在一线体现），举全镇之力，全面推进商贸小镇建设、江南中心村房屋安置和纺织园区、京藏高速、丰庆路、同城化污水管网等重大项目征地拆迁工作，有力地促进了全镇经济社会各项事业持续健康稳定发展。全年农民人均可支配收入达12873元，较上年增长10.5%。

【集体经济】 针对“薄弱村”“空壳村”，制订“脱帽”计划，通过争取各类发展专项资金、吸引社会投资，建立党支部牵头的农村合作经济组织，先后争取银川市委组织部、中国农业科学院等项目资金，通过实施江南中心村便民市场、银河冷链中心改造等项目，摘掉2个“经济薄弱村”的帽子，2个村集体经济收入超过50万元。谋划为民服务项目10个，争取资金215万元，先期实施农村环境提升改造、农田基础设施配套、电商村淘等项目，打造“群众满意工程”。

【农业改革】 推动村产权制度改革，推进农村土地经营权确权登记颁证工作，开展农村土地经营权抵押贷款试点，鼓励土地向规模农业经营主体流转。培育、发展和壮大家庭农牧场26家，土地流转规模达4.4万亩，完成12个村土地承包合同的签订工作，为9个村颁发土地确权证书，农村产权抵押“融资”工作进展顺利。

【特色产业】 以银河、雄英、金贵三大温棚园区为支柱的汉延渠系设施农业产业带初具规模；以关渠、通昌有机稻种植为特色的惠农渠系优质稻产业带蓬勃发展；以特色采摘、农家旅游为代表的周末经济方兴未艾。通过招商引资、土地流转的方式，建设红星、潘昶蔬菜基地5000亩，实行“企业+基地+农户”的产业化经营模式，全镇累计育苗达1.4万亩。

【“互联网+特色农业”】 建设农村淘宝店11个，农村网店覆盖率达92%。形成集农资物品销售、便民项目服务、特产产品销售为一体的农村电商综合体，为农民增收、农业增效、农业产业化增速夯实基础、增添活力。

【农业基础设施】 争取“产粮大县”“千亿斤粮食”、为民发展专项资金、“一事一议”等项目资金，共砌护渠道667公里，硬化整治庄点巷道110公里，保障52眼机井投入使用。实施银河村高效节水灌溉项目，有4000亩温棚受益。建成高标准农田1万亩，改造中低产田1.28万亩，建成畦田1.28万亩，改善灌溉面积3万亩，新增节灌面积0.8万亩。清淤支斗农沟453条162公里，清淤支斗农渠461条135公里，整修农路394条177公里，砌护渠道115条36公里，秸秆还田5.1万亩，机深翻5.2万亩、秋施肥5万亩。迁移128穴坟地，新增耕地650亩。完成林带16条，植树1.2万株120亩，补植4条280株76亩。改变了“田不成格子、路不成网子、渠不成条子”的困境，为农民增收农业增效提供了保障。

【商贸小镇建设】 对小城镇《2016—2030年总体发展规划》进行修订完善，制订了《商贸小镇三年建设行动方案》。下半年先后争取项目资金近2000万元，修建了便民休闲广场，实现了胜利街、银星街向东延伸拓展，以及光明路、民族街、团结路、联星路的绿化、亮化、美化，改造提升了污水处理和垃圾中转中心，商贸小镇建设已见实效、初具规模。按照商贸小镇3—5年发展规划定位，谋划了一批以打造金贵清真美食一条街、穆斯林用品一条街、新业态新零售、专业细分市场、四星级涉外酒店为主要发展方向的各类项目近20个，概算总投资近10亿元。发挥1300亩储备用地优势，加大招商宣传力度，吸引社会投资建设运营。

【“双招双引”工作】 坚持招商与招才并举。农业方面，重点围绕“生产—加工—物流—销售”环节招商，引进夏林供外蔬菜基地建设项目（总投资6300万元）、金明露地蔬菜建设项目（总投资4500万元）等农业产业化龙头企业，带动全镇农业产业转型升级。工业方面，围绕“纺织—织布—成衣—贸易—市场”全产业链招商，建设亿能机制管厂项目（总投资7200万元），带动周边农民就业。旅游观光方面，续建金贵镇紫斑牡丹种苗培育及牡丹紫炼油项目（总投3200万元）。

【美丽乡村建设】 依托各村产业发展实际，合理定位各村产业发展方向，在突出特色、增加效益、拉伸产业链的同时，着力改善人居环境，努力形成一批特色产业专业、居住环境优美的村落，打造银河、雄英反季节有机蔬菜村，保南、联星露地蔬菜村，潘昶、红星供外蔬菜村，银光、江南劳务输出等产业基地，通昌村回族特色村寨等。全年累计投入850万元，完成金贵村、雄英村特色村的美丽乡村改造提升项目。

【化解历史遗留问题】采取以跨越发展“破局”遗留问题的办法，先后制订《金贵镇重点工作推进方案》《金贵镇信访积案化解责任制方案》，成立小城镇、开维热电厂征地、京藏线拆迁、江南中心村房屋安置、雄英温棚园区债务清算等8个工作小组。小城镇方面，先后化解债务2249万元，拔掉“钉子户”7户，挂牌土地2宗19亩，招引谋划项目5个；开维热电厂征地方面，全面完成310户212亩征地工作；生态纺织园协调服务方面，发放下欠征地款970万，超期安置费500万，全面完成潘昶、江南、通昌、关渠、雄英5个村1996套房屋安置工作，基本打通生态纺织园8条道路建设；雄英温棚园区债务清欠方面，收回购棚款285万元、温棚租金44万元，共计329万元；北京路拆迁户安置方面，协调银川市国土局做好500余平方米拆迁面积认定核实工作，顺利完成北京路15户群众的安置工作。

【提升群众幸福感】开展“三减”工作，平安金贵建设稳步推进。创新农村社会管理，建立领导带案下访制度，变上访为下访。加大法制宣传和矛盾纠纷排查调处力度，着力解决信访突出矛盾，认真办理群众反映的各类问题，解决了一批以征地拆迁、补偿安置为代表的遗留问题，信访积案化解率达90%。加大社区矫正工作力度，无脱管漏管现象发生。狠抓安全生产工作，对全镇重点区域、重点场所开展安全生产大检查，督促落实隐患整改工作，全年辖区无重大安全事故发生。落实统筹城乡居民医疗保险和社会养老保险政策，参保率达99%。做好弱势群体帮扶，临时救助665人，发放救助金75万元，大病救助1115人。支持、关心妇女创业工作，累计发放妇女创业贷款2024万元。开展邻里守望活动，做好留守儿童、孤寡老人的志愿服务。在银河村建设首个养老服务中心，银河村、联星村先后顺利通过自治区、银川市文明村复验。

【廉政建设】总结小城镇和轻纺城贪腐窝案教训，落实“党政同责、一岗双责”和党政“一把手”五个不直接分管制度，实行“副职分管、正职监管、集体领导、民主决策”的权力运行机制。严格执行县委《九项规定》和《两条铁律》，针对不作为、乱作为的行为，加大问责力度，全年问责村干部7人、诫勉谈话1人。实行“村财镇管”，发挥村监会作用。实行“收支两条线”，杜绝坐收坐支现象发生。落实党务、村务、财务公开，对全镇12个村的三资管理实行审计全覆盖。

【完成选举换届】按程序选举产生金贵镇出席中共贺兰县第十四次代表大会代表33名，出席金贵镇第十六届代表大会代表122名。选举产生中共金贵镇委员会委员11名、中共金贵镇纪律检查委员会委员5名。选举出席贺兰县第十八届人民代表大会县代表22名。

立岗镇

【概况】立岗镇总面积162.12平方公里。下辖15个村委会、169个村民小组。全镇有8239户31680人，其中农业人口2.97万人，占总人口91%，回族总人口1.37万人，占总人口44%。有耕地98951.42亩。2016年全年围绕“米粮小镇”发展定位，围绕“创建现代化农业示范镇”的目标，调整产业结构，推进农业产业集聚，全镇经济社会各项事业全面发展。2016年，全镇高产优质水稻面积7.5万亩，蔬菜总面积18500亩，水产精养面积8400亩，人均可支配收入1.2万元。全年完成招商引资实际到位资金2.1亿元。争取项目资金2417万元。新开工项目年度投资2亿元以上。

【优化产业结构】按照农业“八化”要求，将农业产业、科技展示、休闲旅游有机结合，围绕“一心”（立岗特色小镇）、“一轴”（以山河路为发展主轴）、“两区”（以惠农渠为界，东部为水稻种植区，西部为露地蔬菜种植区）、“多点”发展模式，提高农业产业经营化水平。农作物良种覆盖率95%，农业机械化率98%。全镇土地流转面积6万亩，占全镇在册耕地总面积12.1万亩的49.6%。全镇有50亩以上经营大户200余户，总面积1万余亩，适度规模经营化率57.8%。新增专业合作社3个，家庭农场8个。建设智慧农业，发挥水稻、蔬菜、清真食品等特色产业优势，建成农村淘宝服务点9个，全年全镇电商销售额1513万元。建设永兴村溯源信息农业示范基地1000亩，实现从田间到餐桌全程监控。开展“我为立岗发展引项目”活动，全镇招商全年引资项目到位资金2.1亿元。

【美丽乡村建设】 开展增绿工程，完成山河路通道绿化、庄点绿化共计820亩。大搞秋冬农田水利建设，累计改造中低产田2.76万亩，改善灌溉面积3.5万亩，新增耕地0.5万亩，砌护渠道138条44公里，建设配套建筑物3286座，秸秆还田5.9万亩，机深翻8.2万亩，秋施肥7.6万亩，整治林带500亩，植树3万余株。制定特色小镇三年发展规划，统一对主街道外立面进行美化改造，完成农贸市场给排水、围墙、道路改造、公厕改建、标语牌改造等工程。突出村域特色、民族特色和文化内涵，完成银星村、兰星村美丽乡村建设任务。开展城镇照明和夜景系统建设，银星村新增太阳能路灯99盏，十里长街新增太阳能路灯135盏。建立卫生保洁长效机制，开展“卫生庭院”“星级文明户”评选和“环卫体验日”等活动。

【文化旅游产业】 初步规划确定“一轴四板块”乡村旅游产业带，即：以山河路为轴，形成多彩田园景观；以小城镇为核心，将立岗、兰光、先进、清水、兰星村打造成以湿地保护、民风民俗、特色小吃、农家小院为特色的回乡文化展示区；将通义、幸福打造成以大地景观、农业新品种展示、植物观光、休闲养老等为特色的农耕文化展示区；将京星农牧场打造成为知青文化展示区；将京星农牧场、通伏、永兴、民乐打造成为以黄河沿线原生态沙枣林，黄河垂钓、观景台、黄河古渡口等为特色的黄河文化展示区。建成集特色种植、特色养殖、休闲垂钓、旅游观光为一体的滨河生态农庄，打造生瑞米业种植基地、科丰种业种植基地、金竹柳、金星银星苗圃基地等大地景观，打造生态休闲观光农业。实施“百万农民健身工程”，建成2处健身文化活动小广场。举办“2016年中国·贺兰赏万亩沙枣花乡村文化旅游节”，宜居宜游美丽立岗的形象得到彰显。

【农民致富样板镇建设】 高标准改造通义村“老来乐”敬老家园，累计入住老人40余人，打造全县唯一农村养老品牌。以兰光村、银星村劳务输出协会为依托，带动金星、立岗等村劳务产业输出，共转移富余劳动力6502人，实现经济收入5647万元。组织家政服务技能培训149人次，新培育小老板46户，带动就业124人。上报推荐贷额款农户210余户，发放妇女小额贷款1360万元。全民参保登记完成1390人，发放农村保障金165.93万元。确定精准扶贫群众99户206人，制定帮扶脱贫实施方案。全镇插花移民计划安置移民66户299人，已回购闲置宅基地66栋，143万元回购资金已发放，旧房翻新已开工建设。全面完成全镇15个村土地确权登记工作，累计印发土地承包经营权证书6958本。

【建设幸福平安和谐镇】 加强精神文明建设，通义村争创自治区级文明单位，自治区文明办深化禁毒工作，抓好民兵建设，累计征集新兵18人。健全镇、村、社三级信访网络，实行重大矛盾纠纷领导包案和“领导信访接待日”制度，消除不稳定因素。下决心研究解决影响立岗镇和谐稳定的遗留问题，协调审计局成立6个工作组对永兴、通伏、民乐、幸福中心村资产进行盘查。

【民生事业】 一是完善城乡低保制度。推进低保动态规范化管理，进一步完善低保申请、入户调查、民主评议、审核审批、家庭收入核算程序，切实做到公平施保，分类施保，应保尽保，应退即退。全年上报新增低保151户152人，取消低保36户36人；完成全镇959户1124人的低保清退核查工作。享受农村低保901户1102人，累计发放保障金397万元。享受城镇低保16户22人，累计发放保障金8.5万元。二是临时救助工作。加强临时救济力度，全年受理大病医疗救助29人次。为240户困难残疾户发放棉衣、棉被、香油。办理重度护理补贴463人，办理困难残疾补贴421人。为125户残疾人子女发放书包等学习用品。落实残疾人“两项补贴”政策，办理困难残疾人补贴421人次，重度护理补贴463人次，有力提升残疾人生活水平。

【表彰奖励】 2016年1月，立岗镇被贺兰县委、政府评为2015年度绩效考核三等奖，3月被评为2015年度人口和计划生育优秀奖、农田水利建设一等奖、促进农民增收三等奖、锣鼓闹春社火表演大赛三等奖、第七届农民文艺汇演三等奖。2月，立岗镇被银川市妇女联合会评为全市农村妇女岗位建功先进集体。5月，立岗镇被银川市团委授予2015年度银川市青年文明号。7月，立岗镇武装部被贺兰县征兵工作办公室评为2015年度招兵工作先进单位。12月，立岗镇被银川市委、政府银川市第五次民族团结进步模范集体。12月，立岗镇武装部被银川市警备区评为先进集体。

洪广镇

【概况】 洪广镇位于贺兰县西北部。镇域辽阔，土地矿产资源丰富，还分布着苏峪口、贺兰口、拜寺口等旅游景区景点。全镇总面积298.6平方公里，耕地面积近9万亩。下辖9个村委会、1个居委会、138个村民小组，户籍户数11566户，户籍人口34063人。2016年，大力发展草畜产业、酿酒葡萄产业、适水产业及西瓜、葡萄、脆枣、黑木耳等特色产业和电商产业。强化美丽乡村建设，新建县级重点项目8个。全镇农民人均可支配收入11468.7元，全镇村集体收入253.81万元。

【组织建设】 12月23日，9个村选举产生村党支部。自评产生四星级党支部1个、三星级党支部4个（包含社区）、二星级党支部4个、一星级党支部1个。全年吸收预备党员10名，转正预备党员11名。

【草畜产业】 全镇累计奶牛养殖场8家，存栏3.2万头。有肉羊养殖企业2家，存栏2.4万只。完成力农肉羊养殖场基础设施建设，存栏5000余只。全镇有5000亩以上优质饲草基地5个，累计4.5万亩。

【酿酒葡萄产业】 贺兰山东有黄河冲积河谷，是国内外公认的最适宜种植优质酿葡萄酒的“黄金地带”，全镇沿山有天骏利思、高源、锦明国际等酿酒葡萄基地9家，定植酿酒葡萄1万亩，年产优质葡萄酒300吨。

【适水产业】 全镇水产养殖面积1.4万亩。北庙朝阳生态园锦鲤养殖基地年繁育鱼苗510万尾，可售观赏锦鲤4万尾，成为西北五省区最大的锦鲤养殖基地。新明渔业形成了集新优水产品及休闲、餐饮为一体的现代科技渔业示范园区和休闲观光生态园，推广河豚、泥鳅、叉尾鮰等名特优新水产品。建设国家级种苗繁育基地一个，年繁育能力1.2亿尾。

【特色产业】 金山西瓜以“瓤沙瓜甜”闻名远近，已成为宁夏本地特色产品。金山地区连片种植西瓜1万亩，年销售量4000万公斤，销售额400万元。高荣村流转土地600亩，建设二代温棚200栋，种植高荣葡萄，每栋棚年均产值1.5万元，年销售额300万元。金山脆枣具有皮薄、肉厚、质地较密、色泽鲜亮、含糖量高、口感脆、纯正香甜的特点。金山村连片种植金山脆枣200亩，发展村企合作，开发冰枣食品。金山村连片种植红香酥梨400亩，发展采摘—休闲农家乐。流转欣荣村二代日光温室28栋和大型拱棚70栋栽培黑木耳，每年可收获二茬，每茬500公斤，每栋棚每年收益8万元。为大学生村官提供创业平台，由大学生村官以入股的方式，流转土地650亩，种植野生黑枸杞。

【电商产业】建成金鑫、欣荣2个电商村，有电商企业5家，“农村淘宝”村级服务站7个。筹备金鑫村淘站点1个，引进“嘉言民生”村级服务站1家。举办GYB、SYB创业培训班2期参加200人次、举办电商培训班4期86人、电商实操培训1期15人。组织电商负责人赴浙江考察学习。发放村淘合伙人宣传彩页1万份。累计为村民网上代购物品150余万元，帮助村民出售鲜食葡萄98万元、西瓜5万元。开展阿里教育，使40余名学生享受网络免费教育。全镇7个农村淘宝营业点全年线上线下销售额累计171.99万元，电商企业销售额累计1080万元。

【农业项目】年内完成宁林苑露地蔬菜种植基地1000亩高效节水滴灌建设，并全部定植；完成金山野生蝎子养殖场占地22亩的立体生态养殖基础设施建设及设备安装调试工作，年繁育野生种蝎50万只，年产野生商品蝎1000万只；完成圣地永久性蔬菜基地滴灌管线铺设及配套设施建设；建设高荣产业园区全钢架蓄放热水循环日光温棚17栋；完成宁夏冠名食品加工专业合作社厂区硬化，完成占地1万平方米标准化初加工与精深加工车间等配套基础设施建设。

【重点项目】年内新建县级重点项目8个，计划投资2.53亿元，已完成投资2.45亿元。续建项目1个，计划投资3078万元，已完工。争取壮大村集体经济项目5个，总投资540万元，其中欣荣村、高荣村等4个项目已完工，洪西村仓储配送中心的轻钢彩房建设项目已完成招投标。争取为民服务项目6个，总投资137.5万元，项目均已完工。

【美丽乡村建设】实施金山、金鑫村农村污水处理项目，改善沿山旅游生态环境。完成金沙村一社，高荣村七、十二社美丽乡村项目建设工作，改建5000平方米荷花池一处，硬化沿池行人道1100平方米，修补、粉刷墙面1.5万平方米，新建渗水井58个，铺设排污管道2.2公里，新建600平方米小广场一处，新修环庄道路、村庄主干道路14.8公里，新栽苗木1800株（穴），安装太阳能80台。

【动物防疫】对牲畜各类重大动物疫病进行强制免疫，免疫密度保持100%，免疫抗体合格率达到国家规定的70%以上。全年共完成免疫抗体监测400份，合格率70%以上。以洪广镇为试点推进动物标识及疫病可追溯体系建设，将春秋两季集中免疫和每月10—20日补免相结合，使各项指标全部达到国家规定标准范围之内。

【环境整治】开展主干道路卫生整治、沟渠环境自查、小城镇辖区占道经营、乱停乱放整治等活动。全镇各村累计整治村道沿线卫生45公里，整治主干道路110国道沿线环境17公里；整治林带51公里；共动用机械279台班次、人力3511人次，清理垃圾30余吨。清除沟渠沿线乱到生活垃圾8处，清理沟道垃圾1.2公里，清理乱堆乱放废油及废电池修理部5家，整改北庙村占地50亩的临时垃圾堆放场一处。打造“洁净洪广”公益广告宣传街一条，制作安装灯杆广告宣传牌200余块，悬挂宣传横幅17条，宣传栏33块。发放“洁净洪广”工程宣传手册1300余份、倡议书2000余份。

【小城镇建设】建设棚户区基础配套工程，完成洪广路长250米直径219毫米暖气管道铺设，完成暖康街、暖泉街880米排水管道安装，完成小城镇辖区园林绿化1200平方米，安装路灯200盏。完成小城镇主街道风貌改造规划和设计。

【招商引资】全年招商引资任务2亿元，已完成招商引资3.05亿元；争取金鑫村污水处理试点项目，落实资金527万元；争取洪广镇棚户区配套设施改造项目，落实资金1378万元；争取北庙村征地项目，落实资金4000万元。

【精准扶贫】 全镇生态移民有3920户16 971人，其中建档立卡贫困户998户4721人，完成移民村“五通六有”工程。“五通”：通路，欣荣村建设道路总长25 277米，建设庄点主干道1917米，次干道5024米，巷道18332米；通水，自来水入户问题全部解决；通信息，网络宽带与通信信号实现全覆盖；通广播电视，实现广播电视户户通；通客车，行政村到贺兰县城实现通车。“六有”：有增收的支柱产业，欣荣村有食用菌种植及长毛兔、肉兔、肉鸽养殖等增收产业项目，户户有奶牛养殖托管收入；有经济合作组织，培育了宁夏林下茂业养殖产销专业合作社、贺兰县金富蔬菜专业合作社、欣南山养殖专业合作社、景华肉鸽专业养殖合作社、家园福农牧专业合作社，帮助村民增收致富；有综合服务网点，安装了黄河商业银行ATM机，建成雯翔超市、经销农资商店及电商扶贫网店；有文化体育活动场所，农家书屋、健身广场、农民文化广场、文化大院配套齐全；有标准卫生场所，建成卫生院1家，新型农村合作医疗参合率100%，分级诊疗及三医联动开始实施；有集体经济收入，主要为温棚租金收入，年收入约13万元。2016年，欣荣村农民人均可支配收入6600元，村集体经济收入31万元。

【文化宣传】 开展“我们的节日”系列活动，举行社火表演、舞龙舞狮、扭秧歌等文化活动11次，各类趣味运动会6场。完善镇村文化站、农家书屋建设。联系洪广镇洪广社区健身舞蹈社火秧歌文艺演出协会为各村演出20余场次。“讲文明·树新风”公益广告宣传牌240块。开展“孝老爱亲”道德讲堂主题活动5期，参与人数300余人、开展每村评选“好媳妇”“好婆婆”“和谐家庭”各10个。全年保持“十星级文明户”364户。组织上街发放法律常识宣传册、妇女健康知识宣传册1000余份，解答群众咨询30余例，联系医院为村民免费体检2000余人次。

【社会事业】 全镇共有低保户1518户1808人，集中审核上报低保户档案378户387人，临时救助157户19.3万元。全年共举办培训班13期650人。劳务输出转移就业5613人，实现劳务收入4577万元。全年新增创业户57户，带动就业人数160多人。全年共发放妇女贴息小额贷款175户1036万元。全年出生人口169人，符合政策生育率为92.3%。

构建综治网格化管理体系，建立矛盾纠纷调处机制，实行矛盾纠纷排查调处周报告制度，坚持每周对辖区各类矛盾纠纷和不稳定因素进行拉网式排查，共排查出矛盾纠纷65起，调解完成56起。在镇区内重点单位安装摄像头，实行24小时微机监控；完成流动人口摸排和治安责任书签订工作、肇事肇祸及严重精神病患者监护协议签订和戒毒（康复）人员的谈话归档工作。以各村（居）为单位，建立包村包人责任制，一人一档案，统一管理。坚持周排查工作制度，共查出信访纠纷12起，共回复12345市长督办专线18件，进一步强化初信初访办理，实行领导包案制度。全年收到贺兰县信访局信访件46件，已全部办理。

开展消防安全、危险化学品安全、食品安全、道路交通安全等隐患排查工作，对不合格商户、企业限期整改。开展安全生产宣传工作4次，重点宣传加强安全法治、保障安全生产等内容。

【金山西瓜文化旅游节】 7月16日，在金山村举办，吸引各地游客1万余人，现场销售金山西瓜10万公斤，帮助金山、金鑫村村民网上代售金山西瓜98万元。此项活动进一步宣传和展示了洪广旅游小镇及相关产业的发展成果，为培育西瓜产业奠定了基础。

【金山羊肉文化旅游美食节】 12月17—19日，在洪广镇1958文化创意产业园举办，共吸引各地游客4万余人，金山地区22家农家乐接待游客近2.3万人，营业额达75.9万元。本次活动以“运动休闲、美食文化、创意体验、旅游暖冬”为主题，进一步提高了洪广旅游小镇的知名度、美誉度和影响力。

【表彰奖励】2016年1月，洪广镇被贺兰县委、政府评为2015年度绩效考核二等奖；3月被贺兰县委、政府评为2015年度农田水利建设特等奖，2015年度促进农民增收一等奖，2015年度人口和计划生育工作优秀奖，2016年锣鼓闹春社火表演大赛二等奖，2016年第七届农民文艺汇演二等奖；7月被银川市食品安全委员会评为2016年度食品安全先进乡镇（街道）；11月获自治区文化厅2016年度“新春乐”第十二届全区社火大赛银奖，被贺兰县委、政府评为贺兰县十佳道德讲堂。董斌获银川市第五次民族团结进步模范个人称号，王彩宁、张占林获全县优秀党务工作者称号，朱燕华、朱焘获全县优秀共产党员称号。刘晋良被贺兰县委评为优秀团干部。常颖获全县“爱岗敬业 和谐家庭”演讲比赛二等奖、全县庆祝建党95周年暨“两学一做”学习教育知识竞赛三等奖。薛琳、张继鹏、田玉龙、马江丽获全县“诵读中华经典 共度中秋”大赛二等奖。董勇获全县医疗卫生计生工作先进工作者称号，黄倩楠获全县电商统计先进工作者称号。

常信乡

【概况】常信乡地处贺兰县城西北部，109国道、石中高速公路、艾伊河穿乡而过，交通便利，灌排条件优越。全乡总面积172平方公里，辖四十里店等14个村，167个村民小组，共有农户8162户，总人口32861人。在册耕地面积14.3万亩。2016年，常信乡通过建设“三大产业、七个万亩园区”，着力推进农业“八化”、“一产向二产转变、二产向三产转变”。全年实现社会固定资产投资3.71亿元，超额完成1.71亿元。农民人均可支配收入12810元左右，同比增长8.5%。全年完成招商引资2.56亿元，超额完成28%。村集体经济总收入404万元。

【组织建设】全面落实“基层服务型党组织加强年”活动，开展乡、村基础服务型党组织创建工作。乡党委顺利换届，成功召开新一届党代会、人代会，完成14个村“两委”换届选举任务。

【特色产业】全年发展建设农业产业项目43项，争取项目资金2500万元；全年新开工项目11项，共投资2.5亿元。全乡项目涵盖了瓜菜、适水、制种、饲草、休闲、冷链体系、电商等方面，包括：张亮、桂南、桂文、四十里店、团结、丁义村蔬菜基地建设项目；寇家湖1200亩30兆瓦渔光互补重大项目和500亩通威365模式养殖示范基地建设项目；广银米业有机水稻基地扩建及有机水稻可追溯体系展示厅和粮食银行及工厂化育秧建设项目等。全年实现全乡规模化蔬菜基地总面积达1.4万亩以上，有机水稻总面积4100亩以上，水产养殖总面积5600亩以上。全年在新民、桂南、桂文等村共设立农村淘宝项目7个，在桂文村建设集行政、市场、便民、公益四大服务于一体的嘉言民生电商新模式服务站1个，年底引进广银米业、桂南村万顺蔬菜产销专业合作社等5家企业或合作社投入到农村电商，电商交易总额2000万元，同比增长30%以上。

【城乡建设】一是投资1500余万元建设团结、五渠、谭渠3个美丽乡村示范点，直接惠及农户780户。二是结合环境大整治，完成109国道、银汝公路、石中高速公路、正源北街、包兰线两侧167个庄点综合整治，清理垃圾杂物11210方，投资1200万元。拆除违法占地25处，关停109国道、银汝线两侧煤场10家。三是在秋冬农田基本建设中完成高标准农田建设4.288万亩，清淤支斗农沟、农渠共1484条485公里，整修农路642条289公里，配套建筑物4201座。春秋两季共种植乔灌木21万株，造林440亩。四是完善提升文化活动广场的绿化档次，2000余平方米健身灯光球场全面建成并投入使用；实施居民楼外部环境改造和主要集镇道路改造工程，并安装太阳能路灯104盏；完成7000平方米集镇市场硬化改造，新建市场公厕、新华村、旭光村垃圾中转站和新华村污水泵站等配套设施，谭渠村生活污水处理及改厕试点通过自治区验收；实施银汝线段特色街区改造工程，改造面积6000平方米。

【社会事业】一是成功创建自治区级计划生育“五星级乡镇”。全乡享受少生快富工程55户，农村奖励扶助政策101人，全员人口信息完整率99%，全乡人口出生率为3.6‰。二是落实教育优先发展战略，全乡九年义务教育普及率100%。三是全乡医疗保险参合率99%；养老保险参保率96%，四是全年举办家政服务培训班12期，培训600人。转移劳动力6300人，实现劳务收入6500万元。五是办理信访案件104起，办结101起，办结率98%。教育转化邪教组织人员38名，社区矫正21名。六是全年开展安全大检查8次，查处各类安全隐患20处，全乡全年无食品安全中毒事故。安全事故率和伤亡人数呈现双减少。

【文化活动】一是开展“道德讲堂”“讲文明树新风”等活动和十星级文明户、贺兰好人、最美家庭等评选。全年举办道德讲堂4次，参加200人次；推荐评出60户“最美家庭”示范户，吴凤霞等3人获银川市“好婆婆、好媳妇”“最美家庭”称号。二是开展送戏下乡、卡拉OK、广场舞、民间剪纸及手工制品比赛等一系列活动。先后参加第七届农民文艺汇演、“激情放歌”广场文艺展演和“锣鼓闹春”首届社火大赛等活动，其中在“欢乐宁夏”全区群众文艺会演中荣获二等奖，在“新春乐”第12届全区社火大赛中获金奖，被评为银川市首批“公共文化服务体系示范乡镇”。

【贷款惠农】推进农村妇女小额担保贷款工作，全年共审核发放农村妇女小额担保贷款667户，发放贷款总额3480万元。

【从严管理落实年活动】一是开展廉政勤政警示教育，端正党员干部作风和态度。二是加强机关干部党风廉政建设，贯彻落实中央“八项规定”。三是梳理清单、自查自纠、公开承诺、开展“四个知晓”专题活动，明确工作职责，以从严管理的新常态推动全乡各级干部素质提高、形象提升、服务提效、落实提速、工作提质。四是严格落实公务用车改革“九个严禁”要求，及时将规定上交的公务车辆上交封存。五是进一步强化对村级财务制度运行的监督，履行政务公开，扩宽监督渠道，建立“四位一体”的线索举报渠道。

【表彰奖励】1月，常信乡被自治区环保厅评为自治区级生态乡镇，团结村被评为自治区级生态村。常信乡被银川市创建国家公共文化服务体系示范区工作领导小组评为全市群众文化工作先进集体。3月，常信乡被自治区妇联评为全区农村妇女岗位建功先进集体。6月，四十里店村党支部被自治区党委评为全区先进基层党组织。9月，常信乡被银川市委、政府评为全市“六五普法”先进集体。10月，常信乡被自治区计生委评为2014—2016年度全区计划生育五星级乡镇。12月，常信乡被银川市公共文化服务体系建设协调领导小组评为常信乡银川市公共文化服务体系示范乡镇，谭渠村被中国住建部办公厅评为美丽宜居村庄示范点。

南梁台子农牧场

【概况】南梁台子是银川市7个移民吊庄之一，位于贺兰县城西北，以艾依河为界与常信乡接壤，南临金凤区丰登镇，西与农垦集团南梁农场毗邻，北靠贺兰县洪广镇，东距县城19公里，南距银川火车站20公里，包兰铁路南北贯穿而过，属纯回族聚居区。2016年全场土地面积3.13万亩（其中南梁农场移民村2337.96亩），可利用面积2.25万亩（其中南梁农场移民村485.64亩），在册耕地1.81万亩（其中南梁农场1852.32亩）。户籍人口2342户8053人（其中南梁农场移民村122户639人），辖2个行政村，18个村民小组，其中铁东村1277户4544人，铁西村1065户3509人。有党员216人。农场地势高，土地沙化严重，农作物种植单一，主要种植玉米及枸杞，农民人均纯收入8236元。

【养殖业】建成1个集中肉牛养殖园区、1个饲草配送中心及茸源梅花鹿养殖示范园区，形成了以振林肉牛养殖专业合作社、瑞丰福佳养殖专业合作社、元丰肉牛养殖场和金牧奶牛养殖场为龙头，农户庭院养殖为主体的牛羊养殖发展格局。肉牛饲养量达2万头，肉牛存栏7023头，羊饲养量33378只，奶牛存栏867头。

【特色种植业】依托铁西枸杞专业合作社，新栽植枸杞680亩，枸杞种植面积发展到4500亩，加工枸杞3.5万公斤，形成了枸杞种植、收购、加工、销售运行体系，南梁台子“贺澜农园”枸杞品牌越来越响。

【招商引资】截至年底，落实招商引资2200万元，其中引进宁夏天然蔬有限公司实施永久性蔬菜基地建设，完成投资1100万元；引进宁夏茸源养殖有限公司实施梅花鹿养殖园区建设，完成投资1100万元。

【劳务产业】全年劳务输出累计1800余人次。举办技能培训班5期，培训人员450余人，实现劳务创收2000万元。

【社会事业】全年落实粮食补贴面积1.7万亩。为全场217户低保户、203名残疾人谋福祉。完成妇女小额担保贷款74人的上报工作。全场排查矛盾纠纷45次，排查纠纷41件，调节成功40件，调解率100%，调节成功率97.6%，防止群体性上访18起400人次。

【铁东村永久性蔬菜基地】截至年底，南梁台子铁东村永久性蔬菜基地流转土地1060亩，建成一个种植品种多样化的蔬菜种植基地，形成一个以西红柿为主要种植作物，山药、螺丝菜、小米椒等为辅的大型蔬菜种植基地。全年种植西红柿600亩、淮山药150亩、螺丝菜150亩、小米椒100亩。基地采用“公司+基地+农户”的经营模式，通过土地流转使农民变成产业工人，有百余名富余劳动力到基地就近务工，每天工资约100元左右。

【标准化养殖场产销示范园区】宁夏茸源养殖有限公司成立于2015年12月，位于贺兰县南梁台子铁东村九队，是以繁育饲养梅花鹿及肉牛为主的专业养殖公司。公司占地60亩，注册资本500万元，建设标准化养殖场产销示范园区。该项目建设内容有养殖区建设、养殖污染治理设施建设、废弃物处理工程建设、项目支持体系建设。其中附属设施和配套设施用地1.8亩，主要为消毒间、饲料间以及管理用房等。示范园区建成后，形成梅花鹿、肉牛收购—养殖—培育—销售渠道规范流程。同时，形成以肉鹿良种繁育、养殖、产品加工企业为龙头的产业化格局，并实行贸农一体化、产销一条龙的肉鹿生产良种循环模式。该项目对南梁台子建设标准化畜牧养殖场具有较好的示范作用。

京星农牧场

【概况】京星农牧场是贺兰县政府下属事业单位，位于县城东北角的黄河岸边，距县城24公里，南北长约5.3公里，东西宽2.5公里，总面积约12.3平方公里，东靠黄河，南与立岗镇幸福村相连，西临立岗镇星光村，北与立岗镇永兴村接壤。1955年到1958年，先后8批支宁人员从北京城区、浙江湖州、河南周口来到这里，为京星农牧场发展创造了条件。2016年，全场下设6个生产队，共235户816人，汉族人口占92%，满族人口占5%，回族人口占3%。全场的耕地1万亩。辖区成立3个农民专业合作组织。2010年被银川市评为文明乡镇，2012年被贺兰县评为平安乡镇，秋季农田水利基本建设连续5年获全县三等奖，2016年被贺兰县委授予先进基层党组织称号。

【主要经济指标】2016年，京星农牧场基本实现年初制定的经济目标。全场完成固定资产投资5090万元，完成率101.8%。招商引资2000万元，完成率100%。争项目争资金169.09万元，完成率33.98%。粮食总产量达558万公斤，全场农民人均可支配收入14075元，居全县之首。完成土地确权颁证180户

7559亩，完成率100%；完成造林绿化面积60余亩，共栽植树木30000余株（穴）。全场就业再就业103人，实现经济收入25万元。农机输出120台次，实现经济收入29万元。落实高标准农田水利建设3000亩。

【农村淘宝京星农牧场服务站】 4月8日，贺兰县农村淘宝京星农牧场服务站开业农村淘宝服务站开业以来，在生态服务、创业孵化、公益等方面延伸出更多触角，基本实现了村淘在农村真正生根、健康成长。完成电商销售收入600万元，位居全县第一，其中线上销售额400万元，线下销售额200万，为农户节约资金80余万元。先后有县内县外、区内区外2000余人次观摩学习农村淘宝京星农牧场服务站工作。

【党组织建设】 建立“互联网+党员服务站”模式。打通联系服务群众的“最后一公里”。建立“党员e家”党员教育管理综合服务微信平台，弥补农村党员教育管理传统手段的不足，强化了党员与党组织的联系。各支部各确定5名志愿者，为本场老年人或行动不便的群众做好网络代购、产品销售、水电费缴纳、手机充值、物流配送等服务。

习岗街道办事处

【概况】 2016年，贺兰县习岗街道党工委、办事处着力打造星级服务型党组织，带动居民就业创业，致富增收；打造“网格化管理，组团式服务”的社区治理新模式，以街道、社区、网格为区域范围，实现网格管理全面覆盖；打造“一社区一特色”“一社区一品牌”，并以太阳城社区以电商创业谷为抓手，打造电子商务品牌社区；打造园林绿化“绿色名片”，以巩固提升园林县城创建成果。加大对社会保障、文化教育、计生服务、武装等社会事业方面的投入力度，全年办理廉租住房保障人员81户、城镇低保23户，发放临时救助132人13.35万元，办理大病医疗救助手续38人，为60岁以上老年人办理意外伤害保险1337余人，审核社保补贴707人。全面完成2016年招商引资3000万元任务，培育新增小老板397户。年内，习岗街道办获银川市群众文化工作先进集体、贺兰县“六五”普法先进单位、银川市第五次民族团结进步模范集体等称号。

【提升党建科学化水平】 开展亮牌评星活动，创评5个2星级服务型党组织、5个3星级服务型党组织、1个4星级服务型党组织。评定25名优秀共产党员（其中县级优秀共产党员2名）、13名优秀党务工作者（其中县级优秀党务工作者1名）。借用三鑫如意苑临街营业房1430平方米，设置党员活动室、文化活动室、群众工作室。以7个专项行动为重点，开展党员组织关系集中排查，实现了失联党员找回率、流动党员持证率、党员组织关系回执率100%的“三百”工作目标。建立党员“三建四关心”机制，为1118名党员建立党员个人档案、建立党内关爱资金、建立党员关怀机制，关心党员思想进步、关心党员身体健康、关心党员树形象、关心党员家庭幸福。二是对街道机关支部进行了换届选举。

【“一个模式、两张名片”】 一是打造“网格化管理，组团式服务”的社区治理新模式。依托政法云—宁夏社会治安综合治理信息系统，应用数字化、信息化手段，以街道、社区、网格为区域范围，整合社区内人、地、事、物、组织、房屋等公共服务设施、公共服务信息资源，做到情况全摸清、问题全掌握、服务全方位，通过以图管房、以房管人，使网格化管理的运转方式更加精细化，实现了网格管理全面覆盖、居民信息全面采集，发挥了网格员代理服务办事、城市部件网格排查、重点人员社区监管等功能。共录入实有房屋数98329间、户数59482户、人口数151161人，共受理矛盾纠纷2352件，排查治安隐患3920件，开展民生服务5805件，提供社区管理与服务1071件。二是打造“一社区一特色”“一社区一品牌”。光明社区以智慧调解服务中心为抓手，打造智慧调解品牌社区；利民社区以“四爱四义”为抓手，打造志愿服务品牌社区；友爱社区以残疾人康复理疗中心为抓手，打造关爱残疾人品牌社区；居安社区以“智慧养老”为抓手，打造居家养老品牌社区；马家寨社区以网格化管理为抓手，打造社会治理品牌社区；太阳城社区以电商创业谷为抓手，打造电子商务品牌社区。

【打造园林绿化“绿色名片”】 一是打造全国园林县城的城市名片。以巩固提升园林县城创建成果为目标，实施县城环境美化，打造了宜居、宜业、宜商、宜游的“美丽贺兰”的第一窗口。对县城规划区内的13处闲置空地进行补植补绿，改造提升小微公园3处，县城绿地面积达465.87万平方米，绿化覆盖面积492.35万平方米，绿地率达到53%，绿化覆盖率55.3%，人均公共绿地达到16.3平方米，县城“三绿”稳步提升。二是打造精品工程。在公园体系建设中，通过“三个舍得”，即舍得把最好的地方拿出来建休闲公园，舍得投入资金配设施，舍得投入心思去栽好树，为居民打造更生态、更健康的生活环境。把重点放在打造精品园林、示范绿化带上。建成了以森林生态为主的迎宾公园、市民休闲为主的桃源路带状公园、休闲娱乐为主的如意湖公园，形成了具有城市特色的市民休闲森林公园，使县城景观品位和档次得到提升。三是建设“盆景式”园林景观。按照“绿色贺兰”的理念，推进街巷绿化、道路绿化、园林绿化等工作，建设“盆景式”园林景观，努力形成一路一品、一街一景、特色鲜明的绿化格局。有计划有选择地对公园、广场的景观进行改造升级，努力把县城打造成了一个靓丽“对外开放，双招双引”的会客厅。

【联动突破担重任】 一是整合治安防范力量，开展群防群治工作。街道办综治巡防队采取分组错时方式分白班和夜班在辖区重点地段和场所进行巡防检查，做好矛盾纠纷排查化解、安全隐患整治、打击传销、反邪教等工作。二是成立社区戒毒（康复）工作站，强化对辖区吸毒人员的管控。聘用专职工作人员11名，11个社区各禁毒专干1名成立社区戒毒康复工作站。建立吸毒人员档案，加强管控。三是推进“五级五覆盖”安全生产责任体系建设。成立街道安全生产委员会，建立健全安全生产各项工作职责及制度，落实“党政同责，一岗双责、齐抓共管”，强化安全生产监管责任，提升街道安全生产事故防控能力。组织辖区居民群众和企业职工开展应对各种突发事件应急处置和消防灭火演练，提高群众自我防护、自救互救的能力。

【社会事业】 办理廉租住房保障人员81户、城镇低保23户，发放临时救助132人，13.35万元，办理大病医疗救助手续38人，为60岁以上老年人办理意外伤害保险1337余人，审核社保补贴707人。组织开展“迎新春·庆佳节”“花开四季”文化广场演出文化专场演出43场。倡导计生优质服务，配齐配强计生干部队伍，加强流动人口管理与服务，开展亲子早教和孕前检查、幸福家庭创建等计生服务活动，共办理生育服务证373本。全面完成2016年招商引资3000万元任务，培育新增小老板397户。五是提升全民国防意识。完成民兵整组、兵役登记、冬季征兵三大武装工作，输送合格新兵18名，全街道基干民兵32人组建应急分队。

【表彰奖励】 1月被评为银川市群众文化工作先进集体；10月被评为贺兰县“六五”普法先进单位；12月被银川市第五次民族团结进步模范集体。2月获贺兰县2016年“铜锣闹春”社火大赛三等奖、贺兰县第七届农民文艺汇演三等奖；7月获贺兰县庆祝建党九十五周年组织奖，并取得宁夏全民健身季贺兰县“体彩杯”第五名优异成绩。12月，刘斐被银川市委、政府授予银川市第五次民族团结进步模范个人称号。

人物名录

Renwu Minglu

2016年贺兰县先进基层党组织、非公企业“双强六好”党组织、优秀共产党员、优秀党务工作者

一、先进基层党组织（22个）

县委办党支部
政务服务中心党总支
交通运输局党总支
习岗镇党委
习岗镇德胜村党支部
金贵镇银河村党支部
金贵镇红星村党支部
立岗镇兰光村党支部
立岗镇永兴村党支部
洪广镇洪西村党支部
洪广镇洪广社区党支部
常信乡党委
常信乡桂南村党支部
南梁台子铁东村党支部
京星农牧场党总支
习岗街道如意湖社区党支部
习岗街道团结社区党总支
贺兰二小党支部
贺兰四中党总支部
公安局金贵派出所党支部
妇幼保健所党支部
宁夏百瑞源枸杞产业发展公司党总支

二、非公企业“双强六好”党组织（11个）

宁夏天源达集团有限公司党总支
银川市艾尼散热器有限公司党支部
宁夏凯晨电气有限公司党支部
银川东君乳业有限公司党支部
银川天佳能源科技有限公司党支部
宁夏塞尚乳业有限公司党支部
宁夏上陵汽车广场党支部
宁夏徐州中煤钢结构有限公司党支部
远大中联控股有限公司党支部
宁夏卡瑞尔研磨材料有限公司党支部
宁夏双玉防水防腐材料集团有限公司党支部

三、优秀共产党员（61名）

徐晓庆　政府办秘书
马维新　环境保护局监察大队副队长
李继春　经合局副局长
王爱玲　司法局习岗司法所所长
马晓莉　县委宣传部办公室主任
马立勇　人社局办公室主任
周学军　国土资源管理局执法监察大队副队长
燕林文　习岗镇计生站站长

马　青　习岗镇习岗村党支部书记兼村委会主任
陈玉军　金贵镇洁净办主任
陈学忠　金贵镇金贵村党支部书记
马　婧　立岗镇副镇长
张志华　立岗镇通伏村党支部书记
朱燕华　洪广镇党政办主任
朱　焘　洪广镇洪广社区党支部书记
殷红霞　常信乡文化站站长
王月琴　常信乡丁北村党支部书记
李　斌　南梁台子管委会统计专干
穆凤明　南梁台子铁西村党支部书记
谢伏峰　京星农牧场三队队长
朱世琳　京星党总支二支部书记、六队队长
李惠莲　习岗街道办事处绿化所副所长
青春燕　习岗街道利民社区残疾、民政专干
黄光萍　金色未来幼儿园联合党支部书记
张国忠　德胜小学工会主席
王海荣　铁西小学副校长
吴兴军　教育体育局党工委机关党支部书记
李义军　人民法院民一庭助理审判员
张丽雯　人民检察院助理检察员
田　林　公安局城关派出所副所长
张学彦　公安局常信派出所教导员
陈晓伟　经济发展和改革局纪委书记、副局长
郭　君　经济发展和改革局党建专干
王海瑾　金贵镇中心卫生院党支部书记、院长
盛春宁　疾病预防控制中心党支部、慢性病防治科科长
张亚娟　农牧渔业局办公室副主任
马广福　农技推广中心土肥站工作人员
杜海东　宁夏回族自治区种业公司副经理
王光银　宁夏回族自治区域试验站站长
张孝平　市场监督管理局暖泉所党支部书记、所长
周建军　市场监督管理局食品监管科科长
杨晓辉　国税局立岗所所长
周正国　财政局预算股股长
李秀萍　老干部局副局长
信恒冉　宁夏如意科技时尚产业有限公司保安大队长
孔　启　宁夏如意科技时尚产业有限公司厂长兼支部书记
张显生　银川盛世华新建材公司党务工作者
周喜平　宁夏塞尚乳业有限公司党支部书记
程　博　宁夏百瑞源枸杞产业公司车间上任
杨爱玲　宁夏铁马轴承有限公司党务工作者
高亚男　宁夏晨阳散热器有限公司党务工作者
马　兰　天源达集团有限公司党务工作者
李　健　宁夏大北农科技实业有限公司党务工作者
王咏茹　宁夏天佳能源科技有限公司办公室主任
马保军　宁夏天银汽车销售有限公司党支部书记
高元柱　银川德胜园区党工委综合办公室业务主管
欧佳雯　银川生物科技园党工委办公室主任
张小建　银川兄弟彩兴化工公司办公室主任
王安宁　宁夏贺兰山化肥有限公司车间主任
曹国荣　宁夏光华活性炭有限责任公司综合办公室主任
张永康　宁夏泰益欣生物科技有限公司质量管理部部长

四、优秀党务工作者（28名）

路文超　习岗镇组织宣传专干
刘　源　金贵镇党政办主任
王　勇　立岗镇党委书记
舒建军　洪广镇党委副书记
王彩宁　常信乡纪委书记
屠志刚　南梁台子管委会副主任
张占林　京星农牧场副场长
李慧荣　习岗街道办事处党政办副主任
张丽茹　社会组织党工委组织专干
马玉宝　贺兰回小党支部书记
马丽亚娜　统计局办公室副主任兼组工干事

马晓双　非公经济组织党工委专职副书记
陈钟寅　贺兰县公安局交警大队教导员
李　晶　卫生和计划生育局党委秘书
年建东　农牧渔业局农经站站长
李　喆　宁夏回族自治区原种场办公室科员
王海峰　市场监督管理局法制监察科科长、机关支部书记
陶　莉　贺兰县会计管理核算中心办公室主任
方保国　老干部局退休干部党支部书记
张晓露　宁夏如意科技时尚产业有限公司党委书记
武劲松　银川德胜工业园区党工委党务主管
田新宇　宁夏凯晨电气有限公司党务工作者
牛　宸　银川天佳能源科技有限公司党支部书记
白金玉　宁夏大地丰之源生物药业公司总支副书记
魏　敏　银川东君乳业有限公司党支部书记
付　振　银川生物科技园党工委纪工委书记
杨　慧　经济发展和改革局党委书记、局长
薛玉梅　宁夏双玉防水防腐材料集团有限公司党支部书记

2016年优秀校（园）长、优秀班主任、优秀教师和优秀教育工作者

一、优秀校（园）长（10名）

吴志坚　贺兰一中校长
陆文逊　如意湖中学校长
马吉业　贺兰一小校长
孙锦萍　贺兰县幼儿园园长
桂树新　贺兰县德胜小学校长
王　琳　暖泉小学校长
沈　淼　银光小学校长
王　庆　民乐小学校长
钱建国　常信中心小学校长
徐金柱　欣荣幼儿园园长

二、优秀班主任（100名）

贺兰一中　李　娟　柳宝强　黄丹凤　吴奋勤　龚春宁　杨秉生　李辉琴　张　鹏　方　芳　王　明　海金涛　鲁小刚　史艳妮　彭　佳
贺兰回中　卢亚军　贺思霞　韩存军　马立忠　赵新红
贺兰四中　章丽娟　马淑芳　王玉英　唐沙沙　邵　娟　张丽红　黄　菊　李浩玥　杨占月
如意湖中学　田进仁　姚艳芳　刘晓英　刘桂芳　海少军　董耀华　吴影玉
贺兰三中　蔡如燕　屠文燕　辛鹏举　胡金红　张龙举　杨晓军
贺兰一小　杨　阳　王瑞芬　董艳贞　王慧琴　夏立峰　张　蓉　丁学梅　范雪琴　岳梅芳
贺兰二小　马春兰　石　卉　杨　叶　司玉娟　王丽英　蔡艳萍
贺兰六小　杨季芬　杨月霞　王雪梅
贺兰回小　吴玉珍　王　彦　李秀玉　黎　芳　方惠娟　司彩霞
贺兰县幼儿园　徐　婷　马　佳　郜婷婷　陶丽群　苏俊雅　辛　瑞
太阳城小学　吕文芬　李艳珍　孙菊玲
德胜小学　芮　倩
经济桥小学　苏国伟
五星小学　李红玲
暖泉小学　马　薇　白　兵
南台子小学　夏万志　杨远志
铁西小学　黄学娟　李春梅　付　瑜
金贵镇中心小学　燕红军　张克玲　胡晓红　郝占虎　张　荣
立岗镇中心小学　罗亚玲　李淑红　张秀芳　吴金霞

常信乡中心小学　汤海英　张　强　余红玲　宋惠玲
洪广镇中心小学　李松辉　王淑贤　张梅雪

三、优秀教师（150名）

贺兰一中　杨晓红　于慧玲　吴晓丽　许丰蓉　王金萍　许友娟　尹铭怡　姜晓玲　彭海燕　王丽欣　杨宏秀　张红梅　艾珏璞　杜　颖　陈桂英　余翠琴　张向荣　马　丽　马献林　董艳慧　姚卫刚
贺兰回中　孙梅彬　陈　岩　刘莉华　邢　静　杨　云　郑丽华　保鹤贤　唐海宁　马玉薇
贺兰四中　周丽娟　马　瑜　沈海林　吴彩珍　王　琼　苏宝刚　王惠霞　王惠芳　贾淑玲　王旭红　刘玉申
如意湖中学　许子寒　杨志梅　徐玉茜　陈福英　田　宏　黄少宁　张爱霞　闪福成　杨莉娟　韩小润　王永红
贺兰三中　韩银平　马成香　刘明亮　董富荣　付占英　孙菊艳　张彩云　张雪飞
贺兰一小　焦建民　张　敏　潘雪晴　周桂岚　张惠芳　叶晓芳　刘海洋
贺兰二小　蒋春芳　年学红　吴月琴　余惠玲　郑桂萍
贺兰六小　张静茹　秦风侠　马成玉
贺兰回小　欧　娇　徐景波　徐　丽　李海燕　李金玲　苏雁鸣　华国瑞
贺兰县幼儿园　李　芳　杨茜瑜　郁秀秀　毛文洁　马吉慧　桂　荣　李　芳　雷佳妮
太阳城小学　胡凤琴　杜丽荣　王荣荣
德胜小学　吕　星　杜惠萍　邓兰湘
经济桥小学　曹新梅
五星小学　王秀琴
暖泉小学　赵　莹　黄　喆
南台子小学　吴学峰　周宗智　吴晓煊
铁西小学　黄　艳　王彦红　张佳乐　王化琴　余长林
金贵镇中心小学　刘红霞　杨明慧　赵　华　蒋文忠　金维华　杨　扬　张艳霞
立岗镇中心小学　张晓惠　冯学兵　王学文　杨明义　王桂琴　岳春利
常信乡中心小学　杨秀琴　段巧英　欧惠珍　刘　军　马彦萍　徐延萍　岳凤莲
洪广镇中心小学　安继姗　霍志东　盛光文　欧兆庚
贺兰县教学教研室　罗梅芳　李雪梅
银川西夏德胜小学　刘晓霞
华梦大风车幼儿园　马晓燕
金色摇篮幼儿园　马　丽
童之梦幼儿园　焦　瑞
天俊阳光幼儿园　吴玉琴
一品商都幼儿园　禹彩霞
启明星幼儿园　王佳乐
锦龙之家幼儿园　王　燕
金豆豆典雅艺术幼儿园　程　娟
贝思特幼儿园　孙　佳
启智幼儿园　贾　莉
金色未来幼儿园　黄光萍
天之骄子幼儿园　马　芳
光明幼儿园　赵　萍
暖泉幼儿园　刘　晶
美茵湖城幼儿园　侯君凤

四、优秀教育工作者（50名）

贺兰一中　孙彦民　马学凤　张彦尊

贺兰回中	王丽荣　岳宝明　侯　慧　张　娟
贺兰四中	马生虎　李　冰
如意湖中学	薛文军　潘　涛　汪国峰
贺兰三中	王彩虹　闫　龙　王福定
贺兰一小	袁　俊　郭秀珍　李　菲
贺兰二小	杨凤萍　赵胜利
贺兰六小	王　艳
贺兰回小	马景宝　王彩霞
贺兰县幼儿园	李　静　宋　红　景　香
太阳城小学	金　虎
德胜小学	方海娟
经济桥小学	方晓勇
五星小学	尹艳荣
暖泉小学	董　雷
南台子小学	方学清
铁西小学	王晓英
金贵镇中心小学	方晓明　黄光华　马小兰　保鹤玲
立岗镇中心小学	徐　学　班建芝　马吉玲　周　渠
常信乡中心小学	吴宝华　高　霞　沈彦宏　张学永
洪广镇中心小学	杨利军　马艳芳
贺兰县教学研究室	张少忠　王建兵　张德华

全县“六五”普法先进集体和先进个人

一、先进集体（30个）

县委办
政府办
县纪委
组织部
宣传部
统战部
检察院
法院政工科
公安局法制大队
公安局经侦大队
司法局法律援助中心
教育局
发改局
财政局
林业局
总工会
农牧渔业局
卫生监督所
文化馆
习岗镇
习岗司法所
金贵镇银河村
洪广镇金沙村
立岗司法所
常信乡桂南村
南梁台子社会事务综合管理站
习岗街道办事处
银川德胜工业园区管委会
西夏嘉酿啤酒有限公司
宁夏泰益欣生物科技有限公司

二、先进个人（50名）

邢彩霞	人大办副主任
任　娜	政协办副主任
田文彦	县委政法委副秘书长
李　艳	法院政工科法官助理
徐　荣	检察院公诉科科员
朱慧萍	公安局交警大队科员
刘瑞莉	公安局法制大队科员
李　佳	司法局普法专干
李瑞娟	公证处公证员
梁国民	矜群律师事务所律师
余海波	文广局办公室副主任
张　可	县广播电视台记者
杨　慧	发改局党委书记、局长

王海峰　市场监管局法制科长
张　伟　卫生局办公室副主任
桂韶华　财政局办公室主任
路　阳　审计局政府投资审计股干部
胡金云　就业局办公室主任
钱忠军　住建局纪检书记
金　旭　宗教局清真办主任
杨丽华　安监局综合办主任
马丽亚娜　统计局办公室副主任
闫　辉　农牧渔业局办公室秘书
张惠文　具逸挥基金回民中学政教干事
马玉明　回民小学副校长、工会主席
张秀莲　县幼儿园总务主任
施大亮　习岗街道办综治专干
闫东升　习岗街道办光明社区总支书记
刘　斐　习岗街道办党政办公室主任
王光华　习岗镇桃林村副书记
方燕红　习岗镇司法所人民调解员
胡彦明　习岗镇政府办主任
吴英平　立岗镇永兴村党支部书记
来　宾　立岗镇禁毒专干
孙延芳　立岗司法所人民调解员
何　鑫　金贵司法所所长
马咪娜　金贵镇综治办副主任
陈学忠　金贵镇金贵村党支部书记
闫　波　洪广镇司法所所长
庙月萍　洪广镇金山村村支部书记
孙国喜　洪厂镇洪西村治保主任
祁泰元　常信乡司法所人民调解员
赵兴忠　常信乡丁义治保主任
张体伟　常信乡民政所所长
马　成　京星农牧场宣传干事
马敏霞　南梁台子司法所所长
李　刚　德胜工业园区管委会社会事务主管
汪　洋　银川生物科技园副主任
王星华　生态纺织园区管委会办公室干事
张庆祝　长庆精细化工有限责任公司经理

贺兰县 2016 年文明单位（村）

文明单位

县经济发展和改革局
体育运动中心
工商业联合会
宁夏惠农渠管理处第三管理所

文明村

洪广镇洪西村
立岗镇通伏村
南梁台子农牧场铁西村

贺兰县 2016 年度
民族团结进步模范集体和模范个人

一、民族团结进步模范集体（14 个）

公安局
民政局
教育体育局
市场监督管理局
文化旅游广电局
金贵镇
南梁台子农牧场
贺兰县中医院
习岗镇习岗村
立岗镇先进村
常信乡团结村
洪广镇欣荣村
习岗街道办如意湖社区
银川东君乳业有限公司

二、民族团结进步模范个人

吴志军　县农牧渔业局局长
保学东　南梁台子农牧场党委书记、主任
李武雄　县供销社主任、商务局副局长

马小龙　县委宣传部副部长
董振华　习岗镇党委副书记
张孝平　县住房与城乡建设局副局长
王　虎　习岗街道办副主任
金　旭　县清真食品管理办公室主任
朱燕华　洪广镇组织委员、办公室主任
王　飞　县公安局国保大队指导员
郑　莹　常信乡党政办公室主任
王　欣　县委统战部办公室主任
屠宁芳　县市场监督管理局食品监管科科长
王　鹏　县财政局科员
周雪梅　县水务局科员
马吉业　贺兰一小校长
马金中　贺兰县文化馆艺术团团长
范椿林　习岗街道办居安社区党总支书记
马学锋　金贵镇保南村党支部书记、村委会主任
黄忠景　宁夏麦尔乐食品股份有限公司总经理
马虎林　县伊斯兰教协会副会长、南梁南清真寺管委会主任
马献祥　习岗清真寺管委会主任
王志民　金贵镇通昌北清真管委会主任

贺兰县2016年度
科级干部实绩考核优秀等次人员

党政部门及群团组织（16人）

朱建新　王国兵　邢彩霞　段　誉　任　娜
张宏荣　曹　凯　方华伟　郝建新　丁秀娟
马永芬　高学东　保学军　保旭锋　张学军
马　丽

乡镇（场）（15人）

董振华　陈　刚　杨桂梅　杨茂蜚　陈晓伟
黄菊兰　叶　宏　蔡　霞　董　斌　王彩宁
张占林　李正忠　保学东　张建军　张体伟

综合部门（21人）

杨　慧　王永岗　达秀梅　张海军　刘国荣
顾建宏　常雪峰　刘利平　闻国焘　李永红
王剑平　王　兴　马宏文　王生平　张卫东
李继春　安建保　杨进平　陈　锋　郝彦平
陈小松

工业园区（3人）

李海升　董英华　史学功

公检法司（21人）

李东鹰　桂万录　陈　清　谢立志　李　才
王海军　汪丽华　郭建忠　宋学仁　胡继升
宋永明　王建军　李晓英　谢翌涛　苏小桃
马丽波　纪银凤　毋建宁　方　燕　苏蓓蓓
李义军

政府所属事业单位（6人）

陈立新　张海敏　郭　淳　王恩明　马　贤
李武雄

贺兰县2016年度
科级以下公务员实绩考核优秀等次人员

政府办　马清宇
组织部　王瑞萍
宣传部　董利伟
政法委　唐　爽
编　办　段　婷
政研室　者慧颖
党　校　王红
文　联　赵淑玲
法　院　齐美超　田彦宏　郭晓方　张旭昱　刘燕军
检察院　张丽雯　徐　荣　马兴娜
公安局　张玲燕　王丽萍　牛雅楠

杨沛亮 赵 涛 罗高保
马海涛 朱惠萍 朱晓娟
韩冬华 刘 涛 苏建河
马少华
审计局 明广先 路 阳
发改局 郭 君 胡 洁
经合局 祁秀玲
人社局 马彩芹 呼学娟 胡庆春
安监局 杨丽华
民政局 李海霞
住建局 邢 冰
国土局 马 伟
林业局 孟 亮
市场监管局 马燕飞 王海锋 周建军
杨 莉 樊 莉 孙 刚
统计局 苏莉萍
司法局 张喻花 马敏霞 刘 青
交通局 梁春艳
习岗镇 胡彦明 路文超
金贵镇 刘统玺 王宁利 徐倩琳
立岗镇 马 萍 保 静
常信乡 郑 莹 田晓龙
洪广镇 常 颖 薛 亮
政务中心 王 娣 李世勇
就业局 胡金云
卫计局 石学玲

贺兰县2016年度事业单位工作人员实绩考核优秀等次人员

县委办 王玉琴
人大办 胡 燕
政府办 刘福军 孙艳娟
政协办 贾风玲
公安局 虎 明
财政局 周正国 桂韶华
发改局 苏 洁
人社局 杨 薇
民政局 杨丽珍
住建局 马 颖 王海燕
王学志 杨 波
国土局 赵 刚 党 莉 高月梅
环保局 徐靖欣 胡自红
林业局 朱永刚 司光义 梁香丽
市场监管局 高 升
统计局 马 瑞
电视台 韩 勇
水务局 周雪梅 岳晓燕 马建宝
杨小丽 步东林
农牧局 苏 健 姚自成 程芳媛
徐占国 吴雪玲 杨国花
祁燕蓉 张建忠 宋丽娜
刘 岩 高 兴 雷秋萍
肖爱萍 马双燕 方晓龙
习岗镇 全 燕
金贵镇 保立新 耿玉春
立岗镇 赵 娜
常信乡 殷红霞 屠国荣
洪广镇 徐宗茂
街道办 刘 斐 唐晶晶 尹志新
京星农牧场 马 成
南梁管委会 杨 明 杨 丽
金山自保局 刘 佳
德胜园区 杨凯军
人武部 李进荣
政务中心 季海英 王 芳 徐 宁
金晓涛 海少兵 韩 倩
核算中心 陶 莉 王 涿 杨春燕
农推中心 马晓成 杨美德
农发办 化永新
国有资产经营公司 尤 杰
体育中心 陈云刚
文化馆 焦 娜
图书馆 汪淑梅

公路段　贾国庆　张少华　张晓园　杨春燕
供销社　朱兴军
卫计局　仇凤娟　潘艳霞　常晓霞　徐永锋　赵学莲　马燕君　蒋玉芳　张惠军　高京宁　李　伟　马　璐　马玉萍　杨国强　段文鑫　黄泽宏　王海谨　李春阳
计生局　邢彩红
中医院　杨少亭　郭凤霞　杜晓燕　邵文超　齐云华
第一人民医院　白利平　陈丽纯　范文犟　高彭彭　顾燕梅　郭　娅　李彩云　李　娜　刘　会　刘守业　马洪梅　沈　辉　宋　亮　孙常晶　孙宁波　王变弟　王海燕　徐　丽　杨少梅　杨　挺　雍建东　张晓娟　张月红　周学锋
县医院　周学宁　王进娟
妇幼保健所　包　华
宁夏贺兰县妇幼保健所　杨　静　蔡如兵　段　波
疾控中心　盛春宁　凤　忠
卫生监督所　王　岩
城管局　孟　国　黄宁华　马燕娥　冶晓霞
教育体育局　丁世山　海　军　徐文静　崔　涛　郑　华　胡学利
贺兰一中　李　薇　柏国锋　胡学军　叶安信　岳淑萍　高玉荣　罗维平　祁学梅　王惠萍　薛秀玲　谢冠华　马玉红　陈娟娣　段冬梅　安　荣　李志刚　程小娟　曹吉森　王　芸　方海玲　太　芳　杨廷笔　杨建贵　梁晨曦　刘占东　马晓锋　薛　智　唐雅斌　张　萍　李林刚　马　瑞　马启军　朱姗姗　马　叶　王　莉　马　荣　张　燕　陈佩芸　陈　禾　李　丹　王英霞　白丽娟　张莉莉　杨艳宁
贺兰逸挥中学　张贵忠　卢亚军　桂自花　王　薇　韩存军　马英旭　倪　楠　张爱芳　哈国林　马立忠　张　辉　周　红　郑　睿　郭　平　刘永祥　王　华　霍文静　刑丁玲
贺兰四中　马　利　陈树宁　胡瑞贤　龙　刚　马立坤　马　燕　王静宁　王少杰　吴学梅　夏　玲　闫　丽　杨丽荣　袁文生　张少军　赵永春　高宁宁　惠　霞　马丽春　王　薇　王晓娟　张建华　杨　洁　谢佳莉　邓学锋　刘学忠
贺兰三中　吴宝忠　杨春生　徐永奎　焦育桓　王桂萍
如意湖中学　牛玉寿　马　列　陈书鸿　蒙建甲　殷宝龙　余　阳　谢世寒　张　拓　朱朝晖　张晓君　李晓杰　李月梅　陈德明　雍艳娟　李红玉　张艳华　蒋海清　方　莉　黄起珍　韩敏学　贾新莲
贺兰一小　达淑宁　李　菲　周桂岚　杨冬梅　范雪琴　王淑娟　慕明花　李少芳　王燕红　杨秀霞　王慧琴　王宏利　汪小军　吴金兰　保海燕

	杨　静	沈　秀	陈　燕
	杨　洁	吉海霞	张　宝
	王　萍	韩淑林	闫玉平
	严紫鹃	宋　权	
贺兰二小	杨茂福	赵胜利	余惠玲
	司惠文	吴勇杰	贾韶宇
	崔　洁	李红霞	吴淑兰
	汪振山	王秀梅	吴丽芸
	王　莉	叶文娟	马　静
	孙彦明		
贺兰回小	殷秀梅	温永华	贾玉玲
	马玉明	郁晓丽	杨梅英
	胡彩云	顾永霞	李惠娟
	兰　静	徐丽春	魏加雯
	吴　萍	孙凤萍	孙甜甜
贺兰六小	秦凤霞	宋文华	方福忠
	王　艳	吴旭升	黄艳丽
	马学梅	吴慧芳	周花媚
贺兰德胜小学	桂树新	杨香莉	杜惠萍
贺兰幼儿园	胡谨瑛	邢丽红	吴晓琴
	张惠萍	王　龑	沈自萍
	王晶晶	安　静	陈利红
	李　昭	陈　丽	杨婷婷
	张丽娜		
金贵中心小学	徐建宁	钱建国	陈宁安
	马兰霞	张玉玲	王惠芝
	张世生	吴会萍	贺占华
	王彦云		
立岗中心小学	赵红军	孙　俊	吴学宁
	吴春霞	陈万珍	杨福军
	杨淑萍	黄占忠	白永春
常信中心小学	韩建立	李建勋	邢月芳
	杨自荣	孙义金	徐春霞
	杨志婷	杨雁容	
洪广中心小学	樊立军	徐建忠	霍治东
	马艳芳	安继姗	马艳芳
	安继姗	李芬岚	
暖泉农场小学	杨文芹	郝　曦	王　换
	方晓勇	张学宝	王　杰
太阳城小学	胡生祥	金　虎	张丹阳
	解永欢	王莉莉	赵凤萍
	王　婷	雍　婷	
习岗镇五星小学	刘正荣	徐　蕾	
铁西小学	张立军	杨敏贵	姜　华
	刘　静		
南梁台子小学	吴学峰	杨吻春	崔永贤

2014—2016年连续三年被确定为优秀等次记三等功公务员

纪检委	方华伟	
组织部	丁秀娟	
老干部局	张卫东	
政协办	张宏荣	
金贵镇	陈晓伟	
立岗镇	叶　宏	
洪广镇	董　斌	
教育局	王剑平	
卫计局	王生平	
法　院	纪银凤	苏蓓蓓
政研室	者慧颖	
公安局	马海涛	刘　涛
发改局	胡　洁	
民政局	李海霞	
林业局	孟　亮	
市场监管局	周建军	
统计局	苏莉萍	
就业局	胡金云	

2014—2016年连续三年被确定为优秀等次人员

南梁管委会	保学东
京星农牧场	蔡　霞
德胜工业园区	董英华

附　录

Fulu

2016年贺兰县国民经济和社会发展统计公报

2016年，贺兰县委、政府深入贯彻落实党的十八大和十八届五中全会、十八届六中全会及习近平总书记、李克强总理来宁视察重要讲话精神，积极应对经济整体下行的大环境，以“富民强县、跨越发展”为总目标，按照“四个宁夏”“四个银川”建设走在前列的要求，全面推进“全生态文明、全要素发展”，2016年，全县经济总体呈现出“稳中加快”的发展态势，全县地区生产总值、第一和第二产业增加值、规模以上工业增加值、固定资产投资等5个主要指标增速均位居川区六县第一名，第三产业增加值和社会消费品零售总额增速位居川区六县第二，经济发展实现了全年红。

一、综合

据初步核算，2016年全县实现生产总值134.23亿元，按可比价计算，比上年增长10.6%，其中，第一产业增加值16.39亿元，同比增长5.8%；第二产业增加值75.65亿元，同比增长12.2%；第三产业增加值42.19亿元，同比增长9.6%。按常住人口计算，人均地区生产总值52 432元。三次产业构成由2015年的13.1:55.8:31.1调整为12.2:56.4:31.4。三次产业对经济增长的贡献率分别为7.2%、64.6%、28.2%，分别拉动经济增长0.8、6.8和3.0个百分点。

图1　2012—2016年贺兰县地区生产总值及增速

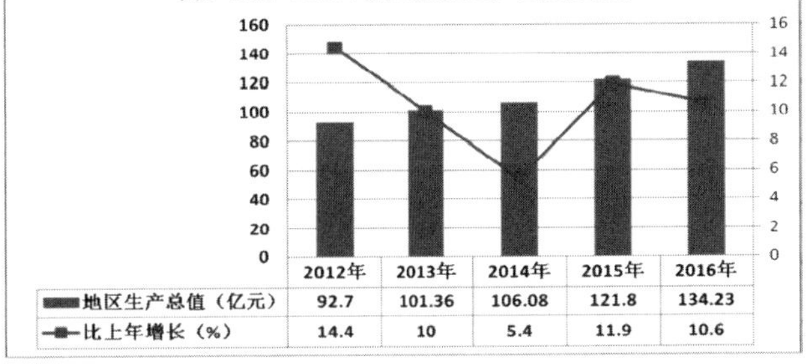

表1　2016年全县地区生产总值及增速

指　　标	绝对值（亿元）	比上年增长（%）
全县生产总值	134.23	10.6
第一产业	16.39	5.8
第二产业	75.65	12.2
工业	59.61	15.5
建筑业	16.04	1.4
第三产业	42.19	9.6
交通运输、仓储和邮政业	5.74	0.7
批发和零售业	6.71	7.0
住宿和餐营业	0.80	6.3
金融业	4.87	17.9
房地产业	5.16	11.1
其他服务业	18.26	11.7
农林牧渔服务业	0.63	2.8
金属制品、机械和设备修理业	0.023	-51.4

全年居民消费价格总水平比上年上涨1.7%，其中其他用品和服务上涨2.7%，衣着类上涨2.6%，教育文化和娱乐类上涨1.1%，居住类和生活用品及服务类价格指数均上涨0.7%，医疗保健类上涨2.4%，交通和通信类下降0.9%。工业生产者出厂价格指数下降1.1%，工业生产者购进价格指数下降3.6%，新建住宅价格指数下降0.2%，商品零售价格上涨0.8%。

图2 2016年贺兰县居民消费价格指数月度涨幅

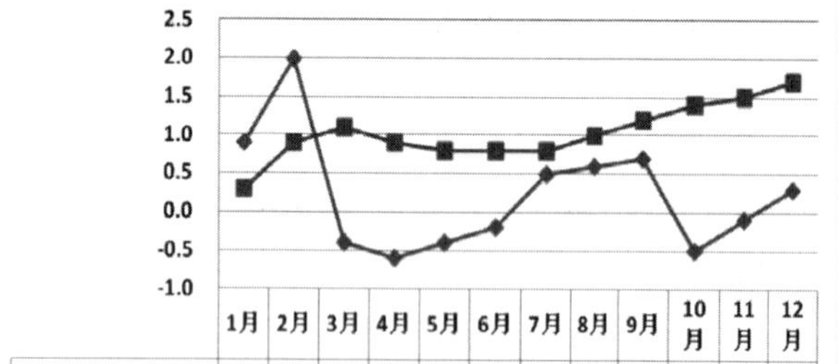

	1月	2月	3月	4月	5月	6月	7月	8月	9月	10月	11月	12月
月度环比（%）	0.9	2.0	-0.4	-0.6	-0.4	-0.2	0.5	0.6	0.7	-0.5	-0.1	0.3
月度同比（%）	0.3	0.9	1.1	0.9	0.8	0.8	0.8	1.0	1.2	1.4	1.5	1.7

图3 2012—2016年贺兰县居民消费价格指数涨跌幅度（%）

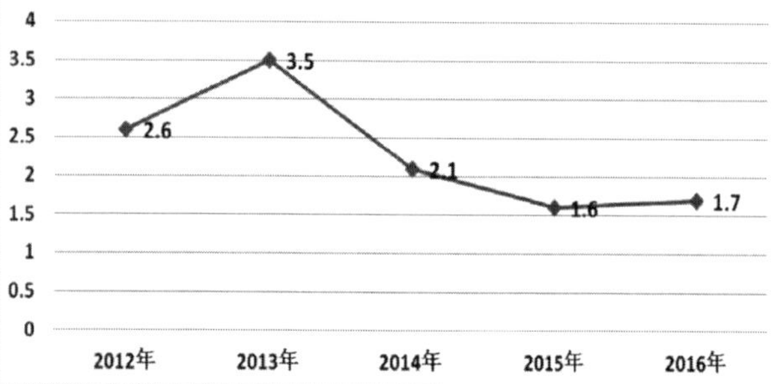

二、农业

据初步核算，全年完成农林牧渔业总产值32.66亿元，同比增长6.3%，实现增加值17.02亿元，同比增长5.7%。其中农业产值12.86亿元，增长4.2%；林业产值0.01亿元，下降9.8%；牧业产值2.0亿元，增长11.7%；渔业产值1.51亿元，下降12.7%、农林牧渔业所占的比重分别为农业75.6%、林业0.1%、牧业11.7%、渔业8.9%。

全年粮食种植面积40.52万亩，其中夏粮播种面积10.18万亩，秋粮播种面积30.34万亩；全年设施蔬菜6.48万亩，瓜菜类种植面积1.51万亩。全年粮食总产量20.91万吨，增产2.6%。其中，夏粮产量3.95万吨，增产0.9万吨；秋粮产量16.96万吨，减产0.38万吨。

图4 2012—2016年贺兰县粮食总产量及增速

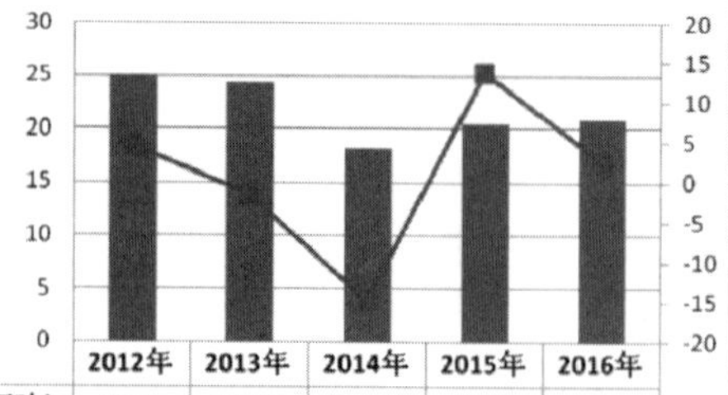

	2012年	2013年	2014年	2015年	2016年
粮食总产量（万吨）	24.9	24.26	18.25	20.5	20.91
比上年增长（%）	4.5	-1.5	-14.8	13.6	2.6

全年肉类总产量8258吨，其中，猪肉产量1884吨，下降5.6%；牛肉产量3637吨，增长20.2%；羊肉产量1745吨，增长15.6 %。生猪年末存栏1.87万头，增长18.4%；生猪出栏2.42万头，下降5.2%。牛奶产量15.16万吨，增长9.9%。全年水产品产量4.14万吨，增长4.8%。

年末农机机械总动力为38.88万千瓦时；农用大中型拖拉机4338台，小型拖拉机11 669台；农村用电量4609万千瓦时，同比下降0.1%，农用化肥施用量（实物量）5.99万吨，下降1.5%。

2016年末，全县共有4个镇，1个乡、1个县属农场，2个区属农场，1个街道办事处，63个村委员会，12个社区居委会。

三、工业和建筑业

2016年，全县126家规模以上工业企业完成工业总产值253.08亿元，同比增长18.7%。实现规模以上工业增加值56.25亿元，同比增长17.2%。按经济类型分，国有工业企业完成增加值0.59亿元，同比下降4.5%；股份制工业企业完成增加值42.34亿元，同比增长11.4%；外商及港澳台投资企业完成工业增加值4.23亿元，同比下降11.5%。全县规模以上非公有制工业企业完成增加值52.87亿元，增长16.7%。按轻重工业分，轻工业完成增加值28.16亿元，同比增长27.6%；重工业完成增加值28.09亿元，同比增长8.6%。

按行业分，八大行业中，纺织业完成增加值9.63亿元，增长101.9%；电气机械和器材制造业完成增加值8.89亿元，增长40.9%；非金属矿物质制品业完成增加值6.85亿元，下降11.7%；农副食品加工业完成增加值4.0亿元，增长7.0%；金属制品业完成增加值3.84亿元，增长17.0%；酒、饮料和精制茶制造业完成增加值3.79亿元，下降7.4%；食品制造业完成增加值3.36亿元，增长7.4%；医药制造业完成增加值3.12亿元，增长48.4%。

2016年全县规模以上工业企业完成销售产值231.89亿元，同比增长19.2%；产销率为91.6%，同比增长0.4%。工业企业主营业务收入205.31亿元，同比增长49.7%。工业企业利润总额6.06亿元，下降23.1%；税金总额2.88亿元，下降25%。亏损企业亏损额2.25亿元，企业亏损面19.0%，应收账款净额31.6亿元，资产负债率59.9%。规模以上工业生产电力消费7.81亿千瓦时，同比增长21.6%。

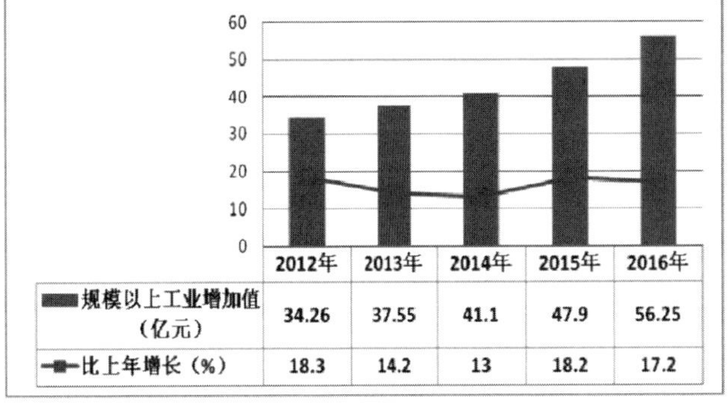

图5 2012—2016年贺兰县规模以上工业增加值及增速

表2 2015年1—12月全县规模以上工业主要产品产量完成情况

产　品	计量单位	1—12月累计	去年同期累计	同比增长（%）
绒线（俗称毛线）	吨	167.00	468.00	-64.32
饲料	吨	147 982.82	156 482.92	-5.43
试验机	台	620.00	547.00	13.35
钢化玻璃	平方米	4 893 250.00	4 124 162.00	18.65
涂料	吨	2428.00	2586.00	-6.11
精制食用植物油	吨	72 866.40	68 385.35	6.55
家具	件	156 312.00	171 542.00	-8.88
塑料制品	吨	44 950.40	54 584.38	-17.65
电工仪器仪表	台	3002.00	2746.00	9.32
硫酸（折100%）	吨	62 941.57	92 637.06	-32.06
农用氮、磷、钾化学肥料（折纯）	吨	28 106.83	27 262.61	3.10
合成氨（无水氨）	吨	55 792.77	55 060.53	1.33
商品混凝土	立方米	1 853 696.50	1 869 378.16	-0.84
化学药品原药	吨	2856.73	1548.08	84.53
石墨及炭素制品	吨	28 895.18	53 118.00	-45.60
饮料酒	千升	211 077.99	218 892.48	-3.57
铝材	吨	2543.00	1801.00	41.20
沥青和改性沥青防水卷材	平方米	4 732 089.00	3 406 027.00	38.93
大米	吨	45 295.00	36 864.00	22.87
软饮料	吨	26 610.86	16 608.31	60.23
工业自动调节仪表与控制系统	台（套）	834 604.00	770 428.00	8.33
化学试剂	吨	12 037.00	14 556.45	-17.31
盐酸（氯化氢，含量31%）	吨	42 276.00	45 238.00	-6.55
鲜、冷藏肉	吨	5406.00	3864.70	39.88
乳制品	吨	31 048.27	41 925.61	-25.94
电力电缆	千米	46 997.00	54 450.00	-13.69

续表

产　品	计量单位	1—12 月累计	去年同期累计	同比增长（%）
钢结构	吨	30 211.54	14 742.00	104.94
铁合金	吨	0.00	12 862.60	-100.00
通信及电子网络用电缆	对千米	566.00	469.00	20.68
起重机	吨	4766.00	3872.00	23.09
钢材	吨	22 891.18	71 053.71	-67.78
小麦粉	吨	2950.00	6620.00	-55.44
化学农药原药（折有效成分 100%）	吨	221.39	212.08	4.39
罐头	吨	876.00	854.00	2.58
高压开关板	面	12 146.00	5006.00	142.63
低压开关板	面	12 246.00	5105.00	139.88
电动机	千瓦	829 107.00	773 403.00	7.20
钢丝	吨	10 759.00	16 423.00	-34.49

2016年全县具有资质等级建筑业企业24个，实现建筑业总产值33.2亿元，下降32%，其中国有及国有控股企业实现产值26.1亿元，下降25.8%。房屋建筑施工面积181.73万平方米，下降18.9%；房屋建筑竣工面积35.29万平方米，下降56.8%。

四、固定资产投资

全年完成全社会固定资产投资总额207.1亿元，同比增长19.5%，其中，生产性领域完成投资148.83亿元，增长27.6%，占全县投资的71.9%，较去年提高4.6个百分点；建筑安装工程投资133.75亿元，增长1.6%。

图6　2012—2016年贺兰县全社会固定资产投资及增速

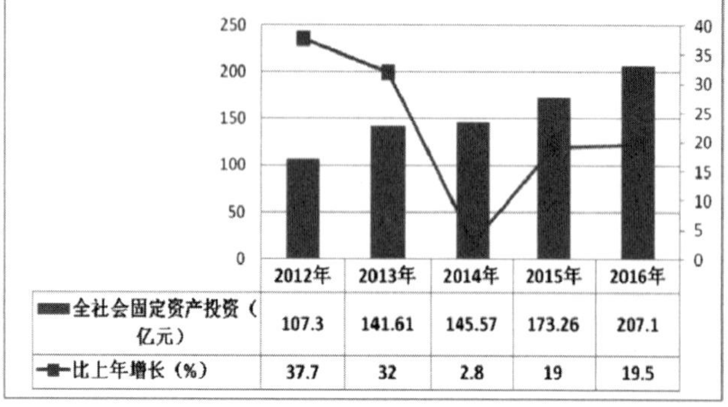

从投资主体看，民间固定资产投资完成167.19亿元，同比增长16.5%。从投资结构看，第一产业完成11.06亿元，增长10.5%；第二产业完成投资93.37亿元，增长17.8%，2016年二产投资全部为工业投资；第三产业完成102.67亿元，增长22.2%。一、二、三产完成投资占总投资的比重分别为5.3%、45.1%、49.6%。

全年完成房地产开发投资37.41亿元，同比下降1.5%，其中住宅开发投资27.9亿元，增长3.2%。全年购置土地面积19.5万平方米[1]，增长296%。全县房屋施工面积587.7万平方米，同比下降8.6%；商品房销售面积88.65万平方米，同比增长34%，其中住宅销售面积82.7万平方米，下降33.5%；商品房待售面积127.63万平方米，增长22.9%。全年商品房销售额33.97亿元，增长28.7%，其中住宅销售额30.8亿元，增长29.4%。

五、交通、邮电和旅游

境内通车里程1167.174公里，其中国道69.083公里，高速35.356公里，省道114.871公里，县道53.519公里，乡道322.164公里，村道487.428公里，专用公路84.753公里。全年道路客运量98.69万人次，乘客周转量1777.13万人公里。全县营运汽车拥有量5063辆，其中载客汽车158辆[2]，载货汽车4905辆。

全年完成邮政业营业收入1744.1万元，全年订销报刊236.7万份，完成邮政函件业务4982件。全年交通运输、仓储和邮政业实现增加值5.74亿元，同比增长0.7%。全年电信业务收入7777万元，比上年增长90.6%；年末本地固定电话用户

2.37万户；移动手机用户达33.44万部；互联网用户数6.12万户。

全年共接待各类旅游310万人次，同比增长158%，实现旅游总收入6.2亿元，增长121%。全县共有旅行社11家。四星级酒店2家，三星级酒店1家。

六、国内贸易

全年实现社会消费品零售总额133.01亿元，同比增长8.2%。按销售单位所在地分，城镇消费品零售总额128.31亿元，增长8.3%；农村消费品零售总额4.7亿元，增长6.6%。按行业分，批发业、零售业、住宿业和餐饮业分别实现零售总额10.85亿元、117.09亿元、0.35亿元、4.72亿元，分别增长37.3%、6.2%、21.5%、6%。按经济注册类型分，国有经济实现零售163.5万元，增长6.6%；集体经济实现零售额883万元，增长6.6%；私营经济实现零售额81.82亿元，增长9.7%；个体经济实现零售额24.63亿元，增长5%；股份制经济实现零售额17.74亿元，增长4.8%；其他各种经济实现零售额8.73亿元，增长12%。汽车销售实现零售额91.62亿元，增长9.1%，占全县消费品零售总额的比重达68.9%。汽车销售业企业达106家，其中4S店65家，限额以上汽车销售企业57家，比上年减少5家。

图7 2012—2016年社会消费品零售总额及增速

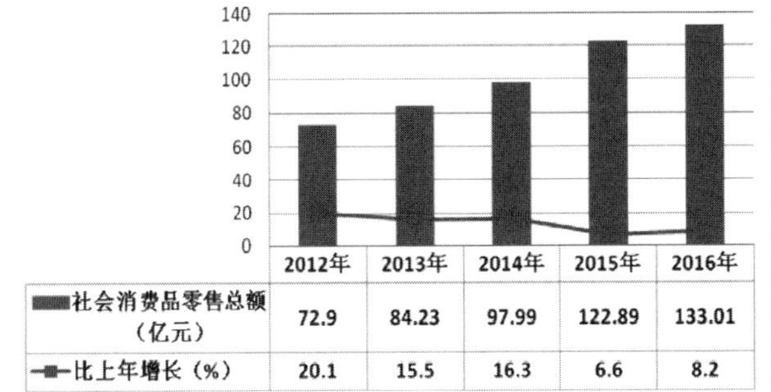

	2012年	2013年	2014年	2015年	2016年
社会消费品零售总额（亿元）	72.9	84.23	97.99	122.89	133.01
比上年增长（%）	20.1	15.5	16.3	6.6	8.2

七、财政、金融和保险

全年完成县级财政总收入18.47亿元，比上年增长2.2%，完成地方公共财政预算收入15.08亿元，同口径比较同比增长12.3%，其中税收收入8.83亿元，同比下降13.5%，税收占公共财政预算收入的比重为58.6%。税收收入中：增值税增长72.9%、营业税下降49.6%、企业所得税下降19.3%、个人所得税下降0.5%、契税增长68.9%。全年完成地方财政支出36.56亿元，同比增长17.5%，公共财政预算支出32.26亿元，增长18.7%。其中，一般公共服务支出增长30.3%、公共安全支出增长27.8%、教育支出增长28.1%、科学技术支出下降6.1%、社会保障和就业支出增长30.3%、医疗卫生支出增长19.0%、节能环保支出增长15.8%、城乡社区事务支出增长45%。

图8 2012—2016年贺兰县公共财政预算收入及增速

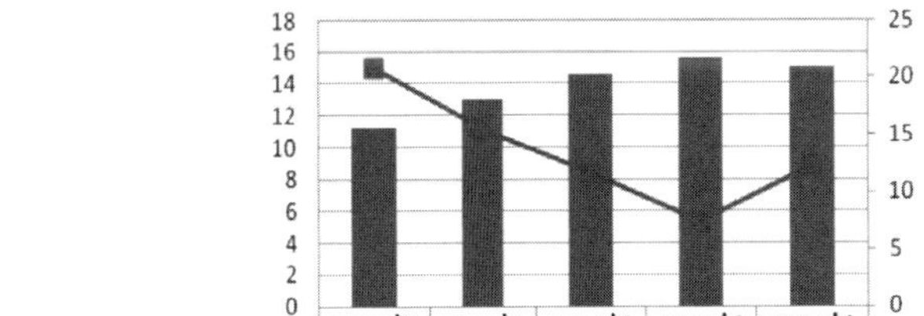

	2012年	2013年	2014年	2015年	2016年
公共财政预算收入（亿元）	11.27	13.02	14.55	15.62	15.08
比上年增长（%）	20.8	15.5	11.7	7.4	12.3

金融机构各项存款余额139.72亿元[3]，同比增长17.4%，其中，城乡居民储蓄存款余额100.2亿元，增长9.8%；各项贷款余额114.3亿元，增长2.5%；贷存比为81.8∶100。

全年金融业实现增加值4.87亿元，同比增长17.9%，占第三产业比重11.5%，对第三产业增长的贡献率为20.2%。

全年实现保费收入1547.95万元，比上年增长24.7%。全年支付各项赔款及给付额7471.96万元，增长48.6%。

八、教育和科学技术

全县有各级各类学校84所，在校学生46 558人。其中：幼儿园38所，幼儿园、学前班学生9788人；小学39所，在校学生20 899人；中学5所，在校学生13247人，中等职业学校2所，在校学生2624人。初中学龄人口毛入学率120.13%，小学六年巩固率111.29%，初中三年巩固率95.31%。

全年县本级财政共投入科技经费4209万元，比上年下降6.1%；举办科普宣讲活动122次，宣讲活动受众24 100人次；开展实用技术培训26

场，培训各类人员5300人次；推广农业新技术21项、新品种8个。新增1家国家级高新技术企业，累计达到7家。新增自治区科技型中小企业12家，累计达到38家。全县共有学会10个，企业科协18个，街道科协1个，乡镇科协7个，农技协18个，科普活动站17个，科普示范街道（乡镇）6个，科普示范社区（村）8个，农村科普示范基地55个，科普示范户1830个。

九、文化、体育和卫生

年末全县拥有艺术表演团体25个（其中：2个为文化馆馆办文艺团体，23个为群众业余文艺团队），文化馆1个，公共图书馆1个，博物馆1个。广场5处，公园4个。有线电视台1座，广播电视台1座，县城有限电视覆盖率100%，并全部实现数字化。

全年共举办各类体育活动20场次，参加人数达90 000人。全年在区、市比赛中获得金牌64枚，银牌44枚，铜牌39枚。达到国家级一级运动员等级标准10人，二级12人，向自治区输送优秀运动员6人。

年末全县共有医疗卫生机构126个，其中：县级医院5个，乡镇卫生院7个，诊所50个，次级卫生所和医务室60个，妇幼保健院1个，疾病预防控制中心1个，卫生监督所1个，其他卫生机构1个，床位757张。卫生技术人员1021人，其中，执业医师267人，执业助理医师83人，注册护士358人，药师61人，技师（士）93人。全县5岁以下儿童死亡率6.74‰，新生儿死亡率1.69‰，婴儿死亡率3.95‰，孕产妇死亡率1.69‰。人口出生政策符合率97.22%。城乡居民医疗门诊大病报销病种28种。全县定点零售药店增加至100个。

十、人口、人民生活和社会保障

2016年贺兰县总人口（常住人口）255 995人，比上年增加2666人，其中城镇人口135 037人，比上年增加11 539人；乡村人口120 958人，比上年减少8873。城镇化率52.75%，同比提高4.00个百分点，比全区平均水平低3.54个百分点。人口出生率12.93‰，比上年提高0.65个千分点；人口死亡率4.55‰，比上年降低1.4个千分点；人口自然增长率8.38‰，比上年提高2.05个千分点。

全年城镇居民人均可支配收入26 468元，比上年增长7.8%。城镇居民人均消费支出17 043.3元，增长2.1%，其中增幅较大的是：交通通信支出增长26.0%，教育文化娱乐支出增长16.6%。城镇居民人均住房使用面积29.2平方米。

图9 2012—2016年贺兰县城镇居民人均可支配收入及增速

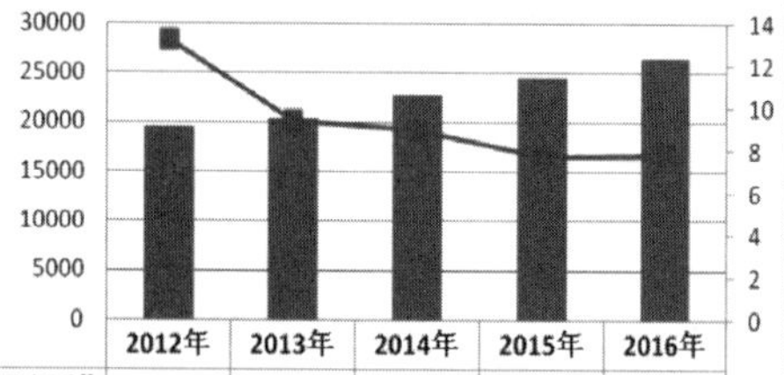

	2012年	2013年	2014年	2015年	2016年
城镇居民人均可支配收入（元）	19570	20401	22791	24548	26468
比上年增长（%）	13.2	9.4	9	7.7	7.8

全年农村居民人均可支配收入12 560元，增长8.0%，农民人均消费支出13 006.8元，增长9.6%，其中，消费支出增幅较大的有：教育文化娱乐支出增长15.0%，其他用品及服务支出增长51.3%。农村居民人均住房使用面积38.1平方米。

图10 2012—2016贺兰县农村居民人均可支配收入及增速

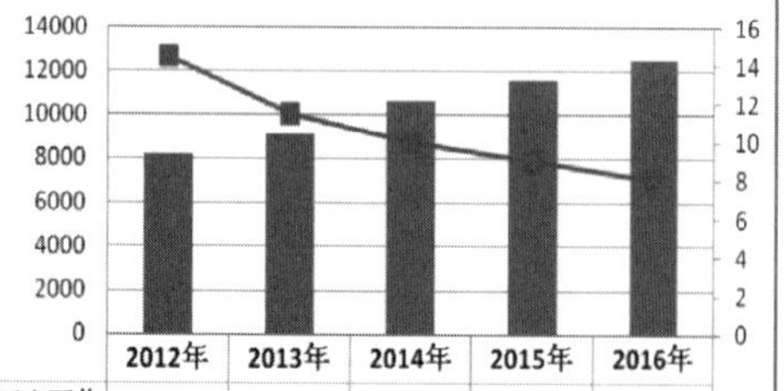

	2012年	2013年	2014年	2015年	2016年
农村居民人均可支配收入（元）	8201	9147	10667	11628	12560
比上年增长（%）	14.5	11.5	10	9	8

2016年年底，全县参加城乡居民基本养老保险7.6万元，比上年增长3.2%；参加城镇企业职工基本养老保险3.7万人，其中参保职工2.8万人；参加失业保险2.41万人；参加基本医疗保险194 324人，其中参加城乡居民基本医疗保险171 278人，参加城镇职工基本医疗保险23 046人。

2016年年末全县拥有敬老院、老年公寓3个，共有床531张；全县享受城镇最低生活保障人数为3147人，发放城镇居民最低生活保障金105.57万元；农村享受最低生活保障7188人，发放农村最低生活保障金226.26万元。发放城乡医疗救助金646.96万元，接收城乡医疗救助2555人次。建立城乡社区服务站75个，建设城镇居家养老服务站3个。全年直接接收捐赠270.2万元。

全县城镇单位从业人员26 276人，比去年下降7.6%，从业人员劳动报酬总额12.6亿元，比上年增长3.3%，单位从业人员人均劳动报酬50 918元，比上年增加3279元，增长6.9%，其中，城镇单位在岗职工年平均工资为60 431元，比上年增加4669元，增长8.4%。

十一、资源、环境保护与安全生产

全县国土面积1197.57平方公里。全县自然保护区1个，自然保护区面积17.5万亩。全年完成造林面积4285亩，森林抚育面积7000亩。年末全社会用水量1647.93万吨[4]。全行业销售电量9.66亿千瓦时，同比增长10.7%。

初步核算，全年全县能源消费总量（等价值）为80.88万吨标准煤，同比增长7.0%，单位地区生产总值能耗（可比价）0.601吨标准煤/万元，同比下降3.24%。

全年平均气温9.9℃，同比提高0.1℃；累计降水量208.3毫米，同比减少26.8毫米；日照时数2779.6小时，同比增加45.5小时。工业二氧化硫排放量839.5吨。全县运行的污水处理厂2个，全年工业污水排放量587万吨。

全县共发生各类事故251起，同比下降13.4%，其中：道路交通事故84起，同比下降2.3%;火灾事故165起[5]，同比下降18.3%；工矿商贸领域发生生产性事故2起，与上年持平。全年各类事故死亡17人，受伤83人，直接经济损失65.59万元。

注释

[1] 房地产开发全年购置土地面积，仅为贺兰县30家资质以上房地产企业购置，不含法人单位在贺兰县以外的企业在我县购置土地。

[2] 数据由县道路运输管理所提供，营运载客汽车中不含出租车。

[3] 金融机构存贷款余额采用人民银行永宁支行贺兰营业部报表数据，含工商、招商、浦发三家银行数据。

[4] 全社会用水量为银川中铁水务集团贺兰供水有限公司提供，供水范围不含各乡镇场。

[5] 经济损失不超过100万元，无人员伤亡火灾事故，银川市不列入统计。

[6] 本公报中数据均为初步统计数。部分数据因四舍五入的原因，存在着与分项合计不等的情况。

[7] 地区生产总值、各产业增加值绝对数按现行价格计算，增长速度按可比价格计算。

[8] 所有部门统计数据均来源于各部门、各单位，由数据提供单位予以解释

政府规范性文件

贺兰县农民工工资支付管理暂行办法

第一章　总　则

第一条　为了加强劳动用工管理，强化农民工工资支付行为，切实维护农民工获得劳动报酬的权利，预防和处理好农民工工资拖欠问题，根据《中华人民共和国劳动法》《中华人民共和国劳动合同法》《劳动保障监察条例》和国家、自治区、银川市有关规定，结合我县实际，制定本办法。

第二条　本办法适用于在我县行政区域内从事活动的企业、个体经济组织、民办非企业单位等组织及其他负有支付农民工工资义务的单位、个人（以下称用人单位）。

第三条　县人民政府负责农民工工资保障工作，并对政府各部门承担的农民工工资支付管理工作进行考核。

第四条　政府各部门按照属地管理、分级管理、“谁建设、谁负责”“谁引进、谁负责”的原则，对贺兰县政府类投资和社会类招商引资的项目实行归口管理。人社、住建、纪检监察、法院、公安、财政、国土、发改、交通、水利、农业、工商、工会、信访及各乡镇（场）、工业园区等单位，按照职责分工，做好农民工工资支付相关工作。

（一）人力资源和社会保障部门负责农民工工资支付工作的组织协调和监督检查，对农民工工资支付情况进行巡查，及早发现苗头性问题，及时受理举报、投诉，对确属拖欠农民工工资的案件，依法办理。负责落实农民工工资应急周转金制度和农民工工资保证金制度，专户储存，专款专用，专项支取，任何组织和个人不得挪用。

（二）住房和城乡建设部门负责建设开发企业、建筑施工企业和劳务公司对农民工工资支付情况的监管，加强源头治理，建立建筑市场从市场准入、不良行为记录、惩戒、清出建筑市场等“封前堵后”的全程化监管体系，进一步规范建筑市场秩序，加强建筑施工企业和建筑劳务企业的资质审查、备案管理，坚决杜绝建设工程非法转包、分包。着力实施劳务用工实名制和农民工工资银行直接支付工作，确保农民工工资按时足额发放。

（三）纪检监察部门负责按照有关规定，按照“谁审批、谁监管”“谁建设，谁负责”“属地和分级管辖”“归口管理”原则，对不认真履行监管主体责任，因不作为、不担当、慢作为造成群体性上访或越级上访事件，影响社会稳定的，对相关责任人实行约谈告诫问责。情况严重的，上报县委、政府和县纪委，依法追究党纪、政纪责任。

（四）人民法院负责设立农民工工资清欠速裁法庭，畅通农民工工资案件受理速裁速决通道，联动解决农民工工资问题。对涉及农民工工资的案件实行优先受理、优先立案、优先办结，从简从快处理问题；对生活确有困难的农民工起诉案件，视情况减交、缓交或免交诉讼费。

（五）公安部门负责落实劳动保障行政执法和刑事司法衔接机制，对劳动监察机构移交处理的案件要速查、速审、速办。对有恶意欠薪、欠薪逃匿等情形的，经政府有关部门责令支付仍不支付的，从速介入从严处理。负责处置拖欠农民工工资引发的突发性和群体性事件，及时处理因拖欠农民工工资引发危害社会治安的行为。

（六）司法局负责为拖欠农民工工资问题提供及时有效的法律服务和法律援助。

（七）财政部门负责建立农民工工资支付专用账户的应急通道，用于解决处置政府投资类项目农民工工资投诉案件中的工资支付，配合做好农民工工资应急周转金的拨付、管理和使用。

（八）国土资源部门负责在土地招标、拍卖、挂牌出让等经营性活动中严把审查关，对拖欠农民工工资情节恶劣、造成严重后果的企业，不得参与我县的土地招标、拍卖等经营性活动。

（九）总工会负责指导、帮助企业建立和完善工会组织，加大对困难农民工的帮扶救助力度，组织开展工资集体协商，指导企业、职工签订集体合同，加强对劳动合同、集体合同履行情况的监督，参与农民工工资支付的监督检查。

（十）市场监管部门负责督导建设单位、施工企业加强诚信制度建设，配合相关部门做好法律法规的宣传教育工作，坚决取缔无照经营等违法行为，并在营业执照年报等过程中依法查验农民工工资支付情况，依据相关部门出具的企业农民工工资支付情况不良记录纳入异常企业名录。

（十一）信访部门负责农民工信访案件的接待，及时与有关部门沟通，做好案件的转办、交办、督办工作。

（十二）各乡镇（场）、工业园区等部门负责监管所属辖区招商引资建设工程项目，妥善处置农民工工资拖欠行为。

第五条 农民工工资支付坚持“谁用工、谁负责”的原则，用人单位承担直接责任。建筑领域农民工工资支付由总承包企业负总责，建设单位负责监管工作，专业承包企业负责发放工作。施工单位应当按工程项目设立农民工工资支付专用账户，确定专职劳动用工管理人员负责农民工工资花名册建立、劳动合同签订、农民工工资发放等工作。

建设单位应当严格按照工程承包合同约定及时支付工程进度款，并监督施工单位按月足额支付农民工工资。任何单位不得以工程未审计、决算或者工程款、分包款被拖欠等为由拖欠、克扣农民工工资。

第二章 劳动用工管理

第六条 用人单位使用农民工时，自用工之日起一个月内按照《中华人民共和国劳动合同法》的规定与农民工签订书面劳动合同，并到用工所在地的人力资源和社会保障部门进行用工备案。

外地建筑施工企业、劳务企业在我县范围内承揽工程，应当到住房和城乡建设部门、人力资源和社会保障部门备案，接受人力资源和社会保障部门用工管理，依法与农民工签订劳动合同，按时足额支付工资，缴纳各项社会保险。

第七条 用人单位不得采用欺诈、胁迫等手段与农民工签订含有不平等条款的劳动合同。不得以任何理由扣押与农民工签订的劳动合同文本，不得以任何理由和形式向农民工收取风险金、抵押金、保证金或抵押物，不得扣押农民工身份证或其他有效证件。

第八条 农民工上岗前，用人单位应当对农民工进行劳动保障法律法规及安全生产相关知识的培训。

第三章 工资支付管理

第九条 用人单位应按劳动合同约定足额支付农民工工资。用工不足一个月的，劳动合同终止之日起3个工作日内结清全部工资。不得以实物、有价证券等形式替代工资，不得规定农民工在指定地点、场所消费，不得以支付生活费方式拒绝执行按月支付工资或按合同约定期限支付工资的规定。

用人单位支付给农民工的工资不得低于用工所在地的最低工资标准。

第十条 用人单位发放农民工工资时实行实

名制。用人单位支付工资时应当填写农民工工资表，由农民工本人签字领取。有条件的用人单位可在指定银行为农民工本人办理个人工资账户，委托银行发放农民工工资。

农民工工资表应记录支付单位、支付时间、支付对象、支付数额等内容，并保存两年以上备查。

第十一条　凡工程款不到位，或因合同、变更签证等因素导致农民工工资不能及时支付的，责令由建设单位先行支付；对建设单位或工程总承包企业未按合同约定与建设工程承包企业结清工程款，致使建设工程承包企业拖欠农民工工资的，由建设单位或工程总承包企业先行垫付被拖欠的农民工工资；对工程总承包企业违反规定发包、分包给不具备用工主体资格的组织或个人，由工程总承包企业承担清偿被拖欠的农民工工资责任；对社会类房地产开发项目拖欠工程款引发建筑施工单位拖欠农民工工资的，经建设行政主管部门、人力资源和社会保障部门核实后，可动用农民工工资保证金先予支付，如支付不足，由农民工申请劳动人事仲裁机构裁决或人民法院判决解决；对政府投资的建设工程，建设单位在支付工程款时，应测算出工资比例进行代扣，监督施工单位将工资直接发放到农民工手中。政府类工程项目因工程款拨付不到位引发建筑施工单位拖欠农民工工资的，由同级政府财政部门垫付。

第十二条　严格执行农民工工资保证金制度。

（一）建设单位、施工企业应当在办理施工许可手续前30日内，按照工程中标价或总造价的4%（建设单位2%、施工企业2%），将农民工工资保证金缴存到人力资源和社会保障部门确定的农民工工资保证金专户。建设行政主管部门在查验农民工工资保证金缴纳凭证后，方可办理施工许可手续。

（二）施工企业发生无故拖欠或克扣农民工工资行为，在限定期限内仍不支付工资的，由劳动监察机构按照相关程序报批后，动用农民工工资保证金发放拖欠的农民工工资。

（三）对房地产开发等社会项目拖欠工程款引发建筑施工单位拖欠农民工工资的，经人力资源和社会保障部门、建设行政主管部门核实后，可使用尚未退还的农民工工资保证金先予支付，并限期由建设单位进行归还。在规定时限内建设单位不能按时还款的，由建设行政主管部门依照相关法律法规，对其采取资产变现等措施进行筹措还款。

（四）任何单位和个人不得减免农民工工资保证金，若有顶风违纪者除追究相关责任人的责任外，由此产生的农民工工资拖欠问题由相关责任单位或责任人予以解决。

对连续三年以上未发生克扣或者无故拖欠工资的建筑企业，可以减免农民工工资保证金。

第四章　工资拖欠治理

第十三条　有下列恶意欠薪、欠薪逃匿等情形的，经政府有关部门责令支付仍不支付的，由公安部门从速介入从严处理：

（一）建筑开发单位、施工单位和劳务公司拖欠工程款或工资后逃匿、失踪、失联的相关法定代表人和责任人。

（二）拒不配合工程结算、拒不提供农民工工资表，导致农民工持续上访讨薪的施工企业、劳务公司主要负责人及自然承包人。

（三）转移财产逃避支付农民工工资的施工企业、劳务公司主要负责人及自然承包人。

（四）有能力支付经责令支付拒不支付的施工企业、劳务公司主要负责人及自然承包人。

（五）虚报、假报工资表册或雇佣人员围堵机关的施工企业、劳务公司主要负责人及自然承包人。

（六）已告知涉法涉诉应当通过司法诉讼渠道处理，仍然组织煽动上访的。

第十四条　有下列恶意讨薪情形的，由公安部门严厉打击，依法追究其行政或刑事责任：

（一）违反社会治安管理规定，采取拉横幅、堵塞道路、阻碍交通、封锁出入口等方式，造成严重社会影响的。

（二）采取爬楼、爬塔吊、切断水电、冲击

施工现场等方式，妨碍正常施工现场管理和生产的。

（三）采取敲诈、勒索、胁迫手段索取工程款、材料款、劳务利润或农民工工资等方式，涉嫌欺诈或以合同纠纷为由蓄意闹事的。

（四）组织农民工或非施工现场人员参加聚集或闹事，围堵机关、冲击办公区域的。

（五）不服从政府部门劝阻，威胁工作人员人身安全，影响政府部门调处的。

第十五条 对企业违法分包、层层转包给不具备用工资格的单位或个人，该单位或个人招用劳动者不支付劳动报酬，且人力资源和社会保障部门下达限期改正指令后仍拒不支付劳动报酬或行为人逃匿、失联，事实清楚，证据确凿的，由县人力资源和社会保障部门依照相关法律法规移送公安机关进行立案查处，并依法追究建设单位相关人员责任。

第五章 监督管理

第十六条 人力资源和社会保障部门要强化对用人单位农民工工资支付行为的监督检查。

（一）加强建设工程项目和其他工程项目的用工管理，会同建设、公安、司法、工会、信访等部门适时开展对施工企业农民工工资支付情况的专项检查。

（二）会同各行业主管部门定期对其他用人单位农民工工资支付情况进行监督检查。

（三）对农民工集中和有欠薪记录的用人单位工资支付情况实施重点监控。

第十七条 加大县外务工农民工协助维权力度。人力资源和社会保障、司法行政、工会等部门要加强协作，为外出务工农民工维护合法权益提供必要的援助。

第十八条 任何组织和个人对违反法律法规和国家有关规定，侵害农民工合法权益的行为，有权向人力资源和社会保障等有关部门举报投诉。

第六章 法律责任

第十九条 用人单位有下列行为之一的，人力资源和社会保障部门应当责令其限期改正。逾期未改正的将依据有关劳动保障的法律法规对用人单位依法进行处罚：

（一）未按规定到当地人力资源和社会保障部门进行用工备案的。

（二）未与农民工依法签订劳动合同，或者劳动合同未交与农民工本人的（凡签订劳动合同未交与劳动者本人的视为未签订劳动合同）。

（三）采用欺诈、胁迫等手段与农民工签订含有不平等条款的劳动合同的。

（四）向农民工收取任何形式的风险金、抵押金、保证金或抵押物的。

（五）未以货币形式按时足额支付农民工工资的。

（六）未为农民工缴纳医疗、工伤保险的。

（七）其他违反法律法规的行为。

第二十条 用人单位虚假上报农民工工资支付情况，拒绝提供相关资料以及采取其他手段严重干扰、阻挠、抗拒监督检查的，依法对其进行行政处罚，并通过新闻媒体予以曝光。

第二十一条 用人单位恶意拖欠农民工工资情节严重的，人力资源和社会保障部门查实后，依法责令其限期整改。对用人单位拒不整改的，人力资源和社会保障部门依法对其进行处理处罚，并建议市场监管部门将其列入异常企业名录。

第二十二条 建筑企业有下列情形之一的，由建设行政主管部门依照相关法律法规处理：

（一）建设单位因拖欠工程款，不及时进行工程决算而造成拖欠农民工工资问题的，应当在7个工作日内责令该建设单位限期整改，并将其行为记入诚信档案。

（二）拒不配合有关部门解决拖欠工资问题，或以讨薪为名讨要工程款，操纵利用农民工群体越级上访、恶意讨薪的施工企业，记入不良诚信名单，并报请区市住房和城乡建设部门降低或取消其施工资质，暂停其工程招标资格一年，不得在我县从事建筑施工活动。非我县施工企业的，要向企业所在地建设行政主管部门予以通报。

（三）对房地产开发企业因工程款支付不到位引起农民工工资拖欠，情节恶劣，造成严重后果的，不得参与项目、规划审批土地招标、拍卖等活动，停止在建工程后续有关手续的办理，并报请区市住房和城乡建设部门降低或取消其开发资质，清除出房地产市场。

（四）对不履行企业用工主体责任，拒不配合有关部门解决拖欠工资问题，组织农民工过激讨薪，或以讨薪为名讨要工程款项（机械租赁费、周转材料、承保利润等）的劳务公司，负责行政许可的建设行政部门吊销其经营许可证明，市场监管部门负责吊销其营业执照。

（五）其他违反法律法规的行为。

第二十三条 建立“黑名单”制度。凡一年内发生拖欠农民工工资案件达2起以上的；拖欠数额大、涉及人数多，造成不良社会影响的；拒不结算核实或提供虚假工资名册恶意讨薪的；告知涉法涉诉应当通过司法渠道处理，仍然组织煽动农民工上访的；借讨薪为名讨要工程款 等行为 列入“黑名单”，纳入企业诚信档案库进行管理，严格限制其参与投标、施工、务工等活动。对欠薪或采取过激行为讨薪的施工项目负责人、劳务公司负责人、承包人、班组长和个别务工人员等列入“黑名单”，禁止建筑施工单位对其聘用，并清理出建筑市场，同时，在新闻媒体和有关部门网站上予以公布。对发生拖欠农民工工资问题，被清除出自治区、银川市建筑市场和列入“黑名单”的企业，分别在三年内和两年内不允许参加贺兰县建设项目招投标活动，尚未完成的在建工程列入重点监控，要求按期报送工资表、考勤表、劳动合同书等相关材料接受监督。

拖欠农民工工资造成不良影响的开发建设单位、建筑施工企业、劳务公司，由住建部门及时向社会公布，并向企业所在地市场监管部门通告。

第二十四条 建筑企业在参与工程招投标时，必须提供人力资源和社会保障部门出具的农民工工资支付证明，禁止当年存在拖欠农民工工资、不签订劳动合同或不缴纳社会保险费等情况的施工企业参与招投标项目。

第二十五条 用人单位非法阻碍国家工作人员依法履行农民工工资监督管理职责，构成违反治安管理行为的，由公安机关依法对相关责任人进行治安处罚；涉嫌犯罪的，由司法机关依法追究刑事责任。

第二十六条 农民工与用人单位因工资支付发生劳动争议的，当事人可以依法向劳动人事争议仲裁委员会申请仲裁。对仲裁裁决不服的，依法向人民法院提起诉讼。

第六章 附 则

第二十七条 本办法由贺兰县人民政府负责解释。

第二十八条 本办法自2016年2月12日起施行。原《贺兰县农民工工资支付管理办法（修订）》（贺政发〔2013〕81号）同时废止。

（2016年1月6日，贺兰县人民政府以《关于印发〈贺兰县农民工工资支付管理暂行办法〉的通知》（贺政办〔2016〕6号）文件颁发本办法。）

贺兰县个体经营场所消防安全管理办法

第一条 为了加强个体经营场所消防安全管理工作，预防火灾和减少火灾危害，保护人身、财产安全，根据《中华人民共和国消防法》《宁夏回族自治区实施〈中华人民共和国消防法〉办法》《宁夏回族自治区个体经营场所消防安全管理办法》等法律、法规，制定本办法。

第二条 本办法所称个体经营场所，是指个体工商户从事工商业经营的固定场所。

第三条 贺兰县所有个体经营场所消防安全

管理工作，适用本办法。

第四条 公安机关对个体经营场所消防安全工作实施监督管理，并由公安机关消防机构和公安派出所负责实施。

街道办事处以及村（居）民委员会，协助公安机关消防机构和公安派出所做好辖区内个体经营场所消防安全管理工作。

第五条 个体经营者对其经营场所的消防安全负责，应当遵守消防法律法规和防火安全公约，配置必要的消防设施、器材，接受消防监督检查。

第六条 公安机关消防机构应当履行下列消防监督管理职责：

（一）指导公安派出所开展消防监督检查工作；

（二）开展消防安全宣传教育；

（三）其他消防监督管理职责。

第七条 公安派出所应当履行下列消防监督管理职责：

（一）对本辖区个体经营场所进行消防监督抽查；

（二）对村（居）民委员会履行消防安全职责的情况进行检查；

（三）指导消防安全重点场所进行火灾预防和灭火演练；

（四）向个体经营者宣传消防安全知识；

（五）其他消防监督管理职责。

第八条 村（居）民委员会应当履行下列消防安全管理职责：

（一）宣传消防安全常识；

（二）开展消防安全巡查，向公安机关消防机构或者公安派出所报告发现的火灾隐患；

（三）指导个体经营场所开展消防安全区域联防工作；

（四）配合公安机关消防机构和公安派出所开展消防监督抽查。

第九条 个体经营者应当履行下列消防安全义务：

（一）依法配置符合标准的消防设施、器材，设置消防安全标志，并保持完好有效；

（二）保持疏散通道、安全出口畅通；

（三）遵守用电用气用火用油安全规程；

（四）定期对本经营场所进行消防安全检查，及时消除火灾隐患；

（五）接受消防安全培训并对本场所工作人员进行消防安全常识教育；

（六）发生火灾时及时报警、扑救并疏散人员；

（七）配合公安机关消防机构扑救火灾、调查火灾原因。

鼓励个体经营者制定符合经营实际需要的消防安全措施。

第十条 公安消防机构应当将娱乐、餐饮、住宿等个体经营场所，以及个体经营易燃易爆危险品、油气的场所，确定为消防安全重点场所，并以统一方式在个体经营场所明示。

前款规定场所的个体经营者除应当履行本办法第九条规定的消防安全义务外，还应当履行下列消防安全义务：

（一）在经营场所明显位置明示防火警示；

（二）定期开展消防安全演练；

（三）与相邻生产经营场所、单位开展消防安全区域联防。

第十一条 有关行业主管部门开展专项监督检查时，应当对个体经营者履行消防安全义务的情况进行检查，责令其改正不符合消防安全的行为。

第十二条 个体经营场所集中的建筑物，产权单位或者受委托的物业服务企业，应当对共用的疏散通道、安全出口、建筑消防设施和消防车通道等进行统一管理。

第十三条 个体劳动者协会、行业协会、市场开办者等组织，应当向个体经营者宣传消防安全常识。鼓励志愿服务者向个体经营者宣传消防安全常识。

第十四条 公安派出所应当制定本辖区年度个体经营场所消防监督抽查计划并实施。公安派出所开展消防监督抽查时，应当出示执法身份证件，并不得影响个体经营者的正常经营活动。

第十五条 公安派出所对个体经营场所下列

事项进行消防监督抽查：

（一）用电用气用火用油是否规范；

（二）是否开展消防安全宣传教育、灭火和应急疏散演练；

（三）疏散通道、安全出口是否畅通，室内消火栓、疏散指示标志、应急照明、灭火器是否完好有效；

（四）生产、储存、经营易燃易爆危险品的场所是否与居住场所设置在同一场所内。

公安派出所发现个体经营场所存在消防安全违法行为的，应当责令改正，并将抽查情况在抽查记录中载明，自抽查结束之日起两个工作日内，将抽查记录录入网上消防监督管理系统。

第十六条 公安机关消防机构应当在火灾多发季节，重大节日、重大活动前或者期间组织监督抽查。

第十七条 公安机关消防机构和公安派出所，可以在一定范围公开存在火灾隐患的个体经营场所名单。

第十八条 公安机关消防机构应当向社会公开消防安全服务事项，为个体经营场所提供消防安全服务。

第十九条 市场监管部门和公安机关消防机构，应当建立个体经营登记信息共享机制。

第二十条 公民发现个体经营场所存在火灾隐患的，可以向公安机关消防机构或者公安派出所举报；接到举报的公安机关消防机构或者公安派出所应当及时调查处理。

第二十一条 个体经营场所有下列情形之一的，由公安机关消防机构依据《消防法》《行政处罚法》等相关法律法规予以处罚：

（一）电器产品、燃气用具的安装使用及其线路、管路的敷设不符合消防安全管理规定，存在火灾隐患的；

（二）储存、经营易燃易爆危险品的场所与居住场所设置在同一场所内的；

（三）占用、堵塞、封闭疏散通道、安全出口的；

（四）消防设施、器材未保持完好有效的。

第二十二条 公安机关消防机构和公安派出所及其工作人员，对监督抽查中发现的火灾隐患或者违法行为未依法责令个体经营者改正，造成严重后果的，对直接负责的主管人员和其他直接责任人员依法给予处分。

第二十三条 本办法自2016年3月3日起施行。

（2016年2月3日，贺兰县人民政府以《关于印发贺兰县个体经营场所消防安全管理办法的通知》（贺政办〔2016〕25号）文件颁发本办法。）

贺兰县中小微企业及个人贷款担保基金管理实施办法（暂行）

第一章　总　则

第一条 为进一步规范政府担保基金使用和小额贷款担保业务行为，充分发挥贺兰县政府担保基金的撬动功能。根据贺兰县人民政府《关于同意成立贺兰县融晟投资运营集团有限公司母公司及子公司的批复》（贺政函〔2015〕88号）和《关于全县各项担保基金整合事宜的专题会议纪要》（〔2015〕158号）要求，依据《合同法》《担保法》等有关法律法规和国家政策的规定，特制订本办法。

第二条 本办法所称小额贷款担保，是指由贺兰县融信担保有限公司（以下简称“融信担保公司”）根据贷款担保三方协议约定，以保证的方式为农村妇女创业、科技特派员创业、种植养殖业以及对农业特色优势产业扶持提供担保。

第三条 本办法遵循中华人民共和国《担保法》规定的平等、自愿、公平、诚实信用原则，通过科学的风险管理机制，保障合同当事人各方的合法权益。

第二章　来　源

第四条　担保基金由县级财政部门出资设立。

第五条　农业特色优势产业贷款担保基金由自治区财政和县财政按照 7:3 的比例出资。

第六条　担保基金的担保责任余额，不超过担保基金银行存款余额的五倍；农业特色优势产业担保基金的担保责任余额不超过担保基金银行存款余额的七倍。

第三章　管理机构

第七条　担保基金设立两个组织部门：一是担保基金监管部门；二是担保基金管理部门。

第八条　监管部门由县基金部门组成，主要职责为：

（一）监管担保基金使用规范，按政策要求发放；

（二）严格审查贷款担保申请的扶持项目条件；

（三）对农业特色优势产业项目主管基金部门负责贷款担保的审核，是主要责任主体；

（四）负责对项目贴息资金的审核，承担主要责任主体；

（五）对申请人提供的资料保证其真实性、完整性、合法性。

第九条　贺兰县融信担保公司为担保基金管理部门。主要职责为：

（一）按监管部门推荐的客户，严格按照业务流程办理担保业务；

（二）严格管理担保基金，确保基金专款专用。

第四章　贷款担保的业务和范围

第十条　政策类担保基金用于对有劳动能力和就业愿望的农村妇女、种植养殖人员通过自谋职业、自主创业或科技特派员合伙经营和组织起来实现再就业过程中，其自筹资金不足部分，向县级金融机构申请小额担保贷款提供担保；农业特色优势产业贷款担保基金用于农业企业在技术攻关、产品研发、成果转化、市场开拓方面提供担保，且融信担保公司依照相关文件收取不高于 1.5% 的担保费。

第十一条　对于后期由县财政划拨注入的非政策性担保基金，融信担保公司依法为贺兰县辖区范围内中小微企业及个人提供贷款担保，按照融信担保公司相关业务流程审核办理，并依据规定收取相应的担保费用；同时加强与县域内金融机构合作，强化风险共担意识，创新信贷产品，拓展业务范围。

第五章　贷款担保额度、期限与用途

第十二条　贷款担保额度：

（一）对单个自然人自谋职业、自主创业提供的小额贷款担保根据实际情况确定贷款额度且贷款额度不超过 10 万元。

（二）为合伙经营和组织起来就业创办的小企业提供小额贷款担保，单户最大担保金额不得超过保证金比例 20%，贷款额度不超过 100 万元。

（三）对中小企业及个人提供担保的非财政贴息贷款额度法人单笔不超过对应担保基金的 20% 并额度不超过 200 万元，个人单笔不超过 50 万元。

（四）贷款额度在 20 万以下（含 20 万）的政策性贷款担保，按照原基金部门的业务流程和担保方式办理，发生不良贷款或逾期的代为追偿的诉讼主体依法为融信担保公司，原基金单位负有以行政方式追偿责任，配合融信担保公司诉讼的责任，并最终承担该笔贷款无法追偿的责任。贷款额度在 20 万以上，按照融信担保公司的业务流程和担保方式办理。

第十三条　贷款担保期限一般为一年，最长不超过二年。借款人提出展期的，在确定借款人展期期限内能够及时履行债务（含借款利息）的前提下，融信担保公司同意继续提供担保的，县金融机构可展期一次，展期期限不得超过一年。

第十四条 对于申请农业特色优势产业贷款担保的企业，贷款期限不超过二年，单个企业累计贷款担保不超过1000万元。对出现明确代偿或造成损失的农业企业，三年内不得享受政策性贷款担保。

第十五条 还款方式和不属于财政贴息的非微利项目贷款计结息方式按县金融机构有关规定执行。

第六章 贷款担保程序

第十六条 需要申请贷款担保的人员，按照自愿申请、县基金部门受理审核后择优推荐、融信担保公司审核并承诺担保、县合作金融机构核贷的程序，办理贷款手续。上述部门应在规定时间内完成各自办事程序。

（一）自愿申请

1. 从事个体经营的人员需向县基金部门提交下列文件（一式三份，基金部门、融信担保公司、合作金融机构各一份）并保证其真实性：

（1）小额贷款担保申请书；

（2）申请人夫妻双方身份证、户口簿、结婚证原件及复印件，申请人个人征信报告（近一月内）；

（3）申请人自有资产证明；

（4）拟提供的融信担保公司认可的反担保措施；

（5）融信担保公司及县合作金融机构需要的其他资料。

2. 对合伙创办小企业需向注册登记地基金部门提交下列文件（一式三份，基金部门、融信担保公司、合作金融机构各一份）并保证其真实性：

（1）小额贷款担保申请书；企业和法定代表人征信报告（近一月内）；

（2）营业执照副本原件及加盖企业公章的复印件；

（3）企业组织机构代码证原件及加盖企业公章的复印件；

（4）加盖企业公章的企业章程及合伙协议书复印件；

（5）税务登记证（国税、地税）副本复印件；

（6）法定代表人或负责人简历、身份证原件及复印件；

（7）授权代理人的授权书及代理人身份证原件及复印件；

（8）企业决定申请融资担保的股东会决议或合伙人会议决议；

（9）当年（或近一年季、月）财务报表，包括资产负债表、损益表、现金流量表等；企业常用银行账户流水；

（10）企业一般情况及业务内容介绍；

（11）拟提供的融信担保公司认可的反担保措施；

（12）融信担保公司及合作金融机构需要的其他资料；

（13）项目可行性报告（农业特色优势产业的企业需提供）。

（二）受理推荐

申请人须在上述资料齐备后向所在地基金部门提出申请，基金部门对申请资料进行审查，确认其真实有效，项目可行，还款来源和反担保能力符合贷款担保条件后，向融信担保公司和合作金融机构签发《申请意见审批表》，并将资料报融信担保公司。对不符合贷款担保条件的项目，回复申请人并说明理由。上述工作应于受理后3个工作日内完成。

（三）担保审核

融信担保公司核对《申请意见审批表》及报审资料，审核确认贷款担保额度、期限和反担保措施等符合规定、合法可行。对审核通过的项目，及时向合作金融机构出具《担保意向书》。对未通过审核的，回复申请人和基金部门，说明理由并提出改进建议。上述工作应于收到基金部门签发的《申请意见审批表》及报审资料后4个工作日内完成。

（四）贷款审查

1. 由融信担保公司出具的《担保意向书》及

基金部门签发的《申请意见审批表》，报送合作金融机构申请贷款。

2. 合作金融机构核对《申请意见审批表》《担保意向书》及报审资料，审核确认贷款额度、期限、用途、还款能力等符合规定、合法可行。对通过贷款审查的，要尽快办理贷款手续，并向融信担保公司出具担保意向书回执单。对未通过贷款审查的，应向申请人说明理由并提出改进建议。上述工作应于收到上述资料后3个工作日内完成。

（五）反担保

融信担保公司收到县合作金融机构出具的担保意向书回执单，在3个工作日内办理如下业务：

1. 及时办理反担保法律手续；

2. 落实反担保手续，签订有关合同。

（六）发放贷款

合作金融机构收到融信担保公司出具的《放款通知书》后，与融信担保公司签订《保证合同》，在2个工作日内保证贷款资金发放到位。

第七章　反担保措施

第十七条　担保申请人应根据《担保法》的规定提供必要的反担保措施，包括：抵押、质押、保证等。融信担保公司妥善办理反担保事宜，签订反担保合同时，应依法办理公证手续。

第十八条　反担保人为自然人的，必须提供无限连带责任保证担保。该第三方个人及其配偶应作为共同反担保人与融信担保公司签订《个人无限连带保证责任承诺函》。

第十九条　反担保人为企业的，融信担保公司根据担保金额大小及风险程度等实际情况，要求其采取其中一种或几种反担保措施：

（一）反担保人以其合法财产提供抵押（质押）反担保。抵押（质押）物的范围与条件是能够依法转让并可变现的财产及其他可以依法流通或转让的权利。财产抵押（质押）物的条件应符合《担保法》的有关规定。

（二）其他法人或自然人为借款人提供信用反担保的，条件应符合《担保法》的有关规定。

第八章　贷款利率与贴息

第二十条　贷款利率与贴息根据条件按照宁财（社）发〔2015〕976号、宁财（农）发〔2016〕233号文件执行，文件未明确贷款利率的，由金融机构与借款人自行协商确定。

第九章　在保项目的监督和管理

第二十一条　借款人及反担保人应严格按照《保证合同》《借款合同》《反担保合同》的条款约定履行义务。借款人或反担保人情况发生变化（如：企业发生分立、合并、财产及法定代表人变更等；自然人发生户籍、住址、联系电话、婚姻状况变更及财务状况变化等）时，应提前或于变更发生之日起3日内通知融信担保公司和合作金融机构，并主动配合有关单位及时办理相关手续。

第二十二条　融信担保公司制定规范、有效的担保项目评审联席会议制度，履行担保管理责任。要定期对担保项目及反担保物或反担保人进行检查或抽查，及时掌握贷款担保整体状况。如发现资金损失或担保风险加大，应及时采取措施防范和化解风险，并通报合作金融机构，共同控制风险。

第二十三条　基金部门委派专职人员负责履行担保业务对象的推荐、条件审核、初步调查、资料汇总等工作，与融信担保公司共同做好区市对基金管理、使用等考核工作。

第二十四条　融信担保公司、合作金融机构和基金部门要切实履行职责，加强协调配合，做好服务工作。

第十章　追偿与代偿

第二十五条　合作金融机构对已到还款期限未及时归还的，或经宣布贷款提前到期的贷款项目，应及时向借款人发出逾期贷款催收通知书，并报相关单位，履行追偿责任。

第二十六条 追偿期结束后，经追偿借款人仍未偿付贷款本息的，按照本办法第三十五条规定执行。

第二十七条 发生下列情况，融信担保公司有权拒绝承担担保责任：

（一）合作金融机构未按本办法规定履行追偿义务；

（二）合作金融机构确认借款人已发生危及贷款安全的重大事项而未及时采取措施并告知融信担保公司，造成贷款损失；

（三）合作金融机构未按本办法规定程序发放、收回贷款，造成贷款损失；

（四）合作金融机构未严格审查借款人提供资料的真实性、完整性，私自串通发放贷款，造成损失的。

第十一章 担保基金的管理

第二十八条 担保基金应在合作金融机构中设立担保基金专用账户，单独核算，封闭运行，专项用于小额贷款担保。

第二十九条 融信担保公司在基金部门的监督下负责担保基金的日常管理和小额贷款担保业务。应建立规范、高效的担保项目评审体系，科学、合理的指标考核评价体系和快捷、便利的担保运行体系，建立严格、有效的监督管理机制和个人信用档案管理制度，完善对被保证人的事前审核、事中监控、事后追偿与处置机制。

第三十条 融信担保公司认真做好对担保信息的收集、整理与分析工作，并定期向有关部门通报情况。

第三十一条 担保基金按年度核算，由融信担保公司于次年一季度向上级财政部门报告担保基金财务情况，并提出代偿损失处置方案，由上级财政部门批准执行。

第三十二条 基金部门根据有关规定和贷款担保情况确定当年担保基金年度代偿最高限额。对限额以内的担保代偿损失，由融信担保公司在年度终了后 4 个月内向县财政部门提出补偿担保代偿损失申请，同时提供以下资料：证明担保代偿损失的有关法律文件，包括：代偿资金凭据、追偿债权资金情况等；县财政部门对上述资料进行审查核实，确定应补偿的担保代偿损失后，办理资金拨付手续。

第三十三条 单个合作金融机构小额担保贷款不良率达到 6% 时，融信担保公司应向其提出预警通知并采取防范风险措施；不良率达到 10% 时，经办机构应停止发放新的贷款，融信担保公司暂停对该经办机构办理新的担保业务，与经办机构采取进一步风险控制措施并报监管会批准后，可恢复贷款担保业务。

第三十四条 代偿项目具有下列情形之一的，由融信担保公司提出确认坏账申请，报上级财政部门审核同意后核销：

（一）被保证人破产或死亡，其破产财产处置收入或遗产处置收入清偿后仍无法收回；

（二）经申请强制执行法律程序后两年内仍无法收回；

（三）因被保证人逾期未履行偿债义务超过三年仍然不能收回的。

第三十五条 贷款担保到期后，由经办银行负责向借款人催收逾期贷款，基金部门与融信担保公司协助催收。经催收仍未归还的，由经办银行按照有关规定，通过诉讼或仲裁程序进行催收；经诉讼仲裁催收仍不能履行债务的，由贷款担保基金代位清偿，代位清偿比例为 8:2（即担保基金承担 80%，经办银行承担 20%）。

代位清偿期限为 3 个月，由经办银行填报《小额贷款担保基金代偿申请表》，经基金部门、融信担保公司报同级财政部门审核同意。超过代位清偿期限 15 日的，经办银行通知基金部门、融信担保公司后，直接从基金账户中按规定比例扣划借款人所欠贷款本息，并报同级财政部门备案。

对于农业特色优势产业贷款担保基金的代偿由担保基金和融信担保公司、合作金融机构按照

3:7的比例分担，融信担保公司、合作金融机构分担比例自行协商。

代位清偿后基金部门、融信担保公司协助经办银行继续向借款人和担保人追偿欠款。

第十二章　担保业务经费的管理、支出与拨付

第三十六条　融信担保公司业务范围属于政策性担保，在其业务运行中无经营收益，为进一步完善自身运行机制和风险控制体系，完善公司管理制度和政策措施，提高工作效率，防范化解贷款担保风险，促进整体工作健康发展，由县财政在当年预算中安排融信担保公司一定数额的工作业务经费。

第三十七条　经费支出用于开展业务培训、宣传、审计、诉讼咨询、制度建设、业务监督管理等工作，以建立健康、良好的运行机制和风险控制体系，确保担保业务平稳、健康发展，为县域中小经济实体企业和个人提供优质的贷款担保服务。

第三十八条　担保业务经费由融信担保公司根据担保业务进度提出申请，县财政局安排上半年和下半年两次拨付。

第十三章　监督与审计

第三十九条　融信担保公司工作人员在实施各自工作中，应该严格按照规定程序、规定内容、规定方式、规定手续实施规范化操作，严格履行工作职责，并应尽职尽责客观调查事实和依据。

第四十条　县纪委、审计和财政部门要按照“定向设立、安全运营、透明监督、促进就业”的原则加强对担保基金和担保业务的监督管理，及时发现和解决问题，确保贷款担保政策真正落实到位；要定期或不定期组织或委托审计部门对担保基金和财政贴息资金进行专项检查或抽查；要充分发挥社会舆论和群众监督作用，建立公众举报监督制度，公布举报电话，公开接受社会监督；对工作业绩突出、促进就业成效显著、有贡献的单位和个人要给予表彰和奖励；对徇私舞弊、弄虚作假、造成损失及影响的单位和个人要追究责任，严肃查处。

第十四章　附　则

第四十一条　本办法由贺兰县人民政府办公室负责解释。

第四十二条　本办法自2016年6月1日起施行。

（2016年4月19日，贺兰县人民政府以《关于印发〈贺兰县中小微企业及个人贷款担保基金管理实施办法（暂行）〉的通知》（贺政发〔2016〕59号）文件颁发本办法。）

贺兰县科技创新中心管理办法

为把贺兰县科技创新中心建设成为科技人才集聚地、科技型企业的孵化基地、高新技术成果的转化基地、创新创业人才的培育基地、企业和社会公共技术服务中心，为企业转型升级提供科技及人才支撑，引领新产业发展动态，为发展绿色GDP和经济可持续发展提供保障，最终建设成为运行规范的国家级科技企业孵化器。按照2010年科技部《科技企业孵化器认定和管理办法》（国科发高〔2010〕680号）、宁夏科技厅《科技企业孵化器认定和管理暂行办法》的要求，根据认定国家级孵化器应具备的条件，搭设组织架构，不断完善工作机制和服务体系，建设良好的创业环境，营造浓郁的创新氛围，为科创中心企业提供创业咨询、辅导和技术、金融、管理、商务、市场、国际合作等方面的服务。特制定本办法。

一、政策保障

科创中心作为科技创新创业服务平台，是一个公益性公共服务平台，作为贺兰县科技创新示范基地的同时，也是展示贺兰良好政策环境、服务环境的窗口。为支持科创中心的建设，吸纳人才和项目，出台了一系列扶持政策和奖励措施，在本县范

围内企业新建的院士工作站、博士工作站享受同等优惠政策。

（一）科创中心运行的扶持政策

1. 基础建设

（1）继续完善科创中心的硬件设施。

（2）保障经费支持，打造科创中心软硬件环境。经费包括两部分，即科技项目资金和科创中心运营管理费。科技项目资金从县财政支持的科技项目经费中优先支持和用于扶持企业成长。其中包括科创中心项目资金、种子资金、奖励资金、科技后补助配套资金等；运营管理费由县财政拨付，用于中心的运行管理、中心大楼设施维护、物业管理、办公、人员聘用、园区对外交流和学习、培训公共技术服务中心建设等。由科创中心组织项目评审、鉴定，负责经费管理与考核。

（3）明确科创中心可以独立支配的配套设施，如人才公寓等。

（4）建立创业服务公共信息网络平台，其中包括图书、信息情报资源平台，孵化企业服务平台、协同办公系统。

（二）入驻科创中心企业和创业人才的政策

科创中心着力为入驻企业创造优势突出的政策环境，吸引创新人才带项目入驻园区。前期实行免交房租费、物业费、能源费（水电暖、网络）等政策，后期视企业考核情况实行奖励政策；对企业科技立项进行资金支持、各类创业企业扶持政策等。

1. 对入驻企业的扶持政策

（1）鼓励科技创新中心企业建设研发机构，研发机构通过有关主管部门认定后，给予一次性财政补贴，最高额度不超过 30 万元。

（2）鼓励和培育科技创新中心企业科技创新，被有关部门认定为科技创新型（试点）的企业，根据认定的级别，给予一次性财政补贴，最高额度不超过 30 万元。

（3）科技创新中心协助入驻企业申报市级优秀创业项目，对于通过评审的项目，每个项目给予 5 万— 10 万元的一次性补助；对获得国家、自治区资助资金的项目给予上级资助金额 30% 的配套，配套资金不高于 10 万元。

（4）鼓励拥有知识产权成果，对申请专利已被国家知识产权局受理，且没有署名权和专利权的权属纠纷，按县级规定给予实用、新型的发明专利每项 1 万元奖励。

（5）鼓励科技创新中心企业与高等院校及科研机构开展产学研合作，对以企业为主体，高校科研机构院所共同参与的技术创新项目，根据企业对该项目的研发投入情况，每个项目资助 10 万— 20 万元。

（6）鼓励科技成果的创新和应用，对科技创新中心的科技创新创业项目，优先列入或推荐列入各级政府科技计划项目，对技术水平先进、产业化前景好的项目可在科技经费等方面给予优先支持；对获得相关科技进步奖励的企业给予一定程度的补贴；

（7）鼓励建立科技创新公共服务平台，设立院士工作站、博士工作站，设立人才专项基金，助推企业科技创新。

（8）允许民营企业以股份的形式入驻科创中心。

（9）入驻科创中心的电子商务企业优先享受《贺兰县关于推进电子商务发展的若干意见（试行）》（贺党发〔2015〕43 号）规定中的优惠政策。

（10）入园企业两年内免交房租费、免交物业费政策；园区科技型企业享受有关税收优惠政策，园区内企业的纳税按照 30% 的比例，以以奖代补的方式返还于科创中心科技发展有限责任公司，用于项目支撑和园区运营管理。

（11）科技创新中心内的企业，自工商登记日起连续正常经营 6 个月，享受 10 万元创新企业扶持担保贷款。

（12）设立贺兰县科技创新券，用于鼓励科技创新企业在科技创新中心注册补贴、开放式的技术服务平台补贴，具体办法另行制定。

2. 对创业人才的政策

（1）鼓励大学生到科技创新中心苗圃区创业，通过“创业苗圃”培育的项目且注册成立公司，给予一次性5000元的补贴。

（2）高层次人才、高层次平台的创新创业政策；县财政划拨科创中心专项经费，用于科技引智引才和引进名院大所、高层次平台等奖励政策。

（3）创业人才新增知识产权奖励政策。

（4）文化创业企业人才扶持政策。

（5）设立园区种子资金，设立面向园区企业与社会投资机构基金相匹配的创投基金。

二、服务内容

（一）政策服务

及时传达各级政府、行业主管部门的各类政策，解答企业的有关疑问，协助企业获得各类政策支持；积极协调地方政府相关职能部门，为企业出台房租、税收优惠等政策，并促成尽早兑现；全力协助创业人员落实户籍和组织关系、入驻地方政府的人才精装修公寓等，妥善解决创业人员后勤保障问题。

（二）孵化企业设立全程服务

全程跟踪服务孵化企业设立，代办工商登记、银行开户验资、税务登记、机构代码证等。

（三）宣传服务

通过信息刊物、孵化器网站等新闻媒介和现代通信手段，传达政策法规、宣传孵化企业和研发项目、展示园区的产学研平台。

（四）培训服务

为在孵企业提供各种创业培训，协助政府各部门和联合相关机构举办各种讲座、论坛、培训班，向创业者传授现代经营管理、法律、政策法规、项目申报等各种创业理论知识。

（五）中介服务

进一步完善了中介服务网络，引进社会化配置的中介服务机构为企业提供专业的创业服务。重点包括：投融资机构、会计师事务所、专利事务所、律师事务所、管理咨询等服务机构。

三、体制保障

（一）机构设置

贺兰县科技创新中心作为银川市高新技术开发区的分园进行一体化发展。在机构设置上，完全按"突出政府的协调和宏观指导、以独立法人为主体的市场化运行机制"原则，从自身实际出发，建立高效运转的运行机构，保证科创中心建设的顺利进行。依据中共贺兰县委办公室、贺兰县人民政府办公室《关于成立贺兰县科技创新中心的通知》（贺党发〔2015〕161号文件），成立科创中心管理办公室，由科创中心主任负责创新中心全面工作；成立贺兰县科技发展有限责任公司，负责对外项目申报及科创中心运营，贺兰县融晟公司所属的科创中心大楼固定资产划归贺兰县科技发展有限责任公司所有，以便于科创中心作为质押资产为入驻企业进行投融资担保等。科技局对科创中心行使行政管理职能。

（二）功能职责

1. 政府引导，强化协调功能

科创中心依靠共建各方的科技及人才、地域等资源。政府主要起引导作用，协调职能部门和科创中心的关系，在工商、税务、项目申报、创业人才服务、园区基本建设等各方面提供支持和服务，在政策上给予科创中心扶持。

2. 开放式办园

科创中心实行开放式办园，按照公平的原则，平等对待各入园项目，并向高校和全社会开放，鼓励高校、研究院所和企业共建联合研发中心、成果转移中心等，鼓励优秀项目入园孵化。贺兰县科技创新中心不定期召开会议，研究和解决园区建设中需要解决的重大问题，协调工作中出现的矛盾和问题。

3. 强化独立法人单位市场化运作

科创中心的主要功能是孵化培育科技型企业、技术成果转化等。以贺兰县科技发展有限责任公司为法人主体，独立管理运行。园区依靠地方政府提供的各种优惠条件，把营造一流的创新创业环境，提供一流的创新创业孵化服务为建设重点，最终实现园区良性自我发展。

四、入驻企业考核管理

科创中心依据科创中心入驻企业考核办法，对企业实行动态评估和考核，评估合格的企业（项目），根据实际情况优先给予享受各级创业扶持政策；依据考核结果，评选优秀企业（项目），并给予奖励；考核合格以上的企业（项目），可继续留驻科技创新中心，评估不合格的团队将予以清退。并与入驻企业签订科技企业孵化器合作协议，严格履行合同双方义务。同时定期对企业进行党建、精神文明建设、社会治安综合治理、安全生产等督查，强化企业内部自身管理、安全生产及环保意识；不断加强企业科技创新，最终将科创中心建设成为运行规范的国家级科技企业孵化器。

2016年4月14贺兰县人民政府以《关于印发〈贺兰县科技创新中心管理办法〉的通知》贺政办〔2016〕77文件颁发本办法。

贺兰县农村承包土地经营权抵押贷款试点办法（试行）

第一条 为依法稳妥规范推进农村承包土地经营权抵押贷款试点，加大金融对“三农”的有效支持，保护借贷当事人合法权益，根据《国务院关于开展农村承包土地的经营权和农民住房财产权抵押贷款试点的指导意见》（国发〔2015〕45号）和《全国人民代表大会常务委员会关于授权国务院在北京市大兴区等232个试点县（市、区）、天津市蓟县等59个试点县（市、区）行政区域分别暂时调整实施有关法律规定的决定》等政策规定，制定本办法。

第二条 本办法所称农村承包土地经营权抵押贷款，是指以承包土地的经营权作抵押、由金融机构（以下称贷款人）向符合条件的承包方农户或农业经营主体发放的、在约定期限内还本付息的贷款。

第三条 农村承包土地经营权抵押贷款试点坚持不改变土地公有制性质、不突破耕地红线、不损害农民利益、不层层下达规模指标。

第四条 符合本办法第五条、第六条规定条件，通过家庭承包方式依法取得农村承包土地经营权和通过合法流转方式获得土地经营权的农户及农业经营主体（以下称借款人），均可按程序向金融机构申请农村承包土地经营权抵押贷款。

第五条 通过家庭承包方式取得农村承包土地经营权的农户以其获得的土地经营权作抵押申请贷款的，应同时符合以下条件：

（一）具有完全民事行为能力，无不良信用记录；

（二）用于抵押的农村承包土地经营权没有权属争议；

（三）依法拥有县级以上人民政府或政府相关主管部门颁发的农村土地承包经营权证；

（四）承包方已明确告知发包方农村承包土地经营权的抵押事宜。

第六条 通过合法流转方式获得农村土地经营权的农业经营主体申请贷款的，应同时符合以下条件：

（一）具备农业生产经营管理能力，无不良信用记录；

（二）用于抵押的农村土地经营权没有权属争议；

（三）已经与承包方或者经承包方书面委托的组织或个人签订了合法有效的经营权流转合同，或依流转合同取得了农村土地经营权权属确认证明，并已按合同约定方式支付了土地租金；

（四）承包方同意农村承包土地经营权可用于抵押及合法再流转；

（五）承包方已明确告知发包方农村承包土地经营权的抵押事宜。

第七条 借款人获得的农村承包土地经营权抵押贷款，应主要用于农业生产经营等贷款人认可的合法用途。

第八条 贷款人应当统筹考虑借款人信用状况、借款需求与偿还能力、农村承包土地经营权价值及流转方式等因素，合理自主确定农村承包土地经营权抵押贷款抵押率和实际贷款额度。鼓励贷款人对诚实守信、有财政贴息或农业保险等增信手段支持的借款人，适当提高贷款抵押率。

第九条 贷款人应参考人民银行公布的同期同档次基准利率，结合借款人的实际情况合理自主确定农村承包土地经营权抵押贷款的利率。

第十条 贷款人应综合考虑农村承包土地经营权可抵押期限、贷款用途、贷款风险、土地流转期内租金支付方式等因素合理自主确定贷款期限。鼓励贷款人在农村承包土地经营权剩余使用期限内发放中长期贷款，有效增加农业生产的中长期信贷投入。

第十一条 借贷双方可采取委托第三方评估机构评估、贷款人自评估或者借贷双方协商等方式，公平、公正、客观、合理确定农村土地经营权价值。

第十二条 鼓励贷款人因地制宜，针对借款人需求积极创新信贷产品和服务方式，简化贷款手续，加强贷款风险控制，全面提高贷款服务质量和效率。在农村承包土地经营权抵押合同约定的贷款利率之外不得另外或变相增加其他借款费用。

第十三条 借贷双方要按规定，在贺兰县农村产权交易管理中心办理农村承包土地经营权抵押登记。贺兰县农村产权交易管理中心应当对用于抵押的农村承包土地经营权权属进行审核、公示。

第十四条 因借款人不履行到期债务，或者按借贷双方约定的情形需要依法行使抵押权的，贷款人可依法采取贷款重组、按序清偿、协议转让、交易中心挂牌再流转等多种方式处置抵押物，抵押物处置收益应由贷款人优先受偿。

第十五条 县农村产权交易管理中心要逐步建立县、乡镇等多级联网的农村产权流转交易平台，建立农村承包土地经营权抵押、流转、评估和处置的专业化服务机制，完善农村承包土地经营权价值评估体系，推动农村承包土地经营权流转交易公开、公正、规范运行。

第十六条 县农牧局要加快推进全县农村承包土地经营权确权登记颁证，探索通过合同鉴证、登记颁证等方式对流转取得的农村土地经营权进行权属确认。

第十七条 县财政局预算安排300万元设立农村承包土地经营权抵押贷款风险补偿基金，用于分担冰雹、严重旱涝等不可抗力造成的贷款损失。

第十八条 人民银行驻县分支机构负责协调对开展农村承包土地经营权抵押贷款业务取得良好效果的贷款人加大支农再贷款支持力度。

第十九条 县农村承包土地经营权抵押贷款试点工作领导小组办公室（人民银行永宁支行贺兰营管部）要加强统筹协调，落实职责分工，扎实做好试点组织实施、跟踪指导和总结评估。试点期间每年末形成年度试点总结报告，于次年1月月底前以县人民政府文件上报自治区试点工作小组。

第二十条 人民银行驻县分支机构会同银行业监督管理机构等部门加强试点监测、业务指导和评估总结，并向自治区试点工作小组提交季度总结报告和政策建议。

第二十一条 各金融机构可根据本办法有关规定制定农村土地承包经营权抵押贷款业务管理制度及实施细则，并抄报试点工作领导小组办公室。

第二十二条 对于以农村承包土地经营权为他人贷款提供担保的以及没有承包到户的农村集体土地（指耕地）经营权用于抵押的，可参照本办法执行。

第二十三条 本办法由县农村承包土地经营权抵押贷款试点工作领导小组办公室负责解释。

第二十四条 本办法自发布之日起实行。

贺兰县促进近期越夏露地番茄外销扶持办法

2016年全县越夏露地番茄种植面积16 500亩，较去年增长24%，自7月15日上市销售以来，持续出现价格低迷、销售不畅等不利局面。为促进越夏番茄等露地蔬菜销售，确保产业持续健康发展，特制定本办法。

一、开展销售补贴

严格按照“适度补贴，保障外销”原则，重点对瓜菜收购、外销、贮藏环节进行补贴，范围包括合作社、蔬菜产业联合体及运销大户等，全力保障全县越夏露地番茄销售平稳有序。

（一）收购点专项补贴

对全县59家（详见附件1）番茄收购点按照实际车次和番茄数量进行价格补贴。

1. 补贴标准：番茄外销按照每天收购30吨起步，给予收购点合作组织、企业法人及个人每吨50元越夏番茄外销补贴。

2. 补贴原则：仅对番茄收购价格高于0.5元/公斤以上收购点合作组织、企业给予补贴。

3. 产量、价格核定：按照属地管理原则，建立乡、村、蔬菜产业联合体三方会签监督考核机制，严格审核番茄价格、数量。

4. 补贴依据：各个收购点须提供当日番茄外调出货单、过磅单、外调回执、运输车辆过路费凭证等。

5. 补贴时间：8月15日—31日，共17天。

（二）收储冷库错峰销售专项补贴

对全县范围内正常运行、积极收储越夏番茄及其他瓜菜的15家规模以上冷库（详见附件2），给予电费、运输保温帐篷专项补贴，通过瓜菜错峰销售缓解外销压力。

1. 补贴标准：一是对收储冷库8月当月收储番茄及其他蔬菜所发生电费按照50%给予补贴；二是给予每个冷藏收储收购点运输保温帐篷1万元补贴。

2. 补贴原则：仅对番茄收购价格高于0.5元/公斤以上收购点合作组织、企业法人及个人给予补贴。

3. 补贴核定：按照属地管理原则，建立乡、村、蔬菜产业联合体三方会签监督考核机制，严格审核番茄数量、价格。

4. 补贴依据：一是电费补贴须提供8月电费单据；二是运输保温帐篷补贴须提供实物照片和产品凭证。

5. 补贴时间：8月15—31日，共17天。

（三）贺兰县蔬菜产业联合体专项补贴

发挥贺兰县蔬菜产业联合体行业引领、组织协调、信息互通、产品外销、技术指导等作用，给予专项扶持经费30万元，主要用于：统筹各个越夏番茄收购点、瓜菜收储冷库审核、协调社会力量购买爱心番茄、发布信息、指导种植户加强番茄后期田间管理等环节。

二、积极开展服务

农牧、供销、物价、交通运输等相关部门和各乡镇场要积极配合，加强协调，充分发挥各自职能，为保障全县露地番茄等蔬菜生产、销售发挥作用。县农牧局要积极做好区、市瓜菜惠农政策争取和蔬菜价格保险赔付对接工作；供销社要做好蔬菜产销信息发布、蔬菜外销协调服务工作；农技推广中心要全力做好近期全县越夏番茄销售情况统计和露地蔬菜园区技术指导服务工作；县交通局要协调做好外销车辆组织、道路畅通保障工作。

1. 多渠道发布供需信息。充分利用手机微信公众平台、微博、政府门户网站等多渠道发布农产品供需信息，吸引区内外客商前来洽谈，拓展销售渠道。

2. 充分发挥合作社、农民经济人的引导作用。鼓励合作社、农民经济人、种植基地利用自身的销售渠道、信息获取优势，加大市场开拓力度，及时调节收购量和销售去向，力促销售顺畅。

3. 积极对接保险赔付。积极联系保险公司，对价格持续较低的蔬菜品种做好田间及市场调查，并及时按照一月一结算的方式启动理赔，为参保户托底。

4. 积极开展技术指导。做好高温、暴雨天气田间管理及病虫害防治指导工作，保障植株正常生长并延长采收期，为后期获得高产、提升果实品质、销售打好基础。

5. 开展补贴。建议启动自治区物价调节基金、银川市市场储备基金，对番茄种植户、种植基地进行适度补贴。

三、附则

1. 本扶持政策执行范围为8月15—31日，共17天。

2. 贺兰县本扶持政策自出台之日起，如遇区、市出台类似专项扶持政策，则贺兰县政策再不重复享受。

3. 本扶持政策最终解释权归贺兰县人民政府。

贺兰县适龄公民拒绝、逃避服兵役管理办法（试行）

第一章 总 则

第一条 为做好新兵征集工作，保证兵员质量，促进国防建设，加强适龄公民拒绝和逃避服兵役行为的管理和处置，根据《中华人民共和国兵役法》《征兵工作条例》《宁夏回族自治区征兵工作实施办法》和《宁夏回族自治区义务兵征集和优待安置条例》等法律、法规、规章的规定，结合贺兰县实际情况，制定本办法。

第二条 对贺兰县辖区范围内拒绝、逃避服兵役行为的管理和处置适用本办法。

第三条 对拒绝、逃避服兵役行为的管理和处置，按照依法依规的原则处理。

第四条 贺兰县人民武装部(下称“县人武部”)是贺兰县党委的军事部，兼贺兰县人民政府的兵役机关，在贺兰县县委、贺兰县人民政府和银川警备区的领导下，负责贺兰县辖区的民兵、兵役和动员等工作。

兵役机关应当认真做好征兵准备工作，组织本辖区适龄公民进行兵役登记，并于当年兵役登记开始十五日前发出兵役登记公告。

贺兰县政府应当组织兵役机关和公安、卫生、民政、财政、交通、教育等部门组成征兵办公室，负责办理本行政区域的征兵工作和招收士官工作，并同时做好本办法的宣传教育工作。

第二章 拒绝、逃避服兵役行为的界定和法律责任

第五条 符合征集条件的公民有下列行为之一的，视为拒绝、逃避服兵役行为：

（一）拒绝、逃避兵役登记和体格检查；

（二）应征公民拒绝、逃避征集；

（三）应征公民接到入伍通知书不到指定地点报到或者报到后擅自逃离；

（四）定兵后拒绝、逃避服现役而被部队退兵等其他拒绝、逃避服兵役的行为。

（五）定兵后因个人不满意分配服役单位，拒绝、逃避服兵役的行为。

（六）现役军人以逃避服兵役为目的，拒绝履行职责或者逃离部队；

第六条 符合征集条件的公民有下列行为之一的，视为拒绝、逃避兵役登记和体格检查：

（一）接到参加兵役登记或体格检查的通知后，无正当理由，未按规定时间到指定地点参加登记或体格检查的；

（二）初检、初审合格后，无正当理由，拒绝在规定时间到指定地点参加正式体检、政审的；

（三）违反《中华人民共和国兵役法》等法律法规规定的其他情形。

第七条 应征公民有下列行为之一的，视为拒绝、逃避兵役征集：

（一）以文身、打耳孔等各种方式故意损害身体的方式拒绝、逃避征集的；

（二）以假装耳聋、近视、色盲或伪造病历、编造病史等弄虚作假行为不配合体检的；

（三）体检时冒名顶替，或利用药物、酒精、剧烈运动等手段故意破坏血、尿等采样，导致体检指标异常而不符合征集条件的；

（四）经过兵役登记确定为预征对象的应征公民，离开户籍所在地1个月以上，未向所在乡（镇）、街道武装部报告去向和联系方法，且未按通知要求返回应征的；

（五）违反《中华人民共和国兵役法》等法律法规规定的其他情形。

第八条 应征公民有下列行为之一的，视为应征公民入伍后拒绝服兵役被部队退兵：

（一） 入伍后，有意发表对党和国家的路线、方针、政策和社会主义制度不满言论被部队退兵的；

（二）入伍后不安心服役、违规违纪、无故

申请离队被部队退兵的；

（三）编造病史或捏造打架斗殴、嫖娼、吸毒、参加黑社会组织等违法犯罪事实，被部队退兵的；

（四）以跳楼、自残、自杀等极端手段威胁、影响部队战备、训练、工作、生活秩序而被部队退兵的；

（五）入伍后怕苦怕累、不愿受部队纪律约束，拒不参加正常的训练和操课，屡次擅自离队而被部队退兵的；

（六）入伍后因思想问题被部队作退换兵处理的。

第九条 出现第五条、第六条、第七条、第八条所规定情形之一的适龄应征青年，按照《中华人民共和国兵役法》《征兵工作条例》《宁夏回族自治区征兵工作实施办法》和《宁夏回族自治区义务兵征集和优待安置条例》等法律、法规、规章的规定予以处罚。

第三章 拒绝、逃避服兵役的处置程序

第十条 符合征集条件的公民涉嫌逃避服兵役，县政府兵役机关经审查认为可能需要追究其法律责任的，应于五日内填写《兵役行政处罚立案审批表》报请县政府批准后予以登记立案。

经县政府兵役机关研究，认为需要移送有关部门的，应及时移送相关部门进行查处。

第十一条 县政府兵役机关对已立案的案件，应及时组织调查取证。

调查中应做好查证案件所需的询问笔录、证言笔录、调查笔录等记录、录音、录像工作，并经当事人和所在部队有关人员逐项签字确认。

调查取证的内容主要包括：

（一）证明当事人身份的材料；

（二）证明拒绝、逃避服兵役行为及其性质、程度的材料；

（三）证明从重、从轻、减轻、免除处罚情节的材料；

（四）证明行政处罚之前，相关措施已经采取的材料，如部队已经多次对其进行教育；

（五）其他证明案件事实的材料。

第十二条 县政府兵役机关调查终结后，应当根据调查结果提出如下处理意见，报县政府审批，由县政府具体作出是否给予行政处罚的决定：

（一）确有拒绝、逃避服兵役行为的，根据具体案情、情节轻重拟定具体、明确的处罚意见；

（二）违法行为已构成犯罪的，提出移送司法机关追究刑事责任的意见；

（三）不构成拒绝、逃避服兵役行为的，提出撤销案件的意见。

县政府兵役机关在将案件上报县政府前，应根据《中华人民共和国兵役法》的规定，事先征求行政监察、公安、民政、卫生、教育、人力资源和社会保障等部门的意见。

第十三条 县政府在作出行政处罚决定之前，应按照《行政处罚法》的规定，由县政府兵役机关配合县政府书面告知当事人拟作出的行政处罚决定，及依据的事实和理由，并告知当事人依法享有的陈述、申辩及申请听证的权利。

第十四条 县政府对兵役机关报送的案件处理意见进行审议后，决定对当事人实施行政处罚的，应当制作《行政处罚决定书》。

《行政处罚决定书》应当载明下列事项：

（一）当事人的姓名或者名称、地址；

（二）违反法律、法规或者规章的事实和证据；

（三）行政处罚的种类和依据；

（四）行政处罚的履行方式和期限；

（五）作出行政处罚决定的行政机关名称和作出决定的日期。行政处罚决定书须加盖县政府的印章。

第十五条 县政府作出处罚决定之日起7日内，县政府兵役机关应根据《中华人民共和国民事诉讼法》的相关规定，将《行政处罚决定书》送达至当事人。

当事人是现役军人的，通过其所在部队团以上单位的政治机关转交。已被部队退兵的，应按照前款规定送达。

第十六条　县政府作出的行政处罚决定，由兵役机关负责该行政处罚决定的具体执行。

当事人拒不执行罚款等行政处罚决定内容，又没有在法定期限内申请复议、提起诉讼的，兵役机关有权自期限届满之日起3个月内，提请县政府依据《行政强制法》的相关规定，向人民法院申请强制执行。

县政府兵役机关在提请县政府向人民法院申请强制执行前，可先行以县政府的名义催告当事人履行义务。催告书送达10日后当事人仍未履行的，可提请县政府向人民法院申请强制执行。

第十七条　行政处罚强制执行完毕后，可予以结案时，应当制作结案报告，报送县政府。结案报告应包括以下内容：

（一）当事人的基本情况；

（二）基本违法事实；

（三）行政处罚的种类和幅度；

（四）行政处罚决定执行情况；

（五）对行政处罚没有执行部分的情况说明；

（六）结案日期。

第四章　其　他

第十八条　本办法所称的“符合征集条件的公民”是指：按照《中华人民共和国兵役法》的规定，有义务服兵役的中华人民共和国公民。根据《中华人民共和国兵役法》，除有严重生理缺陷或者严重残疾不适合服兵役的，或依照法律被剥夺政治权利的人之外，中华人民共和国公民不分民族、种族、职业、家庭出身、宗教信仰和教育程度，都有义务服兵役。

本办法所称的“应征公民”是指：根据《中华人民共和国兵役法》的规定，年满十八周岁，按照县、自治县、市、市辖区的兵役机关的安排，进行兵役登记并初步审查合格的公民。

本办法所称的“现役军人”是指：在中国人民解放军服现役的军人。

第十九条　本办法自2016年10月10日起施行。

贺兰县公共租赁住房和廉租住房并轨运行管理办法

第一条　为了加强我县保障性住房管理，统筹解决住房保障对象的实际困难，充分发挥住房保障制度作用，做好我县公共租赁住房和廉租住房并轨运行管理工作，根据住房和城乡建设部、财政部、国家发展与改革委员会《关于公共租赁住房和廉租住房并轨运行的通知》（建保〔2013〕178号）、《自治区住建厅关于转发并轨后公共租赁住房有关运行管理工作的意见的通知》（宁建（保）发〔2014〕3号）、《完善进城务工人员住房保障政策促进进城务工人员有序融入城镇工作方案》（宁建发〔2014〕121号）、《关于印发宁夏回族自治区公共租赁住房建设分配入住管理暂行办法的通知》（宁建发〔2015〕101号）等有关规定，结合本县实际，制定本办法。

第二条　实行公共租赁住房和廉租住房并轨运行，并轨后统称为公共租赁住房。

第三条　贺兰县住房和城乡建设局负责全县公共租赁住房建设、回购、分配和后期管理工作，办公室设在县住建局住房保障办。

县发改、监察、财政、民政、国土、公安、物价、统计、人社和税务等部门和园区管委会、各乡镇场按照职责负责对申请公共租赁住房申请户的受理、审核、公示工作，协助县住建局住房保障办做好公共租赁住房保障户的年度复核工作。

第四条　具有我县城镇户籍中、低收入住房困难家庭，新就业及县外调入我县工作的无住房人员，可以申请公共租赁住房。

驻宁部队符合随军条件家庭、城镇家庭达到法定结婚年龄实行分户管理的个人，符合我县公共租赁保障条件的，可以申请公共租赁住房。

本县户籍或本县以外户籍外来务工人员，符合公共租赁住房保障条件的，可以申请公共租赁住房。

第五条　申请公共租赁住房的家庭以户为单

位，户籍内的成员为共同申请人，且相互间具有法定赡养、抚养关系。共同申请人应推举一名具有完全民事行为能力的家庭成员，具体办理申请相关事宜。

城镇家庭达到法定结婚年龄实行分户管理的个人也可单独申请。

第六条 公共租赁住房申请家庭（个人）应符合以下条件：

（一）城镇中低收入住房困难家庭申请具备条件：

1. 申请以家庭为单位，申请人必须具有本县城镇户籍 1 年以上；

2. 本县城镇居民人均收入低于上一年度人均可支配收入 60% 以下，住建局保障办每年公布公共租赁住房保障标准和准入标准；

3. 申请人达到法定结婚年龄，家庭人口多，未分户且无自有住房或人均住房建筑面积低于 15 平方米以下的；

4. 夫妻双方离婚且造成一方生活困难、无住房，离婚期限必须在 1 年以上；

5. 县城规划区因土地征收、房屋拆迁等原因已转为城镇非农业户籍，因（重大疾病、交通事故）等其他原因造成住房困难或无住房的；

6. 家庭成员为 1 人，且患有智障、精神等疾病或年龄超过 65 周岁生活不能自理的，应由其监护人或赡养人代其申请；

7. 申请人获得区、市级以上劳模、英模和荣立三等功以上或因公致残的转业、退伍军人等住房困难家庭不受收入限制；

（二）本县新就业及外来务工人员申请条件：

1. 申请人家庭在本县范围内无自有住房；

2. 本县户籍或本县以外户籍进城务工人员必须稳定就业一年以上；

3. 与用人单位签订 1 年以上劳动合同并在劳动部门依法备案登记；

4. 在我县连续缴纳养老保险半年以上；

5. 新就业、外市县调入人员、本县引进的特殊人才或获得市、区级以上劳模、英模及荣立三等功以上住房困难或无房人员家庭不受收入限制；

申请对象按规定缴存的住房公积金和养老保险、医疗保险、农林合作社股金以及拥有 12 万元以下车辆（不含出租汽车）及 10 万元以下的注册资金，不计入可支配收入。

第七条 申请人及家庭成员具有下列情形之一的，不属于无住房户：

（一）有商业及营业用房无自有住房的；

（二）已享受政府保障性政策性的房改房，住房转让、拆迁安置或者货币直接补偿的；

（三）有待入住的拆迁安置房（含已签订合同未取得产权证）；

（四）城镇户在农村批地建房的；

（五）曾因离婚、赠予、出售等原因转移房屋所有权未超过 2 年的。

第八条 申请人应当如实提交以下申请材料：

（一）公共租赁住房申请表；

（二）申请人及其家庭成员户口本（或居住证）、身份证；

（三）婚姻状况证明；

（四）申请人及家庭成员中有劳动能力的收入状况证明；

（五）房屋产权登记机构出具的住房状况证明材料；

（六）申请人缴纳的社会保险证明；

（七）新就业人员和外来务工人员与用人单位签订的劳动合同及在劳动部门备案登记材料。

第九条 新就业、外市县调入人员有工作单位的，用人单位向县住房保障部门直接提出申请；打零工及没有工作单位的，从所在乡镇场民政部门及街道办社区提出申请。在工业园区签订就业合同并在劳动部门备案一年以上的，所在工业园区建设公共租赁住房的，外来务工人员单位可向园区管委会提出申请，园区没有建设公共租赁住房的用人单位可向县住房保障部门提出申请。

用人单位、各乡镇场民政部门应当自受理之日起 20 个工作日内，对申请人住房、人口、收入和财产状况进行初审。审核后符合条件的，用人单位或各乡镇人民政府提出初审意见，2个工作日内在申请人所在社区或所在单位公示，公示时间不少于10个工作日；公示期满10个工作日内，对公示无异议或异议不成立的，将初审意见以函形式和申请材料报县住房保障主管部门。

第十条 县住建局自收到申请材料之日起20个工作日内，会同公安、人社、工商、民政、税务等部门，对申请人户籍、家庭收入、住房情况、劳动合同备案、车辆、工商注册登记、社会保险及纳税登记等信息进行调查核实。

县民政部门主要负责审核申请家庭（个人）的收入状况，在接到申请材料10个工作日内，将审核意见提交同级住房保障部门。根据我县城镇家庭年人均可支配收入的不同，将住房困难申请家庭（个人）分为3类。其中第一类为家庭人均可支配收入低于城镇居民最低生活保障标准，第二类为家庭人均可支配收入低于上一年度城镇居民人均可支配收入的60%以下，第三类为家庭人均可支配收入低于上一年度城镇居民人均可支配收入的1.3倍以下。

县住建局综合相关部门的审核意见，对符合申请条件的申请人，予以公示7日以上，经公示无异议或者异议不成立的，确定为公共租赁住房保障范围，发放公共租赁住房保障证，登记为实物配租轮候对象；对不符合申请条件的申请人，县住房保障部门、其所在单位或乡镇场人民政府民政部门应当书面通知申请人并说明理由。申请人对审核结果有异议的，可以向县住房保障部门申请复核。

进入实物配租轮候期内，按照民政局审核，确定的第一类和第二类城市低收入家庭领取公共租赁住房租赁补贴，补贴标准按照每人保障15平方米，每平方米补贴10元标准按季度进行发放。新就业、外市县调入人员和外来务工申请人轮候期内不发放租赁补贴。

领取住房租赁补贴对象经济状况发生变化，或者购买、继承、受赠等方式取得住房，不在符合保障条件的，停止发放住房租赁补贴。

第十一条 县住建局根据保障对象的收入水平、住房困难程度、申请顺序等实行差别化管理，并向社会公示，将符合入住条件的户数进行实物配租分配及办理入住手续。

第十二条 具备申请条件且符合下列条件之一的申请人（家庭），优先予以保障：

（一）享受城镇最低生活保障的家庭和零就业家庭；

（二）孤寡老人、四级以上残疾人员和重大疾病救助对象（丧失独立生活能力的人，需要家庭安排护理人员陪同居住）；

（三）烈士遗属、残疾军人等重点优抚对象；

（四）劳动模范、见义勇为人员的家庭；

（五）符合市、县人民政府规定的其他保障对象。

第十三条 入围的保障对象有以下情形之一的，视为放弃配租申请：

（一）拒绝配租住房的；

（二）拒绝签订租赁合同的；

（三）拒绝办理入住手续的。

公共租赁住房分配结果，由住建局在政府网站、电视台、政府公示栏等媒体公布。

第十四条 县住建局应与承租人签订书面租赁合同，租赁合同期限原则上不超过5年。租赁合同应当明确房屋用途和使用要求、租金标准、租赁期限、维修责任以及违约责任等事项。承租人应当按合同约定合理使用公共租赁住房，及时缴纳租金。租赁期满后承租人仍符合规定条件的，可按程序申请续租并签订续租合同。

租金收取：通过轮候实物配租公共租赁住房后，根据保障对象的支付能力实行差别化租金管理，民政局确定的第一类和第二类家庭确定为中低收入家庭，房租按照每平方米1元进行收取，新就业、外市县调入人员和外来务工（第三类）申请人按照 每平方米3元进行收取。

有下列情形之一的公共租赁住房保障家庭，可以免收或减收租金：

（一）残疾人全部或部分丧失劳动能力的；

（二）享受城镇最低生活保障的零就业家庭；

（三）因长期患病致使全部或部分丧失劳动

能力的；

（四）赡养人、抚（扶）养人死亡或正在监狱服刑的；

（五）承租人家庭发生灾难性事故或者突发危重病的；

（六）可以适当减收、免收租金的其他情形。

公共租赁住房实行动态管理。县住房保障部门应当采取定期走访、抽查等方式，及时掌握保障户家庭的人口、收入及住房变化等情况。对于不再符合公共租赁住房保障条件的家庭，收回配租的公共租赁住房。承租人在租住公共租赁住房期间，因家庭收入提高等因素，不再符合保障条件的，应主动到原申请机关办理退出手续，终止租赁合同。

第十五条 公共租赁住房租金标准以保证正常使用和维修管理为原则，综合考虑我县社会经济发展水平、保障对象的承受能力以及市场租金水平等因素，合理确定。具体由县住建局会同县物价局、财政局提出意见，报县人民政府批准后执行。本标准实行动态管理，每三年调整一次，定期向社会公布。

按照公共租赁住房实物配租方案每人保障15平方米保障标准，超出公共租赁住房保障面积标准部分按同地段住房市场租金标准收取。

公共租赁住房的水、电、气、通讯、有线电视等费用由承租人自行负担。

已入住的保障对象因收入提高等不再符合保障条件的，应腾退公共租赁住房，确无其他合适住房，暂时不能腾退的，要按同地段住房市场租金标准收取。

第十六条 公共租赁住房租金和经营性收入按国家有关规定，实行“收支两条线管理”，专项用于保障性租赁住房项目的支出以及管理、维修、设备更新、物业服务补贴和弥补发放租赁住房补贴资金的不足部分。

政府投资的公共租赁住房维修养护费用，主要通过公共租赁住房以及配套设施租金收入解决，不足部分由财政预算安排解决。

第十七条 建立健全公共租赁住房共用部位和共用设施突发应急事件抢修、日常维护养护以及大中修年度计划制度。对房屋内因使用不当造成设施设备损坏的，由承租方负责维修和恢复。

第十八条 公共租赁住房可采取市场化、专业化等多种管理形式，切实提高后期管理效率和服务质量，降低管理成本。对配建的公共租赁住房的管理养护，纳入所在小区进行统一的物业管理。

承租人需按时缴纳物业管理服务费。物业管理服务费按县物价局的服务等级或类别的下限收取。

第十九条 申请人隐瞒、虚报或者伪造住房、人口、收入和财产状况的，由县住建局驳回其申请，录入保障性住房基础信息管理平台。自收回保障性住房之日起5年内不受理其保障性住房申请，并依据有关法律规定处以罚款。

第二十条 有关单位或者个人为保障性住房申请人或者其家庭成员出具虚假证明材料的，由县住建局责令限期整改，并依法依纪追究责任。

第二十一条 经相关部门查实有以下情况之一的，应当责令承租人按有关规定和合同约定及时腾退公共租赁住房，对拒不执行处理决定的，由住建局通过司法途径予以清退。

（一）承租人经济状况发生变化或因购置、继承、受赠其他住房等情形，不再符合保障条件的；

（二）承租人违反规定将公共租赁住房转租、出借、闲置、赠与或擅自调换所承租住房，改变使用性质的；破坏或擅自装修所承租公共租赁住房，拒不恢复原样的；

（三）利用公共租赁住房从事违法或经营活动的；

（四）无正当理由连续6个月以上闲置公共租赁住房的；

（五）无正当理由累计6个月以上未交纳租金的。

第二十二条 建立健全公共租赁住房承租对象资格年审制度，由县住建局负责组织相关单位定期实施，年审结果计入配租档案，并进行公示。已享受公共租赁住房的配租家庭，应按年度向原申请机关如实申报家庭人口、收入及住房状况等情况。

相关审核机关应每年对已享受配租家庭的收入、住房状况等情况进行审查。经审查，对不再符合规定条件的，由县住建局依法规定解除实物配租合同并取消其保障资格，下发腾退公共租赁住房的通知，承租人应按照合同约定及处理意见及时退回公共租赁住房；逾期未退回的，可按市场租金标准追缴房租并取消该家庭再次申请公共租赁住房的资格；对拒不执行处理决定的，申请法院强制执行。

第二十三条 建立回访联系制度。租赁期间，县住建局应每季度对出租的公共租赁住房进行一次回访，及时了解和掌握公共租赁住房及其设施设备等完好情况和管理工作中的动态信息。回访时，承租人应予积极配合，如实反映情况。回访记录、核查结果载入档案。

第二十四条 充分发挥社会监督作用，畅通投诉举报渠道，主动接受媒体和公众监督。对社会各界举报投诉的骗取公共租赁住房及违规使用公共租赁住房等行为，县监察、住建等部门要认真核查，及时处理，并公布结果。县住建局要加强对公共租赁住房分配和后期管理的监督指导，做到公开透明、责任明确。对管理过程中存在滥用职权、玩忽职守、徇私舞弊行为的，要依法依纪追究相关单位和人员的责任。

第二十五条 企业自建的公共租赁住房，在县住建局指导下，自主管理和维修。

第二十六条 本办法由贺兰县人民政府负责解释。

第二十七条 本办法自2016年9月8日起施行，《贺兰县廉租住房和公共租赁住房并轨运行管理办法》（贺政办发〔2014〕137号）同时废止。

（2016年9月19日贺兰县人民政府以《关于印发〈贺兰县公共租赁住房和廉租住房并轨运行管理办法〉的通知》（贺政办〔2016〕177号文件颁发本办法。）

2016年中共贺兰县委文件选目

文　号	文　件	时　间
贺党发〔2016〕1号	关于印发《中共贺兰县委2016年工作要点的通知》	2016年1月22日
贺党发〔2016〕2号	关于印发《中共贺兰县委员会关于加快全生态文明要素发展的决定》的通知	2016年1月22日
贺党发〔2016〕3号	中共贺兰县委员会 贺兰县人民政府关于表彰奖励“十二五”期间扶贫开发工作先进集体和先进个人的决定	2016年1月13日
贺党发〔2016〕4号	印发《关于落实全面从严治党要求加强纪律建设的实施意见》的通知	2016年1月15日
贺党发〔2016〕5号	印发《关于开展“从严管理落实年”活动的实施方案》的通知	2016年1月14日
贺党发〔2016〕6号	关于表彰2015年度绩效考核先进集体的决定	2016年1月14日
贺党发〔2016〕7号	关于命名表彰“贺兰好人”“最美家庭”的决定	2016年1月21日
贺党发〔2016〕8号	关于上报贺兰县常委班子“三严三实”民主生活情况报告	2016年2月2日
贺党发〔2016〕9号	关于印发《中共贺兰县委常委班子“三严三实”专题教育整改方案》的通知	2016年2月3日
贺党发〔2016〕10号	关于补选贺兰县人民政府县长选举结果的报告	2016年2月4日
贺党发〔2016〕12号	关于命名2015年度星级基层服务型党组织的决定	2016年2月29日
贺党发〔2016〕13号	关于成立全县统一战线工作领导小组的通知	2016年2月25日
贺党发〔2016〕14号	关于印发《关于加强新形势下全县“党建带工建工建服务党建”工作的实施意见》的通知	2016年3月1日
贺党发〔2016〕15号	关于命名贺兰县2015年文明单位的决定	2016年3月1日
贺党发〔2016〕17号	关于自治区党委巡视组反馈问题及建议的整改报告	2016年3月15日
贺党发〔2016〕18号	关于调整充分银川生物科技园领导班子成员的通知	2016年3月18日
贺党发〔2016〕19号	关于成立贺兰县法学会的批复	2016年3月21日
贺党发〔2016〕20号	关于贺兰县法学会第一届理事会人选的批复	2016年3月21日
贺党发〔2016〕21号	关于贺兰县法学会第一次会员代表大会的批复	2016年3月21日
贺党发〔2016〕22号	关于同意中共贺兰县工商联第九届五次执行会议选举结果的批复	2016年3月23日
贺党发〔2016〕24号	关于表彰奖励2015年度农业农村工作先进集体、先进个人的决定	2016年3月24日
贺党发〔2016〕26号	关于表彰奖励2015年度人口和计划生育工作先进集体的决定	2016年3月26日

续表1

文　号	文　件	时　间
贺党发〔2016〕27 号	关于印发《贺兰县党风廉政建设党委主体责任和纪委监督责任清单(试行)》通知	2016 年 4 月 22 日
贺党发〔2016〕29 号	关于表彰 2015 年度贺兰县“优秀团干部”的决定	2016 年 5 月 3 日
贺党发〔2016〕31 号	关于自治区和银川市先进基层党组织、优秀共产党员和优秀党务工作者推荐情况的报告	2016 年 5 月 25 日
贺党发〔2016〕32 号	关于印发《贺兰县乡镇领导班子换届工作实施方案》的通知	2016 年 5 月 27 日
贺党发〔2016〕33 号	关于申请设立宁夏现代纺织产业园贺兰园区管委会的请示	2016 年 5 月 31 日
贺党发〔2016〕34 号	关于印发《贺兰县领导干部“慢作为”末位淘汰管理办法(试行)》的通知	2016 年 6 月 6 日
贺党发〔2016〕35 号	关于同意召开中国共产党贺兰县习岗镇第十五次代表大会的通知	2016 年 6 月 7 日
贺党发〔2016〕36 号	关于同意召开中国共产党贺兰县金贵镇第十六次代表大会的通知	2016 年 6 月 7 日
贺党发〔2016〕37 号	关于同意召开中国共产党贺兰县洪广镇第十四次代表大会的通知	2016 年 6 月 7 日
贺党发〔2016〕38 号	关于同意召开中国共产党贺兰县立岗镇第十五次代表大会的通知	2016 年 6 月 7 日
贺党发〔2016〕39 号	关于同意召开中国共产党贺兰县常信乡第十五次代表大会的通知	2016 年 6 月 7 日
贺党发〔2016〕41 号	转发《中共贺兰县人大常委会党组关于做好县乡两级人民代表大会换届选举工作的意见》的通知	2016 年 6 月 21 日
贺党发〔2016〕42 号	关于成立贺兰县选举委员会的批复	2016 年 6 月 21 日
贺党发〔2016〕43 号	关于印发《“浙江人才贺兰行”活动方案》的通知	2016 年 6 月 22 日
贺党发〔2016〕44 号	关于 32 名科级干部 2013 年年度实绩考核等次重新认定的决定	2016 年 6 月 24 日
贺党发〔2016〕45 号	关于表彰先进基层党组织、非公企业 “双强六好”党组织、优秀共产党员、优秀党务工作者的决定	2016 年 6 月 29 日
贺党发〔2016〕46 号	关于召开中国共产党贺兰县第十四次代表大会的请示	2016 年 7 月 12 日
贺党发〔2016〕47 号	关于中共贺兰县纪律检查委员会组成人员名额设置的请示	2016 年 7 月 12 日
贺党发〔2016〕48 号	关于对“自治区宁党(环)督函〔2016〕1 号督察组转办单举报受理编号为 6 号”办理情况的报告	2016 年 7 月 19 日
贺党发〔2016〕49 号	关于对“自治区宁党(环)督函〔2016〕2 号督察组转办单举报受理编号为 17 号”办理情况的报告	2016 年 7 月 20 日
贺党发〔2016〕51 号	关于对“自治区宁党(环)督函〔2016〕3 号督查组转办单举报受理编号为 36 号”办理情况的报告	2016 年 7 月 22 日
贺党发〔2016〕52 号	关于对“自治区宁党(环)督函〔2016〕4 号督查组转办单举报受理编号为 46 号”办理情况的报告	2016 年 7 月 22 日
贺党发〔2016〕53 号	关于对“自治区宁党(环)督函〔2016〕5 号督查组转办单举报受理编号为 56 号”办理情况的报告	2016 年 7 月 23 日
贺党发〔2016〕54 号	关于对“自治区宁党(环)督函〔2016〕6 号督查组转办单举报受理编号为 63 号”办理情况的报告	2016 年 7 月 23 日

续表2

文　号	文　件	时　间
贺党发〔2016〕55 号	关于对“自治区宁党(环)督函〔2016〕6 号督查组转办单举报受理编号为 71 号”办理情况的报告	2016 年 7 月 23 日
贺党发〔2016〕56 号	关于对“自治区宁党(环)督函〔2016〕8 号督查组转办单举报受理编号为 91 号”办理情况的报告	2016 年 7 月 24 日
贺党发〔2016〕57 号	关于对“自治区宁党(环)督函〔2016〕7 号督查组转办单举报受理编号为 79 号”办理情况的报告	2016 年 7 月 25 日
贺党发〔2016〕58 号	关于对“自治区宁党(环)督函〔2016〕7 号督查组转办单举报受理编号为 82 号”办理情况的报告	2016 年 7 月 25 日
贺党发〔2016〕59 号	关于对“自治区宁党(环)督函〔2016〕7 号督查组转办单举报受理编号为 78 号”办理情况的报告	2016 年 7 月 25 日
贺党发〔2016〕60 号	关于对“自治区宁党(环)督函〔2016〕14 号督查组转办单举报受理编号为 125 号”办理情况的报告	2016 年 7 月 27 日
贺党发〔2016〕61 号	关于对“自治区宁党(环)督函〔2016〕10 号督查组转办单举报受理编号为 108 号”办理情况的报告	2016 年 7 月 27 日
贺党发〔2016〕62 号	关于对银川生物科技园管委会副主任李海明县环保局副局长施奇在环境作护中不作为的组织处理决定	2016 年 7 月 27 日
贺党发〔2016〕64 号	关于对“自治区宁党(环)督函〔2016〕16 号督查组转办单举报受理编号为 140 号”办理情况的报告	2016 年 7 月 28 日
贺党发〔2016〕65 号	关于对“自治区宁党(环)督函〔2016〕16 号督查组转办单举报受理编号为 142 号”办理情况的报告	2016 年 7 月 28 日
贺党发〔2016〕66 号	关于对“自治区宁党(环)督函〔2016〕20 号督查组转办单举报受理编号为 165 号”办理情况的报告	2016 年 7 月 29 日
贺党发〔2016〕67 号	关于对“自治区宁党(环)督函〔2016〕20号督查组转办单举报受理编号为 168 号”办理情况的报告	2016 年 7 月 29 日
贺党发〔2016〕68 号	关于对“自治区宁党(环)督函〔2016〕21 号督查组转办单举报受理编号为 190 号”办理情况的报告	2016 年 7 月 30 日
贺党发〔2016〕69 号	关于对“自治区宁党(环)督函〔2016〕22 号督查组转办单举报受理编号为 196 号”办理情况的报告	2016 年 7 月 31 日
贺党发〔2016〕70 号	关于对“自治区宁党(环)督函〔2016〕22 号督查组转办单举报受理编号为 197 号”办理情况的报告	2016 年 7 月 31 日
贺党发〔2016〕71 号	关于对“自治区宁党(环)督函〔2016〕22 号督查组转办单举报受理编号为 200 号”办理情况的报告	2016 年 7 月 31 日
贺党发〔2016〕72 号	关于对“自治区宁党(环)督函〔2016〕34 号督查组”办理情况的报告	2016 年 8 月 2 日
贺党发〔2016〕73 号	关于对“自治区宁党(环)督函〔2016〕24 号督查组转办单举报受理编号为 212 号”办理情况的报告	2016 年 8 月 2 日
贺党发〔2016〕75 号	关于对“自治区宁党(环)督函〔2016〕27 号督查组”办理情况的报告	2016 年 8 月 3 日
贺党发〔2016〕77 号	关于对“自治区宁党(环)督函〔2016〕28 号督查组转办单举报受理编号为 237 号”办理情况的报告	2016 年 8 月 4 日
贺党发〔2016〕78 号	关于对“自治区宁党(环)督函〔2016〕31 号督查组转办单举报受理编号为 258 号”办理情况的报告	2016 年 8 月 4 日
贺党发〔2016〕79 号	关于对“自治区宁党(环)督函〔2016〕31 号督查组转办单举报受理编号为 259 号”办理情况的报告	2016 年 8 月 5 日

续表3

文 号	文 件	时 间
贺党发〔2016〕80号	关于对“自治区宁党(环)督函〔2016〕34号督查组转办单举报受理编号为281号”办理情况的报告	2016年8月7日
贺党发〔2016〕81号	印发《关于补齐发展短板建设美丽贺兰的若干意见》的通知	2016年8月8日
贺党发〔2016〕82号	关于对“自治区宁党(环)督函〔2016〕39号督查组转办单举报受理编号为306号”办理情况的报告	2016年8月8日
贺党发〔2016〕83号	关于对“自治区宁党(环)督函〔2016〕39号督查组转办单举报受理编号为311号”办理情况的报告	2016年8月8日
贺党发〔2016〕84号	关于对“自治区宁党(环)督函〔2016〕43号督查组转办单举报受理编号为212号”办理情况的报告	2016年8月9日
贺党发〔2016〕85号	关于对“自治区宁党(环)督函〔2016〕42号督查组转办单举报受理编号为322号”办理情况的报告	2016年8月10日
贺党发〔2016〕86号	关于对“自治区宁党(环)督函〔2016〕45号督查组转办单举报受理编号为344号”办理情况的报告	2016年8月10日
贺党发〔2016〕87号	关于对“自治区宁党(环)督函〔2016〕44号督查组转办单举报受理编号为344号”办理情况的报告	2016年8月11日
贺党发〔2016〕88号	关于对“自治区宁党(环)督函〔2016〕47号督查组转办单举报受理编号为371号”办理情况的报告	2016年8月12日
贺党发〔2016〕89号	关于对“自治区宁党（环）督函〔2016〕47号督查组转办单举报受理编号为372号”办理情况的报告	2016年8月11日
贺党发〔2016〕90号	关于对“自治区宁党(环)督函〔2016〕48号督查组转办单举报受理编号为397号”办理情况的报告	2016年8月12日
贺党发〔2016〕91号	关于对“自治区宁党(环)督函〔2016〕48号督查组转办单举报受理编号为400号”办理情况的报告	2016年8月13日
贺党发〔2016〕92号	关于对“自治区宁党(环)督函〔2016〕49号督查组转办单举报受理编号为424号”办理情况的报告	2016年8月15日
贺党发〔2016〕93号	关于对“自治区宁党(环)督函〔2016〕49号督查组转办单举报受理编号为427号”办理情况的报告	2016年8月15日
贺党发〔2016〕94号	关于对“自治区宁党(环)督函〔2016〕49号督查组转办单举报受理编号为428号”办理情况的报告	2016年8月15日
贺党发〔2016〕95号	关于对“自治区宁党(环)督函〔2016〕49号督查组转办单举报受理编号为432号”办理情况的报告	2016年8月15日
贺党发〔2016〕96号	关于对“自治区宁党(环)督函〔2016〕49号督查组转办单举报受理编号为437号”办理情况的报告	2016年8月15日
贺党发〔2016〕97号	关于对“自治区宁党(环)督函〔2016〕49号督查组转办单举报受理编号为438号”办理情况的报告	2016年8月15日
贺党发〔2016〕98号	关于对“自治区宁党(环)督函〔2016〕50号督查组转办单举报受理编号为469号”办理情况的报告	2016年8月16日
贺党发〔2016〕99号	关于对“自治区宁党(环)督函〔2016〕47号督查组转办单举报受理编号为371号”办理情况的报告	2016年8月22日
贺党发〔2016〕101号	关于贺兰县领导班子换届考察期间反映问题调查核实情况的报告	2016年8月30日
贺党发〔2016〕102号	关于贺兰县政协领导班子换届人事安排的请示	2016年9月1日

续表4

文　号	文　件	时　间
贺党发〔2016〕103 号	关于酝酿推荐出席中国共产党银川市第十四次代表大会代表候选人初步人选的通知	2016 年 9 月 2 日
贺党发〔2016〕104 号	关于表彰优秀校园长、优秀班主任、优秀教师和优秀教育工作者的决定	2016 年 9 月 4 日
贺党发〔2016〕105 号	关于表彰 2015 年度干部实绩考核优秀等次人员暨 2013—2015 年连续三年获优秀等次公务员(参公)记功的决定	2016 年 9 月 7 日
贺党发〔2016〕106 号	关于对“自治区宁党(环)督函〔2016〕7 号督查组转办单举报受理编号为 79 号”办理情况的报告	2016 年 9 月 7 日
贺党发〔2016〕107 号	关于对“自治区宁党(环)督函〔2016〕14 号督查组转办单举报受理编号为 125 号”办理情况的报告	2016 年 9 月 7 日
贺党发〔2016〕108 号	关于对“自治区宁党(环)督函〔2016〕16 号督查组转办单举报受理编号为 140 号”办理情况的报告	2016 年 9 月 7 日
贺党发〔2016〕109 号	关于对“自治区宁党(环)督函〔2016〕49 号督查组转办单举报受理编号为 424 号”办理情况的报告	2016 年 8 月 15 日
贺党发〔2016〕110 号	关于对“自治区宁党(环)督函〔2016〕74 号督查组转办单举报问题办理情况的报告	2016 年 9 月 10 日
贺党发〔2016〕111 号	关于成立中国共产党贺兰县非公有制经济组织和社会组织工作委员会的通知	2016 年 9 月 20 日
贺党发〔2016〕112 号	关于确定贺兰县出席中国共产党银川市第十四次代表大会代表候选人预备人选的情况报告	2016 年 9 月 21 日
贺党发〔2016〕113 号	关于增设银川景博学校（贺兰分校）高中办学范围的请示	2016 年 9 月 23 日
贺党发〔2016〕114 号	关于中国共产党贺兰县委员会换届选举结果的报告	2016 年 9 月 30 日
贺党发〔2016〕116 号	关于成立贺兰县第十八届人民代表大会第一次会议临时党委、各代表团临时党支部的批复	2016 年 10 月 11 日
贺党发〔2016〕117 号	关于成立政协贺兰县十届一次会议临时党组的批复	2016 年 10 月 11 日
贺党发〔2016〕118 号	关于对政协贺兰县第十届委员会主席副主席秘书长及常务委员候选人建议名单的批复	2016 年 10 月 11 日
贺党发〔2016〕119 号	关于选举产生贺兰县出席中国共产党银川市第十四次代表大会代表的情况报告	2016 年 10 月 16 日
贺党发〔2016〕121 号	关于推荐提名贺兰县出席银川市第十五届人民代表大会代表候选人初步人选的请示	2016 年 10 月 16 日
贺党发〔2016〕122 号	关于表彰全县“六五”普法先进集体和先进个人的决定	2016 年 10 月 25 日
贺党发〔2016〕123 号	关于印发《关于在全县公民中开展第七个五年法治宣传教育的实施意见》的通知	2016 年 10 月 25 日
贺党发〔2016〕124 号	关于贺兰县第十八届人民代表大会和政协第十届委员会选举结果的报告	2016 年 10 月 31 日
贺党发〔2016〕125 号	关于呈报贺兰县推进相对集中行政许可权改革试点实施方案的报告	2016 年 11 月 11 日
贺党发〔2016〕126 号	关于印发《贺兰县法治政府建设实施方案（2016—2020 年)》的通知	2016 年 12 月 15 日
贺党发〔2016〕127 号	关于命名 2016 年度星级基层服务型党组织的决定	2016 年 12 月 26 日

2016年中共贺兰县委办公室文件选目

文 号	文 件	时 间
贺党办发〔2016〕1号	关于成立“1·05”事故善后处理的通知	2016年1月5日
贺党办发〔2016〕6号	关于调整充实县行政审批服务局等虚拟机构组成人员的通知	2016年1月11日
贺党办发〔2016〕7号	关于印发《中共贺兰县委十三届八次全体会议报告责任分工》的通知	2016年1月11日
贺党办发〔2016〕9号	关于表彰2015年全县电子商务发展先进集体的决定	2016年1月12日
贺党办发〔2016〕10号	关于成立贺兴县“阿里巴巴农村淘宝”项目推进工作领导小组的通知	2016年1月12日
贺党办发〔2016〕11号	关于印发《贺兰县“阿里巴巴农村淘宝”项目建设实施方案》的通知	2016年1月12日
贺党办发〔2016〕15号	关于印发《贺兰县开展“我为贺兰发展引项目”活动实施意见》的通知	2016年1月15日
贺党办发〔2016〕16号	关于印发京藏高速公路(宁夏境)石嘴山(蒙宁界)至中宁改扩建工程（贺兰过境段)征地拆迁工作方案的通知	2016年1月15日
贺党办发〔2016〕19号	关于聘用何学锋同志为技师的通知	2016年1月22日
贺党办发〔2016〕22号	关于印发《关于开展“奔小康社会党组织创小康示范村”活动的实施方案》的通知	2016年1月29日
贺党办发〔2016〕27号	关于调整贺兰县禁毒委员会组成人员的通知	2016年3月7日
贺党办发〔2016〕30号	关于调整充实县金融工作局人员的通知	2016年3月9日
贺党办发〔2016〕31号	关于成立贺兰县环境整治大会战领导小组的通知	2016年3月10日
贺党办发〔2016〕32号	关于转发《城市社区档案管理办法》的通知	2016年3月10日
贺党办发〔2016〕40号	关于印发 《2016年农业农村工作要点》的通知	2016年3月24日
贺党办发〔2016〕45号	关于印发贺兰县2016年国家卫生县城复审工作方案的通知	2016年4月5日
贺党办发〔2016〕47号	关于印发贺兰县巩固国家卫生县城工作整改方案的通知	2016年4月18日
贺党办发〔2016〕52号	关于印发《贺兰县党风廉政巡查协(试行)》的通知	2016年4月19日
贺党办发〔2016〕54号	关于成立贺兰县党风廉政巡查工作领导小组的通知	2016年4月19日
贺党办发〔2016〕64号	关于表彰2016年中国·贺兰赏万亩沙枣花乡村文化旅游节书法美术摄影征文奖作品的决定	2016年5月31日
贺党办发〔2016〕69号	关于成立贺兰县“两学一做”学习教育工作督导组的通知	2016年6月6日
贺党办发〔2016〕71号	关于印发《贺兰县2016年深化群众评议机关作风活动实施方案》的通知	2016年6月8日
贺党办发〔2016〕81号	关于抽调县乡人大换届选举工作队员的通知	2016年6月22日

续表1

文　号	文　件	时　间
贺党办发〔2016〕87号	关于调整县领导联系特色小镇分工的通知	2016年7月1日
贺党办发〔2016〕89号	关于成立贺兰县科技创新委员会的通知	2016年6月30日
贺党办发〔2016〕90号	关于调整银川生物科技园领导班子成员的通知	2016年7月3日
贺党办发〔2016〕94号	关于成立迎接中央第八环境保护督察组协调领导小组的通知	2016年7月12日
贺党办发〔2016〕99号	关于调整银川生物科技园领导班子成员的通知	2016年7月25日
贺党办发〔2016〕100号	关于调整充实贺兰县服务业发展局领导班子成员的通知	2016年7月26日
贺党办发〔2016〕101号	关于成立蓝星污水处理厂污水排放颜色异常问题联合调查组的通知	2016年7月25日
贺党办发〔2016〕112号	关于成立解决土木基业公司一一品中堂项目遗留问题领导的通知	2016年8月12日
贺党办发〔2016〕113号	关于成立解决洪广镇洪鑫苑项目遗留问题领导小组的通知	2016年8月12日
贺党办发〔2016〕117号	关于印发贺兰县全面推进政务公开工作实施方案的通知	2016年9月2日
贺党办发〔2016〕120号	关于调整县委办公室领导及文秘人员工作分工的通知	2016年9月6日
贺党办发〔2016〕125号	关于调整重大决策社会稳定风险评估工作领导小组的通知	2016年9月6日
贺党办发〔2016〕133号	关于新一届县委领导分工的通知	2016年10月5日
贺党办发〔2016〕136号	关于印发中共贺兰县第十四次代表大会工作报告任务落实分工方案的通知	2016年10月9日
贺党办发〔2016〕140号	关于调整充实网络经济发展局组成人员的通知	2016年10月16日
贺党办发〔2016〕142号	关于印发《贺兰县机关党组织换届选举工作实施方案》的通知	2016年10月17日
贺党办发〔2016〕143号	关于成立中央及区市县重要会议期间信访工作领导小组的通知	2016年10月17日
贺党办发〔2016〕144号	关于印发落实县十八届人民代表大会一次会议意见建议工作方案的通知	2016年10月24日
贺党办发〔2016〕145号	关于调整贺兰县解决土地基业公司一品中堂项目遗留问题领导小组的通知	2016年10月24日
贺党办发〔2016〕146号	关于召开中共贺兰县委办公室党支部党员大会进行换届选举的请示	2016年10月21日
贺党办发〔2016〕147号	中共贺兰县委办公室党支部换届选举工作实施方案	2016年10月21日
贺党办发〔2016〕154号	关于转发《银川市违反公务用车改革管理规定责任追究办法（试行）》的通知	2016年10月27日
贺党办发〔2016〕155号	关于转发《中共银川市委办公厅关于进一步落实全面从严治党主体责任的实施意见》 的通知	2016年10月28日
贺党办发〔2016〕156号	印发《关于贯彻落实习近平总书记来宁视察重要讲话精神的分工方案》的通知	2016年10月28日
贺党办发〔2016〕157号	关于同意中共贺兰县原种场党委召开党员大会进行换届选举的批复	2016年10月28日
贺党办发〔2016〕158号	关于同意召开中共贺兰县经济发展改革局党委召开党员代表大会进行换届选举的批复	2016年10月28日

续表2

文 号	文 件	时 间
贺党办发〔2016〕159 号	关于同意中共贺兰县公安局党委召开党员大会进行换届选举的批复	2016 年 10 月 28 日
贺党办发〔2016〕161 号	关于同意召开中共贺兰县京星农牧场党总支召开党员大会进行换届选举的批复	2016 年 10 月 28 日
贺党办发〔2016〕162 号	关于同意中共贺兰县农牧渔业局党委召开党代表大会进行换届选举的批复	2016 年 10 月 28 日
贺党办发〔2016〕163 号	关于同意中共贺兰县卫生和人口计划生育局党委召开党员大会进行换届选举的批复	2016 年 10 月 28 日
贺党办发〔2016〕168 号	关于同意中共贺兰县农牧渔业局委员会、纪律检查委员会换届候选人预备人选的批复	2016 年 10 月 28 日
贺党办发〔2016〕169 号	关于同意中共贺兰县原种场委员会纪律检查委员会换届候选人预备人的批复	2016 年 10 月 28 日
贺党办发〔2016〕170 号	关于同意中共贺兰县京星农牧场总支部委员会换届候选人预备人选的批复	2016 年 10 月 28 日
贺党办发〔2016〕171 号	关于同意中共贺兰县南梁台子农牧场委员会、纪律检查委员会换届候选人预备人选的批复	2016 年 10 月 28 日
贺党办发〔2016〕172 号	关于同意中共贺兰县经济发展和改革局委员会、纪律检查委员会换届选人预备人选的批复	2016 年 11 月 1 日
贺党办发〔2016〕173 号	关于同意中共贺兰县公安局委员会、纪律检查委员会换届候选人预备人选的批复	2016 年 11 月 1 日
贺党办发〔2016〕174 号	关于同意中共贺兰县卫生和人口计划生育局委员会、纪律检查委员会换届候选人预备人选的批复	2016 年 11 月 1 日
贺党办发〔2016〕175 号	关于表彰“十佳道德讲堂”和“道德讲堂十佳主持人”的决定	2016 年 11 月 2 日
贺党办发〔2016〕176 号	关于表彰 2016 年度新闻宣传工作者先进单位及优秀新闻作品的决定	2016 年 11 月 2 日
贺党办发〔2016〕177 号	关于印发《贺兰县档案馆收集档案范围实施细则》的通知	2016 年 11 月 2 日
贺党办发〔2016〕179 号	关于转发自治区党委办公厅人民政府办公厅《关于坚持和完善计划目标管理责任制的实施意见》的通知	2016 年 11 月 3 日
贺党办发〔2016〕181 号	关于印发贺兰县接访劝返工作办法的通知	2016 年 11 月 7 日
贺党办发〔2016〕183 号	关于调整预防道路交通事故综合协调领导小组的通知	2016 年 11 月 11 日
贺党办发〔2016〕184 号	关于同意中共贺兰县财政局党委召开党员大会进行换届选举的批复	2016 年 11 月 11 日
贺党办发〔2016〕188 号	关于中共贺兰县京星农牧场总支部委员会选举结果的批复	2016 年 11 月 15 日
贺党办发〔2016〕189 号	关于同意中共贺兰县原种场委员会、纪律检查委员会选举结果的批复	2016 年 11 月 15 日
贺党办发〔2016〕190 号	关于中共贺兰县南梁台子农牧场委员会、纪律检查委员会选举结果的批复	2016 年 11 月 15 日
贺党办发〔2016〕191 号	关于中共贺兰县公安局委员会、纪律检查委员会选举结果的批复	2016 年 11 月 15 日
贺党办发〔2016〕192 号	关于中共贺兰县农牧渔业局委员会、纪律检查委员会选举结果的批复	2016 年 11 月 15 日
贺党办发〔2016〕193 号	关于调整银川生物科技园党工委领导班子成员的通知	2016 年 11 月 16 日

续表3

文　号	文　件	时　间
贺党办发〔2016〕196号	关于成立元上都·蒙元文化园项目推进领导小组的通知	2016年11月17日
贺党办发〔2016〕197号	关于中共贺兰县卫生和人口计划生育局委员会、纪律检查委员会选举结果的批复	2016年11月17日
贺党办发〔2016〕198号	关于中共贺兰县经济发展和改革局委员会、纪律检查委员会选举结果的批复	2016年11月17日
贺党办发〔2016〕199号	关于调整县领导联系特色小镇分工的通知	2016年11月18日
贺党办发〔2016〕200号	关于成立银川生物科技园综合整治领导小组的通知	2016年11月22日
贺党办发〔2016〕204号	关于调整贺兰县招生委员会组成人员的通知	2016年11月29日
贺党办发〔2016〕205号	关于调整充实金融工作局领导班子成员的通知	2016年11月30日
贺党办发〔2016〕207号	关于抽调村“两委”换届选举工作人员的通知	2016年12月2日
贺党办发〔2016〕208号	关于印发《贺兰县村“两委”换届选举工作方案》的通知	2016年12月2日
贺党办发〔2016〕209号	关于印发贺兰县公务用车制度改革实施方案及其相关配套文件的通知	2016年12月1日
贺党办发〔2016〕213号	关于印发《贺兰县政务公开管理办法(暂行)》及八项配套制度的通知	2016年12月6日
贺党办发〔2016〕215号	关于村党组织换届选举有关工作的补充通知	2016年12月9日
贺党办发〔2016〕216号	关于调整贺兰县安全生产委员会及成员单位职责的通知	2016年12月30日

2016年贺兰县人民政府文件选目

文 号	文 件	时 间
贺政发〔2016〕2号	关于报送《贺兰县机关事业单位养老保险制度改革工作方案》的报告	2016年1月7日
贺政发〔2016〕6号	关于印发《贺兰县农民工工资支付管理暂行办法》的通知	2016年1月11日
贺政发〔2016〕10号	关于促进房地产市场平衡健康发展的若干意见	2016年1月12日
贺政发〔2016〕12号	关于加强新时期爱国卫生工作的实施意见	2016年1月19日
贺政发〔2016〕13号	关于贺兰县2016年第一批次城镇建设用地的请示	2016年1月25日
贺政发〔2016〕14号	关于报送《贺兰县债务风险化解规划和应急处置预案》的报告	2016年1月29日
贺政发〔2016〕15号	关于调整县政府领导工作分工的通知	2016年1月25日
贺政发〔2016〕16号	关于局部调整贺兰县2016年重点项目土地利用总体规划的请示	2016年1月29日
贺政发〔2016〕17号	关于贺兰县2009—2015年批而未供土地处置情况的报告	2016年1月29日
贺政发〔2016〕18号	关于印发县第十七届人大四次会议《政府工作报告》2016年工作任务分工的通知	2016年1月28日
贺政发〔2016〕20号	关于转发自治区人民政府《关于调整全区最低工资标准的通知》的通知	2016年2月1日
贺政发〔2016〕21号	关于印发县十七届人大四次会议《政府工作报告》的通知	2016年2月1日
贺政发〔2016〕22号	关于表彰贺兰县国家税务局的决定	2016年2月2日
贺政发〔2016〕23号	关于表彰贺兰县地税局的决定	2016年2月2日
贺政发〔2016〕25号	关于银川市红城高速北段正源街互通式立交改扩建项目用地的请示	2016年2月2日
贺政发〔2016〕26号	关于表彰国网贺兰县供电公司的决定	2016年2月3日
贺政发〔2016〕27号	关于表彰建设银行贺兰支行的决定	2016年2月3日
贺政发〔2016〕28号	关于表彰农业银行贺兰支行的决定	2016年2月3日
贺政发〔2016〕29号	关于表彰工商银行贺兰支行的决定	2016年2月3日
贺政发〔2016〕30号	关于表彰贺兰县信用联社的决定	2016年2月3日
贺政发〔2016〕31号	关于表彰农业发展银行贺兰支行的决定	2016年2月3日
贺政发〔2016〕32号	关于表彰宁夏银行贺兰支行的决定	2016年2月3日
贺政发〔2016〕33号	关于印发《贺兰人民政府2016年工作要点》的通知	2016年2月4日
贺政发〔2016〕35号	关于石嘴山至中宁公路贺兰段改扩建工程建设项目先行用地的请示	2016年2月17日
贺政发〔2016〕36号	关于批准实施贺兰县金融服务业发展扶持办法的请示	2016年2月5日

续表1

文 号	文 件	时 间
贺政发〔2016〕38 号	关于聘用李生君同志为融晨投资运营集团有限公司经理的决定	2016 年 2 月 29 日
贺政发〔2016〕39 号	关于拨付正源街与北环高速交汇处立交改造工程征用土地及附着物补偿费的请示	2016 年 2 月 29 日
贺政发〔2016〕42 号	关于印发《贺兰县关于加强治理拖欠农民工工资问题的意见》的通知	2016 年 2 月 29 日
贺政发〔2016〕43 号	关于表彰人民银行永宁支行贺兰营管部的决定	2016 年 3 月 1 日
贺政发〔2016〕44 号	关于贺兰县 2016 年第二批次城镇建设用地的请示	2016 年 3 月 2 日
贺政发〔2016〕45 号	关于印发贺兰县推进教育均衡发展实施方案的通知	2016 年 3 月 4 日
贺政发〔2016〕47 号	关于印发《贺兰县突发公共事件部体应急预案》的通知	2016 年 3 月 11 日
贺政发〔2016〕48 号	关于印发政府投资项目建设工程标后管理办法 2016 年政府投资项目的通知	2016 年 3 月 9 日
贺政发〔2016〕50 号	关于 2016 年第三批次城镇建设用地的请示	2016 年 3 月 13 日
贺政发〔2016〕55 号	关于增加宁夏现代纺织产业示范园建设用地规模的请示	2016 年 3 月 16 日
贺政发〔2016〕56 号	关于统筹规划宁夏现代纺织产业示范园纺织产业的请示	2016 年 3 月 16 日
贺政发〔2016〕57 号	关于印发 2016 年新开工项目及财务预算收入推进任务分解表的通知	2016 年 3 月 17 日
贺政发〔2016〕58 号	关于印发贺兰县 2016 年棚户区改造货币化安置实施方案的通知	2016 年 3 月 17 日
贺政发〔2016〕59 号	关于成立领导小组落实宁夏现代纺织产业示范园有关会议精神的请示	2016 年 3 月 14 日
贺政发〔2016〕60 号	关于印发贺兰县深化社会综合治税工作实施方案的通知	2016 年 3 月 18 日
贺政发〔2016〕61 号	关于给予宁夏生态纺织产业示范园区道路建设资金支持的请示	2016 年 3 月 19 日
贺政发〔2016〕62 号	关于协调给予银川电商物流产业园项目股权投资支持的请示	2016 年 3 月 21 日
贺政发〔2016〕64 号	关于宁夏生态纺织产业示范园区能源基地暨城市集中供暖项目选址的请示	2016 年 3 月 22 日
贺政发〔2016〕65 号	关于贺兰县 2016 年第四批次城镇建设用地的请示	2016 年 3 月 23 日
贺政发〔2016〕66 号	关于表彰 2015 年度安全生产工作先进集体和先进个人的决定	2016 年 3 月 25 日
贺政发〔2016〕67 号	关于申请电商产业重点项目资金支持的请示	2016 年 3 月 30 日
贺政发〔2016〕68 号	关于公布县本级政府部门及乡镇行政职权事项保留和清理调整意见的决定	2016 年 4 月 5 日
贺政发〔2016〕69 号	关于申请解决抗旱保灌机井新建及维修配套项目资金的请示	2016 年 4 月 6 日
贺政发〔2016〕70 号	关于贺兰县 2016 年第五批次城镇建设用地的请示	2016 年 4 月 7 日
贺政发〔2016〕71 号	关于局部调整贺兰县土地利用总体规划的请示	2016 年 4 月 6 日
贺政发〔2016〕72 号	关于协调解决乳品加工项目审批手续的请示	2016 年 4 月 8 日

续表2

文　号	文　件	时　间
贺政发〔2016〕73号	关于印发贺兰县乡村教师支持计划（2015—2020年） 实施细则的通知	2016年4月15日
贺政发〔2016〕74号	关于拨付黄河二期京星农场河道整工程征费用的请示	2016年4月18日
贺政发〔2016〕75号	关于划转第二轮行政审批事项的通知	2016年4月12日
贺政发〔2016〕76号	关于印发贺兰县2016年生态移民插花安置实施方案的通知	2016年4月19日
贺政发〔2016〕77号	关于印发贺兰县扎实推进精准扶贫精准脱贫定点帮扶工作实施方案的通知	2016年4月19日
贺政发〔2016〕78号	关于申报扶持村集体经济发展试点县的报告	2016年4月19日
贺政发〔2016〕79号	关于拨付北京路至红墩子道路红墩子道路贺兰段建设拆迁户安置资金的请示	2016年4月20日
贺政发〔2016〕80号	关于贺兰县2016年第六批次城镇建设用地的请示	2016年4月20日
贺政发〔2016〕81号	关于邀请银川市政府相关领导出席贺兰县宁浙电商创业园进口商品馆及馆仪式及科技创新中心入园签约仪式的请示	2016年4月21日
贺政发〔2016〕82号	关于邀请区政府机关领导出席贺兰县宁浙电商创业园进口商品馆开馆仪式及科技创新中心入园签约仪式的请示	2016年4月21日
贺政发〔2016〕83号	关于邀请区政府相关领导出席贺兰县宁浙电商创业园进口商品馆开馆仪式及科技创新中心入园签约仪式的请示	2016年4月21日
贺政发〔2016〕84号	关于印发《贺兰县关于进一步降低企业成本减轻企业负担的实施意见》的通知	2016年4月25日
贺政发〔2016〕85号	关于印发《贺兰县关于加快供给侧结构性改革实施意见》的通知	2016年4月25日
贺政发〔2016〕86号	关于洪广镇欣荣村移民反映房屋质量问题整改情况的报告	2016年4月29日
贺政发〔2016〕87号	关于印发《贺兰县政府购买棚户区改造服务管理办法》的通知	2016年5月10日
贺政发〔2016〕88号	关于贺兰县2016年第七批次城镇建设用地的请示	2016年5月11日
贺政发〔2016〕89号	关于将异地搬迁工程南梁农场安置区移民二组和三组移交属地政府管理的请示	2016年5月13日
贺政发〔2016〕90号	关于王俊英和程宏救助办理情况的报告	2016年5月11日
贺政发〔2016〕91号	关于明确全县2016年棚户区改造项目（一期）有关事项的通知	2016年5月17日
贺政发〔2016〕92号	关于落实县人大十七届二十八次常委会会议审议意见情况的报告	2016年5月23日
贺政发〔2016〕93号	关于2016年城乡社区服务站项目建设方案的报告	2016年5月18日
贺政发〔2016〕94号	关于将贺兰县列为自治区行政审批制度改革试点县的请示	2016年5月18日
贺政发〔2016〕95号	关于邀请自治区政府相关领导出席中汽西北（银川）汽车配件集散交易中心工工奠基仪式的请示	2016年5月18日
贺政发〔2016〕96号	关于邀请银川市政府相关领导出席中汽西北（银川）汽车配件集散交易中心工奠基仪式的请示	2016年5月18日
贺政发〔2016〕97号	关于申报2016年电了商务进农村综合示范县的请示	2016年5月20日

续表3

文　号	文　件	时　间
贺政发〔2016〕99号	关于印发贺兰县国民经济和社会发展第十三个五年规划纲要的通知	2016年6月7日
贺政发〔2016〕100号	关于设立宁夏现代纺织产业园贺兰园区管委会的请示	2016年5月31日
贺政发〔2016〕101号	关于宁夏生态纺织示范园区代建宁夏如意厂房项目建设成本情况的报告	2016年5月31日
贺政发〔2016〕102号	关于审订贺兰县金山林场改革实施方案的请示	2016年6月1日
贺政发〔2016〕103号	关于解决1.05纵火案善后处置工作存在问题的请示	2016年6月3日
贺政发〔2016〕104号	关于印发贺兰县加强农村土地经营权流转管理的实施意见的通知	2016年6月7日
贺政发〔2016〕105号	关于贺兰县2016年第八批次城镇建设用地的请示	2016年6月14日
贺政发〔2016〕106号	关于成立宁夏惠众银行服份有限公司筹建工作领导小组的请示	2016年6月23日
贺政发〔2016〕107号	关于解决贺兰县电子商务发展扶持资金的请示	2016年6月23日
贺政发〔2016〕108号	关于贺兰县2016年第九批次城镇建设用地的请示	2016年6月24日
贺政发〔2016〕108号	关于落实县人大党委会第二十九次会议审议意见报告	2016年6月28日
贺政发〔2016〕109号	关于解决贺兰县电子商务发展扶持资金的请示	2016年6月28日
贺政发〔2016〕110号	关于解决宁浙电商创业园地级市特色办公馆建设扶持资金的请示	2016年6月29日
贺政发〔2016〕111号	关于公布政府部门(乡镇)权力运行责任清单的决定	2016年6月30日
专　报	关于解决贺兰县土地遗留问题及解除房地产新增建设用地审批限制的专报	2016年7月12日
贺政发〔2016〕112号	关于在银川德胜商住区合办德胜实验小学的请示	2016年7月15日
贺政发〔2016〕113号	关于给予宁夏农副产品义乌展销中心建设资金支持的请示	2016年7月15日
贺政发〔2016〕114号	关于对兰星村等4个少数民族特色村寨进行命名挂牌的请示	2016年7月15日
贺政发〔2016〕116号	关于调增贺兰县2016年棚户区改造任务的请示	2016年7月18日
贺政发〔2016〕117号	关于增加对贺兰县均衡性转移支付资金的请示	2016年7月21日
贺政发〔2016〕118号	关于印发贺兰2016年推进农业产业化发展实施办法的通知	2016年7月27日
贺政发〔2016〕119号	关于解决北京路至红墩子（贺兰段）项目建设补偿安置问题的请示	2016年8月1日
贺政发〔2016〕121号	关于贺兰县至原种场公路工程项目设用地的请示	2016年8月11日
贺政发〔2016〕123号	关于恳请调整贺兰县公交枢纽总站项目资金的请示	2016年8月8日
贺政发〔2016〕124号	关于拓宽改造丰庆路丰登路口至正源北街段的请示	2016年8月17日
贺政发〔2016〕125号	关于支持贺兰俄罗斯此次电子商务与快递物流协同发展的请示	2016年8月21日
贺政发〔2016〕126号	关于启动防汛工级应急响应的紧急通知	2016年8月22日

续表4

文 号	文 件	时 间
贺政发〔2016〕128 号	关于支持贺兰县电子商务与快递物流协调发展的请示	2016 年 8 月 23 日
贺政发〔2016〕129 号	关于贺兰县“8・21”暴雨山洪及强降雨天气灾害情况的报告	2016 年 8 月 25 日
贺政发〔2016〕130 号	关于建设互联网+渔光一体现代生态温地园区的请示	2016 年 8 月 24 日
贺政发〔2016〕131 号	关于解除防汛应急响应的通知	2016 年 8 月 26 日
贺政发〔2016〕132 号	关于呈报群众反映贺兰县传销组织相关问题办理情况的报告	2016 年 8 月 31 日
贺政发〔2016〕136 号	关于申请评审验收全国有机农业示范基地续展工作的请示	2016 年 9 月 18 日
贺政发〔2016〕139 号	关于申请爱友恩新能源贺兰鱼塘光伏发电示范项目并网指标的请示	2016 年 9 月 22 日
贺政发〔2016〕140 号	关于申报农村电商筑梦计划支持项目的报告	2016 年 9 月 22 日
贺政发〔2016〕144 号	关于义乌市电子商务有限公司宁夏分公司申请电商基金的请示	2016 年 9 月 27 日
贺政发〔2016〕145 号	关于申请银川生物科技园转型升级提质增效扶持资金的请示	2016 年 9 月 27 日
贺政发〔2016〕147 号	关于审核贺兰县公务用车制度改革实施方案的请示	2016 年 10 月 8 日
贺政发〔2016〕148 号	关于核拨贺兰县电子商务与快递物流协同发展支持资金的请示	2016 年 10 月 9 日
贺政发〔2016〕149 号	关于申请创建自治区全域旅游示范县的请示	2016 年 10 月 20 日
贺政发〔2016〕150 号	关于调整县政府领导分工的通知	2016 年 10 月 26 日
贺政发〔2016〕151 号	关于印发第十八届人大一次会议《政府工作报告》2017 年工作任务分工的通知	2016 年 10 月 24 日
贺政发〔2016〕152 号	关于印发县十八届人大一次会议《政府工作报告》的通知	2016 年 10 月 24 日
贺政发〔2016〕153 号	关于拨付北塔中学迁建项目用地补偿费用的请示	2016 年 10 月 20 日
贺政发〔2016〕154 号	关于调整民生计划城乡社区服务站建设项目的请示	2016 年 10 月 26 日
贺政发〔2016〕155 号	关于报送清理偿还政府欠款专项工作的情况的报告	2016 年 10 月 23 日
贺政发〔2016〕156 号	关于呈报 2016 年工作总结及 2017 年工作安排暨五年工作总结及未来五年工作谋划的报告	2016 年 10 月 27 日
贺政发〔2016〕157 号	关于未按时回复水污染防治资金审计情况的报告	2016 年 10 月 23 日
贺政发〔2016〕158 号	关于提请市批贺兰县土地利用总体规划(2016 调整完善版)的请示	2016 年 11 月 1 日
贺政发〔2016〕159 号	关于申请变更市民休闲森林公园建设地点的请示	2016 年 11 月 14 日
贺政发〔2016〕160 号	关于调整县政府领导分工的补充的通知	2016 年 11 月 17 日
贺政发〔2016〕161 号	关于邀请银川市政府相关领导出席贺兰县广银米业有限公司土地入股分红发放仪式	2016 年 11 月 17 日
贺政发〔2016〕161 号	关于邀请银川市政府相关领导参加贺兰县广银公司土地入股分红发放仪式的请示	2016 年 11 月 17 日
贺政发〔2016〕162 号	关于解决智能图控系统以租代建经费的请示	2016 年 11 月 24 日

续表5

文　号	文　件	时　间
贺政发〔2016〕163 号	关于银新干沟、四二干沟水污染治理项目贺兰段移交贺兰县实施的请示	2016 年 11 月 28 日
贺政发〔2016〕164 号	关于贺兰县 2016 年第一批次工业项目建设用地的请示	2016 年 11 月 25 日
贺政发〔2016〕165 号	关于贺兰县 2016 年第十二批次城镇建设用地的请示	2016 年 11 月 26 日
贺政发〔2016〕166 号	关于呈报贺兰县法治政府建设自查自评报告报告	2016 年 10 月 28 日
贺政发〔2016〕167 号	关于邀请区政府相关领导参加互联网医院推进中国医改高峰论坛暨宁夏互联网医院签约发布会的请示	2016 年 12 月 1 日
贺政发〔2016〕168 号	关于邀请市政府相关领导参加互联网医院签约发布会的请示	2016 年 12 月 2 日
贺政发〔2016〕169 号	关于贺兰县 2016 年第十三批次城镇建设用地的请示	2016 年 11 月 26 日
贺政发〔2016〕170 号	关于 2016 年第二批次工业项目建设用地的请示	2016 年 12 月 1 日
贺政发〔2016〕171 号	关于宁夏生态纺织产业示范园区疏港路东段(富民路—关民路)项目建设用地的请示	2016 年 12 月 13 日
贺政发〔2016〕172 号	关于呈报贺兰县占用置换债券资金问题整改方案的报告	2016 年 12 月 12 日
贺政发〔2016〕173 号	关于呈报 2016 年度耕地保护目标责任落实情况的自查报告	2016 年 12 月 14 日
贺政发〔2016〕174 号	关于印发贺兰县今冬暖春送温暖活动实施方案的通知	2016 年 12 月 23 日
贺政发〔2016〕175 号	关于呈报贺兰县 2016 年度节能工作自查报告的报告	2016 年 12 月 23 日
贺政发〔2016〕176 号	关于调试资金的请示	2016 年 10 月 21 日
贺政发〔2016〕177 号	关于报送 2017 年第一批申请使用新增地方政府债券资金项目的报告	2016 年 12 月 21 日
贺政发〔2016〕178 号	关于停止实施购房补贴政策的通知	2016 年 12 月 26 日
贺政发〔2016〕179 号	关于申请划拨环卫作业车的请示	2016 年 12 月 23 日
贺政发〔2016〕180 号	关于呈报水污染防治行动计划工作实施情况的自查报告的报告	2016 年 12 月 30 日

2016年贺兰县人民政府办公室文件选目

文 号	文 件	时 间
贺政办发〔2016〕2号	关于呈报《贺兰县2015年政府信息公开工作年度报告》的报告	2016年1月7日
贺政办发〔2016〕3号	关于印发贺兰县2015年度土地矿产卫片执法监督检查工作实施方案的通知	2016年1月7日
贺政办发〔2016〕4号	关于转发《宁夏回族自治区困难残疾人生活补贴办法》和《宁夏回族自治区重度残疾人护理补贴办法》的通知	2016年1月12日
贺政办发〔2016〕5号	关于印发贺兰县机关事业单位养老保险制度改革工作方案的通知	2016年1月12日
贺政办发〔2016〕6号	关于印发贺当县县级公立医院综合改革实施方案的通知	2016年1月12日
贺政办发〔2016〕10号	关于聘用季明信等同志为技师、高级工的通知	2016年1月22日
贺政办发〔2016〕15号	关于认真办理2016年度为民办十件实事的通知	2016年1月31日
贺政办发〔2016〕16号	关于认真做好2015年度消防工作考核的通知	2016年2月1日
贺政办发〔2016〕17号	关于印发《贺兰县水资源使用权确权登记工作实施方案》的通知	2016年2月3日
贺政办发〔2016〕18号	关于转发《银川市人民政府办公厅关于认真做好2016年为民办20件实事工作的通知》的通知	2016年2月15日
贺政办发〔2016〕19号	关于下达2016年度工业发展目标任务的通知	2016年2月17日
贺政办发〔2016〕20号	关于印发2016年政府信息公开指南和2015年政府信息公开目录的通知	2016年2月17日
贺政办发〔2016〕23号	关于印发《贺兰县2016年度审计项目计划》的通知	2016年2月17日
贺政办发〔2016〕25号	关于印发贺兰县个体经营场所消防安全管理办法的通知	2016年2月3日
贺政办发〔2016〕27号	关于调整贺兰县粮食高产创建工作领导小组的通知	2016年3月4日
贺政办发〔2016〕28号	关于印发贺兰县棚户区改造征收习岗镇村集体土地及房屋拆迁安置实施方案的通知	2016年3月10日
贺政办发〔2016〕29号	关于承办县人大十七届四次会议代表议案建议的通知	2016年3月6日
贺政办发〔2016〕30号	关于承办县政协九届四次会议委员提案意见建议的通知	2016年3月8日
贺政办发〔2016〕31号	关于印发贺兰县全面建立城市社区卫生服务工作保障机制实施方案的通知	2016年3月4日
贺政办发〔2016〕32号	关于调整贺兰县食品安全委员会组成单位及人员的通知	2016年3月7日
贺政办发〔2016〕33号	关于印发贺兴县建筑领域农民工工资支付一卡通实施方案的通知	2016年3月7日
贺政办发〔2016〕34号	关于印发违法违规用地拆除工作实施方案的通知	2016年3月10日
贺政办发〔2016〕35号	关于印发贺兰县行政许可和行政处罚等信用信息公示工作实施方案的通知	2016年3月10日

续表1

文　号	文　件	时　间
贺政办发〔2016〕38 号	关于落实李郁华书记在县委第八次常委会上讲话精神任务分工的通知	2016 年 3 月 9 日
贺政办发〔2016〕39 号	关于印发贺兰县困境未成年人社会保护试点工作实施方案的通知	2016 年 3 月 10 日
贺政办发〔2016〕40 号	关于启用贺兰县行政审批专用章的通知	2016 年 3 月 12 日
贺政办发〔2016〕41 号	关于成立贺兰县城镇保障性安居工程审计问题整改工作领导小组的通知	2016 年 3 月 14 日
贺政办发〔2016〕42 号	关于成立贺兰县水权交易工作领导小组的通知	2016 年 3 月 16 日
贺政办发〔2016〕43 号	关于调整习岗镇棚户区改造拆迁工作领导小组的部分成员的通知	2016 年 3 月 17 日
贺政办发〔2016〕44 号	关于成立贺兰县农村土地承包经营权抵押贷款试点工作领导	2016 年 3 月 21 日
贺政办发〔2016〕45 号	关于印发《贺兰县农村土地承包经营权抵押贷款试点工作实施方案》的通知	2016 年 3 月 19 日
贺政办发〔2016〕47 号	关于印发贺兰县 2016 年度安全生产十大专项整治方案的通知	2016 年 3 月 15 日
贺政办发〔2016〕48 号	关于印发贺兰县防范和处置非法集资工作方案的通知	2016 年 3 月 21 日
贺政办发〔2016〕51 号	关于印发《贺兰县 2016 年农村阳光沐浴工程实施方案》的通知	2016 年 3 月 27 日
贺政办发〔2016〕52 号	关于印发贺兰县分级诊疗工作实施方案的通知	2016 年 3 月 24 日
贺政办发〔2016〕53 号	关于印发贺兰县县级公立医院综合改革配套文件的通知	2016 年 3 月 25 日
贺政办发〔2016〕55 号	关于印发贺兰县非煤矿山环境整治工作实施方案的通知	2016 年 3 月 30 日
贺政办发〔2016〕57 号	关于印发贺兰县 2016 年治超治酒工作实施方案的通知	2016 年 3 月 30 日
贺政办发〔2016〕59 号	关于印发贺兰县中小微企业及个人贷款担保基金管理实施办法（暂行）的通知	2016 年 4 月 19 日
贺政办发〔2016〕60 号	关于印发《贺兰县农业保险基层服务体系建设方案》的通知	2016 年 4 月 6 日
贺政办发〔2016〕61 号	关于开展深化安全生产责任落实年活动的通知	2016 年 4 月 6 日
贺政办发〔2016〕62 号	关于印发贺兰县 2016 年安全生产年活动实施方案的通知	2016 年 4 月 6 日
贺政办发〔2016〕63 号	关于全县 1—3 月政府专题会议纪要落实情况的通报	2016 年 4 月 7 日
贺政办发〔2016〕64 号	关于第 50—55 次政府常务会议决定事项落实情况的通报	2016 年 4 月 7 日
贺政办发〔2016〕68 号	关于成立贺兰县国有林场改革领导小组的通知	2016 年 4 月 13 日
贺政办发〔2016〕69 号	关于成立贺兰县棚户区改造工作领导小组的通知	2016 年 4 月 13 日
贺政办发〔2016〕71 号	关于印发《贺兰县 2016 年防汛抢险预案》的通知	2016 年 4 月 15 日
贺政办发〔2016〕72 号	关于印发贺兰县 2016 年山洪灾害防御预案的通知	2016 年 4 月 15 日
贺政办发〔2016〕76 号	关于印发贺兰县文化扶贫专项方案的通知	2016 年 5 月 3 日
贺政办发〔2016〕77 号	关于印发贺兰县科技创新管理办法的通知	2016 年 4 月 14 日

续表2

文　号	文　件	时　间
贺政办发〔2016〕79 号	关于印发贺兰县2016年度农村财会人员财政支农政策培训实施方案的通知	2016 年 5 月 6 日
贺政办发〔2016〕81 号	关于印发贺兰县 2016 年棚户区改造实施方案的通知	2016 年 5 月 10 日
贺政办发〔2016〕82 号	关于印发贺兰县2016年城中村棚户区改造项目一期货币化安置实施方案的通知	2016 年 5 月 10 日
贺政办发〔2016〕83 号	关于印发贺兰县扎实推进精准扶贫劳动力技能培训工作实施方案的通知	2016 年 5 月 10 日
贺政办发〔2016〕84 号	关于印发《贺兰县 2016 年水量分配及调度预案》的通知	2016 年 5 月 9 日
贺政办发〔2016〕87 号	关于启用贺兰县不动产登记贺兰县不动产登记事务印章的通知	2016 年 5 月 11 日
贺政办发〔2016〕88 号	关于印发中共贺兰县人民政府办公室党支部开展“两学一做”学习教育活动实施方案的通知	2016 年 5 月 12 日
贺政办发〔2016〕89 号	关于认真做好银川市十四届人大五次会议议案代表建议和十二届政协四次会议议案提案办理工作的通知	2016 年 4 月 5 日
贺政办发〔2016〕91 号	关于认真做好县本级政府部门行政职权运行流程图编制工作的通知	2016 年 5 月 20 日
贺政办发〔2016〕96 号	关于印发贺兰县开展公共租赁住房分配运营管理专项整治实施方案的通知	2016 年 5 月 24 日
贺政办发〔2016〕97 号	关于对全县有关部门“政务云”系统运行情况进行督查的通知	2016 年 5 月 25 日
贺政办发〔2016〕100 号	关于印发《关于进一步加快国寿农村小额人身保险工作实施方案)的通知	2016 年 5 月 30 日
贺政办发〔2016〕101 号	关于印发滨河大道贺兰段交通秩序隐患整治集中行动实施方案的通知	2016 年 5 月 30 日
贺政办发〔2016〕102 号	关于确定县级非物质文化遗产保护名录及传承人的通知	2016 年 6 月 1 日
贺政办发〔2016〕103 号	关于印发全县地下空间人员密集场所消防安 全专专整治行动方案的通知	2016 年 6 月 3 日
贺政办发〔2016〕104 号	关于印发贺兰县进一步加强精神卫生工作实施意见的通知	2016 年 6 月 6 日
贺政办发〔2016〕105 号	关于印发贺兰县精神卫生综合管理试点工作方案的通知	2016 年 6 月 6 日
贺政办发〔2016〕107 号	关于印发贺兰县农村承包土地经营权抵押贷款试点办法(试行)的通知	2016 年 6 月 7 日
贺政办发〔2016〕108 号	关于印发贺兰县农村承包土地经营权抵押贷款风险补偿基金管理办法(试行)的通知	2016 年 6 月 7 日
贺政办发〔2016〕110 号	关于启用贺兰县农村产权交易中心业务专用章的通知	2016 年 6 月 7 日
贺政办发〔2016〕112 号	关于在银川德胜商住区合办德胜实验小学的请示	2016 年 7 月 16 日
贺政办发〔2016〕112 号	关于印发贺兰县加强乡村医生队伍建设的实施意见的通知	2016 年 6 月 12 日
贺政办发〔2016〕113 号	关于转发 2016 年全区信息化重点工作实施方案的通知	2016 年 6 月 14 日
贺政办发〔2016〕114 号	关于第 56～57 次政府常务会议决定事项落实情况的通报	2016 年 6 月 17 日
贺政办发〔2016〕115 号	关于全县 4—5 月政府专题会议纪要落实情况的通报	2016 年 6 月 17 日

续表3

文　号	文　件	时　间
贺政办发〔2016〕117 号	关于印发贺兰县环境保护网格化体系建设实施方案的通知	2016 年 3 月 17 日
贺政办发〔2016〕118 号	关于印发贺兰县水污染防治行动计划实施方案的通知	2016 年 6 月 22 日
贺政办发〔2016〕119 号	关于印发《贺兰县 2016 年政务公开工作实施方案》的通知	2016 年 6 月 23 日
贺政办发〔2016〕120 号	关于印发贺兰县 2016 年义务教育阶段招生工作安排意见的通知	2016 年 6 月 30 日
贺政办发〔2016〕122 号	关于成立贺兰县电信普遍补偿服务试点项目建设工作组的通知	2016 年 6 月 30 日
贺政办发〔2016〕123 号	关于印发贺兰县 2016 年创建有机水稻示范基地规划的通知	2016 年 7 月 1 日
贺政办发〔2016〕124 号	关于印发贺兰县闲置国有资产盘活实施方案的通知	2016 年 7 月 3 日
贺政办发〔2016〕125 号	关于印发贺兰县推进 2016 年易地扶贫搬迁工作方案的通知	2016 年 7 月 3 日
贺政办发〔2016〕126 号	关于印发贺兰县安全生产百日专项整治方案的通知	2016 年 7 月 4 日
贺政办发〔2016〕128 号	关于印发贺兰县城棚户区改造征收补偿安置方案的的通知	2016 年 7 月 11 日
贺政办发〔2016〕131 号	关于成立贺兰县水污染防治工作领导小组的通知	2016 年 7 月 3 日
贺政办发〔2016〕132 号	关于印发贺兰县接收南梁农场移民二村移交工作方案的通知	2016 年 7 月 12 日
贺政办发〔2016〕135 号	关于调整政府办公室领导分工的通知	2016 年 7 月 17 日
贺政办发〔2016〕137 号	关于落实李郁华书记在县四套班子联席会上讲话精神任务分工的通知	2016 年 7 月 21 日
贺政办发〔2016〕138 号	关于尹小燕等两名同志专业技术职务聘任的通知	2016 年 7 月 25 日
贺政办发〔2016〕140 号	关于印发医德医风学习教育整顿专项行动实施方案的通知	2016 年 7 月 27 日
贺政办发〔2016〕141 号	关于印发贺兰县被征地农民参加养老保险工作细则	2016 年 7 月 27 日
贺政办发〔2016〕143 号	关于报送《贺兰县 2016 年法治政府建设调研报告》的报告	2016 年 7 月 28 日
贺政办发〔2016〕144 号	关于印发 2016 年精神卫生综合管理点工作任务及责任分工的通知	2016 年 8 月 4 日
贺政办发〔2016〕145 号	关于印发贺兰县全面治理拖欠农民工工资问题实施意见的通知	2016 年 8 月 3 日
贺政办发〔2016〕147 号	关于启用贺兰县第二次全国地名普查领导小组及办公室印章的通知	2016 年 8 月 11 日
贺政办发〔2016〕148 号	关于印发贺兰县全面治理拖欠农民工工资问题任务分工的通知	2016 年 8 月 15 日
贺政办发〔2016〕151 号	关于印发贺兰全面推行双随机一公开工作机制实施方案的通知	2016 年 8 月 16 日
贺政办发〔2016〕156 号	关于印发贺兰县农村产权登记颁证工作实施方案的通知	2016 年 8 月 24 日
贺政办发〔2016〕158 号	关于成立十二五生态移民工程验收工作领导小组的通知	2016 年 8 月 17 日
贺政办发〔2016〕158 号	关于印发贺兰县 2016 秋冬农田水利基本建设实施方案的通知	2016 年 8 月 31 日
贺政办发〔2016〕162 号	关于印发贺兰县拆除烯煤锅炉工作实施方案的通知	2016 年 9 月 2 日

续表4

文 号	文 件	时 间
贺政办发〔2016〕163 号	关于第 58～60 次政府常务会议决定事项落实情况的通报	2016 年 9 月 2 日
贺政办发〔2016〕164 号	关于全县 6—8 月政府专题会议纪要落实情况的通报	2016 年 9 月 2 日
贺政办发〔2016〕166 号	关于印发贺兰县适龄公民拒绝逃避服兵役管理办法(试行)的通知	2016 年 9 月 8 日
贺政办发〔2016〕167 号	关于印发贺兰县行政事业单位控制规范工作实施方案的通知	2016 年 9 月 11 日
贺政办发〔2016〕168 号	关于调整部分工作领导小组成员的通知	2016 年 9 月 10 日
贺政办发〔2016〕171 号	关于印发贺兰县公共租赁住房和廉租住房并轨运行管理办法的通知	2016 年 9 月 19 日
贺政办发〔2016〕172 号	关于启用贺兰县国土资源局不动产登记专用章的通知	2016 年 9 月 20 日
贺政办发〔2016〕176 号	关于调整第三次全县农业普查领导小组的通知	2016 年 9 月 29 日
贺政办发〔2016〕176 号	关于调整贺兰县农田水利基本建设指挥部成员的通知	2016 年 9 月 30 日
贺政办发〔2016〕177 号	关于调整贺兰县 2016 年秋冬农田水利基本建设工作小组的通知	2016 年 9 月 30 日
贺政办发〔2016〕178 号	关于《贯彻落实〈政府机关使用正版软件管理办法〉的实施意见》《正版软件管理工作指南》的通知	2016 年 10 月 8 日
贺政办发〔2016〕181 号	关于印发贺兰县冬季大气环境污染综合整治工作实施方案的通知	2016 年 10 月 21 日
贺政办发〔2016〕182 号	关于成立习岗镇新平园区部分群众信访事项化解领导小组的通知	2016 年 10 月 20 日
贺政办发〔2016〕187 号	关于印发贺兰县 2016 年冬春火灾防控工作方案的通知	2016 年 10 月 24 日
贺政办发〔2016〕188 号	关于印发贺兰县粮食安全首长责任制实施方案的通知	2016 年 10 月 25 日
贺政办发〔2016〕189 号	关干调整贺兰县禁毒委员会领导小组成员的通知	2016 年 10 月 24 日
贺政办发〔2016〕190 号	关于转发宁夏检察机关介入行政监管领域重大违法事件同步调查工作暂行办法的通知	2016 年 10 月 25 日
贺政办发〔2016〕192 号	关于调城管大队王涛同志至机关事务管理中心工作的通知	2016 年 10 月 31 日
贺政办发〔2016〕193 号	关于调整办公室人员工作分工的通知	2016 年 11 月 1 日
贺政办发〔2016〕194 号	关于开展对第 50～60 次政府常务会议决定事项落实情况“回头看”活动的通知	2016 年 11 月 2 日
贺政办发〔2016〕195 号	关于调整贺兰县深化小型水利工程管理体制改革领导小组的通知	2016 年 11 月 2 日
贺政办发〔2016〕196 号	关于调整贺兰县棚户区改造工作领导小组的通知	2016 年 11 月 3 日
贺政办发〔2016〕199 号	关于成立中国农业发展银行贺兰支行融资协调领导小组的通知	2016 年 11 月 7 日
贺政办发〔2016〕200 号	关于调整县森林防火指挥部成员的通知	2016 年 11 月 7 日
贺政办发〔2016〕204 号	关于报送贺兰县 2016 年因公出访成果及 2017 年对外交流与合作工作思路的报告	2016 年 11 月 9 日
贺政办发〔2016〕205 号	关于印发危险房屋安全排查整治工作实施方案的通知	2016 年 11 月 9 日

续表5

文　号	文　件	时　间
贺政办发〔2016〕206号	关于印发贺兰县2016—2017年度防凌抢险预案的通知	2016年11月11日
贺政办发〔2016〕207号	关于调整贺兰县食品安全委员会组成单位及人员的通知	2016年11月14日
贺政办发〔2016〕208号	关于印发贺兰县食品安全先进城市创建工作方案的通知	2016年11月4日
贺政办发〔2016〕211号	关于印发贺兰县深化小型水利工作管理体制改革实施方案的通知	2016年11月15日
贺政办发〔2016〕212号	关于印发贺兰县高效节水灌溉项目先建后补管理办法（暂行）的通知	2016年11月15日
贺政办发〔2016〕213号	关于印发贺兰县深化改革保障水安全实施方案的通知	2016年11月15日
贺政办发〔2016〕214号	关于印发贺兰县经济困难失能老年人生活补贴实施方案的通知	2016年11月17日
贺政办发〔2016〕215号	关于对第50～60次政府常务会议决定事项落实情况的通报	2016年11月25日
贺政办发〔2016〕218号	关于印发贺兰县村(社区)为民服务和发展专项资金使用和项目管理办法(试行)的通知	2016年11月24日
贺政办发〔2016〕221号	关于调整贺兰县政务公开工作领导小组成员的通知	2016年11月28日
贺政办发〔2016〕222号	关于成立微医集团互联网医院项目推进领导小组的通知	2016年11月24日
贺政办发〔2016〕224号	关于印发加强和改进农村道路交通安全管理工作的实施意见的通知	2016年11月29日
贺政办发〔2016〕226号	关于全县公共机构开展节水型单位建设的通知	2016年11月28日
贺政办发〔2016〕227号	关于印发加强农村留守儿童关爱保护工作实施方案的通知	2016年12月2日
贺政办发〔2016〕228号	关于呈报贺兰县2016年度应急管理工作总结暨2017年工作计划的报告	2016年12月5日
贺政办发〔2016〕230号	关于印发贺兰县畜禽养殖禁养区划定方案的通知	2016年12月6日
贺政办发〔2016〕231号	关于印发贺兰县畜牧业绿色发展示范县创建实施方案的通知	2016年12月7日
贺政办发〔2016〕233号	关于报送《贺兰县2016年政务公开工作总结》的报告	2016年12月12日
贺政办发〔2016〕234号	关于第十七届人民政府第61～64次常务会议落实情况的通报	2016年12月16日
贺政办发〔2016〕235号	关于印发贺兰县全民健身实施计划(2016—2020)年的通知	2016年12月19日
贺政办发〔2016〕236号	关于报送《贺兰县2016年度法治政府建设工作报告》的报告	2016年12月23日
贺政办发〔2016〕237号	关于明确贺兰县农村土地承包纠纷调纷解仲裁委员会成员及职能职责的通知	2016年12月22日
贺政办发〔2016〕243号	关于调整贺兰县推进使用正版录取事件工作领导小组的通知	2016年12月29日
贺政办发〔2016〕244号	关于全县9—11月政府专题会议纪要	2016年12月30日
贺政办发〔2016〕245号	关于印发贺兰县金山林场改革实施方案的通知	2016年12月31日
贺政办发〔2016〕246号	关于上报《贺兰县人民政府办公室公务用车制度改革实施方案》报告	2016年12月27日

索 引

Suoyin

说 明

一、本索引采用分析索引方法，按标引词第一字汉语拼音（同音字按声调）顺序排列；第一字相同，按第二字音序排列。依次类推。

二、类目、分目、次分目用黑体字标示。标引词后阿拉伯数字表示内容所在页码。数字后的拉丁字母a、b、c分别表示从左至右第一、二、三栏。

三、标引词后有多个页码，表示互见、内容所在位置。

四、本年鉴的“彩页”“特载”“大事记”“附录”“内文表格”等均未作索引。

G

K

L

X

Y